U0040111

日本文明開化史略

陳水逢 編著

臺灣商務印書館 發行

修訂版序

歲月匆匆，爲恭祝業師　岫廬先生八秩華誕所撰寫之拙著：「日本文明開化史略」一書，付梓出版迄今已歷二十有五年，其間再版達十多次。去年十二月中臺灣商務印書館擬將該書重新排印發行，囑筆者修正，乃利用公餘之暇，化費兩、三個月時間，就該書若干印刷誤植之處予以訂正，刪增若干文句，另加「日本近代社會的形成與社會運動」及「日本的民族性與第二次世界大戰後日本歷史文化演進的特徵」各一章。此次修訂爲便於閱讀之便，每章均按內容情節分段標明敍述。

儘管近二十多年來日本國情有若干重大變化，且陸續有早期石器時代遺跡或遺物之發現，但這些現象對於日本過去歷史文化演變發展之史實並無任何改變甚或影響，因此筆者修訂本書時對舊著內容順序未予更動，只在文中適當之處補筆或添附圖（表）而已。由於本書乃著重概述介紹日本二千多年來的文明開化經緯，致一般通史所應含蓋之若干史實，未能盡括詳述，尚請讀者宥諒。倘欲進一步明瞭日本二千年來的歷史發展全貌，尤其是近百年來之發展史實，可參閱拙著：「亞洲史概要」、「戰前日本政黨史」、「戰後日本政黨政治」、「日本合併朝鮮史略」、「日本近代史」及「日本現代史」等書，便可瞭然實況。本書修訂版雖校正多次，但謬誤遺漏甚或誤植之處難免，尚祈碩學先進不吝賜正為禱。

中華民國八十一年二月二十五日

陳水逢建昌 謹識

自序

古人有謂：「讀歷史可以明盛衰之理，究天人之變」，誠然，歷史不但是一個民族或國家興亡盛衰事蹟的記錄，同時也是一面明鏡。歷史的透視，雖不能產生「放諸四海而皆準，百世以俟聖人而不惑」的絕對真理，但我們從歷史所記載的事實中，可以尋繹出民族或國家許多治亂交替的關係與人事消長的道理。太史公曾說過：「夫春秋上明三王之道，下辨人事之紀，別嫌疑，明是非，定猶豫，善善惡惡，賢賢賤不肖，存亡國，繼絕世，補敝起廢，王道之大也」（史記太史公自序），這更足以說明歷史的重要。

筆者對於中日文化關係史及日本文化史探討研究有年，每於讀史之餘，慨嘆國人對於日本國情或歷史文化，往往基於同文同種的模糊意識，自以爲不學而能知之，而茫然忽視，甚且輕視排斥之。日本與我國，一衣帶水，毗鄰爲國，而又同種同文，我們若誠欲把握住日本現存的國家的文化正體，以及其民族的真面目，則非瞭解其歷史文化的底蘊不可。蓋今日的一切文化傳統，乃往昔的一切勞效的累積，何況不知今日的日本，明日的日本亦難於察知，同樣不悉過去的日本，亦斷無從了悉今日的日本。

筆者年前曾在中國文化學院教過日本政府與政治，去歲承乏前來星洲南洋大學講授日本史及日本近代史。由於學生大多數不懂日文，且又缺乏適當的中文參考書，而歐美人士所寫的日本史，又未必適合東方人的胃口，因此，乃自編講稿。在講授過程中益發覺到日本文明的開化發展，迄明治維新爲止，完全受中國文化的薰陶影響有以致之，即使雖至今日歐化已極，但古色古香的中國文化，仍然流行於日本社會。

本書之作，初意擬將更積研鑽之力數年以成，以期有所貢獻於國人的瞭解日本歷史文化，緣因今年七月恭逢恩師　岫廬先生八秩大慶，商務印書館經理兼總編輯徐學長有守先生，感於　岫師一生服務文化學術界，其功厥大，迄今雖居八秩高年，每天仍爲文化學術而夙夜匪懈，終日忙碌，擬出刊祝壽叢書，以資慶賀。筆者忝列門牆，多年來惠蒙　岫師諄諄教誨策勵，故不揣翦陋，就幾年來所搜集的部分資料，撰成是書，用以恭祝　岫師南山萬壽，並報答多年來的教誨鴻恩。

筆者在撰寫本書時，曾惠蒙兩位可敬的日本學界碩儒木下彪教授及島田正郎博士賜教良多，木下教授去歲來華講學半載，筆者每日得親聆教誨，並惠爲解釋不少疑義，而島田博士於年前來華講學時常賜教誨，去歲來華開會時，又於百忙中數次抽暇和筆者長談日本文化的演變及中日文化交流問題，惠於解析不少日本文化史上的疑義，又木下教授在筆者撰寫本書過程中，對於史料的處理以及史實的辨明，曾惠賜不少寶貴意見，併此敬致誠摯之謝忱。

這本書的體裁係依照時間的順序，就日本歷史文明的開化經過，用通俗的方法加以解敍，其中難免有筆者個人的主觀，但大部分是參考日本學人的著作的。由於受到篇幅的限制，且時間匆迫，兼之在星洲缺乏適當的參考資料，以及筆者個人學識淺陋的緣故，致本書罣漏舛誤之處，所在多有，尚祈博雅君子，幸勿嗤其弇陋，倘蒙不吝珠玉，惠賜指正，則幸甚矣。

中華民國五十六年（一九六七年）二月

陳水逢建昌謹識於星洲南洋大學歷史系

目錄

第一章 緒 論

——日本文化史的特徵、國民性、自然環境、人口、文字

一、日本文化史的特徵

文化的接觸原是人類進步的標幟。在古代西方希臘文化學自埃及，羅馬文化學自希臘，阿拉伯文化學自羅馬帝國，中世紀的歐洲文化則學自阿拉伯，文藝復興時代的歐洲文化則學自拜占庭，而其結果往往青出於藍。日本上代及中古之歷史文化因受中國文化的薰陶影響，而使日本走上統一集權的國家，雖降及近代經明治維新，因融匯吸收泰西文明，使日本步上近代化國家之途，而在各種物質文明方面遠勝中國，但在精神文化方面，日本迄今仍深受中國儒家傳統文化的薰染。

按文化（Culture）與文明（Civilization）常被人誤爲一物，混淆不清，或把文化當做文明，或把文明當做文化，其實這兩者是有異同和分野的。文化一詞在中國即所謂「文

治教化」之意，如說苑指武云：「凡武之興，爲不服也，文化不改然後加誅」，又文王融三月三日曲水詩序云：「設神理以異俗，敷文化以柔遠」。至於文明一詞，易乾文言云：「見龍在田，天下文明」，疏云：「陽氣在田，如生萬物，故天下有文章而光明」。從本質的內涵而言，所謂文化乃指文明開化，它可以包括文明，然文明不能代表文化。蓋人類社會由野蠻而至文明，其努力所得的成績表現於各方面者爲科學、宗教、道德、藝術、法律、風俗、習慣等，其綜合體則謂之文化。魏勒教授（Prof. Willey）說過：「文化是複雜的總體，包括物質、智識、信仰、藝術、道德、法律、風俗以及人類在社會所得的一切能力與習慣」（Davis Burnes; On An Introduction to Sociology）。由此可知，所謂文明，大都是指科技及物質應用方面的東西，甚至人權的尊重與機會均等等原則亦包括在內，而文化則因其根據源於歷史及環境的產物，除物質方面之外，尚包含有精神作用。是故文化所具有的特性，它不僅具有傳播性和同化力，同時又可由模仿學習取得。所以文化固爲精神活動的產物，但人類的精神活動卻常受環境的影響。

日本文化爲東方文化的一支流，而所謂東方文化大部是淵源於中國及印度，故日本文化與中國印度的文化有著共同面，且受其莫大之影響乃無可否認的事實。誠如曾任駐日大使美國史學者賴世和（Edwin O. Reischauer）博士所說：「正如北歐諸國文化爲地中海文化的支脈一樣，日本文化是中國文化的支流」（Culturally Japan is a daughter of Chinese civilization, much as the countries of nothern Europe are daughters of

Mediterranean culture, Japan－Past and Present）。儘管戰前日本史學家僞造史實，誇稱日本開國歷史超過二千六百餘年，但嚴格說來，日本歷史不過是從二千年前左右才開始的。根據考古學家及人類學家從日本已出土的古代遺跡的分析，日本古代歷史文化的演進階段係循所謂先土器時代（亦稱無土器時代）、繩紋式土器時代、彌生式土器時代，以及古墳文化時代的次序發展，但先土器時代係屬於一種舊石器時代末期的文化，其文化內容的情況迄今尚不大清楚，它和繩紋式文化時代，在歷史學上稱爲「先史時代」（Pre－Historic Age），彌生式文化時代則稱爲「原史時代」（Proto－Historic Age），而該文化時代的後期，約當西曆紀元前後，同時有關當時的歷史文化，已稍可從文獻史料上獲得其概況，因此，日本的歷史時代，正確言之，不過是從二千年前左右才開始的。

在這二千年的時間演進過程中，日本歷史文化究竟具有何種特徵或特質，我們若從世界史的觀點來看，不難描出日本歷史文化在其演進發展過程中，所顯露出來的特性。茲將此特徵略述如下：

㈠日本史有一種連綿性——在日本歷史二千多年的發展過程中，其國土、民族、統治者等之所謂國家構成的要素，從立國以來到今日，連綿一貫而無任何顯著的變更或斷絕。固然日本的國勢在近代因軍閥黷武主義膨脹的結果曾伸延到朝鮮半島、臺灣、庫頁島南半部、西伯利亞、中國大陸以及南洋諸島等地域，但爲時不久，以武力爭奪來的屬地又完璧歸趙。此外，日本的本土，在近世先後曾被蒙古侵襲兩次，又於廿世紀五十年代被盟軍佔領過，但對於日本國土的完整或日本民族的生存，並未發生任何致命性的傷害，甚至於對於統治日本的天皇制度仍予以保留，凡此種種皆足以證明日本歷史文化具有一貫的連綿性。

就其文化面而言，自古以來的神道觀念雖因戰敗民主主義勢力的伸展而被否定其以往國教的地位，但目前在日本農村，神社仍然成爲村落的中心，以神社爲中心的各種慶典或信仰，皆係承古代的傳統。公元五、六世紀傳入日本的佛教或寺院，其深植民間影響日本國民之鉅，有甚於神道之於日本國民。再就政治或社會諸制度而言，其連綿性亦甚爲顯著。例如今日内閣各省的名稱以及各省長官之稱曰大臣，亦恆都沿襲古代的名稱。甚至於今日最足以表現日本文化特色的能樂、插花、茶道、連歌、山水墨畫，以及民間傳説、日常用語或衣食住的風俗習慣等等，皆直接傳自室町時代，並受了中古時代的間接影響，而沒有顯著的改變。凡此種種皆表示日本歷史文化具有一貫的連綿性。

(二)日本史有吸收攝取外國文化的功能——就日本歷史文化發展的過程而言，攝取外國文化爲日本文化演進的一大要素，倘無外國文化之影響於日本，則今日的日本歷史文化可能尚處在於低開發的狀態，則爲可斷言的事實。公元前三世紀左右，中國文化之傳入日本，促進了彌生式文化的產生，而使彼土人民知農耕，並使用金屬器。其後自公元一世紀至六世紀之間，日本的部落領主無不汲汲於吸攝輸入中國文化。隋唐之世，日本大量地派遣使節留學生（僧）前來中國大陸輸入漢唐文化、律令政制以及藝術，因而建立了律令制度的文化，所以在日本中古時代的文化，完全攝取了唐代的文化，而與日本固有文化相融合，稱之爲「和魂漢才」，這是史學家誰也不敢否認的事實。趙宋興起後，日宋公家之間雖無正式往來，但商人及僧侶間的私人往來，又使日本文化注入了宋朝文化的精髓，尤其彼鎌倉時代的新興佛教之禪宗，便是其顯例。元明之世輸入日本的中國文化，亦爲以禪宗爲中心的文化，學問文化固然脫離不了禪宗，即使藝術及風俗亦與寺院及僧侶不可隔開，抑有甚者，日廷之正式遣明使亦由禪宗僧侶擔任。因此，在中世時代對於日本武家文化的形成，舉凡衣食住等物質生活及武士的精神生活等受宋元明之中國文化的影響之大，堪與隋唐文化對日本中古時代文化的影響比美。至於清朝之季，中國文化對於日本江戶時代的學問、宗教、風俗等之影響固不待言，即使當時江戶時代儒家諸派的發達，以及日本國學的興起，亦莫不直接或間接地受到清朝當時中國文化的影響。

自江戶時代末期——即十九世紀後半葉以來，於明治初年開花的歐洲文明之攝取，其熱誠的態度不亞於中古時代的攝取隋唐文化。不但派遣大量留學生分赴歐美各國，並邀聘許多外國教師及技術人員前來日本。在民刑法方面則取範法德之法典；軍事方面，陸軍則師範德國陸軍，海軍則以英國海軍爲範本；學制則混用美、法、德等國的學制。之後繼續吸收模仿，在短短幾十年之間竟使日本由近代而步上世界强國之林的高度工業化國家。第二次世界大戰後，在政治體制方面英美式的民主主義思想更深入於民間各階層。

由上所述，可知自日本立國以來，以迄於今日，日本文化皆在吸收攝取外國文化的過程中，採長補短，去腐更新，以促進發展日本的歷史文化。

㈢日本史具有同化性及中和性——日本的文化是混合融化而成的，其歷史、文化從其黎明期開始，便一直吸收攝取外來文化，惟這種外來文化一旦輸入日本後，便與日本的古有文化渾然融和而形成新的日本文化。由於日本歷史具有同化中和外來文化的功能，因之自古以來日本並無積極性的社會革命。在二千年的日本歷史演進過程中，公元七世紀初的大化革新是日本最初的政治的社會的革命，它雖使日本走上中央集權國家之途，使豪族所私有的土地人民悉歸中央，但對於從前氏族時代的豪族輩則仍然以食封、位田、職田等名目賜給土地人民，並未根本剝奪其生存權。至於田制租法雖曰取範隋唐令制，但亦有不少部分仍然襲用日本固有的習慣。抑有甚者，隋唐文化經過一段歲月之後，降及公元十世紀及十一世紀，完全被日本固有歷史文化傳統所吸攝融和而產生了日本特有的攝關政治、物語文學、和歌文學以及別具日本風格的佛教文化。

鎌倉時代新佛教的興隆，亦爲同化作用之另一種顯例。斯時的新佛教可說完全脫離中國甚至於印度佛教的精神，而形成日本化的佛教。例如親鸞闡揚惡人正機之說，力陳救濟貧弱者；又如日蓮宗排擊其他佛教諸宗，爲國家之興廢而力唱法華經的功德，脫卻以往的觀念的或知識的佛教範疇，而植其根於一般社會大衆。

江戶時代初葉林羅山、藤原惺窩等的朱子學雖尚未能樹立日本化的獨立學問，但後來由於太平盛世之賜惠，學者輩出，而逐漸走向日本化的學問。如新井白石的語學、史學，以及水戶學派的史學等雖遵循朱子學，但其精神則儘量使之導向擴大變成日本化，餘如折衷漢唐的訓詁以及宋明之義理的折衷學派，亦因研究日本純粹的事物為對象之國家觀念的興起，而終於走上日本化之途。

再就明治維新而言，它與公元七世紀中葉的大化革新可算是日本古今的兩大政治革命，但如同大化革新雖取範隋唐文化而又以復古主義為信條一樣，明治維新雖亦取範西洋文明，但卻又含有神武創業的復古精神。彼德川氏一族雖被剝奪其政權之座，但第十六代將軍慶喜卻久居貴族院議長之國家要職。昔日的支配階級雖喪失士族之祿，但大多數仍然蟠踞新政府的要職而領受金祿公債，形成新的特權階級。至如英美式的自由民權思想在維新初期雖聲勢大振，但不久之後又被國權主義及國家思想派所壓服。因此，所謂明治維新之取範於泰西者，亦僅限於形而下的物質文明，其形而上的一面則仍然貫徹固守東方古來的道德，及日本固有的精神。申言之，所謂明治維新，不外乎是「藝術機械文明則取範泰西，惟道德仁義則固守東方固有精神」的一種不徹底的政治的及社會的改革。

綜上所述，可知二千年來的日本歷史文化的演進，日本文化無時無刻地都在融合攝取東西文化的精髓，去腐更新，採長補短，而形成合乎國情及時代潮流的日本特有文化。

二、日本的國民性

以往在第二次世界大戰結束之前，日本人可以自詡的告訴外國人他們的所謂立國「三寶」就是「劍、鏡子、寶石」（日人稱此爲之三種神器——即八咫鏡、八坂瓊勾玉、草薙劍），但自昭和卅二年（一九五七年）以後卻被「電視、冰箱、洗衣機」所代替，而至今日卻又代之以「汽車、小型別墅，和空氣調節機」了。戰後經過一段艱辛奮鬥的復興建設工作之後，今天的日本人已開始享受著他們的新式繁榮。今日象徵著日本的，不再是神格化的「現神」——天皇，也不是一批顯耀囂張的法西斯軍人，更不再是那些沉默的神道教的僧侶，而是活潑的，運動著的人們。凡是前往日本觀光的外國遊客，將會發現這個國家已經和它傳統的樣子大大地不同了。今日大多數的日本人民並普遍地共享著現代化的繁榮。卅多年前，所謂的「現代化」，只不過是指應時的電影和火車或是騎腳踏車去逛公園、訪親友。而現在卻代之以新式的高爾夫球、滑雪、保齡球、棒球、跑車、旅遊以及娛樂中心等。卅多年前日本人還以白色皮膚爲美，而現在他們卻在那四個大島上無垠的海濱和湖邊上把他（她）們的皮膚晒成古銅色。由於這種種現代化的享受，因而改變了日本傳統的家庭生活、婚喪喜事、國家慶典和其他慶典的方式，而代之以更多的歐美式的宴會、雞尾酒會，和漸趨開放的男女間社交活動，以及簡化的習慣。

以上所舉，只是其犖犖大端者，當然不能賅括今天日本國民生活面的一切，但至少我們可以曉得，今天的日本人已經從他們的舊傳統解放出來，而正向另一新境界邁進。

但在第二次世界大戰之前，由於受了島國環境以及歷史傳統的約束，尤其是自公元十二世紀的後半葉實行武人治國的幕府政治以來，習武成了社會的風尚，蓋武人政權的維持，完全憑實力，實力存在，權位便存在，富貴也隨之來，力量消失便什麼也都失掉，所以豢養很多的武士，來支持統治面。有了一技之長可以膺武士之選者，便立刻享榮華受富貴，而且一人成佛雞犬升天。因武士的權限這樣的顯赫，武人的享受，令人羨慕，社會上便自然而然的形成尚武傾向。在這種殺伐中生長出來的民族，尚武好殺由來已久，於是視生命若兒戲，殺氣常常籠罩三島。因此令人感到「日本人乃極爲好戰的民族」。事實上，日本人尚武的風氣，不祇是封建時代幾百年當中養成，而是它開國以來一種新民族的生存必要上產生出來的習慣。這種尚武的氣質有時看去似乎消失，但一遇到什麼危機就如睡著的豬，忽然變成獅子一樣。

當時的日本是祭政一致的神權政治，皇帝是以神道教教主的宗教職務，位居一尊，是一位神聖不可侵犯的「現神」，同時也是國家政治的最高統治者，這一位教主尊位沒有人敢爭奪，將相皆是貴族，平民而爲將的在明治維新之前只有豐臣秀吉一人，平民而爲相的，維新前並無一人。將相職位皆由貴族私自接受，平民很難施展他的政治抱負。農工商等平民階級及穢多非人等賤民階級，在古時見了一個小小的下級武士，必須跪在道傍，否則武士可以格殺勿論。平民連生命都没有保障，豈敢有非分之想。這種階級服從有了千百年的習性，奴隸根性早已訓練好，因此從前的日本人有百分之九十是奴隸，並普遍的具有奴性。即使到了十九世紀中葉的明治維新之後，廢除了武士階級，實行全國皆兵制，習武已不是武士的專制品，但是由於政治標榜軍國主義，軍人第一，軍事第一，軍人可以指揮政府，可以轉移國策，可以孤意妄爲，可以領導社會，依然是「武運長久」，結果明治維新雖能打破封建制度，但並没有能成功地打破、解放了一般國民大衆的奴性。由於日本人普遍迷信神靈，崇佛信神是社會風尚，並且國家對於國民從幼年即注意體育訓練，提倡武勇，拿英雄豪傑的故事來啓發，以現實的利勢來誘惑，結果養成了日本國民胸襟窄狹，心術偏激，不曠達爽快，皮相思維不能深究窮思，行爲輕浮，尚武好殺，輕於生死，信仰虔誠，惟神是卜，淡泊的趣味，火熱的感情的民族性來。

戰前日本國民由於受著歷史文化統治的束縛，致尚武好殺，缺少萬里無雲，長江大河，一瀉千里的氣度。但戰前的日本國民性也有其值得讚揚的地方，清淡、沉默、奉公守法、愛美情感、尊親愛國、服從理性之命、服從信仰等是他們國民性的美德。戴季陶先生曾論日本民族的特點，和尋他所以能發展進步的原因有云：「第一我確是相信日本人具有一種熱烈的信仰力。這種信仰力的作用，足以使他無論對於甚麼事，都能夠百折不回，能夠忍耐一切艱難困苦，能夠爲主義而犧牲一切，能夠把全民族打成一片。……第二是有好美的特性，這和信仰同樣是民族最基本的力量」（氏著：「日本論」）。而日儒芳賀矢一博士也曾舉出十種主要的日本國民性，即：「一、忠君愛國。二、崇拜祖先，尊重家名。三、現世的，實際的。四、愛草木喜自然。五、樂天風流。六、淡泊瀟灑纖巧。八、清淨潔白。九、有禮節。十、溫和寬恕」（氏著：「國民性十論」）。上述中日二位學者對日本民族性的描述，皆有其見地。固然日本人的最大長處乃是愛國心，而最大的短處乃是自負心，由於前一種民族性使日本在短短幾十年之間走上富强康樂之國，但亦由於日本國民過於自負，因而終於走上軍國主義之途，而在二十世紀四十年代招來了瀕臨亡國滅種厄運。

如前所述，儘管自第二次世界大戰終戰以來，日本人已經從他們的舊傳統解放出來，而正向另一新境界邁進，但這種解放亦僅祇解放了不受管束的利己主義而已。戰後初期的日本社會，以至於一般國民大衆均陷於自卑感以及缺乏中心信仰的苦悶氣氛之中，而喪失了自立自主的勇氣，其原因不一而足，但其具體因素則爲①因產業技術的突飛猛進，使人類趨於機器化、手段化；②自然科學的思維方法，把人類視爲一種動物，流弊所及，儘量追求物質的享樂；③日本因第二次世界大戰打了敗仗，對於過去的歷史和國民性一概加以蔑視卑棄；④於民主主義的想法發生混亂，民主主義尚未深入國民腦海裡。

日本文教當局爲了喚起日本國民的警覺性，提高民族自信心，培養出一個負責愛國崇尚自由的國民，因此特於昭和四十年（一九六五年）一月十一日出版「理想的日本國民之典型」一文，呼籲日本國民應從下列三點做起，來培養優良的國民性，即①國民應該具有自由的個性，愛護自己，成爲可靠的人。積極進取，熱愛自己的工作，負責而向前邁進；②家庭應該成爲歇息的場所和教育的場所，在社會上要重視社會生活的規範，不忘爲人服務；③以一個國民應該致力於提高本國的價值和品格，努力使自己的國家對於世界的和平與進步有所貢獻。

過去的日本人固因受古老的封建制度之束縛而喪失了自我，致武勇自負，但亦因能刻苦自勵，始終自强不息，得能獨步東亞。現在封建體制的束縛雖然被打破，而取而代之的大衆社會和機器文明，尚未能徹底的喚起個人的自覺。爲了日本的前途，日本國民固然應恢復其民族自信心，發揚明治維新以後，日本人所以能夠在近代史上演出重要任務所本的國民骨氣及風度。然則以往的偏狹的國家主義是應該摒棄的，惟有如此，才能發揮日本人傳統的「明」、「淨」、「直」三德兼備的國民性，而有所貢獻於世界人類的和平。但近一、二十年來隨著日本經濟迅速發展，在國際舞台上日本人又重新活躍起來，再度表現出驕傲、利己的心態，讓人感到從前的軍國主義思想似乎又逐漸抬頭。

事實上，今日的日本民族係由幾種系統不同的野蠻民族混合而成，故日本民族性可說是幾個民族性的會合。那種高亢的情操，遠大的志趣，馳騁於天地之間的抱負，披瀝所信向前邁進的堅忍精神，正是繼承北方民族的遺傳；至於那種浮飄易感，精巧玲瓏，消極超越自然的思想，沈迷物欲的浪漫享受，豈不是南方民族的習性？「爲生存而競爭，爲競爭而互助」，這是人類日常生活的本能。日本民族性，其殘忍暴亂比野蠻人還甚一倍，而其文雅雍容，也確有儒者之風。日本人埋頭苦幹，勤儉耐勞的大奮鬥精神，固然是其開國以來一直未變的美德，但願他們能把此種精神用之於人類社會的和平建設，則不致重蹈以後軍閥之徒誤國的覆轍。

三、日本的地理環境

海國日本，四面環海，又當黑潮與親潮交會之處，它位於亞洲大陸東緣的北太平洋中，沿著亞洲東部海岸串連起來，形成一個大弧形，係由本州、四國、九州、北海道等四大島，及三千九百餘小島所構成。申言之，它係由介於沖繩羣島（Ryukyu Islands）與千島羣島（Kurile Islands）的幾個狀似弧形的連脈海島（地質學家稱為花綵羣島——festoon islands）所構成。背臨日本海，與蘇俄的東海濱省相望，面臨太平洋，與小笠原羣島相對，西部的九州島，面臨黃海東海，與中國江浙兩省相對，北濱對馬海峽，與大韓民國相對，北部之北海道，則與西伯利亞相對峙。其在地球上的位置約在北緯廿五度至四十五度左右，東經一百廿二度四十五分至一百五十六度卅二分。氣候從亞寒帶到亞熱帶，山岳起伏緜佈全國。

據地質學家的考究，日本列島在一百萬年前洪積世的遠古曾與亞洲大陸連接，爲亞洲大陸的一部分。到了洪積世的中期，即距今前五十餘萬年以前，地殼發生激烈變動，有一部分下沉，逐漸與亞洲大陸分離，而成爲現在的狀態。關於日本列島的形成經過，柯拉曼氏（A. W. Graban）在其所著·「中華地層誌」（Stratigraphy of China Vol.I）一書中指出，在中生代（Mesozic）之時，亞洲不僅其東南部與南洋羣島及澳洲全島接連在一起，同時中國大陸的東部亦和朝鮮、日本以及菲律賓各島互相接連在一起。降及新生代（Genozeic）之初期，亞洲的東北部與美洲西北部的連接部分被海流沖斷，而形成白苓海峽，亞洲南部與澳洲北部的接續部分，亦逐漸被海流沖斷而形成南洋羣島，同時日本西部與亞洲大陸東部相接連部分，亦因地殼的變動陷落而形成日本海，日本列島終於和亞洲大陸隔斷，逐漸形成今日的狀態。降至一萬年前沖積世的冰河期（Pleistocene era）始完成今日日本列島的形狀。

日本的領土，迄於明治時代止，尚爲中古以來所確定而未變者。至明治時代以後，由於不斷向外發展，取得新領土，因此在第二次世界大戰發生以前，日本領土總面積包括殖民地在內，約爲六十七萬一千方公里。戰後失去殖民地（臺灣、澎湖、朝鮮、庫頁島南半）及南洋統治地——小笠原羣島（Bonin Islands），總面積減至卅六萬九千六百六十餘方公里（十四萬二千七百二十餘方英里），約略和中國四川省相當（較美國加里福尼亞州稍小，略大於全德意志或芬蘭）佔全世界陸地總面積百分之零點三弱。計所失去的面積爲卅萬零二千方公里，約合戰前總面積百分之四十五，恰好縮減至明治初期的版圖。目前構成日本領土的四大島嶼的面積爲本島（又稱本州）廿三萬零四百四十餘方公里，北海道七萬八千五百零九方公里，九州四萬一千九百四十餘方公里，四國一萬八千七百五十餘方公里。此外約有三千九百餘之附屬小島，其中有人居住者約佔四分之一。

由於日本係由弧形的連脈海島所組成，故地形狹長，由東北延向西南，羣島羅列，全

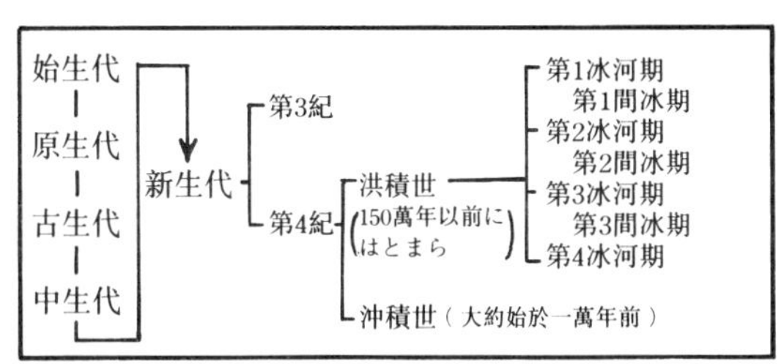

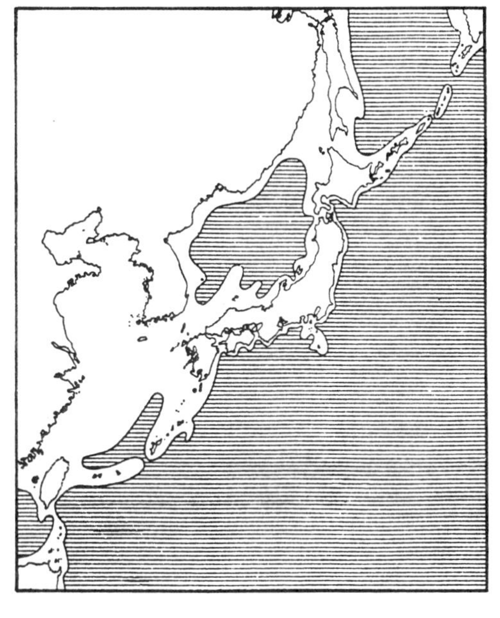

圖一：第四世紀初始之日本

後來進入第三冰河期時朝鮮海峽與津輕海峽大受侵蝕，逐漸形成現在之形狀

表一：日本國土構成島數、面積、海岸線長度以及主要島嶼之面積與海岸線長度

地域	構成島數	面積（km²）	千分比（‰）	周圍（km）	本島面積（km²）	本島周圍（km）
全國	三、九二二	三七七、八三五	一、〇〇〇・〇	二九、七五一	三六一、四八三	一六、二一八
北海道	二六三	八三、五二〇	二二一・〇	四、〇五二	七八、〇七三	二、四四七
本州	一、五四六	二三一、〇九〇	六一一・六	一二、一八五	二二七、四一四	八、二九八
四國	四七二	一八、八〇八	四九・八	二、九四六	一八、二五六	一、七九七
九州	一、四二〇	四二、一六三	一一一・六	八、九二六	三六、五五四	三、二〇六
沖繩	二二一	二、二五五	六・〇	一、六四二	一、一八五	四七〇

長約二千四百公里（一千五百英里），如一彎新月，遙拱中國大陸，故與中國發生關係亦最早。又以四面被海包圍，海岸線非常曲折，而多有良港，海岸線與土地面積之比例，可說是世界各國之首（每一公里海岸線只有陸地十五平方公里），總計在太平洋方面，有一萬六千四百餘公里，在日本海方面，有四千八百餘公里。著名海灣，則有鹿兒島灣、佐世保灣、大阪灣、伊勢海灣及東京灣等十餘處。本州及北海道內側的海叫做日本海。瀨戶內海則介於本州、九州、四國之間，號爲日本的地中海。發源於北赤道的北赤道海流是西太平洋的兩個極強的暖流之一。這個暖流的本流，經過日本列島附近的黑水洋轉向於亞洲大陸

的東海岸，而後以連續的圓環趨北美海岸。暖流旁系之一的對島海流注入日本海，沖激著日本的西海岸。暖流的環繞與沖激，是日本氣候溫和的主要原因之一。除以上暖流外，還有起源於白苓海峽，起源於黑龍江口岸附近，和起源於多來加灣的三寒流，都經過日本列島附近。日本海和日本的關係特別密切，這是因爲它一面鄰接朝鮮東岸，一面鄰接日本的西岸，常年不結冰，特別利於航行的緣故。同時因爲日本海中寒性海流與暖流交匯於此，水波不很平穩，又使古代日本與中國大陸的交通特別困難。日本人得以閉關自處未爲大陸的強大民族統治者，即賴於此。號稱「日本的地中海」的瀨戶內海，在九州四國與本州之間。該海是地殼變動時下沉部分，海中如星羅棋佈的形形色色小島嶼，便是突出部分，是未沉陷前的山嶽的高峯。海岸富有曲折，便於停泊船舶的港灣良多，海水深邃，不揚波浪，在古代，航運與漁捕皆特別方便。近代內國航運，專賴於此，且爲亞美二洲間主要海航線的必由之地，而成爲溝通兩洲文化的最重要的驛站。兩岸山色與碧海輝映，島嶼點綴於其間，景色天成，堪稱大觀。

日本諸島是地殼最後一次下沉時，露出海面的部分，因此境內山嶽聳立，山地約佔總面積的四分之三。除去因河川沖激與泥沙搬運，形成若干小平原，與山嶽低處山谷與傾斜度較小的山坡外，差不多全是山嶽。所謂「山山谷谷，津津浦浦」，用來形容日本地形頗爲恰當。在現有的面積上，據農林省一九六二年的調查，耕地面積約祇有六萬方公里，只佔日本總面積的百分之十六（相當於一四、三二〇、〇〇〇英畝），而在全日本可耕地總面積中的百分之十四點七四（相當於一、九二〇、一六四英畝）是在北海道。目前在日本可開墾爲農田的土地有百分之卅四在北海道，但因氣候關係，許多應該可以用來集中生產的農作物的土地都無法利用。日本的大部分耕種地區有一年兩百天以上的時間利於農作物生長，没有顯著的旱季，夏季長而濕度溫度均高，較熱的幾個月中，雨量最多，利於農作物生長的時間，雖然全國不一，其中以北海道的一百四十天爲最短，而以九州的三百天爲最長。

日本的山脈大別之可分爲二類：一是大陸山脈的餘脈，一是日本所特有的火山山脈。先言非火山山脈，由庫頁島自北越海而南，經北海道達於本州北部東北部的山脈，即北日本山脈，日本地理學者稱之爲「北灣山系」。南灣山系即南日本山脈，爲中國崑崙山系之餘脈，係崑崙自我國福建經臺灣出没於琉球列島，通過九州四國而達於本州西部西南部的山脈。北灣山系構成東北部地帶，南灣山系構成西南部地帶。北日本和南日本的分界處是富士山。火山多是日本地理特色之一。火山造成了壯麗怪奇的景色，同時也是日本列島多有地震的原因。在日本由地震測量器所測得的地震次數每年平均爲七千五百次，其中人類可感覺者約一千五百次，而每隔三年或五年便有一次大地震。颱風和地震是日本的兩大天然災害，每年平均有六、七次大颱風侵襲，或登陸或在附近吹過。

日本因火山甚多，故有火山國之稱，全國共有火山一九二座，活火山亦有五十八座，號稱日本最高的富士山（海拔三千七百七十六公尺），亦係死火山之一，其最後噴火係於一七〇七年。日本境內火山，按山之系列，可分爲七帶：⑴富士火山帶，自富士山迤南經豆南諸島達琉磺島。⑵那須火山帶，依北灣山系主幹北達宗谷海峽。⑶鳥海火山帶，在那須北麓，與那須平行。⑷千島火山帶，起自蝦夷山脈東北行連接千島羣島。⑸白山火山帶，自飛驒山脈經本州西北部達九州島北端。⑹阿蘇火山帶，自四國達於九州長崎附近。⑺霧山火山系，自九州南端延至琉球羣島。日本風景最優美之觀光地區，多闢建於火山地帶，即所謂溫泉區，每年前來觀光的遊客不可勝數。

日本境內河流湍急，而河川分佈與山脈分佈有密切關係。富士山是日本全國最高的地方，因此富士火山地帶便成了全國兩個最大水脈的分水界。全國比較大的河川計有利根川、江戶川、隅田川、天龍川、大和川、富士川、淀川、北上加川、三本木川（以上係流入太平洋的河川）、信濃川、阿賀川、最上川、能代川、石狩川、天鹽川（以上係流入日本海的河川）。其中石狩川與信濃川、利根川並稱日本三大川，而尤以石狩川爲最長，約二百七十哩，惟利根川則爲日本最適於內河航運的河川。日本境內河川都非常湍急，常有氾濫之慮，且無灌溉之利，但因水流急，流速大，可以利用之作爲磨電動力，故日本磨電事業特別發達。

日本的湖沼，因其起源之異，可分爲三類：⑴地殼變動的低凹部分積水成的湖，⑵火山口積水的山湖，⑶因海岸移行地殼深處積水成的湖（亦名灘）。本州近畿地方的琵琶湖屬於第一類，該湖位在海拔百米的高處，是日本面積最大的湖，廣二百七十餘公里，湖中有四小島，所謂近江八景，名貴可比擬蕭湘。屬於第二類的湖，位於富士火山脈末端天龍川水源的諏訪湖，海拔百米，其次爲日光地方的華嚴瀧水源的中禪寺湖，位於海拔一、三一六公尺之高處，餘如箱根的蘆之湖，盤梯山南的豬苗代湖及十和田湖，均位於四百公尺以上的高處。北海道的屈斜呂、阿寒、文笏、洞爺等湖，亦是山湖。本州南部及四國、九州二島，湖沼均較少。稱曰灘的湖大多在海岸附近，與河川有密切關係，且有利於航運。山湖多以圓柔的山色和葱茂的林木爲背景，明媚恬淡，雅靜幽麗，是自然風景區，這與日本人的心身修養上的裨益很大。

日本的平原都在河海的邊緣上，面積都不大，爲各大城市所在地。各平原的總面積僅佔全國總面積的百分之十五，將傾斜度在三十度以下的山坡加入計算，亦只佔百分之廿五之比例數。其中最大最富有政治經濟意義的爲關東平原，乃是利根川、隅田川泥沙搬運的結果。首都東京大商港橫濱和從前的軍港橫須賀，均在這個平原上。美濃尾張平原是木曾川的創作，紡織工業中心地名古屋即在此平原。近畿平原是淀川和大和川共同的產物，是僅小於關東平原的大平原，這區域即是古代日本文化的搖籃地，在近代，大阪在工業上的地位，神戶在航運上商務上的地位，都非常重要。上述三平原在日本國民生活上有決定的功用。其餘由信濃川、阿賀川經流的越後平原和北上川、阿武隈川經流的仙台平原，則比較居於次要的地位。九州的筑紫平原是大和民族最初根據地，現在因有煤田在內，供給八幡鋼鐵廠，是日本重工業的重要支柱之一。

日本列島的南部是亞熱帶，北部則是寒帶，兩極之間，溫度頗爲懸殊，日本與亞洲大陸只有一海之隔，亞洲大陸的寒暖極度的氣候與季節風（Monsoon, Seasonal Wind），皆直接影響日本。太平洋的海流與濕度，都和日本氣候有直接關係。北海道的年平均溫度，在攝氏五度到九度之間，最冷的月份是一月二月，月平均溫度在攝氏零下四度至七度之間，最冷之天嘗有零下卅度，最熱的月份是八月，平均溫度在十六度至二十度之間。本州的北部和南部氣候相當懸殊，北部年平均溫度在九度與十三度之間，最低溫度在零下一度至零上二度之間，最高溫度在廿二度至廿四度之間。溫度的差異，由於鄰接地帶的不同，隔日本海與亞洲大陸爲鄰的西岸地方稱爲「裏日本的地帶」，平均溫度較低。鄰接太平洋東岸地方叫做「表日本的地帶」，平均溫度則較高。本州西部瀨戶內海北岸及京都附近，年平均溫度在十三度至十五度之間，最低月平均溫度在二度至三度之間，最高月平均溫度在廿五、六度之間。九州的年平均溫度是十六度，最低月平均溫度在五度至八度之間，最高月平均溫度是廿五度。一般的說，北海道及本州北部西岸地方，是比較接近亞寒帶的溫度，九州南部是比較接近亞熱帶的溫度。大體上可以說，日本氣候是溫和的，見表二。

日本是比較多雨的國家，平均一年之中有一百五十天是降雨或降雪的日子，其餘的二百一十五天是乾燥的日子。一年的平均降雨量是一、二五〇公釐（即四十至一〇〇英寸），一年中雨天最多的是日本列島西海岸地方，如新瀉市、秋田市，一年之中有雨天二

表二：日本主要地區氣候：

地區名稱	氣象台 都市名稱	緯度 N°	高度（公尺）	溫度（攝氏） 絕對最高	絕對最低	月平均最高	月平均最低	八月平均	二月平均	年較差	雨量（公釐） 夏季 5 6 7月	冬季 11 12 1月	年總量
溫帶季風地區 西北區	雅内	45.4	3			24.9	−9.5	20.5	−5.8	26.3	210	504	1,152
	山形	38.3	155	40.8	−20.0	29.8	−5.6	24.1	−1.4	25.5	311	306	1,236
東北區	根室	43.3	26	32.1	−22.9	20.6	−9.9	17.1	−5.8	22.9	291	186	1,013
	石巻	38.4	45	35.7	−14.6	26.2	−3.6	23.3	0.1	23.2	347	248	1,121
北部區	網走	44.0	39	36.0	−29.2	23.0	−11.6	19.3	−7.4	26.7	215	195	858
亞熱帶季風地區 西部區	新潟	37.9	4	39.1	−13.0	29.2	−1.2	25.6	1.5	24.1	364	617	1,785
	敦賀	35.7	3	37.6	−10.9	31.2	0.6	26.0	3.5	22.5	465	851	2,359
山地區	松本	36.3	611	38.5	−24.8	28.9	−7.2	23.1	−1.7	24.8	358	129	1,077
東部區	東京	35.7	6	38.1	−8.6	29.7	−1.3	25.7	3.8	21.9	465	196	1,610
	名古屋	35.2	52	39.9	−10.3	31.6	−0.9	26.4	3.5	22.9	538	191	1,617
日本內海區	神戸	34.7	59	37.6	−6.4	31.8	0.9	26.9	4.3	22.6	465	156	1,316
	松山	33.8	33	37.0	−8.4	31.7	0.3	26.4	4.8	21.6	517	182	1,377
西南區	下關	33.9	48	35.9	−6.5	30.3	2.5	26.4	5.3	21.1	660	211	1,647
	長崎	32.7	133	36.7	−5.6	30.6	2.5	26.4	5.6	20.8	751	239	1,940
東南區	高知	33.6	2	37.1	−6.5	31.0	0.9	26.1	5.9	20.2	923	242	2,607
	鹿兒島	31.6	5	37.0	−6.7	30.7	3.0	26.8	7.3	19.5	943	239	2,214

百廿六日。東海岸地方雨天比較少，如東京市附近，一年之中有雨天一百四十八日，大阪市附近更少，只有一百卅九日。日本多雨季在一定的期間，夏季的多雨期在五月七月中

間，這就是通常所稱的梅雨期，秋季的多雨期在九月十月之交。就雨量而言，北海道的西北部和瀨戶內海的雨量最少，北海道北部年平均雨量只有七十公釐，本州中央及東北地方雨量亦較少，年平均爲一千至一千五百公釐，紀伊半島南部和本州山嶽的西斜面一帶地方，年平均雨量在一千五百至二千公釐之間，九州和四國的南部雨量最多，有時一年可達到三千五百公釐。

日本的地質構造，因山嶽形成的因素不同，因此其土壤層大抵可分爲兩類，一是沉澱層，一是噴出層。沉澱層屬於沖積層，本州東海岸最重要的關東平原，即屬於沖積層。日本沖積土壤的總面積，佔全國耕地面積的百分之四十五。沖積土壤的物理構成，含有多量的濕氣和易於水的浸透，有較好的肥沃度。但這種土壤的化學構成，並不豐富，所以人工施肥，是日本農作的絕對需要。前已述及，火山不僅是日本山嶽的脊梁，也是日本列島的支柱，受火山影響的土地面積也比較大。火山噴出的土壤，是火山噴出溶岩風化的產物，所以噴出土壤的物理構成，富有礬土和鐵的氧化物，化學構成則以富有酸敗物，少數腐蝕肥料，及易於溶解的無機化合物爲特徵。一般地說，這種土壤比較適宜於農業耕作。

日本的農產品以米麥爲大宗，生絲、茶、大豆與海產物，亦爲重要產品。陸上動物的經濟價值不大，由於野獸稀少，農夫對家畜使用以馬爲主，至於家畜如有馬羊等的飼養並不普遍，鳥類也比較稀少。漁業方面，日本海名列世界三大漁場之一，其地位雖比不上美國，但在亞洲則居首位。由於日本的海區南起自亞熱帶，北止於寒帶，且寒暖海流交混於日本列島附近，所以寒帶水中動物和熱帶水中動物，都比較富有種類，在量上說，也非常豐富。日本最主要漁穫量是海水動物。海水動物通常分爲：①魚類，②海棲動物，③軟體動物及蟹類等三類。魚類在日本附近海洋中最繁殖的是鯡、鰯、鯷、鯖、鮭、鯉、鰈等。海棲動物中以鯨魚爲最大，千島羣島、四國及九州附近常有鯨之影跡出没，但因近幾十年來日本漁夫剿滅式的捕捉，數量已大見減少。軟體動物中以蟹、烏賊、蝦、蛄喇、牡蠣、海參等最有價值。

日本的礦產，資源極爲缺乏，除產煤稍多外（據專家估計，日本煤炭的蘊藏量，約達七十九億七千噸），其他如石油（日本的潛在石油資源共有一億八千五百萬噸）、鐵、鋁、銅、金、鉛、鋅、砒、鎢、硫磺、石膏、石灰石、重晶石、矽石、白雲石以及長晶石等，產量均不多，必須由外國輸入。日本比較富有的非生礦物，是陶土和硫磺。日本產的陶土品質很好，這就是陶瓷的原料，其生產量冠於世界各國。日本是火山國家，因爲火山的活動，所以特別富有硫磺礦。日本的硫磺礦的實際儲藏量約有八億三千萬噸，但可能的潛在儲藏量是十五億七千萬噸。

四、日本的人口

人口代表國家擁有的人力，亦說明該國資源多寡以及勞動力市場的大小。正統派經濟學者馬爾薩斯在其名著「人口論」中，引證了若干材料，反覆的說明：「土地生產增加率和人口自然增加率，不能平衡，即土地生產增加的速度很慢，是等差級數的，人口增殖的速度較快是等比級數的」，因之斷定地球上將有人滿之患。馬氏這種論調，後來經事實的證明，並不十分正確，但帝國主義者們卻以這個理論爲根據爲藉口，確立了侵略政策。英國的貴族地主們，曾以此爲論據，施行了廣汎的侵略政策，而第二次世界大戰前日本的統治階級也引用了這種理論，試行向外侵略，引起了世界上短暫的擾動，而犧牲了不少人的生命財產，由此可見，人口問題，往往可以引起民族與民族，國家與國家間發生糾紛爭執的導火線。

究竟日本人口在近幾世紀來的演變情形如何?日本人口在一百九十年前，只有二千六百七十萬人，到了一八六三年，纔增到三千六百六十萬人。一百三十年間的人口總數，只增加了百分之廿六，增加率微不足道，明治維新以後（一八六八年以後），人口的增加率，纔逐漸提高。一八七一年（明治四年）人口總數是三千四百八十萬，一九二〇年（大正九年）十月十日日本第一次作十年一度的國勢調查，所得的結果是日本本部爲五千五百九十六萬人，到了一九三二年（昭和七年），增加到了六千六百三十萬人，降及一九三五年（昭和十年）日本政府再作國勢調查時，人口已經增加至六千七百萬人以上，如果將殖民地的人口一併合計，則將近一億人。見表三。

表三：一八七一年至一九三五年日本本土的人口絕對數字：

日曆	西曆	人口數（單位千人）
明治四年	一八七一	三四、八七六
明治十三年	一八八〇	三六、六四九
明治廿三年	一八九〇	四〇、四五三
明治卅三年	一九〇〇	四四、八二五
明治卅八年	一九〇五	四七、六七八
明治四十三年	一九一〇	五〇、九八五
大正四年	一九一五	五四、九三六
大正九年	一九二〇	五五、三九一
大正十四年	一九二五	五九、一七九
大正十五年	一九二六	六〇、五二二
昭和一年	一九二六	六一、三一七
昭和三年	一九二八	六二、一二三
昭和四年	一九二九	六二、九三八
昭和五年	一九三〇	六三、八七二
昭和七年	一九三二	六六、三一〇
昭和十年	一九三五	六八、六六二

由於近代日本醫藥技術的進步發達，使人口死亡率大大的降低，因而更增加了人口問

題的嚴重性，爲減低人口增加率之壓迫，日本早在第一次世界大戰期間，曾發動一項所謂「多產多死，少產少死」的運動，以期解決人口激增的問題，並沒有收穫顯著的效果。由於人口增加率之激增，使得日本爲了減輕國內人口壓力，乃掀起了一連串的對外侵略戰爭，終於招來了一九四五年的城下之盟。

第二次世界大戰後，日本已痛改前非，自知以武力手段來解決剩餘人口的移民問題，絕非良策，因而力求用和平手段來處理國內人口壓力。日本人口在一九六三年爲九千六百一十六萬人，在一九六五年增爲九千八百廿七萬人，一九九〇年爲一億二千四百萬人，是世界上第七個人口最衆多的國家。日本全國土地中，可耕地僅占六分之一，故此以耕地面積來說，日本也是世界人口最稠密的國家。其人口密度每平方公里爲三百二十九人（一九六五年爲二百六十六人）。日本政府當局爲阻止人口劇增的現象，曾於一九四八年由日本國會通過了一項「優生保護法」，使日本的人口出生率減低一半，以緩和人口之增加。

雖然近年來日本因工業的興盛，而能容納一大批國民，提供足夠的生產，以維持國民生計。儘管日本人口在戰後，由於日本政府提倡節育及計劃家庭，而使生育率每年降低，但因醫藥的進步，使死亡率大爲減低，因此日本的人口，至少在近卅年內，仍將繼續增加，預料日本人口，將於二〇二五年到達一億三千四百餘萬人的最高峯。據目前的預測，在到達最高額後的二十年，人口可能回跌至一億二千餘萬人。由於日本爲地理環境所限，故日人最近廿年來積極向南美及北美作有計劃的移民。一九六六年四月間，日本曾在東京召開東南亞九國（菲、越、泰、馬、星、柬、印尼、日）經濟開發會議，策動經濟人口南進。

表四：一九四〇年至一九九〇年人口增加率一覽表

日曆	西曆	人口數（單位千人）總數	人口數（單位千人）男性	每年平均增加數 人數（單位千人）	每年平均增加數 每千人之百分比	一百名男性之中女性人數比例	人口密度（每平方公里）
昭和十五年	一九四〇	七三、一四四	三六、五六六	一八三	二・五	一〇〇・〇	一九一
昭和二十年	一九四五	七二、二〇〇	三三、八九四	二、二〇〇	二八・八	八八・五	一九五
昭和廿五年	一九五〇	八三、二〇〇	四〇、八一二	一、二一五	一四・二	九六・三	二二六
昭和三十年	一九五五	八九、二七六	四三、八六一	八九四	九・一	九六・六	二四二
昭和卅五年	一九六〇	九三、四一九	四五、八七八	八六六	九・二	九六・五	二五三
昭和卅六年	一九六一	九四、二八〇	四六、三〇四	八九三	九・五	九六・五	二五五
昭和卅七年	一九六二	九五、一八〇	四六、七四四	九七八	一〇・三	九六・五	二五七
昭和卅八年	一九六三	九六、一六〇	四七、二三〇	一、〇三一	一〇・七	九六・五	二六〇
昭和卅九年	一九六四	九七、一九〇	四七、七四四			九六・六	二六三
昭和四十年	一九六五	九八、二七〇					
平成三年	一九九〇	一二四、二四四					三三〇

表五：日本未來總人口及人口構成預測

	總人口（千人）	人口動態（每千人，人）		年齡別人口（%）		
		出生率	死亡率	0～14歲	15歲～64歲	65歲以上
一九八五★	一二一、〇四七	一一・九	六・三	二一・六	六八・二	一〇・二
一九九〇	一二四、二四四	一一・九三	六・八〇	一八・七	六九・四	一一・九
一九九五	一二七、六〇七	一三・〇一	七・四四	一七・六	六八・三	一四・一
二〇〇〇	一三一、二七六	一三・六七	八・一六	一八・〇	六五・八	一六・二
二〇〇五	一三四、三八五	一二・七二	八・九七	一八・八	六三・二	一八・〇
二〇一〇	一三六、〇一六	一一・二三	九・九三	一八・七	六一・四	一九・九
二〇一五	一三六、一七六	一〇・五二	一一・〇一	一七・六	五九・九	二二・五
二〇二〇	一三五、五六七	一〇・九三	一一・九八	一六・五	六〇・〇	二三・五
二〇二五	一三四、九二三	一一・九〇	一二・七四	一六・四	六〇・三	二三・三
二〇四〇	一三二、〇〇〇	一一・二四	一三・七六	一八・一	五七・八	二四・一
二〇六〇	一二七、三三〇	一二・五四	一三・六六	一七・九	六〇・〇	二二・一
二〇八〇	一二四、八〇七	一二・一三	一二・八〇	一七・七	五九・七	二二・六

★實際數字

資料來源：日本國勢圖會 一九九〇年版，頁六五

五、日本文字的起源

日本古代有語言而無文字。雖然現代比較語言學者，以日本語從音韻、語法及語彙三者看起來，係屬巫拉爾、阿爾泰（Ural－Altai）語系統，質言之，它本來是和蒙古語、通古斯語、土耳其語及朝鮮語是同一系統的。但事實上，日本的語言問題，現在尚未獲得完全解決。日儒新渡戶稻造曾云：「在語言學上看來，日本語是伶仃的孤兒和它的左右前後各方面的言語沒有什麼關係的」。事實上，日本人自有歷史開始，爲了要增加語言的豐富，曾取用了許多中國的字音，此外如朝鮮及西歐的荷蘭、葡萄牙、西班牙、英國等語言亦對於日本的語言多少做過些貢獻。

日本在漢字未傳入之前本無文字，此一觀點早爲公元九世紀時的一部分日本學者所主張。雖然也有人主張「固有文字存在說」——即所謂「神代文字說」，如德川時代後期的國學者平田篤胤（一七七六——一八四三年）從國粹主義立場著有「神字日文傳」一書，力陳日本早在神代便有文字。惟事實上，這是留傳於對馬阿比留家者，爲朝鮮諺文的竄改，是故所謂固有文字說不足憑信，而日本古代無文字，現在已爲一般學者所承認。不寧惟是，多數日本學者咸主張日本之有文字胥在漢人渡日之後。關於漢字何時傳入日本，當在正史記載漢字之傳入日本之前。史籍之記載漢字漢學之正式傳入日本者，當爲應神天皇之世（約當公元三世紀末葉，即二八四年王仁從百濟渡日，獻論語十卷及千字文一卷，是爲漢字漢學傳入日本的開始），自漢字輸入日本後，歷經歲月，迨至八世紀中葉，日人始用漢字楷書的偏字，造成「片假名」（Katakana），又用漢字草書的偏旁造爲「平假名」（Hiragana），以爲注漢字音，及標注日本語音之用。當時稱漢字爲男文字，而稱假名爲女文字。日本學者有謂吉備真備作片假名，弘法大師空海作平假名，皆不足憑信，充其量或由他們兩人集其大成而已。

漢字傳入日本後，不僅成爲公家用以記錄史實，且爲一般學者用以著作寫書，而成爲當時日本唯一的正式文字。不過漢字在日本的讀法有訓讀及音讀兩種。前者即日本原來的語言，而後者則係中國傳入之音。然音讀又因傳入的時地之異而復分爲漢音、唐音、吳音。漢字傳入日本後，不僅促進了日本古代文化的進步，同時亦因而促成了所謂片、平假名的日本文字的出現。

雖然自公元九世紀初葉以還，因日本的所謂「國風文化」的確立，絕大多數書籍都採用日本文字（假名）記述，但漢字降至明治初年，一直爲公家官方用來記事的正式文字。日本自海禁開放與歐美交通來往後，日本語言中復混有許多外來語（日人稱爲「舶來語」），早在公元一八六六年則有前島密（日本郵政制度創始人），其人發表所謂「廢止漢字意見書」，倡導全部用假名而不用漢字，其後彼自由民權論大師福澤諭吉亦在一八七三年發表「文字之教」一文，主張不用生僻的漢字把常用漢字限制爲二、三千字，爲政府當局所採用。迨及昭和五年（一九三〇年）前後時，復有急進的教育家高唱「禁用漢文，廢止漢字」，甚且在第二次世界大戰後，更有主張「廢止漢字，改用羅馬字」，如盟軍總司令部（GHQ）所聘請的教育使節團亦曾建議日本政府限制漢字之使用，俾能使有更多時間以學習其他分野的事物，以提升教育效果。日本政府接受此建議，規定在國民義務教育期間的教育漢字爲八百五十字。甚至於如安本美典在一九六七年年初提出漢字在「二百三十年後消滅論」，凡此種種皆爲崇洋心理作祟的結果。自前島密於一八六六年提倡廢止漢字到今年已整整滿一百二十六年，一百多年來漢字仍未在日文中廢掉，後來鑒於八百五十字的教育漢字無法用以表達日常的文章，日本政府遂發表「常用漢字表」，規定常用漢字一千八百五十字，但日本的國語審議會後來又建議改爲常用漢字一千九百四十五字，由此可見漢字目前在日本還有其根深蒂固的力量。

事實上，漢字若果被廢止取消，則今後日本人對於其祖先的以往的文化，無從研究瞭解，或將會導致日本古有文化破滅的厄運。此外日本「同音異義」的字很多，而「同義異音」的字亦很多，如果沒有漢字漢文做根據，就容易混淆，甚至連日本學者自己也搞不通。例如日語中的「氣管」、「機關」、「旗艦」、「期間」等在日本語音皆爲キカン（Ki ka n），如無上下文連貫，往往要發生錯誤或誤會。又如同義異音的字也不少，例如「人」讀爲ウト（u do），「一人」讀爲ヒトリ（hi to ri），又如「海」字一字就有十種以上的不同讀法，如「黃海」讀爲ユーカイ（ko o ka i），單一個「海」字，讀ウミ（u mi）或ウウナ（u u na），「海苔」讀爲ノソ（no ri），「熱海」讀爲アタミ（a ta mi），「海戰」讀爲カイセソ（ka i se n），又如漢字之中的下、荷、可、稼、霞、鹿、家、夏、歌、蚊、夬、甲、何、柯、香、嘉、加等日語均讀爲「カ」（ka），又基、危、寄、器、去、來、毅、機、歸、棋、季、期、歧、其、忌、旗、氣、木、鬼、樹等日語均讀爲「キ」（ki），諸如此類不勝枚舉。因此，日本雖早已將各種不切實用，徒鶩博雅，用在平假名草寫中的書法，盡量的取消，但卻還沒有勇氣取消漢字。今日日本雖因科學猛進，與歐化的大功告成，其文章雖「和文」之混入較多，且亦採用所謂「外來語」，但漢字仍然居日文中相當重要地位，無漢字則不能成文，且若全部用假名寫文章，恐怕有很多人不能瞭解其文義。

第二章　日本的原始文化及其民族的來源

一、日本的原始文化

日本的開化和建國時代，日本史家的意見紛紜，舊史家號稱日本擁有將近二千六百五十年的歷史（昭和十五年，一九四〇年十一月十日，日人曾慶祝所謂神武天皇建國二千六百週年），並以神武天皇爲開國首君，把開國的時間，提早到公元前六六〇年（中國周惠王十七年——辛酉年），然這些都是後人的臆度，不足憑信。蓋神武天皇係後世所塑造出來的人物，事實上，並無其人。

日本之有歷史的記載，始自公元紀元開始時，迨及公元六世紀中葉，始有紀年的史記，現存日本最古的兩部史書是「古事記」（公元七一二年著）和「日本書紀」（公元七二〇年著），這兩部史書的著作都在中國秦漢以後。當時中日之間往來頻繁，中國文化早已輸入日本，在日本發生了很深厚影響，因此這兩部史書不僅在形式上採用和漢混淆的文體（古事記），或甚至於採用純粹的漢文體（日本書紀）；即使在內容方面，亦多抄襲剽竊中國史書典籍和讖緯之說，而把其認作自己祖宗的事實。第二次世界大戰後由於言禁開放，天皇的地位已由「活神」降落到「凡人」，因此新史家對於日本開國的神話，根本不予置信，甚且根據科學的考證，而斷定神武天皇並無其人，且認爲日本的開國年代約當公元之初，亦即日本民族之有歷史，迄今只有一千九百餘年，約起自中國秦漢時代。

從文化史的演進歷程以觀之，以往的史家認爲日本並無舊石器時代，而斷定自原始時代至公元第七世紀前後，日本文化的發展，經歷了所謂「繩紋式文化」、「彌生式文化」以及「古墳文化」的三個階段。第二次世界大戰後的一九四六年相沢忠洋氏在羣馬縣桐生市郊外的岩宿遺蹟發現打製石器以後，證實日本似曾有過舊石器時代。此石器遺跡中並無陶器出現，所以又稱爲無土器文化或稱先繩紋式文化。此關東赤土層（loams）推斷是洪積世後期。此舊石器遺跡分佈在關東中部地方、北海道、新潟縣的一部分及瀨戶內海沿岸等地。繩紋式文化時代約自日本原史時代即一萬二千年前至公元前一、二世紀之間，係屬於新石器時代，當時的日本人，尚過著渾渾噩噩，穴居野處，茹毛飲血的原始狩獵生活的階段。其社會基礎係立於狩獵採集經濟之上的氏族制社會。人人之間尚無貧富及身分上的差別，可說是一種自然狀態下的平等社會。當時的居住，因受狩獵捕魚以及採集自然果實爲生活的影響，故無定所，大體皆選擇近山或臨海的平地，挖掘十二至十八平方公尺的圓型或方型的穴洞而居。依照同一平地可發現數個乃至二十個，甚至於將近一百個的豎穴的遺跡看來，當時似乎已過著集團的共同生產生活，一戶人口若以四、五人計，每一村落集團人口約在十——三十人左右。當時的宗教崇拜已有巫術和精靈信仰（Animism）的存在，女性的崇拜極爲盛行，而女子多數被用作巫師（Shaman），代替病人驅邪治病，並判決爭論糾紛。當時生活水準低，知識未開，各色各樣的咒術甚爲風行。掌司咒術者大都爲女子，她們在原始社會中，具有統御集團的權力，故其社會是母系制家族爲中心。

降至彌生式文化時代（約自公元前一、二世紀時起，約當中國秦末漢初，所謂彌生式文化因最早於一八八四年在東京文京區彌生町發現，故名），已進入金石併用時代。彌生式文化之產生不是由繩紋式文化的內在發展，而是經由朝鮮半島、中國大陸輸入的新文化。彌生式文化時代日本人結束了野蠻時代而迅速步入文明時代，其人民已知利用金屬器具，從事農耕，同時養蠶業及蠶絲紡織手工業亦已相當發達。當時的居住，因人民既以農耕爲生，而耕作需要多數人的共同協力，村落乃隨之擴大，故聚數十家至百餘家爲一處，已形成相當大的村落。居住的構造，亦爲「豎穴式」，間亦有在地面上擇地而爲家的平地式居住。此外爲貯藏穀物糧食以防潮濕，另有所謂「高床式居住」。此一時代由於農耕發達，且農耕必以男性爲主，故從前母系爲中心的社會制度已被父系制所取代，而當時的家族制度，亦以嫁娶婚姻爲基礎的夫婦子女同居的父系制代替了母系制家族。精神生活及社會習俗方面的情形，繩紋式文化時代所流行的所謂「拔齒成年式」的習俗自然盛行，有些

表六：日本舊石器主要遺跡所在地

推定年代 據C_{14}測定	文化概況（石器類型）	主要遺跡	大陸文化
	前期舊石器之使用（礫器、剝片石器），但尚有論爭，楔形握搥使用。	丹生（大分）、田島（山口）、早水台（大分）、星野（栃木）。	相當於周口店文化期
三〇、〇〇〇B.C.	縱長剝片兩面加工石器（權縣山I文化）	福井一五層（長崎）、權縣山（郡馬）	
一六、〇〇〇B.C.	縱長剝片握斧（岩宿I文化） 石刃技法 小刀形石器	岩宿（郡馬） 杉久保（長野）、茂呂（東京）、宮田山（岡山）	相當於西伯利亞貝加爾地方後期舊石器文化
一四、〇〇〇B.C.	小刀形石器、大形尖頭器、彫刻刀等盛行	白瀧（北海道）	
一二、〇〇〇B.C.	細石刃盛行	矢出川（長野）、休場（靜岡）、荒屋（新潟）	
一一、〇〇〇B.C.	圓鑿形石斧使用、大形尖頭器	長者久保（青森）、神子柴（長野）	

地方以墨面風俗以示成年。崇拜自然萬物爲原始部落氏族社會共同的特徵，此一時代的日人認爲神有意志，有人格，舉凡與農業關係最深的日、月、山、水、風、雨等神，他們皆特別崇敬而膜拜之。因此，對於稻靈、祖靈的祭祀特別隆重。現在日本皇室或各地神社的所謂「新嘗祭」，便是這種祭祀的縮影。彌生式文化人認爲在祭祀這種神的咒術之是否成功，對於農作物的豐歉關係最大。由於咒術是決定豐歉的重要因素，因此巫師的社會地位極高，巫師成爲社會上的指導者，轉而成爲政治上的支配者。例如魏志倭人傳所記載的邪馬臺國女王卑彌呼以「事鬼道，能惑衆」而掌握政治大權。由農業生產而重視咒術，由巫師而轉成爲統治者，這是原始國家成立過程中主要的因素。

到了彌生式文化末期（約當公元三世紀時），日本的農業之發展已進步到相當完備階段，人民不但對於農具和耕牛的使用、稻田灌溉排水的設施，以及提高農耕技術等，皆已到達了相當的水準，同時蠶桑紡績業亦相當發達。迨及中國秦漢之青銅鐵器文化傳入日本後，遂取代了石器文化，而出現了日本考古學上所稱的「古墳文化時代」（興起於公元第三世紀而終止於佛教文化開始發達的公元第六世紀乃至第七世紀）。古墳文化時代的生產方式，經濟生活雖以農耕爲主要生產，但紡織手工業亦已開始，其農耕的土地除水田之外，陸田亦已相當發達，且各種農耕器具亦多係鐵器製成的鍬、鋤、犂、馬鍬等。抑有甚者，若從金屬器的被採用的史實以觀，古墳文化時代中國青銅鐵器文化的傳入日本，不但促進日本農業社會的發展，同時最强大的氏上，乃利用青銅及鐵器的武器，終於征服統一

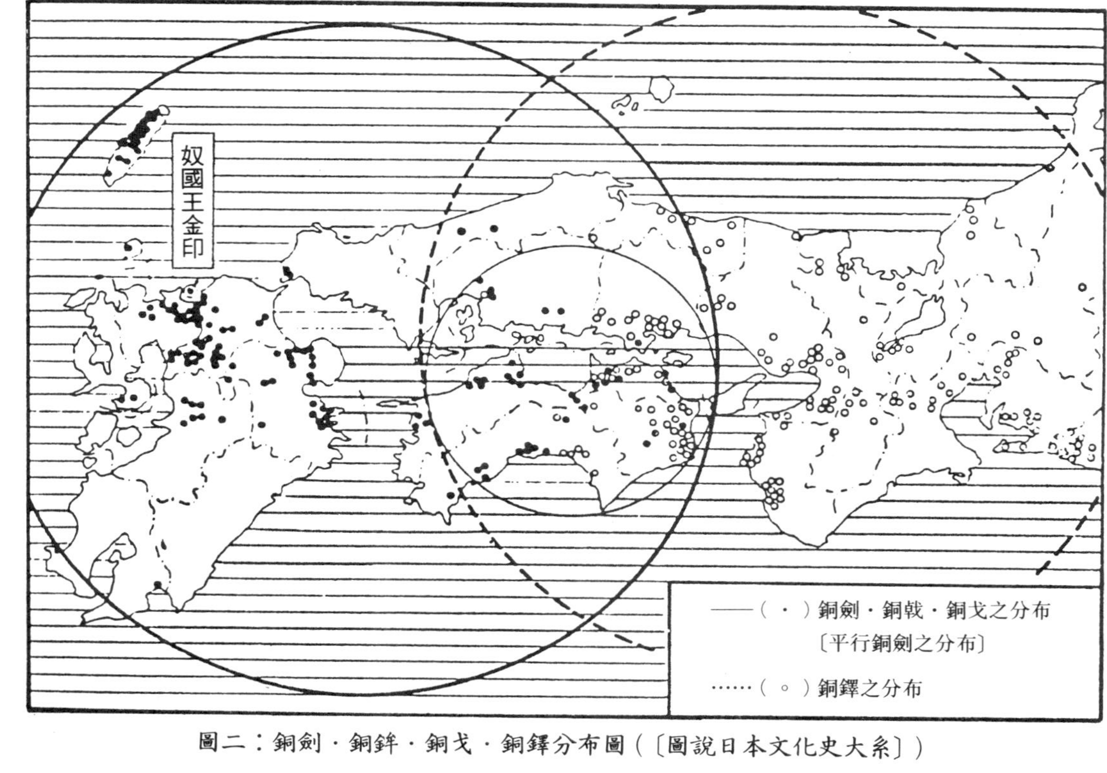

圖二：銅劍・銅鉾・銅戈・銅鐸分布圖（〔圖說日本文化史大系〕）

了日本列島。

表七：繩紋式、彌生式土器之比較

	繩紋式土器	彌生式土器
色彩	黑色	赤褐色、褐色
形狀	富於變化，形體多歪曲者	缺少變化，簡單而很均衡
紋樣	繩紋、撚系紋、押型紋、貝殼紋（早期、前期）、隆起紋（中期）、沈線紋（後期）	模仿幾何學的描紋（前期）、櫛目紋（中期）、無紋（後期）
材質	厚而粗糙，燒烤熱度約500～600°C	薄而質硬，燒烤熱度爲1000°C左右
分佈地區	日本東部	日本西部

二、日本民族的來源

儘管一般日本舊史家自詡日本的民族和國體，乃天神所創造，而日本人亦自稱其民族爲大和民族（又稱天孫或天降民族），但所謂大和民族的祖先並非自有日本列島以來，即棲居於該島，而是由其他各地移住日本者，已爲今日一般人類學者所公認。事實上，大和民族是世界上血統最紊亂的混合種族的一種。日本民族的起源，根據考古人類學家研究的結果，早在繩紋式文化時代之前日本可能已有來自日本西北方的大陸上的所謂「日本洪積世人類」的存在，惟這種人類嗣後到洪積世的後期，有火山的大活動，遂使這種日本羣島上的原人完全歸於消滅。

構成今日日本民族的人種如何?日本學者的議論雖然很多，但根據人類學家、考古學家及民俗學家研究結果，認爲在新石器時代末期（約在三千年前），日本列島上始有人跡。尤其自一九三六年以後陸續發現之明石原人（兵庫縣明石市）、葛生人（栃木縣葛生町，一九五一年）、牛川人（愛知縣豐橋市牛川町）、三日人（靜岡縣三個町，一九五五年）、聖岳人（大分縣聖岳）可得明證。其中聖岳人、三日人的遺骨計測數字表明，與中國的山頂洞人相接近。最先移住者即爲現在日本東北一帶蝦夷族的祖先舊蝦夷族（Paleo−Ainu）。舊蝦夷族原居亞洲西部，約在公元前一千餘年經西伯利亞、庫頁島而先至日本東北部，然後逐漸散居於日本列島各地，後來因受大和族所逼，而再退居日本東北部的北海道一帶。這種人種現在尚有一萬餘人，庫頁島上尚有千餘人，以漁獵爲生。

舊蝦夷族爲白色人種的一支，曾在日本使用過繩紋式土器，但構成今日日本民族的主幹者，並非蝦夷族，而是原居亞洲北部的通古斯族（Tunguse）。他們分批渡日，第一批由間宮海峽南下經由庫頁島北海道而進入日本，散居於出羽及越後一帶，和舊蝦夷族差不多時代移住日本；第二批是先至滿洲一帶的通古斯族（滿洲人的祖先），後來南下至朝鮮半島，其中一部分渡海而居於出雲、越前一帶；第三批是原居於亞洲北部及朝鮮半島的通古斯族，後渡對馬海峽而至九洲，居於日向一帶。前兩批渡日的通古斯族稱爲出雲族（日本史稱爲國津神），其移居日本列島上，時間參差不一，是零星的移民，第三批渡日的通古斯族爲天孫族，是舉族大批移居日本者。上述移居日本的各民族之中，初時以蝦夷族的勢力最大，旋被文化較高的出雲族所逐。但出雲族不久之後，則被智力及武力優越的天孫族所征服同化，天孫族後來逐漸擴展，由日向沿海路進入瀨戶內海，而達定川口，再由此沿海南下，在紀伊登陸，而入大和地方，並以此爲根據地，經略四方，終於奠定日本國家基礎的雛型。此即日本史上所稱的「大和民族」（Yamato race），又稱「原日本人」（Proto-Japanese）。

除了上述舊蝦夷族及通古斯族外，構成今日日本民族的分子尚有印度支那族（Indo-Chinese）、印度尼西亞族（Indonesian）、矮小黑人（Negrito）、韓族及漢族。印度支那族（屬苗族系統）於公元前六世紀時從中國大陸南部，越海北進，登陸於九州北部西海岸（有明海岸）的沿海平地，傳入了水稻的雛段耕作方法，後於公元四、五世紀時爲大和族所征服。印度尼西亞族（即前馬來族）係由南洋羣島乘海潮（黑潮）經由臺灣、琉球而終於移居日本者，其在日本的主要根據地是薩摩半島，日本古史上的「隼人」（Hayato race），即指此族而言，遲至平安時代始同化於大和民族。矮小黑人在印度被逐而至南洋，乘北赤道海流漂泊至日本的西南部，人數不多，大半係奴隸階級，其移住日本的年代，約在公元前二、三千年。韓族的前來日本爲時甚早，在原史時代便已移居日本，故一部分日本學者如藤井貞、星野恒、久米邦武、青柳南冥、金澤市庄三郎等人倡「日韓同祖論」，或「韓人倭人同民族說」，認爲「檀君與日本天降神族爲同種族，曾協力經略東方」。至於漢族的移入日本自原史時代便已有之，他們或循日本海迴流路或循中國海迴流路而移住日本列島。迨至漢武帝於公元前第二世紀末征服朝鮮置樂浪四郡之後，漢人入韓者漸多，其後再由朝鮮半島渡海赴日。此外尚有極少數的馬來種族（Proto-Malay）及蒙古人（Mongols），在歷史時代前往日本。

由於中日之間，咫尺相鄰，因之漢族大量移居日本後，對日本文化的開啓、國家觀念的形成、以及政治、經濟的發展貢獻影響最大。我人從上述日本原史時代的三個文化階段——即繩紋式文化，彌生式文化以及古墳文化的遺跡，如貝塚、人骨、土器、骨角針、漁具、飾物、陶瓷器、古錢、銅錢、銅鏡、銅鐸、古劍等物證明之，就可以窺測日本民族和中華民族的關係最爲密切。

依據日儒水野祐教授在「日本民族的源流」一書分析，他認爲構成現在日本的民族可大別爲下列兩大類。

第一類中有：（據古籍所載）

熊　襲——南九州，狗奴國人，山人；森林狩獵之民。

肥　人——西九州，倭人之一部，海人；漁撈航海之民。

土蜘蛛——東九州，倭人之一部，山人；森林狩獵之民。

國　樔——近畿大和，山間溪谷之人；狩撈之民。

越　人——裏日本，漁撈、航海之民。

毛　人——東日本，森林狩獵之民。

第二類有：

隼　人——南九州，印度尼西亞移來，海人，漁撈之民。

漢韓人——近畿大和及東國，原屬漢族及韓族，特別工業部之民，農民。

肅　愼——裏日本北部，原居中國東北之北部、西伯利亞、庫頁島東岸通古斯之一支，稱Qrochon族，漁撈之民。

蝦　夷——東北北部，舊蝦夷人，狩獵漁撈之民。

第三章　日本國號的起源與日本古代國家的形成

一、日本國號的起源

中國古代自稱「華夏」或「中原」，而稱四裔爲之夷狄，其中稱日本爲之「東夷」或「倭」或「倭奴國」，惟「倭」或「倭奴國」，原爲音譯，係古代中國人給予當時日本的一種名稱。雖然近世日人常自稱爲日本民族或大和民族，惟在日本古文獻中，往往自稱爲「倭國」或「大倭國」而不諱，如聖德太子在彼所撰的「法華經疏」中，猶自譽爲「大倭國上宮太子」，而日本書紀作者以魏志東夷傳中的邪馬臺參比大和國，以倭女王卑彌呼比擬日本神功皇后。按中國人稱扶桑三島爲日本，係在唐朝武后之時，在唐初以前的中國史書恒稱扶桑三島爲「倭」或「倭奴」，而稱其住民爲「倭人」。降及盛唐之世，日本國內漢學發達，深感「倭國」國號之不雅，嫌棄漢字「倭」有「柔順」或「順從」之意，有傷國體尊嚴，因此，乃修改其字，不稱「倭」或「倭奴」，而稱曰「日本」。新唐書記其事云：「日本古倭奴也。……咸亨元年遣使賀平高麗，後稍習夏音，惡倭名，更號日本。使者自言國近日所出，以爲名」，舊唐書亦云：「日本國者倭國之別種也，以其國在日邊，故以日本爲名。或曰倭國自惡其名不雅，改爲日本」，而史記夏本紀「島夷卉服」句下張守義則云：「又倭國，武皇后改曰日本國，在百濟南，隔海依島而居，凡百餘小國」。唐高宗咸亨元年係公元六七〇年，由此可知日人之改國號爲日本，尚不出公元七世紀後半期。

關於日人棄「倭」而改國號爲「日本」一事，時當公元七世紀後半期，日本學者亦加以肯定。例如白柳秀湖氏說：「稱日本全國爲 yamato，神代時已是如此。yamato 等於『倭』字，起於筑前委奴（伊覩）王通漢，中國人稱日本爲倭國。現在雖將全國寫作大倭，一國寫作大和，以示區別，然古代同用『倭』字，極易混淆。大倭相當於日本這個名稱，始於孝德天皇時代」（氏著：「二千六百年史」），而日本大百科事典亦說：「國號古稱 Yamato。日本二字始見於奈良朝初期的日本書紀。……Yamato 是因畿內一國的大和地名而起。……日本二字的由來是緣我國在世界最東端，所謂佔日出的位置。推古天皇致隋的國書有『日出處天子致書于日沒處天子』的話，就是這種意思。當時我帝國尚無國號，尚無公定的名稱，不過對中國交通的必要上這樣稱呼罷了。……『倭』字始於古代中國稱東方海上的居民爲倭人，我國從前援中國人普通稱日本爲倭國的例子，亦跟著使用這個『倭』

字。……日本書紀的編者以『倭』的名稱出于中國人的稱呼，不足正式表現我帝國，遂避去『倭』字，改用新創的『日本』二字。日本二字作我國國號用，初見於孝德天皇的大化詔書。」孝德天皇在位時代係從公元六四五年起至六五四年止，因之，可知唐書的記述日人改用「日本」國的年代與日人的說法並無衝突。

至於「日本」二字，現在日人音讀爲 Nippon 或 Nihon，但在曩昔只有其讀法，如日本書紀神代紀將「日本」讀作 Yamato 音，常與「大和」（Yamato）相混用，此外尚有讀作 Hinomoto 音，如萬葉集所載的山上憶良的和歌中有「日本之山跡國」之句，此處「日本」二字乃讀作 Hinomoto，即「日之本」的日本讀法，含有「日之出」的意義。後來音讀流行結果，始讀「日本」二字爲 Nippon 或聲音稍柔作 Nihon，迨至明治政府成立後，始把「日本」二字的音讀 Nippon 或 Nihon，定作正格讀法。

二、日本古代國家的形成

關於日本古代國家的形成如何？如前所述，關於日本建國年代，日本舊史家附合日本古史的神話，認爲「天孫降臨，神武東征之結果，組織和協的聯盟，遂以成立日本國家」，而把日本開國的紀元年代，斷定在公元前六六〇年（春秋魯閔公二年，周惠王十七年）。事實上，日本古史的神話，是在公元六世紀至八世紀之間，日本大和朝廷的統一政權，爲了其政治目的而假造史實的成分很多，這種神話，天皇中心主義的統一色彩甚濃，它不但缺乏事實，且與日本一般民衆的生活以及其宗教的階級脫節。因此，戰後日本史學界公認日本舊史中有六百年爲僞造或錯誤，已是一種常識。

日本之有原始部落國家的出現，乃始自彌生式文化時代。蓋如前所述，彌生式文化時代，由於農業的發展，故遂有村落集團的出現，同時因農耕係以男性爲主，因之從前所謂「聖人無父感天而生」和「古者民知有母不知有父」的母性爲中心的社會生活，亦開始崩潰，代之而起者爲以嫁娶婚姻爲基礎的夫婦子女同居的父系制宗族。父系中心的家族制度，最初只是夫婦及其子女共同組成的小家族，嗣後經過數代，子孫蕃衍繁殖，遂擴大爲一大家族集團，由父系的長老一人統率之，此種大家族制爲血緣集團，氏族社會遂以形成，而氏族的階級分化亦因之發生（關於氏族階級構成情形參閱附表甲及乙）。這種氏族由家長率領，定居於固定地域，形成部落或小國。各部落之間，爲了發展生產，擴大耕地，常有利害衝突發生，有時互相連合，有時互相吞併，力量强大的支配者，把其他小部落征服，將其族長或酋長置於自己統治之下，這種征服吞併的演進結果，最後形成了原始的國家。降及公元三世紀時，最大的氏族——天孫族，乃使用銅鐵製的武器，終於征服統一日本列島，其氏上便成爲各族公認的首領——即後來所謂的天皇。

究竟日本列島在公元第一世紀以前，其部落國家的情形如何？數目多少？因日史毫無記載不得其詳，關於後者我國史籍上記載甚明，如前漢書地理志云：「夫樂浪海中有倭人，分爲百餘國，以歲時來獻見云。……」後漢書東夷傳有更詳細的記載云：「倭在東南大海中，依山島爲居，凡百餘國，自武帝滅朝鮮，使驛通於漢者，三十許國，國皆稱王，世世傳統，其大倭王居邪馬臺國。……光武中元二年（公元五七年）倭奴國奉貢朝賀，使人自稱大夫，倭國之極南界也，光武賜以印綬，安帝永初元年（公元一〇七年），倭國王師升等，獻生口百六十人，願請見。」，三國志魏志倭人傳亦云：「倭人在帶方東南大海之中，依小島爲國邑，舊百餘國，漢時有朝見者，今使譯所通三十餘國」。

根據上引中國史籍的記載，可見在公元一世紀以前時，日本的部落國家多達百餘國，降及公元三世紀初葉，吞併結果，尚有三十餘國。這些部落國家，爲擴展其勢力，因此彼此間常有攻伐吞併現象的發生。根據前漢書地理志、後漢書東夷傳及魏志倭人傳的記載，日本在公元第二世紀後半葉，各部落國家尚處於攻伐混戰的狀態。當時在這些部落國家中，已形成了聯合國家模樣的組織，而奠立了國家統一的初階。前述後漢書東夷傳載有「光武中元二年，倭奴國奉貢朝賀……光武賜以印綬」，又「安帝永初元年，倭國王師升等，獻生口百六十人，願請見」，以及魏志倭人傳記載倭女王卑彌呼數次遣使入貢，魏天子並授賜「親魏倭王」印綬等記載，這些說明了前來漢朝貢的倭王，乃已取得了聯合國家盟主的地位，而他們之所以遣使入貢漢魏，其最大目的似即在於吸收中國文化，以供其治國統民之準繩楷模。尤其光武帝及魏天子頒授印綬，使小國統治者可假藉權威，增强其權力。

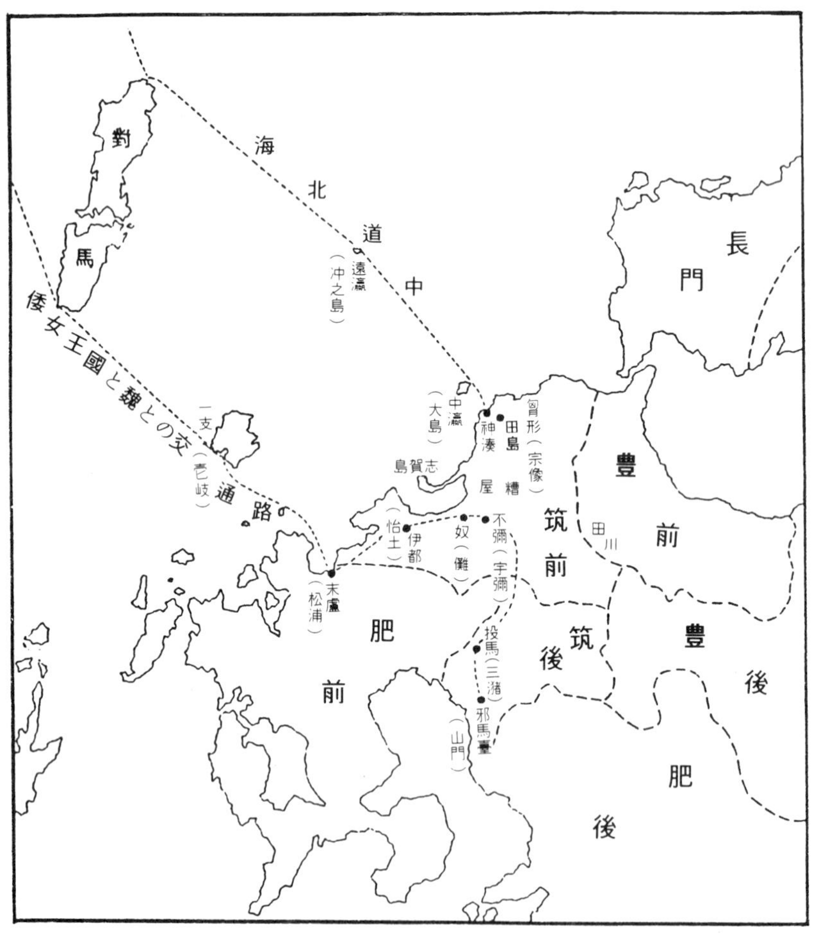
對
馬
海
北
道
中
遠瀛
（沖之島）
倭女王國と魏との交通路
一支
（壱岐）
中瀛
（大島）
島賀志
神湊
田島
宗形
（宗像）
屋
糟
長
門
豊
前
田川
筑
前
怡土
伊都
奴
（儺）
不彌
（宇彌）
末盧
（松浦）
肥
前
投馬
（三潴）
筑
後
豊
後
邪馬臺
（山門）
肥
後

圖三：倭國要地圖

表八　倭與魏之間的交通路

肥前松浦（唐津附近）	壱岐・對馬	狗邪韓國	帶方郡	遼東	洛陽

關於當時日本各部落國家的情形，日本史籍無從稽考，幸好中國史書魏志倭人傳有詳細記載，其內容包括當時分立諸國的國名、官名、方位、戶數等説明，產業、風物、風俗的介紹，以及邪馬臺的位置暨盟主邪馬臺女王卑彌呼的生活情形。茲將日本當時的文化發展狀況介紹於下：

(一)邪馬臺的位置及勢力範圍

關於耶馬臺的地理位置及勢力範圍，魏志倭人傳記云：「倭人在帶方東南大海之中，依山島爲國邑，舊百餘國，漢時有朝見者，今使譯所通三十餘國。從郡（樂浪）至倭，循海岸水行……至對馬國，方可四百餘里。又南渡至一大國（即壱岐），方可三百里。又渡一海至末盧國（即松浦）。東南陸行五百里到伊都國（即怡土），世有王，皆統屬女王國。東南至奴國百里。又東行至不彌國百里。南至投馬國水行二十日。再南至邪馬臺國，女王之所都。次有斯馬國、次有已百支國、次有伊邪國、次有都支國、次有彌奴國、次有好都古都國、次有不呼國、次有姐奴國、次有對蘇國、次有蘇奴國、次有鬼國、次有爲吾國、次有鬼奴國、次有邪馬國、次有躬臣國、次有巴利國、次有支惟國、次有烏奴國、次有奴國，此女王境界所盡。其南有狗奴國、男子爲王、不屬女王國。……參閱倭地，絕在海中，洲島之上，或絕或連，周旋可五千餘里」。

表九：邪馬臺國

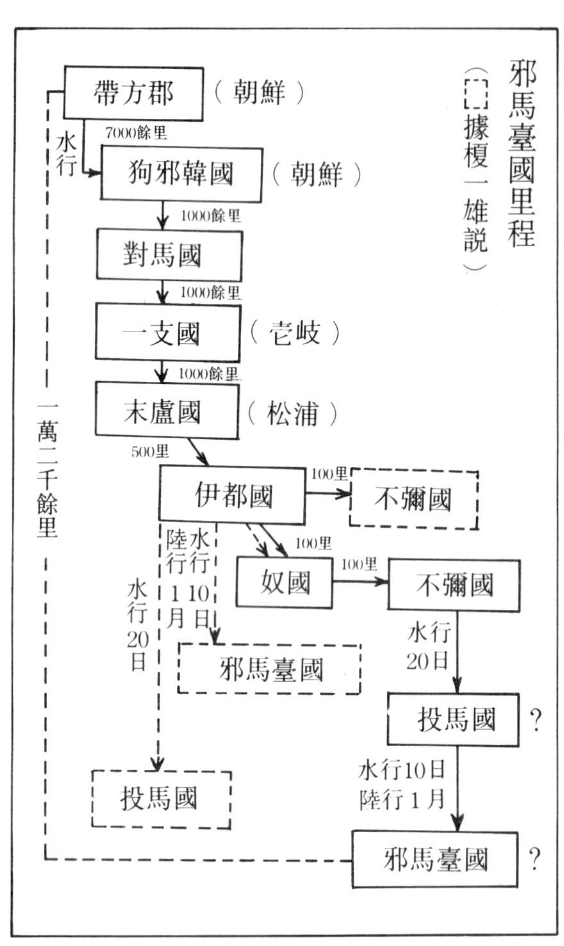

㈡女王卑彌呼的起居狀況

邪馬臺國是一個衆多部落社會所組成的聯合政權，由於尚未建立世襲制，王位由部落首長協商推戴。在各部落首長激烈競爭時，即推選女酋卑彌呼等能以咒力君臨衆人者爲王。卑彌呼不僅具有祭祀的能力，且也具有母系氏族時代母祖的權威。魏志倭人傳記云：「……其國本亦以男子爲王，住七八十年，倭國亂，相攻伐歷年，乃共立一女子爲王，名曰卑彌呼，事鬼道，能惑衆，年已長大，無夫壻，有男弟佐治國。自爲王以來，少有見者。以婢女千人自侍。唯有男子一人給飲食，傳辭出入，居處宮室樓觀，城柵嚴設，常有人持兵守衛。……卑彌呼以死，大作冢，徑百餘步，徇葬者奴婢百餘人」。

㈢一般社會狀況及生活習俗

倭人風俗有文身習慣，男子無大小，皆黥面文身，文身各異，或左或右，或大或小，尊卑有差以朱丹塗其身體，如中國之用粉。又知用占卜以測吉凶，並嗜酒。魏志倭人傳云：「……男子無大小，皆黥面文身……新髮文身以避蛟龍之害，文身亦以厭大魚水禽，後稍以爲飾。諸國文身各異，或左或右，或大或小……其風俗不淫，男子皆露紒以木緜招頭，其衣橫幅，但結束相連略無縫，婦人被髮屈紒，作衣如單被，穿其中央，貫頭衣之……以朱丹塗其身體，如中國之用粉也。有城柵屋室，父母兄弟，臥息異處，唯會同男女無別。食飲用籩豆手食，其死有棺無槨，封土作冢，始死停喪十餘日，當時不食肉，喪主哭泣，他人就歌舞飲酒，已葬舉家詣水中澡浴，以如練沐……其俗舉事行事有所云爲，輒灼骨而卜，以占吉凶，先告所卜，其辭如令龜法，視火坼占兆。其會坐起，父子男女無別，人性嗜酒，見人所敬，但博手以當跪拜……其俗國大人皆四五婦，下戶或二、三婦，婦人不淫不妒忌。風俗不盜竊，少爭訟，其死法輕者没其妻子，重者滅其門戶及親族，尊卑各有差序，足相臣服」。當時社會階級甚爲森嚴，倭人傳云：「下戶與大人相逢道路，逡巡入草，傳辭說事，或蹲或跪，兩手據地，爲之恭敬……。」

㈣農工商業概況

後漢書稱倭國「土宜禾稻麻紵蠶桑，知織績爲縑布」，魏志則說「種禾稻麻蠶桑，出細縑緜」，而女王第二次向魏天子納貢時有倭錦、絳青縑、緜衣、帛布、丹、木猾、短弓矢等，可見當時倭國的農工業已有相當的發展。又魏志稱「國國有市，交易有無，使大倭貿之，」此「國國有市」，足證商業的發達，又有監督機關，可見組織也頗爲嚴密。

以上所述爲公元一、二世紀當時日本部落小國的社會文化概況。這種林立的部落國家，降至公元第三世紀時（我國魏晉之際），由於强凌弱，衆暴寡的結果，逐漸發生變化，前引魏志倭人傳所載：「舊百餘國……今使譯所通三十許國」，即顯示弱小國家被强大國家併吞統治的事實。

三、大和朝廷的成立

上述這種征伐吞併的結果，終於使日本列島上演變爲三個政治勢力圈：第一個是在北九州地方以邪馬臺國爲盟主，屬銅劍銅鐸文化圈；第二個是出雲勢力圈，屬銅鐸文化圈；第三個是以奈良附近大和地方爲基礎的大和勢力圈，爲彌生式文化圈的中心。這三個政治勢力圈，經過若干年代，又再發生吞併，其中大和勢力圈力量最大，結果終於在公元三世紀末至四世紀之初，平服了邪馬臺勢力圈、出雲勢力圈以及其他小國。至此大和朝廷始完成了統一國家的建設雛型。

事實上，大和朝廷是以皇族爲中心，聯合各豪族所樹立的政權。大和朝廷的統治，不靠成文的法典，而是依賴自然發展的社會組織——氏姓制度。降及公元第五世紀，大和朝廷南征北討之結果，始鞏固了其政權的基礎。當時正值中國南北朝時代，大和朝廷的歷代國君皆遣使朝貢南朝劉宋，並由宋授受安東大將軍等封號。宋書倭國傳載有倭國武王（大和朝廷第廿一代君主雄略天皇）上表宋順帝稱臣納貢之文曰：「自昔祖禰，躬擐甲冑，跋涉山川，不遑寧處。東征毛人五十五國，西服衆夷六十六國，渡平海北九十五國，王道融泰，廓土遐畿」，此不但表示大和朝廷吞併征服日本列島其他小國的經過，亦表示了大和朝廷已有統一日本列島之勢。

大和朝廷於平定日本列島後，即開始建立官制以爲治國理民的楷模。大和朝廷的統治，不靠成文的法典，而賴自然發展的社會組織——氏姓制度。當初的中央官制如何，無從稽考，但降至第十四代仲哀天皇時已有大連（Ohomurazi）、大臣（Ohohoomi）、大夫（Mauchigimi）及將軍之官，分掌中央政務，參預朝政。至於地方政治組織，則依照山川地理的自然形勢，將各小國歸併的土地，分別設置「國」或「縣」的地方組織，地方官則「國」置「造」，「縣」置「主」，並賜以楯矛以爲表記。此外按其地位單位之大小及性質之別，另有別、君直、稻置、村主等地方官，這些別、君直、稻置、村主等官吏其管理各地方的性質與國造、縣主相同，而其在地方上的職別則有如中國古代的諸侯之分爲公、侯、伯、子、男之五等一樣，各自成一階級。這些地方官大部分都委任歸服大和朝廷的地方豪族充之。

大和朝廷建立後，其國勢雖日見進展，但皇族對於皇位的爭奪，骨肉相殘，亦日益激烈。皇位爭奪的結果，遂使中央豪族的勢力日益增長。自雄略天皇之後，朝廷大權漸移於中央豪族之手。豪族不但在政治支配力方面日趨强盛，甚且利用其權位蠶食皇室的屯倉而擴大其田莊（私有地）及部曲（私有民）。當時中央政府事實上並不能直接統治人民，而必須假手各氏上的轉達，故各氏實爲政治構造的中堅，但朝廷爲了確定各氏族的地位，以利統治，乃特設「姓」的稱號，以表別各氏的門閥、尊卑、職業的差異，此即日本氏族制

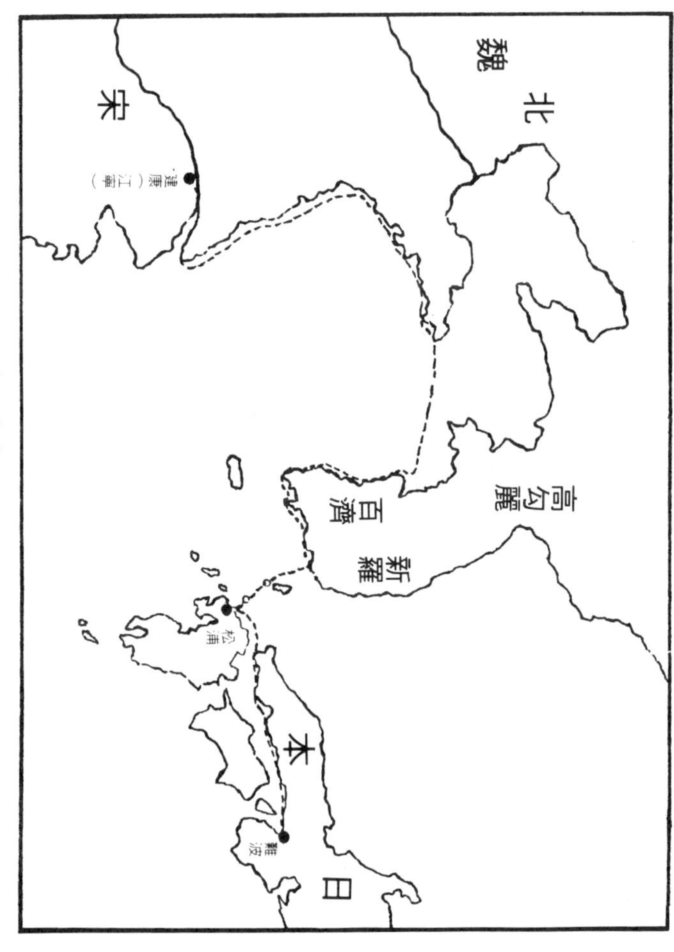

圖四：倭與南朝之間的交通路圖

度的完成，同時亦爲部落國家演進爲氏族國家的現象。當時氏族的組織如下表所示：

這種姓的制度分爲臣、連、君、別、直、首造、史等稱號，其用法爲插於氏和名之間，例如蘇我臣馬子，其蘇我爲氏，馬子爲名，而「臣」乃姓的稱號。此種姓係一種門閥表記，係基於血統的階級制度，前三種姓乃表示具有皇別及神別的血統者，而後四種姓係表示具有社會地位或官職地位的血統者。上述各氏之姓，皆爲世襲，因此凡有姓者，其官職亦是世襲的。此種稱號，最初本爲對氏的一種尊稱，但後來因朝廷對各氏照例按照等差，授以爵位，故變成爵位化，形成了官職權大小的標誌，其中臣、連乃朝廷特選，參與國家大政。

附表甲：日本氏族階級的分化情況，為氏族之內有所謂「氏神」、「氏上」及「氏人」之分。「氏神」乃氏的祭祀，「氏上」即族長（首領）係採取男系庶長子世襲制，「氏人」即部眾。關於氏族的構成，其組織系統表如下：

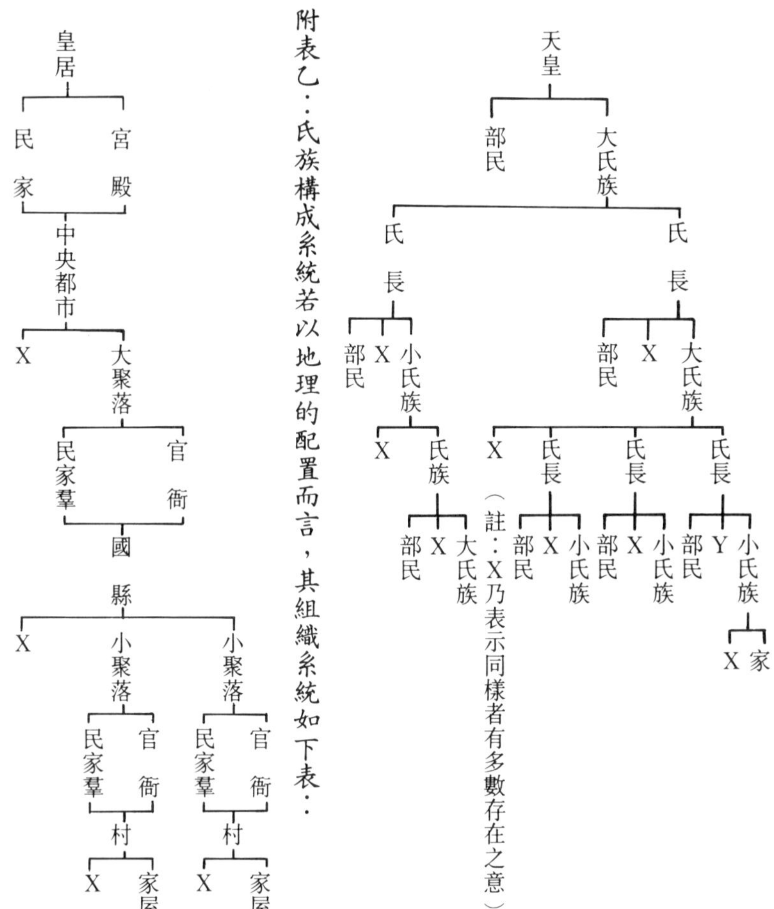

附表乙：氏族構成系統若以地理的配置而言，其組織系統如下表：

第四章 中國文化的輸入與日本華化的開始

一、中國文化的洗禮經緯

中日兩國的交通往來具有兩千餘年的歷史，其在日本本國未有正式歷史記載的幾世紀以前，即通中國。古代日本文化的形成，典章制度的樹立，撥厥本源，完全受惠於中國、印度、朝鮮等國的物質文明與精神文明的洗禮，其中尤以中國的道德文化，對於日本開化的功用，貢獻最大。

日本的正式遣使通聘我國，一般日本信史及大部分學者，均斷自公元四世紀崇神天皇時的遣使通漢爲始。惟日本與中國發生關係，最早似在姬周之世便已開始，蓋王充論衡第八儒增篇，第十三超奇篇及第十九恢國篇等曾記有周成王時代倭人貢暢之事，而山海經海內北經第十二有「蓋周在鉅燕南倭北，倭屬燕」的記事，又從現已出土的考古學上的遺物以觀之，日本備後御調郡三原町和備前邑久郡山手村，都曾發現先秦時代燕、趙、齊、魯等國貨幣明刀。明刀是出自燕國，同時考古學家早在遼東半島營城子、旅順附近牧羊城址、遼陽太子河附近，和朝鮮半島平安北道寧邊郡細竹里、平安北道渭原、平安南島大同江西、全羅南道康津等地，先後發現明刀。這種古代燕國明刀分佈現象，不但說明了中國古代金屬文化乃循這一條路傳入日本，同時亦可推測日本在春秋戰國時代，已與我國有所往來。

不過從我國史書的記載來看，古代日本和中國間的交通和文化關係，最頻繁的還是漢朝以後的時代。蓋漢武帝於元封二年（公元前一〇九年）滅衛氏古朝鮮，於其地分置臨屯、真蕃、樂浪、玄菟四郡，中國遂與三韓接壤，交涉來往漸繁，渤海航路，由此大啓，中日交通亦漸形頻繁，漢人此後逐漸移住朝鮮半島北部與中部，而形成以後的所謂樂浪文化。倭人自公元四世紀於朝鮮半島置任那日本府（大伽羅地）之後，便蓄意積極經營朝鮮，因此，倭人得經由朝鮮而獲悉中國的各種進步文明，進而與之來往，因之當時正像太平洋浪濤一樣衝向朝鮮半島的中國新興文明，在其餘波盪漾之中，對於日本自亦發生了直接衝激的作用。

原來日本的大和朝廷既然已完成統一國家的胚胎，且銳意經營朝鮮，因此爲了防止漢朝勢力的南下，崇神天皇不僅在南韓地方設置任那日本府（任那日本府於公元五六二年被新羅所消滅），並派遣皇族分赴四道（此即日本史上有名的「四道將軍派遣」）以鎮撫繼起的國內反叛勢力。此後日本國內各地叛亂頻繁，大和朝廷察知日本列島上叛亂的禍根實在朝鮮，於是神功皇（公元三世紀初葉——約當漢獻帝時）乃親自率兵攻伐朝鮮半島，征服南鮮一帶。自此以後三韓與日本的通往益加頻繁，同時經由三韓半島而輸入日本的中國文化，在日本國民生活各方面，都給了極大的影響。抑有甚者，國家若連續用兵時，自然會產生了許多文武功臣。這些功臣由於其擁有與一般國民不同的特殊地位和勢力，因此，不但產生了階級的差別，甚且因功臣之間互爭政爭，而影響了朝廷皇室的政治支配力。各種民族文明開化進步的通例，凡和異邦的文明接觸，在任何場合之下，都必定會引起國內若干變動，日本亦自不例外，尤其是日本自立國之初以來，其社會組織則已發生了缺陷，且政治及社會的種種措施亦呈露了許多弊害，在這種情況下，外來的中國文化的輸入，當時使日本的變動更爲激烈。

予日本國民以不朽之感化的中國儒家文化，其最初傳入日本，據正史的記載當爲應神天皇十五年（公元二八四年）百濟阿直歧赴日爲始。阿直歧又推薦百濟的博士王仁給應神天皇。天皇乃遣使者至百濟迎之，王仁遂於應神天皇十六年（公元二八五年）攜論語十卷及千字文一卷至日本，與阿知使主共掌文筆之職，日本始識文字。自此以後，百濟經常遣五經博士赴日交替，而卜書、曆書、藥物等亦隨之携入，降及欽明天皇十五年（公元五五四年）日本已輸入禮、樂、書、論語、孝經等五經，而王仁帶往日本的經典，其論語則成爲培養日本國民思想的根據，而千字文則成爲日本發表言語的一大工具。但大和民族自定居日本列島後便已與朝鮮或中國大陸交涉往來，而當時代表聯合國家組織的盟主地位的歷代五位倭王亦恆有遣使通聘中國之舉，因此，事實上，中國儒家文化早在應神天皇之世以前便已傳入日本，但無論如何，中國儒家文化對於日本國民以很大的刺激及影響，則係自應神天皇時代起。自此日廷積極地努力於吸收攝取中國儒家文化，並與此相伴而傳入日本以種種新的文明事業。上述歷代倭王據宋書夷蠻傳所載，自公元四一三年至四七八年之間，先後有五倭王（讚、珍、濟、興、武）遣使來貢。五倭王據日僧那珂通世等的考證，便是日本史上的仁德（讚）、反正（珍，梁書諸夷列傳作彌）、允恭（濟）、安康（興）、雄略（武）五位天皇。亦有指讚是履仲或應神天皇者，但仍以仁德天皇爲定論。

儒家學問的宗旨爲修身齊家治國平天下之學。中國自周宋以降，其間雖有盛衰，但帝王謀治之道，未曾有脫出儒家王道政治之範疇者。王道政治重視「禮教」與「德化」，故又稱「德治政治」或「禮治政治」。由於儒家重禮而王者崇之，故禮的內容遂變爲社會上、宗教上以及法制上的規範，而爲政制法律之繩墨。儒家之學傳入日本後，一方面闡明啓發了日人禮化道義的精神，他方面又教示日人應遵從修齊治平之道的重心，人君謀國治民之道應有「天視自我民視，天聽自我民聽」的胸襟，以臨其民，而後才能克臻君道。所謂「天討有罪，天命有德者爲君」，即有德者便可以爲君主，乃當時儒家教示日人國君治道最善的哲理，但是儒家這種禪讓放伐作爲國家基礎的觀念，卻與日本當時的神權政治的主權思想絕不相容。蓋在日本主權者的天皇是非神武天皇的直系苗裔不能出任，因此，儘管是了不起的聖賢君子，或超羣拔類之輩，苟非神武後裔，絕對不能成爲主權者。在日本本無所謂「天皇」一詞，「天皇」一詞就日本留存的遺物看來，以刻在大和法隆寺的藥師像背後的爲最古，這無疑是公元七世紀時聖德太子所製造的。在此之前，是用「大君」、「皇尊」或「至尊」之類稱呼，即「治國者」的意味。按在日本「天皇」一詞實即含有「奉爲天神的皇帝」意思，所別無受命之處，在日本天皇是創造國土之神高天原系的天照大神的子孫，是明御神，亦即現身爲人形的神，具有神的權威，同時全國的土地與人民都屬於天皇所有。因此，中國所謂「皇天上帝」下命有德者使爲君主之說，對於日本而言當然是一種非常危險的思想。

二、秦、漢歸化人對日本的貢獻

由於大和朝廷之進窺朝鮮半島，結果盛行輸入中國大陸的新文化，並且促進了生活技術方面劃時代的進步。日本自應神天皇之朝以還，主要地藉來自朝鮮半島的歸化人的力量，以攝取中國文化及儒家思想。其後約有三百年之久，這批歸化人實居於日本文化的指導地位，對於日本文化的發展大有貢獻與功勞。繼三韓人之後赴日者有我國秦漢兩大系遺民。蓋我國自三國以來國情亂極，魏晉之際，戰亂不休，因此大批人民紛向東方樂土日本避難，他們之間有不少人或對中國文化有深厚的修養，或在學藝學術方面有所專長，到了日本之後，將中國的學藝技能知識，傳授日人，此於促進日本古代社會文化的形成及發展，貢獻極大，此爲中國文化大量直接輸入日本的第一階段。由於他們對日本開化的貢獻極大，因此當時日人尊敬他們更甚於朝鮮人。不待說，他們在社會上或政治上都曾享受了優異的待遇。

根據日本史籍所載，漢人從樂浪、帶方兩郡大量地移住扶桑三島，是在公元三世紀的應神天皇時代。首先是我在韓的遺民弓月君（一稱融通王）於公元二八三年（應神天皇十四年），率領百二十餘縣的人民赴日，至雄略天皇之世（約當我國南北朝之季），其人口已超過了一萬八千六百七十人，弓月君自稱爲秦始皇的十三世孫（姓氏錄以弓月君爲秦始皇五世孫），故日人稱之爲秦人。另一批漢人集團在應神天皇二十年（公元二八九年）時，由阿知使主（一稱阿智王）及其子都加使主率領十七縣之民至日，阿知使主自稱爲後漢靈帝的三世孫，故日人稱之爲漢人。阿知使主於應神天皇三十七年（公元三〇六年）奉派至吳（建業地方）求「女工」、「漢織」等紡織工人赴日。此外又有稱作魏文帝之裔的安貴公，也率領多數人民渡日。這些歸化人有的擅於養蠶，有的巧於織絹，故不但對於當時日本養蠶織絹之術，遂開一新面目，且都成爲巧藝技術的教師，尤其是日人之訓讀，「秦」、「漢」兩音均與紡織有關，可見秦漢的歸化人，諒必不少人成爲養蠶和機織的教師，對於古代日本文化的發達貢獻最大。日廷爲獎勵學問，在諸國設有記錄之官，大部分均由歸化人擔任。這批歸化人不僅止於記錄諸國的事情，或則掌記朝廷的出納，或則被任作使臣派往海外，此在當時，都是日廷的重要官職。

上述秦漢歸化人，直至日本吸收唐代文化開花結果的平安時代，其勢力一直蟠踞政府要津。秦人數目在欽明天皇元年（公元五四〇年）時則增至七千零五十三戶。根據「新撰姓氏錄」的統計，在公元九世紀初葉，京畿爲中心的各重要地區共有一一八二氏，其中歸化人的氏族佔全體氏族的百分之三十。在京畿以外地區歸化人的成分雖或較少，但在全人口的比率中，仍然佔著一個龐大的數目。秦漢兩系的歸化人，秦氏一族的勢力在公元八世紀末時的桓武天皇時代（七八二——八〇五年）竟左右了皇位的廢立及京師的播遷。當時皇室的重臣藤原氏一族，幾乎均賴秦氏一族的財力爲其後盾。秦漢氏歸化人在日本蕃衍繁殖結果，降至平安時代初期已成了當時日本新興產業的中心勢力，不僅對於日人殖產技藝，始終處於指導領導的地位，且對於平安時代文化以及經濟的發展，亦有其特殊的貢獻。

原來日本在開國之初，政事簡單，兼以皇室、神社與國家的經費混同不分，因此只設一個收存神物和官物的「齋藏」，由掌祭祀的齋部氏司其出納。其後履中天皇（約當東晉安帝時）之世，於齋藏之外別立「內藏」，以分收官物。迨至雄略天皇之世，因諸國所舉的貢調突然增加之故，遂更建「大藏」。至此三個倉庫並置後，宗教、皇室與國家的經費才逐漸有了區別。而財政方面亦從所謂官房財政進化到國家財政的地步。當時掌財政監督之任者，爲當時最大豪族蘇我氏。在蘇我氏手下司實際出納記帳之事者，則爲秦漢歸化人的子孫。這些在蘇我氏下的歸化人，自然地和蘇我氏發生了主從的關係，並因蘇我氏的勢力之强大，他們的勢力亦逐漸增强，最後竟至於替蘇我氏出種種主意，例如嗾使蘇我氏以刺殺崇竣天皇者，係名爲東漢直駒的歸化人的子孫。他甚至於毫無忌憚地放言：「我知有蘇我氏，不知有天皇」。蘇我氏自獲得歸化人的支持後，受了儒家「有德者作君」的政治思想的影響，把持國政大權，甚且曲解儒家哲君政治的真義，漸萌篡奪野心。迨至蘇我入鹿於公元六四五年（唐太宗貞觀十九年，皇極天皇四年）被中大兄皇子斬殺後，蘇我氏的勢力始歸衰退。惟當時歸化人在日廷中已擁有舉足輕重的力量。如蘇我入鹿被誅後，賜其屍體於其父蝦夷時，歸化人已有力量起而抗命，日本書紀記述此事曰：「賜鞍作品（入鹿）之屍與大臣蝦夷，於是漢直等，聚集眷族，擐甲、持兵、助大臣設軍陣），此則說明了當時歸化人的力量已足以撼動日本政界，在這種情形之下，日廷爲擺脫歸化人的置喙干涉國家大政，遂有大化革新的斷行。

秦漢歸化人對於古代日本文化發展的另一貢獻，厥爲幫助日廷平服京畿以外地域，如北九州一帶的開發，主要係因秦氏早在周防、豐前之地從事開發，因此當公元五世紀前後大和朝廷始得以此爲基礎而向九州發展。抑有甚者，秦氏又利用了築堰技術，將桂川的水引入葛野平原，使荒蕪的草原變成沃土。至於漢氏一族除於桓武天皇時代，有坂上田村麻呂（歸化人阿知使主的後裔）平服蝦夷之外，如陸奥、出羽等地，亦完全仰賴歸化漢人，以其高度的產業技術，分別驅除土著，而在經濟文化方面充實發展者。

綜括以上所述，可知我國秦漢民之赴日，不但在日本政壇上佔有重要地位，其對於日本文化上的影響則遍及於物質及精神兩大方面。在物質文化方面，尤以工藝技術爲主，這對於日後日本的完全華化大有關係。至於在精神文化方面，除經學與典籍的傳入，使日本有了歷史的記載，知用語文之外，由歸化人帶往的思想中，其儒家思想影響日本最大。儒家的「尊祖先重忠孝」思想傳入結果，對於日本人的人情義理方面影響最大。例如稚郎子兄弟（即仁德天皇及其弟）帝位的相讓美舉，即爲其顯例。至於六朝時代神化道家的思想，其影響日本者，如日本書紀、古事記的常世國觀念，或浦島之傳說，則係受神仙說的影響；又神武天皇辛酉年即位之說則出自易緯一書的「辛酉革命，甲子革命」，天皇及諸神稱號的「ミコト（mi ko to）給以「尊」字，乃受道家的影響者；至於在大和、奈良、以及平安時代的悠久歲月中，其年中行事的「大嘗祭」、「祈年祭」等（至今日本皇室仍奉行）有一項「大祓」的祝詞，延喜式稱之爲「東史忌寸部（即東史氏的漢族）獻刀時之咒文」（西史氏的咒文亦同），此祝詞則出自道家思想者也。事實上，初期的歸化漢人，至公元七世紀前半期，其在日本勢力的活躍，實爲整個日本政治文化的中心，對於大化革新以前數世紀日本文化的創建，發揮了偉大無比的貢獻，不僅在史實上爲日本民族記錄了古代神話及傳說，即在漢文的傳佈以及「和化工作」上，也留下了不可磨滅的功蹟。所謂「和化工作」，即係以漢文與和文混合使用，使在文字以及音訓上，使之適合於日人的習慣。

表十　日本上古時代之歸化漢人系統表

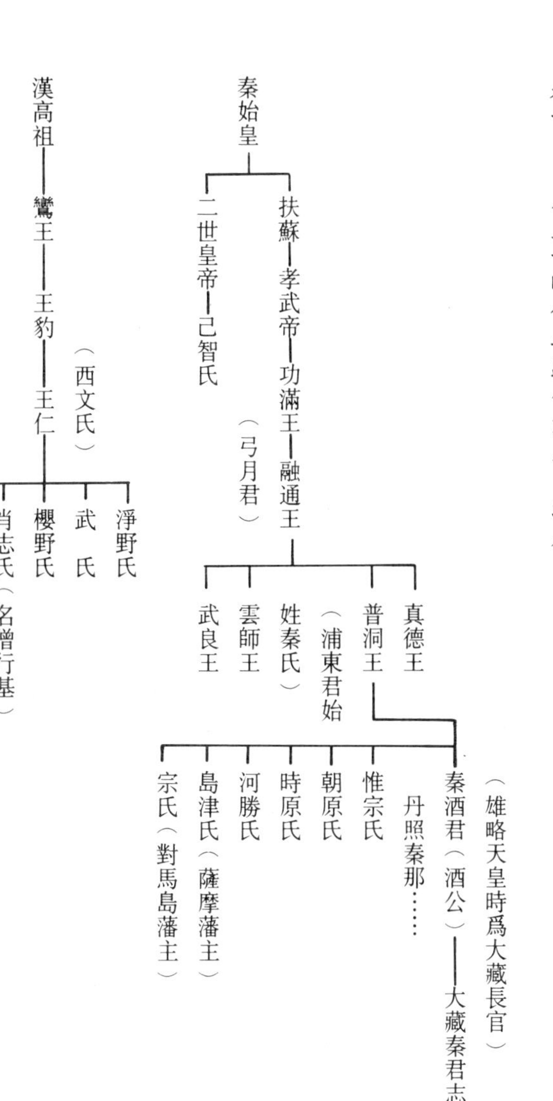

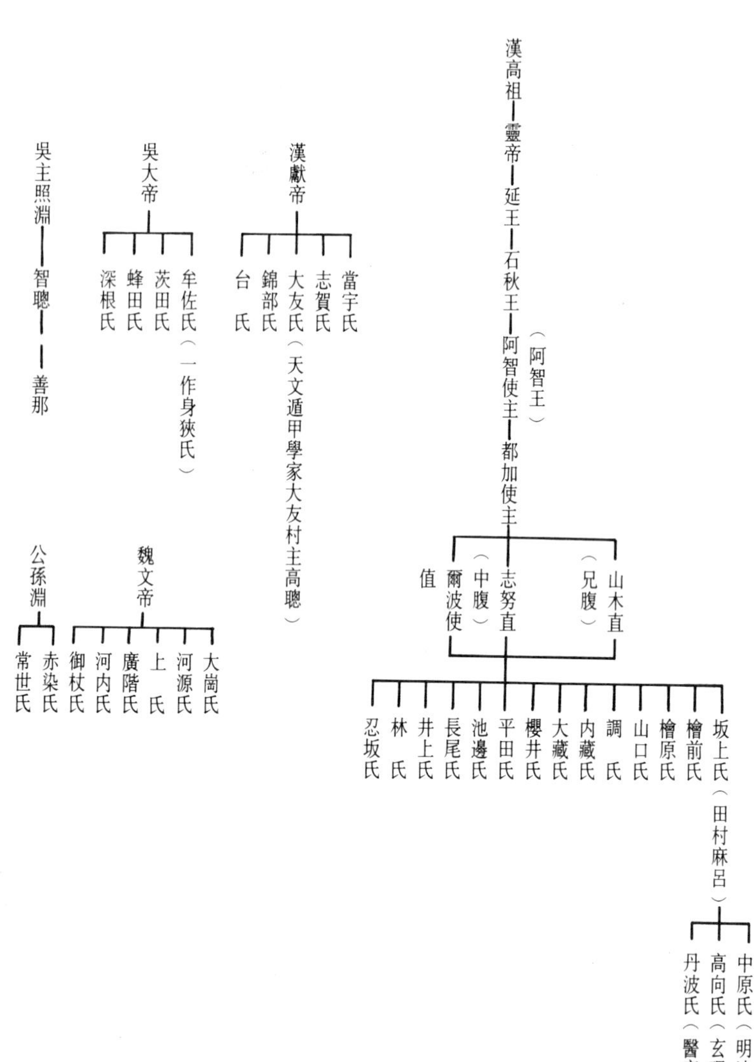
漢高祖
靈帝
延王
石秋王
阿智使主
（阿智王）
都加使主
山木直
（兄腹）
志努直
（中腹）
爾波使
值
坂上氏
（田村麻呂）
中原氏（明法家）
高向氏（玄理）
丹波氏（醫家）
檜前氏
檜原氏
山口氏
調　氏
內藏氏
大藏氏
櫻井氏
平田氏
池邊氏
長尾氏
井上氏
林　氏
忍坂氏
漢獻帝
當宇氏
志賀氏
大友氏（天文遁甲學家大友村主高聰）
錦部氏
台　氏
吳大帝
牟佐氏（一作身狹氏）
茨田氏
蜂田氏
深根氏
吳主照淵
智聰
善那
魏文帝
大崗氏
河源氏
上　氏
廣階氏
河內氏
御杖氏
公孫淵
赤染氏
常世氏

第五章　大化革新與中央集權制國家的建設

一、聖德太子的新政

我們在前面已略爲說過，中國古代進步文化，由於中日間多次來往，因之輸入日本後，隨著時間的進展，逐漸生根開花結實，終於促進了日本列島的統一，而有大和朝廷政權的出現。大和朝廷的權力在公元五世紀前後，完全操於豪族氏上之手，土地人民均受到這些豪族所統率宰割，而氏族專橫的結果，使中央朝廷的政令無法伸達於人民，抑有甚者，在當時的氏族制度之下，歸化漢人以其高度的文化傳統爲背景，實際上也已形成了一種貴族的體制，控制朝政及文教大權，在當時日本氏族割據狀態之際，鄰近的中國隋唐武功之強盛，不僅文化之造詣極爲燦爛，而且國家體制統一整然的現象，使日本朝廷當局者大爲覺醒，認爲氏族的把持政治，分割權力，乃使日本永遠淪爲一部落國家形態的國家，無法足以和中國對等往來，在這種覺醒之下，遂產生了打倒氏族專制運動，而其具體的表現即爲大化革新的斷行。所以大化革新，實爲日本從幼稚的氏族政治，改變爲仿效中國文治政治的重要轉變期。日本史家往往即以第卅六代天皇孝德天皇即位後改元爲大化元年（公元六五四年）的一年，作爲日本歷史分期的界線，在這年以前統稱爲古代史（氏族時代史），在這年以後至第八十二代後鳥羽天皇文治二年（公元一一八六年）源賴朝開創武家政治於鎌倉之一年止，統稱爲上代史（王朝時代史）。

日本學者，往往把大化革新與神武天皇的開國、源賴朝的開創幕府政治、建武中興以及明治維新同列爲日本歷史上政治革新的五大鴻業。然則大凡一種政治運動或政治改革的產生必有其原因，否則絕無法掀起一種運動或改革。關於促進大化革新的要因，日本學者之間，雖因其著眼點不同而有歧見，但經濟上的壓迫，氏族政治的弊害以及中印文化的影響三者，爲促成大化革新的原因，則爲學者間一致所承認的。儘管大化革新係依時勢的要求而起，且因孝德天皇、天智天皇及中臣鎌子的雄略英斷，而得完成，但奠定改革的根底，樹下改革的方針者，實爲推古女帝時的攝政聖德太子（推古女帝的外甥）其人。有人說，聖德太子「使紛爭的無政府狀態的國家得了和平，半野蠻的黑暗中有了文明的光彩，荒源不堪的時代中得了藝術和科學的智識和實用，而更給予了範圍國民人格至一千年以上的宗教的莊嚴」，這實在是一句頗爲真實的話。誠然我們若從聖德太子一生的言行及其所斷行新政的態度看來，他不僅是「日本文化之父」，甚至於稱他爲「日本保民開化之鼻祖」亦無不可。今姑且以大化革新爲中心，敍述當時日本的情形。

大化革新由外表看來，似乎只是政治上的革新，但促進這種改革的根本原因，如上所述有三種，其中經濟上的壓迫及氏族政治的弊害其理甚明，不擬贅述（欲詳知者請參閱拙著：「中國文化之東漸與唐代政教對日本王朝時代的影響」三一二——三一七頁），爰僅就中印文化的影響一項加以闡明。所謂中印文化，不待說，第一是中國儒家的文化，第二便是以佛教爲代表的印度文化。德儒拉姆賴德教授曾云：「凡一國的國民和異邦的文明接觸，實爲致成生死的問題，蓋若新來的文化，與內國的文明在程度上無大差別時，便可無事地將其同化，反之，若是輸入高度的文明於低度的國民時，其結果必招來滅亡」。當時日本尚處在文化低落的狀態，幸因日本民族性善於吸收模仿外來的文化，否則當中國高度文明傳入時，或可能招致滅亡。

中國文化對日本大化革新的影響，大體可以分爲直接與間接的兩部分。所謂直接的關係，乃別無其他媒介物，當中國文化輸入日本後，無形中在不知不覺之間，喚起了日本國民的自覺性，認爲有改革內政的必要，如儒家尊王忠君思想的輸入，及隋唐政制的完備，提供了日人改革的準繩；所謂間接的原因，係指中國文化輸入日本後，經過某種刺激而致使日人警覺，而被逼不得不謀求改革之道而言，例如中國的高級物質文明之輸入，促進了日人個人物質享受的欲望，因而助長了財政窮乏的內在原因，而遂使日本當局者在覺醒之餘，不得不謀改革之道。至就印度的佛教文化而言，佛教於東漢明帝永平八年傳入中國後，經過了相當年代——約五百年，始於欽明天皇之世（南北朝梁武帝時），經由朝鮮半島傳入日本。欽明天皇十三年（五五二年）百濟聖明王遣使節勸誘日廷信仰佛教，欽明天皇鑒於佛像相貌之莊嚴，大爲喜悅，乃徵詢朝臣，可否崇信佛教，一時廟議紛紜，崇佛派的蘇我氏和排佛派的物部氏爭執甚烈，結果崇佛派的蘇我氏勝利，佛教遂得流傳於日本。佛教思想及經典，其「佛教無宗支、階級、貧富之別，以平等信仰而成佛」的著重個人的信仰觀念，遂使久受束縛的個人思想獲得解放，因而刺激了國民大衆，紛紛要求擺脫氏族制度的桎梏。

聖德太子生當氏族政治專橫跋扈之世，目睹之餘，思欲改革之，其主要政治目標乃冀圖確立以天皇爲中心的中央集權體制，因此除了大規模引用南北朝以後新由各地渡日的所謂「新參漢人」，以「夷制夷」的方法來打破數世紀來牢固不拔的舊漢人勢力之控制外，並揉合了儒佛兩種思想，滲以日本固有的神道精神，而確立了解除氏族政治弊病的方針。聖德太子的政治改革約有五項：即①振興佛教，②制定冠位，③頒佈憲法，④對隋外交，⑤編修國史。聖德太子的改革方針，不外乎是以神道爲政治的根本措施，而用儒家文化以提高國民道德生活，並用佛教去醇化其宗教的生活。最能表示代表太子這種精神者，莫過於太子傳補注中所說：「神道者道之根本，與天地並生，故以之說人之始道。儒道者道之枝葉，與生黎共起，故以之說人之中道。佛道者道之華實，人智圓熟之後始有，故以之說人之終道。强爲好惡，是乃私情」。

聖德太子攝政時代（五九三——六二一年），出兵征伐新羅失敗之後，遂與隋朝締結親善關係，先後五次派遣使節入隋朝貢，在日本文化史上種下了極大的種子。自此時起，至平安朝中葉（公元八九四年，唐昭宗乾寧六年）爲止，日本在隋唐兩代曾派廿五次使節前來中國通聘，用以探求輸入中國文物制度，俾便做爲斷行改革內政的準繩。是故遣隋唐使乃是一種政治使節和文化使節兼而有之的性質。但每次前來中國通聘的使節團居留中國的時日短促，充其量最長者只不過一年有餘而已，自然無法充分學習吸收中國的各種文物典章，而需要有專門人才，以任其事。因此，每次乃有派遣專門人才的留學生（僧），居留一個較長的時間，俾便有暇從事學習研究，以吸收中國文化。這些留學生（僧）滯居隋唐期間除從事於宗教、文學、藝術的學習外，甚至於研究中國的律法政制。

日本這樣大量直接吸收中國的文化產物，遂使圍繞佛教而展開的飛鳥文化應運而生。在大量的中國文化輸入之前提下，兼以時間的進展，建國工作亦隨之大有進步，國家統一，漸臻完成。於是整套模仿中國，以建設中央集權國家的觀念，逐漸在智識分子之間形成生長。早在公元七世紀初葉，在聖德太子領導之下，模仿秦漢大統一政制，並取範隋文帝改革魏晉以來的望族政治，廢止卿宦，創科舉制度，於公元六〇三年制定冠位，開人才登用之途，並樹立朝廷政治的權威，翌年四月制定憲法十七條，以明君臣之分際。迨至前來隋唐的留學生於唐初回國後，日本智識分子企圖改革內政的欲望及熱忱愈益增高，積極除舊布新，終有公元六四六年孝德天皇斷行「大化革新」之舉。總而言之，我們可以斷

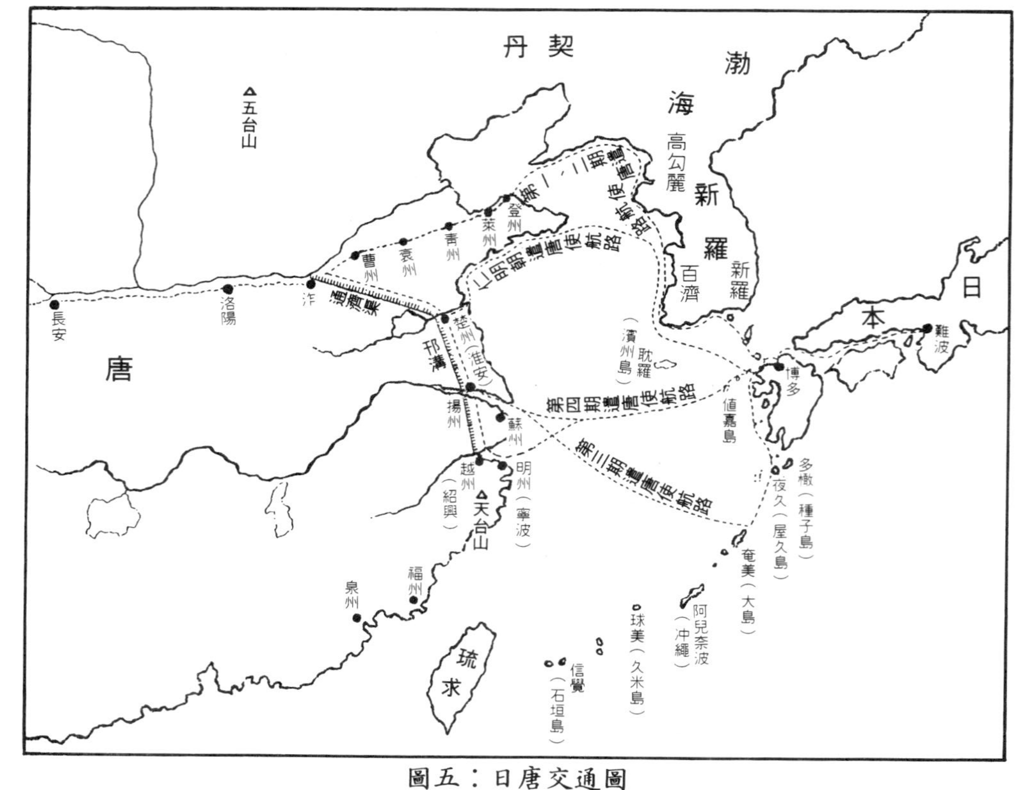
契丹
渤海
高勾麗
新羅
百濟
新羅
日
本
難波
博多
唐
長安
洛陽
汴
五台山
通濟渠
邗溝
楚州（淮安）
揚州
蘇州
越州（紹興）
明州（寧波）
天台山
福州
泉州
琉求
第一、二期遣唐使航路
第四期遣唐使航路
第三期遣唐使航路
值嘉島
濟州島（耽羅）
多褹（種子島）
夜久（屋久島）
奄美（大島）
阿兒奈波（沖繩）
球美（久米島）
信覺（石垣島）

圖五：日唐交通圖

言，倘無留學隋唐學生回日本後的積極鼓吹及提供隋唐文物典章的參考材料，即日本不可能有大化革新的偉業，而使日本仍舊停留於氏族政治的階段。至少日本的步上中央集權的統一國家組織的型態，尚須延遲若干世紀，始可實現。抑有甚者，這些遣唐使節及留學生所帶回的文明，對於日本文化貢獻極大，自是不必贅言的。飛鳥朝和奈良平安兩朝的物質精神的智識，統是他們的賜物。我人現在來鑑賞當時他們的藝術遺品，見其取材的範圍，除了印度的佛像外，連西域諸國的風俗，巴比倫神話的神馬，動物之中的獅子、象、駱駝，植物之中的椰子、鳳梨、爵林等都已知道，可見當時使節人員及留學生所帶回日本的知識材料，是如何豐富廣泛的了。

聖德太子的制定十七條憲法，爲其斷行新政，改革國政的最高峯，它不僅是太子所作理想的國家體制之宣言，並宣示官吏應遵守的政治道德，也是日本成文法的起源，而後來立法的精神亦奠基於此，不僅後來的大化革新於此已啓開其序幕，律令制度亦發端於此，同時後來中世時代武家的法制亦有取範於此者。太子十七條憲法的思想系統，以儒家精神爲主，而以佛教、法家兩家爲輔。抑有甚者，憲法的條文以漢文爲之，且其文句多取自漢籍的詩經、尚書、韓非子、韓詩外傳、史記、昭明文選等。截至憲法公佈之日爲止，日本天皇雖以太和氏族最高族長的地位君臨統制諸侯之長，但朝廷的權力所能及者只是各氏族的氏上或氏長（族長）而已，絕對無法直接統治全國人民，各氏族所包括的氏人，則完全受其氏上所控制。因此，當時的氏族有如一種封建制度。抑有甚者，居於中央的貴族則互張威權迄無寧日，如太子的所謂「人皆有黨相爭」是也，而地方的氏上亦交相爭利，到處呈顯弱肉强食的現象。當時的皇室，在最高族長一點而言，固然保有國家的特殊地位，但若從一個氏族的觀點以觀之，和其他諸族同樣擁有私領地，且極力圖謀擴充，以至後來陷於皇室和人民互爭利權的形態發生。另一方面，在地方上的情況，皇室領地的支配者，中央貴族領地的支配者，世襲的地方官，和古來的地方豪族，爲了擴張各自的采邑及領民，而相爭不知休止。他們每每驅使人民開拓山野沼澤，而自己悉收其利，以致常常惹起了騷動叛亂。他們雖亦向朝廷進納貢賦，但其恣意課稅人民者，大半則自己斂取，其獻給朝廷者實爲微不足道。在這種諸氏上互爭采邑利權，朝廷政令無法伸達人民的情況下，聖德太子於憲法第十二條中宣示「國非二君，民無兩主，率土兆民，以王爲主，所任官司，皆是王臣。何敢與公，賦斂百姓」，這種宣示「國無二君，民無兩主」，並明言臣民無權向人民徵收租稅，可謂給當時的氏族政治，當頭一棒。

再申言之，聖德太子的憲法精神，旨在針對當時各氏族私佔土地，視人民爲私產，壟斷權力情勢，使一切人民皆成爲公民，使一切官吏皆統一於天皇，而非氏族的私有，並圖樹立忠君愛國的國民思想，進而建設新日本，提高人民的國家意識，並促進自主進取的觀念。這種精神等於十九世紀後半葉明治維新的「版籍奉還」（版即土地，藉即人民），走上現代化國家之途，爲日本古時大一統主義的基礎，亦是千餘年來日本國體傳統的最古基礎。

聖德太子在位攝政三十載而歿於推古天皇廿九年（六二一年），其抑制豪族建設統一集權國家的工作理想，雖未及完成，但卻爲後代播下種子，迨至中大兄皇子，（舒明天皇之子，即後來的天智天皇）的出世，才使聖德太子改革思想的種子開了大化革新的花。中大兄皇子曾師事留學隋唐的南淵請安學習周孔之教，目睹蘇我氏的跋扈驕縱之情，乃與神祇伯中臣鎌足（其後改姓爲藤原）密謀，終於斬蘇我入鹿於朝廷，而大快人心。蓋蘇我蝦夷干涉推古天皇的皇位繼承問題，排斥聖德太子之子山背大兄王，擁立田村皇子（舒明天皇）。蝦夷之子蘇我入鹿復襲擊山背大兄王，滅聖德太子全家。但中大兄皇子雖然建立改革氏族驕橫的大功，自己卻並不登取皇位，而祇以皇太子的資格，當百政改革之衝，前後凡兩回，達十有六年之久。

二、大化革新與中央集權制之確立

蘇我氏既滅，皇極天皇被逼退位，中大兄皇子奉皇叔輕皇子踐祚，是爲孝德天皇，而自居太子地位以當革新政府建設之任。孝德天皇於公元六四六年（大化二年）下詔革新，此爲大化革新的起點；在此後約歷時六十年的期間，政治建設臻於完成，文化方面則追摹隋唐之風，盛極一時，而這一階段的發展歷史，可以說先後綿延了一百五十年之久，直至奈良時代才告一段落。大化革新的內容，簡單言之，在官制方面，中央設太政大臣及左右兩大臣，爲百僚之長，下設八省百官，使分掌政務；而地方行政則劃全國爲六十餘國，六百餘郡，一萬三千里，又以五十戶爲一里，里設里長，郡設郡長，國置國司，使治其事。任官則以人材而不以氏姓作原則，對於官吏則給以食封。土地制度，則取消土地私有制，依唐之班田法，實行計口授田，良家之子，生至六歲，男子給水田二段（每段長三十步，寬二十步，共三百六十方步），女子授田當男子三分之二，「官戶」及「公奴婢」的口分田與良人同，而人民私有的「家人」、「奴婢」，則授良人的三分之一。每六年調查一次，嚴禁豪族之兼併，凡田地崩壞、侵蝕，或未得口分田者，得另班給，餘田另租於民，以一年爲限。稅制則建立國家財政，租稅法分爲租、庸、調三類，租即田租，凡稻穫五十束者，課租二束；庸即對丁年男子所課的勞役，或納布代償之；調即對正丁（廿歲以上，六十歲以下）、次丁（六十歲以上，十五歲以下）及中男（十六歲至二十歲）課收鄉土產物的人頭稅，其種類爲農產副產品的絹綢、布、帛等，漁鹽等鄉的正丁，另課魚鹽等爲調之附物。此外並確定人民在社會上的身分。除了貴族及有自由身分的公民外，尚有「品部」及「雜戶」，統稱「雜色」，係隸屬於各官府的技工，亦即前代部曲的後身。再下有奴隸，分爲「官戶」、「陵戶」、「家人」、「公奴婢」與「私奴婢」五種，合稱賤民，不得與良民通婚，身分最爲可憐。

大化革新的主要目的，在以土地國有和其分配方法，使國民間的財富的分配得以平均，防止一部豪族之獨占，以期在此新的土地公有的經濟之上，一躍施行其綱舉目張的君主政治。這種革新政策，上自皇族，下至庶民，都無何等大反對。自此以後，日本中央集權制的組織始有基礎，封建國家形態開始取代以前的氏族國家形態，天皇開始被尊奉爲國家最高權威者。

孝德天皇於公元六五四年歿後，由皇祖母再登位，是爲齊明天皇，此爲日本天皇重祚之嚆矢。當時皇族之間，因窺伺皇位，而時有傾軋叛亂事件發生，齊明天皇四年（公元六五八年）十月有「有間皇子之亂」，弘文天皇六年（公元六七二年）六月有「壬申之亂」，此皆爲因爭奪皇位所引起的變亂。齊明天皇於公元六六一年七月逝世後，由中大兄皇子繼位，稱天智天皇。天智天皇在位時勵精圖治，致力於大化革新的實踐，著有殊勳，政績斐然，因此日本史家稱之爲「中興之祖」，而其具體的措施除了於公元六七〇年編製全國的戶籍册「庚午年籍」（此年籍的編製及於全國、貴族、公民、部曲、奴隸等各階級，是大化革新以後最完整的戶籍）外，則爲仿效唐朝律令於公元六六八年撰定「近江令」（廿二卷），使大化革新首次有了成文法的規定，亦即日本模仿中國法令體制的第一部法制品，成爲以後的天武律令、大寶律令的淵源，而養老律令即爲大寶律令的改訂本，故大寶律令最稱完善。此大寶律令爲大化革新運動目標的完全實施，它支配以後日本政治社會的力量，持續一千餘年之久，後世雖屢有修正，但其基本精神一直沿用至明治十八年（一八八五年）實行內閣官制爲止。大寶律令的內容大多抄自唐代諸律令、唐禮及大唐六典，其範圍廣及各方面，大體係參酌取範唐代的制度律令者。大寶律令因條文間尚有冗文矛盾，故元正天皇乃編訂養老律令（公元七一八年），除去大寶律令的矛盾冗文。關於養老律令的內容，較之大寶律令，並無重大的變化，所異者只是文辭上的修正而已。

律令爲立國的基本，一切政制建立的準繩。日本自大寶養老律令制定後，刑制、官制、田制、稅制、學制、兵制、戶籍等均施行。而日本國家的基石，始告奠定，典章制度，咸臻具備，中央集權制的國家組織，從此確立，日本從此始成爲一以天皇爲中心的統一君主國家。

當時模仿唐制所施行之各種制度之概況如下：

(一)官　制

（甲）中央官制——二官，八省，一臺，五衛府。

天皇—京官
- 神祇官：諸官之中最高位，掌國家祭祀（此爲日本獨創之官制）
- 太　政　官（相當唐之三公）
  - 左大臣
  - 太政大臣—大納言
    - 左辨官局—中務、治部、式部、民部四省
    - 少納言—大少外記（書記）
    - 右辨官局—兵部、大藏、刑部、宮內等四省
  - 右大臣
- 彈正臺：糾彈內外官吏之非違，肅清風俗（相當唐之御史臺）
- 五衛府：衛門府、左右衛士府、左右衛門府（相當唐之十六衛府）

(1)中務省（相當唐制之中書省）

掌朝義、詔書文案之審署及奏章之接納，監修國史，司諸國之戶籍、僧尼之名籍等。下分中宮職及五寮三司。

(2)式部省（相當唐制之吏部）

掌內外文官之進退，監察各大學國學學生之及格，撰功臣之家傳等。下設大學寮及散位寮。

(3)治部省（相當唐制之禮部）

掌五位以上之繼嗣婚姻，並管僧尼外人來朝等事。其下設兩司兩寮。

(4)民部省（相當唐制之戶部）

掌轄諸國之戶籍、田租、調庸、地理、課役等。其下設兩寮。

(5)兵部省（相當唐制之兵部）

掌內外武官之進退與國防。其下設五司。

(6)刑部省（相當唐制之刑部）

掌刑獄、裁判等事。其下設兩司。

(7)大藏省（相當唐制之工部及大府寺，唐制戶部之部分職務大藏省亦掌管之）。

掌諸國之調賦，以及貨幣、度量衡、物價等。其下設五司。

(8)宮內省（所掌職務相當唐制之光祿寺及宗正寺之併合者）

掌供御、宮中庶務。其下設四寮、十三司及大膳職。

（乙）地方官制——地方行政區域劃分爲京師、畿內諸國，以及七道諸國。

- 地方
  - 全國
    - 京師
    - 畿內
    - 七道——東海、東山、北陸、山陰、山陽、南海、西海。
  - 全國
    - 重要地——京師有左右京職，九州有大宰府，攝津有攝津職。
    - 一般地——國司——郡司——里長（後有鄉長）。

當時各官廳之官吏職階分爲長官、次官、判官、主典等稱爲「四等官」制（又稱四部官），此蓋亦仿效唐制者，唐制四等官稱爲長官、通判官、判官、主典。今依養老令職員令及東宮職員令將其四等官稱謂列表於下：

表十一：四等官之稱謂

四等官＼官廳	神祇官	省	職	寮	司	臺	衛府（註）	大宰府	國	郡	坊	監	署
長官	伯	卿	大夫	頭	正	尹	督	帥	守	大領	大夫	正	首
次官	副	輔	亮	助		弼	佐	貳	介	少領	亮		
判官	祐	丞	進	允	佑	忠	尉	監		主政	進	佑	
主典	史	錄	屬	屬	令史	疏	志	典	目	主帳	屬	令史	令史

註：大寶令兵衛府之四等官爲率、翼、直、志，餘四衛與養令制相同。

(二)戶　籍

戶籍之制爲班授田地，課徵租庸調，徵用兵士之基本。依大寶養老之令文，每六年編戶籍一次，每里爲一卷，繕寫三份，一份存本國之國府，二份呈太政官，由民部省掌管（按唐制，整頓戶籍爲推行稅制田制之本，共三本，一本存縣，一本送州，一本送中央戶部）。唐制民始生爲黃，四歲爲小，六歲爲中，廿一歲爲丁，六十歲爲老。但據養老令之規定：「凡男女三歲以下爲黃，十六歲以下爲少，廿歲以下爲中。其男廿一歲爲丁，六十一歲爲老，六十六歲爲耆，無夫者爲寡妻妾……。凡老、殘並爲次丁，凡男年十五、女十三以上，聽婚嫁（唐制亦同）。凡戶內有課口（丁與次丁）稱爲課戶，無者爲不課戶」。

(三)兵　制

軍事由兵部省掌管。京都有五衛府，諸國有軍團。太宰府特置防人。其他要塞地，築城戍兵。（唐制中央設有左右衛等十六衛府。地方設折衝府，要地設鎮及戍）。其徵兵制乃徵召各國所有之正丁三分之一爲兵士，兵士屬於鄉里附近之軍團，武器與糧食，各自負擔（與唐制同），被徵召之正丁接受訓練，擔任警備。入伍之兵丁須輪流至京師，任爲守護皇都之「衛士」，爲期三年，或配屬於太宰府，任爲國土防衛之「防人」，爲期一年。人民對此制度，甚苦之。

㈣司法制度

當時司法與行政不分，刑有笞、杖、徒、流、死五罪。各罪又分爲數級。有位者，官吏與皇氏有關者，對國家有功勞者，有德行才藝者，或行特別之刑，或減刑，或以贖金代刑。官吏有訴訟者，由其本司主持之。庶人則訴之於郡司。京師人民之訴訟事項，由京職司之。浪華之人民訴之於攝津職。民事訴訟得按級上訴，最後若不服刑部省之判決者，得中務省上表奏於天皇，刑事訴訟則不許上訴。刑事罪之判決，依官司之權限而處刑。

㈤田　制

我國隋文帝仿北魏均田之法，於開皇十三年(五九三年)發使四出，均分天下田地。唐因其制，於高祖武德七年(六二四年)行均田之法。日本大化革新後，仿其精神，原則上不求土地私有，全部土地國有實施班田法。班田按人民之社會階級地位計口授田，稱爲口分田。即人出生後至六歲便居班年，不問良賤，班給一定面積之口分田。男子每人二段(每段面積爲長一百五十方丈，寬六十方丈)，女子爲其三分之二。口分田以水田爲原則，但不得已時亦以陸田代之。班授口分田每六年舉行一次，但非每六年將一切土地改爲國有而一律重行班授，僅於六年期到時對具備有班授口分田資格者，班授而已。此外貴族獲易位田、職田、賜田、封田，其等級數目按照官階勳功定之。上述因官階勳功而獲得之各種田多不納稅。此外又有公墾田及私墾田兩種，前者爲官府給費用與人民命之開墾者，後者爲百姓得官府許可自行墾殖荒蕪空閑之地。

㈥稅　制

養老令所定國家常賦，分爲租庸調三種，蓋取乎唐制者也。國家計口授田，人民對國家納稅，其數約爲收穫量之百分之三。稅頗低，但若合庸調計算，人民負擔殊重，即人民每年除須服歲役十日外，並須留役三十日，此外各國國司並得令人民服六十日以內之雜稅。

㈦使節制

中央爲連絡地方，監察庶政起見，設有朝集使、大帳使、稅長使、貢調使等所謂四度使，以徵訪各國司之政績，審查徵收調庸之實況，地方監察官以巡檢監督各國國司郘司。節度使、鎮撫使以節制地方軍事及警察。此外還有觀察使、檢稅使、問民苦使等，以探求民隱，以解民瘼。

㈧學校貢舉制度

日本仿唐制，學校爲出仕做官之正途。當時在京師有大學，諸國有國學，太宰府有府學。大學置博士、助教、音博士、書博士、算博士等學官。大學由式部省之大學寮管轄之。凡五位以上之子孫，八位以上之子等均可入學。八九位之子，若請願時亦收錄准於入學。但初位及庶人之子則決不收錄。修業於大學國學，通二經以上由式部省考試及格者，則依成績授以官位。當時之大學國學之課程，全爲我國之經書典籍，其目的在於教育官吏之子孫，乃一種官吏之養成所。

由上所述，可知日本古代文化之形成主要地係受唐代政教影響有以致之。而律令典章之完成，諸制度之實施，一切施政皆依律令而行，故稱爲律令制度時代。對前一期之氏族社會而言，又稱爲律令制度社會。各氏上共推的各氏族共同首領——天皇居中央而統治全國，依律令而任官遣吏主持政務，人民成爲直隸天皇之公民，土地亦爲公土，一切權力集中於最高統治者之天皇。聖武天皇於造東大寺大佛時曾云：「夫有天下之富者朕也，有天下之勢者朕也」，此確爲律令國家最繁榮時代的狀況。

第六章　佛教輸入日本後興盛的緣由及其影響

一、佛教的傳播

日本古代文化的進步，多是多因的，即因外來文化的刺激，所以外來宗教的輸入，可說是促進日本文明進步的一大主因。在宗教方面，日本所受的外國影響，佛教最爲重大。佛教因阿輪迦王的提倡，而很快地流佈於印度各地，其通過西域輸入中國，是在於漢明帝永平八年（公元六五年）之際。此後西域名僧相繼來華，中國亦時有僧人西去天竺取經習法，並有大量經典的翻譯，佛教在中國大盛，結果遂傳入朝鮮。日本的有佛教乃由中國經由朝鮮傳入的。如前所述，佛教的輸入日本，大約在公元六世紀初的第廿九代欽明天皇十三年（欽明天皇壬申年——公元五五二年，但「上宮聖德法王帝說」及「元興寺緣起」均記載爲欽明天皇戊午年——公元五三八年），當百濟王遣使者向日本贈送佛像佛經的時候，當時欽明天皇徵詢羣臣意見，因日本朝廷間對於應否崇佛曾發生爭論。掌管祭祀的物部氏和中臣鎌足是排佛派，他們因佛教以個人爲單位，破壞了以天皇爲代表氏族長的祭神的政治制度，足以影響天皇的宗教首領地位，主張拒絕之；另有蘇我稻目是崇佛派，他想藉用佛教，減弱天皇的威信，以發展其野心，因此，主張接受。此二派之間，曾經發生激烈的鬥爭，當時鬥爭的形勢，排佛派初步獲勝。欽明天皇對於此一問題處於中立地位，拒絕者自拒絕，贊成者自贊成。由贊成者蘇我稻目呈領佛像及經文等，以向原自己的住宅爲佛寺，自己供奉經文而崇信之。這是日本有佛教之始，而佛寺亦以向原家的佛寺爲始。「寺」在日本讀爲te ra，朝鮮語的「茶爾」，中國語的「刹」，則與此爲姊妹語。後來蘇我氏與物部中臣兩氏鬥爭結果，蘇我氏勝利，佛教勢力由於他的强力護持，因以發展。嗣後蘇我氏利用佛教的萬民平等的思想，作爲推翻氏族制度，使天皇得到實際政治實權的手段，佛教基礎因以穩固。此時正是日本歷史上的重大改革——大化革新的期間。

從古事記和日本書紀的兩部日本古史裏，我們可以窺出從前的日本人自認「神道」是他們固有的宗教信仰，並相信他們自己是由天照大神的後裔皇室的祖神引率著，帶了准予經營日本島的天之詔命，由天上下降的諸神之子孫。這神對於天祖的信仰，爲上代日本宗教生活的統一的中心。概要言之，神道是以日本固有的民間信仰爲經，而以外來宗教思想爲緯交織而成的多神的宗教，因此，若將神道的外來部分除去，本有的影像就模糊不清。何況當佛教傳入日本時，具有與佛教對立之思想體系的「神道」尚未成立，當時只有神祇祭祀的儀式而已。此之所謂外來部分係指佛教、道家及儒家學說精神而言。而我們從古事記、日本書紀、古語拾遺、祝詞、萬葉集、舊事記等幾種日本古史書的記述，不但可以窺知日本的神話民俗及思想信仰，並且可以窺視日本原始宗教思想的輪廓。

這種支配上古日本的精神生活的基本勢力，自與來自三韓半島的中國文化相接觸後，終於發生變化動搖。蓋在日本上古之世，神道教教祖天照大神是至高至尊的信仰中心，然而欽明天皇之代，宣誓童貞且至伊勢大廟奉祭天照大神的祭司皇女，竟與皇子通姦，居然屈服於情慾之前，甚至於在敏達天皇時代亦有類似情形發生，這個事實可以說明日本原始的宗教已成了過時的遺物，同時以這種信仰作爲基礎的政治，也已達到了即將改革的階段。

正當日本原始宗教，趨於崩潰之際，一種文明進步的佛教之輸入，正給予陷於迷茫之境的日本人以一種大精神力量與啓示，因而對此新傳來的佛教，大表歡迎。佛教傳入當初，雖然被政治的黨爭所利用，但信徒卻日益增多。不久之後，日本中古時代開化之祖——聖德太子的出現，佛教乃開始在日本民族的精神裏，播下了真正的種子。嗣後不過一個世紀，佛教在日本民族的精神及宗教界裡，確立了牢不可破的潛在勢力。連萬乘之君的天皇，都自居於三寶弟子之列，撥國費於每國建立僧、尼二寺，僧寺稱曰「金光明四天王護國之寺」，尼寺稱曰「法華滅罪之寺」，僧尼每月八日必誦讀最勝王經，並獎勵佛教藝術，甚且日本人之中亦出現了不少名僧大德，至此，日本遂變成一個堂堂皇皇的佛教國家，而神道反而淪爲佛教的附屬品。

二、佛教在日本興盛原因

佛教之所以能在極短時間內，席捲全日本並且成爲日本榮盛的根本基礎，其外在原因固然是佛教適合於日本國民的宗教要求有以致之，但是我們若再加詳細研究，則不難窺出使佛教在日本得成爲精神界的基礎者，實尚有若干潛在的原因。茲將其分述於下：

㈠佛教的傳道者，都是學識飽碩人格高超的名僧大德；向日本輸入佛教的僧侶，有的是中國或朝鮮的富有學識僧徒，有的是日本僧侶在中國留學多年。所以佛教的輸入日本後，不僅使日本國民的宗教生活向上，而且在國民生活的各方面，亦都予與莫大的貢獻。例如和佛教一起赴日者，有造佛工、建築工，因此建築和彫刻遂得驟然發達起來。推古天皇十八年（公元六一〇年）自高麗赴日的僧曇徵，傳入了製紙和製墨的方法；同推古天皇時代，百濟僧觀勒向日廷呈獻天文、地理以及曆本，對於日本的播種期、收穫期以及其他一般農業上的進步大有貢獻。天智天皇時代（六六二——六七一年），中國僧侶智由製了指南車攜往日本獻給日廷。孝謙天皇天平勝寶五年（公元七五三年）東渡日本的中國名僧鑑真及其弟子，多學德俱高者，能文善詩，且熟稔造寺造佛技術，這對於日本學漢文的發達有不朽的功績，同時對於日本佛教藝術的影響，亦有莫大貢獻。抑有甚者，鑑真兼通醫學，尤精本草學，曾奉勅辨別藥物的真僞，並進藥石以治後光明皇太后之疾病，頗有效驗，並著有「鑑上人秘方」一卷，對於日本醫界本草學的發達大有助益，因此日人稱其爲「醫術之祖」，此外又教日人以栽植砂糖之法。諸如此類，不勝枚舉，他們對於增進日本國民物質生活的幸福，其功績不可數計。由於赴日中國僧侶以及日本僧侶，對於當時日本心物兩方面貢獻很大，甚得一般日本國民的尊重崇仰，因此，日廷屢有下令僧侶，禁止傳道，使其還俗，而僅採用他們的技能之舉，期能杜絕日人崇拜外人及外國文化的心理。

㈡佛教的輸入日本，除佛經佛典外，尚有大量的佛像佛畫的傳入，這也是佛教得以在日本弘佈盛行的一大要因；宗教是建樹在信仰的基礎上，自來在日本宗教上的神道，除了有奉作神體的寶鏡之外，絕無彫刻或畫描諸神神像而膜拜的事情。日本人的祖先，雖然早已有了幼稚的彫刻和繪畫的技術，但從未用之於偶像的製作。佛教在教義上雖然力持「萬物皆空，諸行無常」之說，然實際上卻是一種頗具象徵主義的宗教。所以佛教自其創教之始便刻畫佛像、建立堂塔伽籃，努力使陀之福音的慈悲、莊嚴和偉大等形象化。蓋抽象的空汎理論，不問其哲理如何，未必動人。僅說原理，談教義，不能立刻使人興起尊奉宗教的心理。倘若能製造出具體的崇拜的對象來，激發人的潛在感情，如此較之普通以理論來誘發人的理智，其效力自然顯著得多。佛教傳入當初的日本國民，亦逃不出此例。最初百濟聖明王遣使勸誘日廷信奉佛教時，連身爲萬民之君的欽明天皇都說：「西蕃獻佛，相貌端嚴，從所未見也」。由此以觀，佛教因有佛像、佛畫，將崇拜的對象具體化，因此遂成佛教傳入日本後弘佈迅速的有力原因。

㈢當時日廷首先皈依佛教，因之佛教傳道有成爲政府的政策之觀；我們在前面所述及的大化革新的主動者是聖德太子，他是一位篤信佛教的信徒，自幼從高麗慧慈法師學佛，精通涅槃、法、維摩諸經，又親撰所謂「三經義疏」——即「法華經義疏」、「勝鬘經義疏」、及「維摩經義疏」。及其攝政當國，下詔弘揚佛教，飭人民建造佛寺，他所制定的十七條憲法，明諭國民應「篤敬三寶」（憲法第二條），以佛教爲一國政教之大本。以後日廷又置僧官，監督與佛徒有關的行政及司法事務。在各國建立官寺（國分寺），負鎮護國家和佈教人民之責，僧侶在國家遂佔了特殊的地位。當時僧侶之中有不少人享有出入宮廷的榮譽，因此非常的人物，在佛教中輩出，盡其全力從事於佈教。其較著者除了慧慈外，百濟僧觀勒曾任日本僧正，執行綱紀，教育子弟；高麗僧慧灌入中國學習三論宗，後又轉赴日本講學，開日本佛教宗派之始；僧曇徵入日本傳授僧學，教授繪畫及紙墨色彩之技；鞍部鳥初舉行佛像開眼齋會，開後世盂蘭盆會、灌佛會之始。這種情況和德川時代所屢見的不守清規的酒肉和尚完全相反，都是極有爲的人品高超之徒，此輩人材競趨於佛門，致促成了佛教的興隆。抑有甚者，日廷在法隆寺置有敬田院，專門研究佛經，便於佛徒的修學，天王寺附設施療院、療病院，以救治貧民的疾病，以宗教來收攬人心。聖德太子去世後，孝德天皇繼承太子遺志，崇佛如故。他的尊崇佛教的措施，主要爲設置十國師，以教導羣僧，提倡實踐佛法，建造寺院，保護寺院財產，繼續派遣唐使及留唐學生，宮中講經，以及舉行齋會。這些措施，對於當時佛教的進展，發揮了實際的作用，佛教因以興盛。

上列幾種原因的相互交織，遂使佛教傳入日本後，一天比一天地繁榮興隆。以聖德太子爲中心，日本佛教，在第一階段中一口氣隆盛了四十年之久。後世日人一提及佛教不禁使人想到它是難入難悟，超越俗世，容易把佛教宗旨視當架床重疊似地煩瑣的東西，但佛教的最初傳入日本，卻決不是如此，它不但是易入易悟，符合俗世之需，且在種種日常的物質生活及精神生活方面，都能引導而使之向上改進。

三、佛教對日本的影響

佛教傳入日本後，當時的日本人，絕不曾在什麼萬法一如這樣的理論上，苦心研究過。他們並不需要如此做，亦無能力以作如此高深的理論研究。他們只是將智慧佛、慈悲佛看作是外國的諸神而膜拜之。他們覺得只要向著諸神禮拜，佛便施給功德。因此，當時的佛教在日人的心目中，決非一種高深難悟的哲學，充其量只是一個功多神而已。這種把佛教視做多神教的觀念，因日人早就崇信多神教的「神道」，因此，當佛教傳入日本後，對於日本人而言，並未發生崇拜觀念格格不相入之感。抑有甚者，當時在日本的佛教傳道者亦絕無以理論來博取民心的本意，倒是以實踐躬行，施捨諸佛的慈悲予以萬民爲職志。當時的所謂名僧知識，決非如後來的名僧之高坐法臺上講解經理，而是一羣席不暇暖，惟以愛憐濟民爲一生的事業而東奔西跑的救世者。所以在奈良時代，佛教在日本的政治上及經濟上的生活上，扶植了可驚的勢力。

佛教傳入日本後，由於能迎合日本人的觀念，因此發展結果，降及奈良朝其勢力遍及全國，甚至於連日本固有的宗教——神道，其勢力亦不足以與之比匹。日本固有宗教的神道，是淵源於有生觀、有靈觀的原則上，他們的神道只是以真正清潔爲勸，不能把視野放得很遠大，不能憧憬較深奧的境地。所以日本人只能在很狹窄的範圍內作事功，而不能作擴朗萬丈的遐想。

至於佛教則不然，其傳入日本之初，一般高僧大德，雖未曾向一般國民信徒，示以佛理的精博，但卻能闡明了人生的真義，舉出了爲人善惡的規範，把善的極境畫描成像詩一般的美麗恬靜。他們用這個美好的境地，來誘導衆生，雖然「來生來世」，所謂「極樂西方」的思想是空幻的，但真摯的向佛的境地裏努力的人們的心性皆很和善，情感皆很舒適。生命的意義不只是圖現實的享受，而應以高尚的美妙的境域爲其歸宿。對於宇宙社會的觀測，亦應超越世俗的觀念，而以「唯識」「存在」爲課題。這種和平恬靜的人生觀不但啓示了日本民衆，擴展了他們的思維原野，同時亦在他們的近視眼上，配上了一付近視眼鏡。

佛教的傳入日本，除了改變日人的思維視野外，隨著佛教傳入日本的大量文物制度，刺激了日本民衆，使他們由草莽野蠻的階段，趨向文明的階段轉變，其促進日本的開化遠勝於任何宗教或思想。如上所述，過去的日本政治是氏族制度社會，各氏族的酋長——氏上，各自割地自立，天皇雖在名義上統治一切氏族之長，但完全是氏族本位，他只是處於以祭神首班的宗教領袖的地位而已，其統治權符，不能直接伸展及於氏的人民。佛教帶來了「萬民平等，普渡衆生」的思想，使天皇得以親政，而終於促進國家統一的實現。次就交通而言，日本是一個山巒起伏的國家，上中古時氏族割據的各部落國家，毫無交通可言，日本法相宗始祖道昭用心於庶民福利，或開河津，以備舟楫，或作橋樑，以通溝渠，或穿泉水於道旁，以利人旅；名僧行基，亦拓山通川，建築堤塘，修築道路以利行旅；東大寺僧普昭則奏請朝廷，遍植樹木於路傍，以利來往行旅，因此，上古時代日本開闢山野，修築道路，多出於佛僧慈悲的功德。次就工藝美術而言，舉凡造佛匠、造寺匠、畫師、瓦工、鑪盤工、轆鑪工、漆器刺繡織布紙墨色料諸工，或隨佛教徒以俱來，或因佛僧之誘掖而漸趨發展。次就教育文學而言，如彼號稱爲日本文學之粹的物語草紙紀行等，無一不是受佛家感化，以佛家思想爲背景骨幹。和歌、連歌、俳諧等所謂純粹的日本詩，亦因佛家的感化而開放美麗的花朵。而鎌倉時代以後，日本文學皆賴僧侶的維持。至於若開創學校，設置病院、孤兒院等亦無一不賴佛教的推動，甚至於俚謠、俗調、能樂、戲曲，其得廣行於民間者，亦為佛教之功，餘如醫藥因佛教慈善而傳入而廣用，而曆算、天文、音樂亦為僧侶等所移植。即使後來的武士道，雖日人自詡是日本精神，但其心理基礎，則以禪定為宗，至如槍法及其他諸般武藝，所受佛法之影響不小。柔道也是一般日本國民的內修工夫，但日本人卻自認柔道是他們自己特有的訓練國民道德的體育，然而其根本精神與道德內容，亦未超出儒家思想與佛家思想的範圍。日儒高楠順次郎曾云：「日本帝國特殊的文明，在乎明治維新之前開花結果，多半有賴於佛教的餘澤」（參閱大隈重信撰：「日本開國五十年史」），信哉斯言，良非虛語也。

第七章　奈良時代的文化

——中國文化的攝取消取

一、文化發展趨勢

日人自稱大化革新和明治維新同樣，一方面爲採用外邦文明而起的改造，他方面卻是神武天皇建國精神的復歸運動。第二次世界大戰前日本人更以大化三年（公元六四七年）四月所頒勅的詔書之「惟神亦命我子治之，是以自天地之初，即君臨是國。自始治國皇祖之時，迄今天下大固，均無爾我」一文，以證明此爲將日本原來關於主權的原則，再予宣明，以伸萬世一系的天皇主權的特徵。如前所述，大化革新乃在於排除氏族制度，消滅豪族壟斷政權之弊。但這種詔勅的精神，正是中國儒家尊君正名思想及大一統觀念的條文化，事實上，所謂文化革新者也，其運動的由來及原動力，皆歸因於儒家思想的誘導及發揚。大化革新的斷行，不特拯救了日本於氏族制度分裂險境之中，而且一躍而使日本國運得以隆盛，進而促進了文質彬彬的奈良文化的產生。在這一個時代，不但確立了攝取外邦文明的方針，把神道、儒教、佛教三者揉合一起，且把其安排在國民生活的最適當的地位，因之使一度曾成爲國家一種威脅的儒教和佛教，終於轉而變爲發展日本文明最大的要素。奈良時代貴族文化的光輝，在古代後期，曾照耀日本達六百年之久，即亙歷第七世紀至十二世紀，至其流風餘韻，一直衍流至於第十四世紀的初葉。現在當我們翻開日本奈良時代的歷史，不但可以看出秩序井然的結合政制及經濟制度，甚且可以看出中國印度的儒家文明及佛教精神，在日本各分野充溢著燦然花放的情況。

從精神方面以觀之，由於佛教的興隆，故奈良時代的日本，可說是佛教政治的時代，甚且稱當時的日本爲佛教國家亦無不可。就佛教的探索而言，無論政治經濟，甚至於文學藝術，無一不伴隨著佛教而發達。大家都致力於平等和差別，絕對和相對的相濟，期使法理和事實，心和物得趨於歸一。因此，那種由於心和物的彼此欲相互征服而引起的慘戰休止了。在這種恬靜和諧的時代氣氛及時代思想的環境中，中國則有李太白、白香山，印度則有卡利達薩，日本則有柿本人麿等，均由詩歌中表現出這種努力來，物和心的歸一之歡悅，響徹充溢於宇表。記得十九世紀的英儒約翰（Jhon Rasskin）氏曾言：「欲測知一個國家的國民性，可以用下列三種標準，即第一是視其政治的、經濟的、軍事的功業；第二是視其國家的哲學、學術；第三是舉其藝術，而此三者之中最能明確地表現出一個國民的特色者，首推藝術」。此論是否充當精確，姑不予置議，但一國的藝術，爲其國民理想的最具體表現，則係不可否認的事實。

充滿著佛教文化氣氛極其濃厚的奈良時代的藝術作品中，堪稱最具代表性的作品係塑像、乾漆像、木像、銅像等的彫刻。這不外是與自汎神論出發到達了同樣理想的希臘上古思想相似，倘欲把當時亞洲思想全體具體化實現化起來，彫刻實為最相宜的手段。在衆多的當代遺品之中，現留傳下來的法隆寺的十一面觀音，其前三面表現著慈悲，左三面表現著忿怒，右三面表現著愛善憎惡的道德的理想，而正面表現著善惡不二的超倫理的精神，全身支在右腳上，少斜其體，顏面於不可淩侵的嚴肅之中流露著無限的大悲，這予與這種不自然的全體一個可驚的藝術的調和。東大寺戒壇院的著名的四天王像，廣目天王像一手執筆，握著一幅智慧之書，兩眼半開半閉，屑眉相接，頰邊露著不可堪的悲哀氣氛，口邊咬住無限的憂苦，兩足勇猛地踏住惡魔。廣目天王梵名稱作比羅巴古刹，因其目力所及地方廣大，故為能操種種言語的智者。彼因其為智者，見人世間悖逆佛道的愚物之多，自不勝其沉痛憂悶。但他並未降作悲哀的捕虜，而能統率無量百千諸龍，不忘自己的職責。次就多聞天王像而言，他時刻護持著佛的道場，聽其說法，為最富於智識的神將。由於智識之多，所以憤慨也多。他心中充滿了愚者所不能知悉的深且强的憤恨。他雖然目眥高懸，顏面上明晰地表現著急狂躁亂的憤激來，但他卻比一般熱情的奴隸偉大得多了。把火燄樣的憤激之情隱忍於胸懷裏，一方手裏堅握寶劍，他方高捧舍利塔，凝力、閉嘴，雙足强踏住惡魔羅刹。在表現這種悲哀的莊嚴上，表露了奈良時代工藝技能的精華。

至於其他諸多作品，也都於深不可測的安靜之中，洋溢著雄渾和莊嚴。這些作品所表現出來的崇高理想，實在充分地說明了作者的精神的偉大。奈良朝的藝術作品，實是祇有從沉痛的經驗和莊嚴的信仰裏，才能產生得的藝術。然而使奈良時代的日本藝術文化，得以有如此燦爛之傑作，乃由於外來文化的薰陶有以致之。奈良時代藝術文化的淵源，是多元的，玆列表之如下：

漢 → 南北朝 → 隋 → 唐 → 奈良朝
印度 → 南北朝、隋、唐、西域
薩珊 → 西域 → 唐
南北朝 → 三韓 → 飛鳥朝 → 奈良朝

漢民族固有的藝術文化傳至南北朝時代，受了來自西域地方佛教美術的影響，開闢了一個新生局面。中國南北朝所受西域地方的藝術影響最多的是印度，其次是波斯的薩珊王朝（Sassanidae）和建都於君士坦丁堡的東羅馬的影響。西域藝術傳入中國後，和中國古有的美術合流，產生了光輝燦爛的南北朝藝術，復經由三韓半島，傳入日本，造成了飛鳥時代的藝術。在中國，南北朝的藝術，經過隋的過渡時代，至唐而獲得異常的發展出現了空前絕後的藝術文化的黃金時代。這個光輝燦爛的藝術，大化革新以後直接傳入了日本，所謂奈良時代的藝術於以大成。但造成這種光輝燦爛的奈良時代藝術之根柢的中國文化思想，怎樣地表現於日本國民生活而生根乎？

二、學術的發達

奈良時代的文化，不庸贅言係受了中國文化的影響。其中最爲顯然的，除了新都平城京之規模完全模仿唐都長安及八省百官制度、律法都取範隋唐之外，甚至於連教育制度、科舉制度、亦以唐制爲準則。根據大寶養老令的規定，京師有大學，各國有國學。大學隸屬於式部省之下，教育五位以上的子弟，國學隸屬於國司，以教育各地人才，此均與唐代學制無甚差異。大學分成明經道、紀傳道、明法道、算道、書道、音道等六科，學生則數目限定四百三十人。明經道，相當於今日的哲學系，專修禮記、春秋、左傳、毛詩、周禮、儀禮、周易、尚書、孝經、論語等經書；紀傳道修習中國之三史（史記、漢書、後漢書），其後並兼修文選、爾雅；明法道爲法科，以研究大寶養老律令及唐的律令爲主；書道爲習字科；算道爲數理科，應習課目有「綴術、九章、海島、周髀、王曹、九司、孫子、三開重差、六章等課；音道則專修中國語文之發音。大學的教師名曰博士，有明經博士、紀傳博士、音博士、書博士、算博士等。此之所謂「博士」，即今日的大學教授。惟宜須注意的，即當時日人的治漢學，恰如今日的學習歐洲語言，一切都依原音讀的，不像今日日本人之將漢文顛倒位置，依日本式讀。所以有音學（發音學）的必要，而使音博士負教授之責。當時學生的希望皆以仕途爲念，所以大學不啻爲中央政府的官吏養成所，而國學則爲地方政府的官吏養成所。至於科舉制度亦仿唐制，由式部省主持，凡大學生與國學生，在學年限九年之內欲求出身者得貢舉之，惟除國學畢業生可稱貢人之外，亦有孝悌忠信、清白異行者，可舉爲貢人。其省試與唐之科舉雷同，大學寮畢業生可稱舉人，國學畢業者可稱貢人，此與唐制的分爲生徒與貢舉者相似。其考試科目有秀才、明經、進士、明法四科，亦仿唐制，而省試內容與方法，亦與唐制大抵相同。

當時儒家思想影響日本國民的道德生活極深，蓋自聖德太子獎勵儒學以還，上有好者，下必尤甚焉，社會上必然的要形成好儒習漢的風氣，而儒家思想遂普及於日本各地。這時候開始便已尊崇孔子，有釋尊的流行。早在養老令明定每年春秋兩季行釋尊之舉。孝謙天皇在位時（七四九——七五七年）師範唐高祖及太宗親幸國子學釋尊，並仿唐制令全國每戶備孝經一本，以爲習行，蓋「孝爲百行之先」故也。此外並旌表孝子貞婦，所謂「三從七去」，亦在這時候開始實行，可見儒家思想的浸潤之深了。

當時儒學由於國家的提倡，且派遣多數留學生前來中國，並置明經博士於大學寮，使貴族子弟就學，因此儒學很快地流行於貴族之間，而差不多全能理解漢文了。如彼安倍仲麻呂及吉備真備的漢學造詣，殆可以與當時的中國學者比美。當時的文書，不僅字體秀麗，語彙也比較豐富。不過這個時代對於儒學因只重誦讀註解，專注力於漢唐訓詁之學，不求深解，而完全作皮相的學習，很少有瞭解儒家學說真髓者。此外明經博士的地位自爲

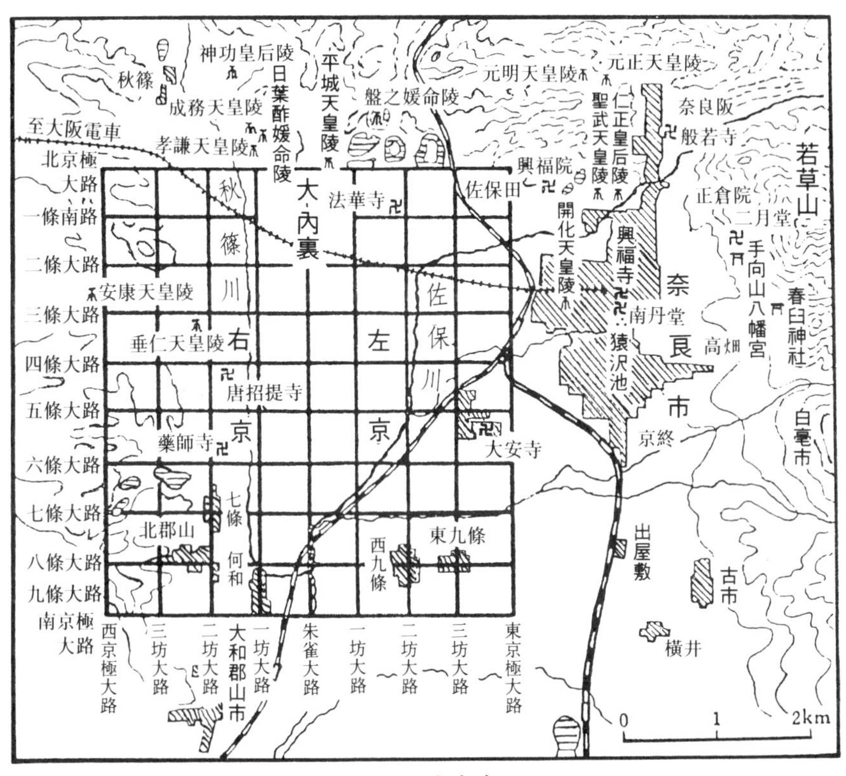
神功皇后陵
秋篠
成務天皇陵
日葉酢媛命陵
平城天皇陵
盤之媛命陵
元明天皇陵
元正天皇陵
仁正皇后陵
聖武天皇陵
奈良阪
般若寺
若草山
至大阪電車
孝謙天皇陵
北京極大路
一條南路
二條大路
大內裏
法華寺
佐保田
興福院
開化天皇陵
興福寺
正倉院
二月堂
手向山八幡宮
春日神社
秋篠川
安康天皇陵
三條大路
佐保川
奈良市
南丹堂
猿沢池
高畑
垂仁天皇陵
右京
左京
四條大路
唐招提寺
五條大路
藥師寺
大安寺
京終
白毫市
六條大路
七條大路
七條
何和
北郡山
東九條
西九條
出屋敷
八條大路
古市
九條大路
南京極大路
西京極大路
三坊大路
二坊大路
大和郡山市
一坊大路
朱雀大路
一坊大路
二坊大路
三坊大路
東京極大路
橫井
0
1
2km

圖六：平城京

清原、中原兩氏所把持以後，儒學的研究，更趨沉滯，儒學在日本遂漸趨形式化，而缺乏學術精神。

三、道教思想及印度文化之影響

至就道教讖緯思想的影響於奈良時代的文化而言，道教何時傳入日本，史無記載，但日本受有道教的影響，事實至明。如就其影響的事蹟來說，其傳入日本的年代，或者並不晚於儒教。不過因爲道教的信條及儀注，都混入了神道，嚴格地說來神道只能算是道教的一支派，所以道教在日本沒有明確的記載。由於道教的傳入日本或早於儒學，因此，最初日本一般民衆對道教的信仰還超過了對儒家的信仰。迨及奈良時代由於儒學盛行，置道教頓形失色，但中央政府專設陰陽寮，置有陰陽師、曆博士、天文博士、漏尅博士、陰陽生、曆生、天文生等，以掌管占筮相地等事。當時日本盛行一種陰陽道，稱日月星辰的運行及地火水風的變異，和人類運命結合，謂其間有關連冠婚葬祭等行爲，必先請陰陽師判斷卜測吉凶而後行。宿曜道，勘測廿八宿及九曜的行度，以判斷人的命運，亦是陰陽道。曆術以窺測日時的吉凶爲主，每月的初六、十二、十八、廿四等四日是虛道日，忌諱在這些日子遠出、遷移、嫁娶、加冠、著袴（日本男童五歲時行著袴之禮），又正月之子、二月之午、三月之巳、四月之戌、五月之未、六月之辰等日，百鬼放行，一般人在這些日子禁忌夜行。凡此種種皆受道教讖緯思想信仰之影響而產生者，事理顯明，無庸贅言。

當時的文士學士於把酒吟歌時所作的「心若置於無何有之鄉，如藐射之山，近在目前」，這樣的詩歌裏充溢著老莊思想的氣氛，又「古之七賢，所求者似均酒耳」，這首歌詞裏其受六朝思想的影響很深乃不難自明。餘如大伴王之「山幽仁趣遠，川淨智懷涼，欲訪神仙跡，追從吉野濤」，紀男人的「鳳蓋渟南嶽，追尋智與仁，嘯谷將孫語，攀共堪許親，峯巖夏景變，泉石秋光新，此地仙靈宅，何須姑射倫」，藤原宇合所吟：「天高槎路遠，河迴桃源深，山中明月夜，自得幽居心」，高向諸足的五言首：「在昔釣魚士，方今留鳳公，彈琴與仙戲，投江將神通，拓歌泛寒渚，覆景飄秋風，誰謂姑射嶺，駐蹕望仙宮」等皆爲求道慕仙，老莊清談思想的表現，且皆用世說中故實也。古事記及日本書紀裏神代卷的盤古文化生神話，桃枝避鬼之傳說等亦皆出自中國的陰陽、讖緯或道家思想。而易緯一書內的「辛酉革命、甲子革命」思想傳入日本後，使聖德太子相信每逢辛酉歲國家必有大事變的發生，因之以推古天皇九年的辛酉歲（公元六〇九年）爲蔀首（按中國的曆法以干支計算，六十年爲一元、廿一元爲一蔀，是即一蔀爲一二六〇年）遂上推前一蔀，以一千二百六十年前的辛酉歲爲神武天皇即位之年，亦即公元前六六〇年（我周惠王十七年）爲神武天皇即位六年。餘如在古事記及日本書紀裏面隨處都可以找出引申抄襲中國史料之處不少，如日本書紀開卷的文字，整個兒從淮南子鴻烈傳裏抄來。這些均足以推知無數漢書典籍在奈良時代已傳入日本，並已深植於一般智識份子腦海裡。

印度文化在初時係經由中國間接傳入日本，但降及奈良時代日印之間卻有了直接交通的事實。天平八年（公元七三六年）七月印度僧菩提仙那和林邑僧佛徹兩人，隨同入唐副使中臣名代赴日。據元亨釋書的行基傳所記，行基和菩提仙那兩人，在初見面時，雙方使用梵語和日本語兩種語言交雜言談。菩提仙那及佛徹均留住日本，菩提仙那以印度佛教，佛徹則以音樂傳授日人。佛徹所傳的音樂，後世稱為林邑八樂，為今日宮廷中有儀式時才奏用的舞樂的一種。這種舞樂，分別左右，但都非日本固有之樂。左方樂或曰左舞則自中國印度傳入，右方樂或曰右舞則自高麗渤海輸入。一舞之中，有正舞和答舞並行。林邑八樂，屬於左舞。此外尚有菩薩舞、拔頭舞等舞樂，這些都屬於印度系統。

印度文明傳入之中，其對日本國民感化最深者，首推佛教。天武天皇十四年（公元六八五年）時，日廷令諸國每家各建佛舍。持統天皇時（六八七——六九六年），不僅內地人，連東北蝦夷族，西南隼人之間，也都致力於佛教的廣播，而蝦夷人中亦有出家者。當時日廷之所以如此努力於佛教的弘佈者，無非想藉佛教的感化力以誘導人心去惡從善，進而以維護國土安全。最能看出這個意趣來的，當推持統天皇八年（公元六四九年）天皇向諸國頒佈金光明經一百部，今於每月上玄皆講此經，嗣後文武天皇大寶二年（公元七〇三年）又命畿內各寺院講讀金光明經，每國置國師。案此金光明經在印度極為盛行，係一種護國安民的法典，經由朝鮮而傳入日本者。此外聖武天皇時代，天平九年（公元七三七年）三月命諸國造丈六之金銅釋迦佛像。同十三年（公元七四一年）頒詔飭命崇佛曰：「案經有云，若國土講宣誦讀恭敬供養流通是經，我等四王，常來擁護。仰天下諸國各敬建七重塔一座，並寫金光明最勝王經，妙法蓮華經各十部」。獎勵各國建立國分寺並國分尼寺。聖武天皇且更進一步於東大寺鑄造大佛，高十六點二一公尺，爲成人身體的五千八百三十二倍，共費銅四四三、七三六公斤，錫七、五五〇・八六公斤，水銀五萬八千六百二十兩，金一萬四百三十六兩。凡此種種，要皆欲使華嚴經所説廣大無邊的大佛功德得於日本實現，以期國土安全，天下泰安。抑有甚者，聖武天皇讓位後所書願文之中有「東大寺盛則天下盛，東大寺衰則天下衰」之語，由此一端更可窺出當時佛教是如何地被日廷用作爲治國安民的工具了。

四、漢文學之影響

就漢文學之影響於日本而言，奈良時代恰值盛唐之世，唐代文化達全盛時期，而遣唐使留學生僧及唐人唐僧來往中日間頻繁，因此，唐代文化影響之深，使日本學者文人輩出，在這種社會環境之下，漢詩、漢文學日臻發達。當時漢學者以阿倍仲麻呂、吉備真備、淡海三船、石上宅嗣、大伴旅人等人爲代表，皇族之中如大津皇子、大友皇子（後之弘文天皇）、舍人親王及忍壁親王等皆擅於漢詩漢文而名顯文壇。其中如大津皇子在天武天皇之十一年（六八三年）出任太政大臣，後因天皇病逝後因冀圖謀叛繼母持統天皇，被發覺而判賜死罪，時年二十有三，當他臨死前從容不迫地留下一詩云：「金烏臨西舍，鼓聲催短命，泉路無賓主，此夕離家向」，詩中表現出對微塵的悲嘆。當時編纂的漢文詩集留傳於今日者，則爲考謙天皇天平勝寶三年（七五一年）時所編集之著名於世的「懷風藻」，此集共收集公元第七世紀後半期至第八世紀初期之間漢學者六十四人之詩一百二十首（現存一一六首），爲現存奈良時代所遺留至今的日本最古漢文詩集，極受彼邦文人僧士所推崇，如德川時代末季的大儒林羅山曾讚爲「本朝之文集者，懷風藻蓋其權輿乎！誠是片言隻辭，足比拱壁鎰金也」（林羅山著。「羅山文集」卷五十五懷風藻拔），而近儒岡田正之博士亦稱「若無萬葉集則無從接觸古歌之英華，但若無懷風藻亦無足以徵古詩之精髓，啓開上代文化的一大光輝者，實有賴於此兩集的並存留傳也。若把萬葉集比諸鴻寶珠珍，則懷風藻之片言隻辭，無異拱壁鎰金也」（岡田正之著：「日本漢文學史」）。當時日本漢文學發達，其文詞之精緻不遜唐人文士之手筆，此觀乎懷風藻之序文則可知其一斑，該序文曰：「逖聽前修，遐觀載籍，襲山降蹕之世，橿原建邦之時，天造草劍，人文未作，至於神后征坎，品帝秉乾，百濟入朝，啓龍編於馬廐，高麗上表，圖烏册於鳥文，王仁始導蒙於輕島，辰爾終歌教於澤田，遂使俗漸洙泗之風，人趨齊魯之學。逮乎聖德太子，設爵分官，肇制禮義。然而專崇釋教，未皇篇章。及至淡海先帝之受命也，恢開帝業，弘闡皇猷，道路乾坤，功光宇宙。既而以爲調風化俗，莫尚於文，潤德光身，孰先於學。爰則建庠序，徵茂才，定五禮，興百度，憲章法則，規模弘遠。夐古以來，未之有也。於是三階平煥，四海殷昌，旋纊無爲，巖廓多暇。旋招文學之士，時開置醴之遊。當此之際，宸翰無文，賢臣獻頌，雕章麗筆，非唯百篇。但時維亂離，悉從煨燼。言念湮滅，輒悼傷懷。自茲以降，詞人間出。龍潛王子，翔雲鶴於風筆，鳳者羽天皇，泛月舟於霧渚。種納言之悲白鬢，藤太政之詠玄造。騰茂寅於前朝，飛莫聲於後代。余以薄宦餘閑，游心文囿，閱古人之遺跡，想風月之舊遊。雖音塵渺焉，而餘翰斯在，撫芳題而遙憶，不覺淚之泣然。攀縟藻而遐尋，惜風聲之空墜。遂乃收魯壁之餘蠹，綜秦灰之逸文，遠自淡海，云暨平都，凡一百二十篇，勒成一卷。作者六十四人，具題姓名，並顯爵里，冠於篇首。全撰此文，意者不忘先哲遺風，故以懷風名之云爾。于時天平勝寶三年（時當公元七五一年），歲在辛卯冬十一月也」。綜觀懷風藻全集，其作者以天皇、僧侶、皇子、隱士爲主，詩意華風彌漫，詩風雖受初唐之感化，但其模仿六朝詩格，爲型式所固囿，致缺乏個性的表現及生活實感。其感情思想之範疇，以屬於僧學、老莊、神仙的思想爲多。命名曰懷風者，以示藉集中的作品，紀念先哲的遺訓之意。

中國漢文學對日本奈良時代的另一影響即爲宣命及祝詞。宣命即詔勅之以日文撰成者，散見於古事記、日本書紀及續日本書紀之中；祝詞即禱告神祇之詞，宣命及祝詞均爲以漢字音寫日本語。宣命之文章雖非完全採用漢文，而雜用正訓義訓漢字，但就其思想而言所受儒佛思想之影響極大，就中尤以儒家思想爲甚。此外光仁天皇時（公元七七三年）撰成的「歌經標式」，係日本最初的歌誦書，是模仿中國的文學誦而撰成者。

其次在中國漢唐之世盛行的民間風俗節會，亦於奈良時代前後傳入日本，成爲皇室及一般民間的年中行事，甚較著者如元日「朝賀之儀」，正月上元之「踏歌」、正月卯日之「卯杖」、三月上巳之「曲水之宴」、四月八日開始之「佛生會」、五月五日「端午」、七月七日「七夕祭」（又稱乞巧奠或織女祭）、七月十五日之「盂蘭盆會」、九月初九「重陽」、十一月「冬至」、除夕之「大儺」等，遂成爲日本人生活文化所不可缺少的一環，至今日人仍能保持得完整無缺。

綜觀上舉諸端，足見奈良時代的日本文化，因能吸攝全部的中國文化以及經由中國傳入的佛教文化，因而遂能開出光輝燦然的文化之花朵。當隋唐時代的中國文化移入日本之後，日人藉了漢人的力量，無論從政制、文化、教養，以至全套的風俗習慣，無不維妙維肖地，爲日人所模仿而改進，直至公元第八世紀進入平安時代以後，始多少摻揉了一些適合日本人環境的東西，展開了此後四百年日本人所謂貴族文化的「國風文化」（又稱和樣文化）。

第八章　平安時代的文化

——中國文化的同化

一、平安時代初期的文化

自第五十代桓武天皇延曆十三年（公元七九四年）由長岡遷都平安京始，至第八十一代後鳥羽天皇建久八年（公元一一九七年）源賴朝開創鎌倉幕府爲止，約四百年間，日本史家稱爲平安時代。因平安時代自宇多天皇寬平六年（公元八九四年）停止派送遣唐使與唐朝斷絕官方往來之後，日本文化逐漸走上脫離唐朝文化系統，而創立獨具日本風格文化的現象。因此，討論日本平安時代文化史學者，往往把公元八九四年停止派送遣唐使爲界限，稱此以前爲唐風文化的影響時代，而公元八九四年以後則稱爲國風文化（又稱和樣文化）確立時代。

平安朝初期的文化繼承奈良朝的遺風，漢文學特盛，所受唐朝文化的影響極强，平安朝初期約歷一世紀之久，稱爲貞觀文化時代。貞觀文化的特徵，除密宗佛教文化極爲發達之外，由於其係承接奈良時代唐代文化的遺風，故貞觀文化的狀態，郁郁地吐露王朝的英華。

平安朝初期崇尚唐代文化最爲顯著者厥爲平安京的擴建，並於公元七九四年（延曆十三年）遷都平安京。平安京係以秦氏的財政援助爲背景而建造，它係模仿唐朝東西兩京之洛陽與長安，其官省宮殿之建築，畫樑雕棟，飛簷碧瓦，無一不仿效中國的式樣。仁明天皇甚至於在承和九年（公元八四二年）詔頒，天下儀式，男女衣服，皆依唐法，五位已上位記，改從漢樣，諸宮院堂門閣，皆著新額。抑有甚者，連原來以氏姓爲稱號的宮城十二門亦悉改爲唐式稱號——即伊福部氏改爲殷富門，壬生氏改爲美福門，海犬養氏改爲安嘉門，豬養氏改爲偉鑒門，佐伯氏改爲藻壁門，建部氏改爲待賢門，山氏改爲陽明門，丹治比氏改爲遠智門，玉手氏改爲談天門，的氏改爲郁芳門，若犬甘氏改爲皇嘉門。此外唐代的踏歌亦爲當時日本士大夫階級所嗜好，例如桓武天皇時（七八一——八〇六年）於延曆十四年（公元七九五年）正月在新落成的平安京舉行初次朝賀之際，羣臣百官等連袂而歌舞曰：「新年正月北辰來，滿宇韶光幾處開，麗質佳人伴春色，分行連袂儛皇垓」，又曰：「小城顯樂舊來傳，毫無所成最可憐，郊野道平千里望，山河擅美四週連。新京樂、平安樂土，萬年春、沖襟乃眷人方中，不日爰開億載宮，壯麗戎規傳不朽，平安作號驗無窮，新年樂，平安樂土，萬年春」。

如前所述，平安朝初期崇拜中國的風氣仍然熾烈，當時適值中唐之季，武功雖不如初唐隆盛，惟海內太平，文化發達，日本傾慕唐朝之政教學術，亟思積極模仿，因此遣唐使雖然仍爲臨時之官，但其規模則較之奈良朝時來得宏大，組織完整，同行者往往達數百人之多，大使副使判官錄事等所謂「遣唐四等官」，必選派博通經史，文藝優長，熟悉大唐國情者任之，此外尚有大批留學生留學僧同行，例如元正天皇時（七一五——七二三年）之留學生及學問僧之多共計五百五十人。這些遣唐官員以及留學生（僧），在入唐期間皆學有專門學術或技能，兼之回國時大都帶有大量書籍經卷，而予以日人以新刺戟，故對於日本文化典章之發達，實有莫大的啓發作用。

留學生的大量回國，在日本鼓吹大唐文化，因此，當時的日本文學所受中國文學的影響仍然極深，而漢詩漢文亦大爲盛行，故學者文人之間吟詩作賦的編撰，屢見不鮮。當時較爲著名的學者有嵯峨天皇、平城天皇、葛原親王、嵯峨天皇的諸王子源信、源弘、源寬、源明等，一般文士有良岑安世、小野岑守、管源清公、滋野貞主、小野篁、橘逸勢、都良馨等，而僧侶則有最澄、空海等。著名之漢詩集則有「凌雲集」、「文華秀麗集」、「經國集」等三勅撰漢詩集，其餘尚有「三教指歸」（論儒佛老三教）、「遍照發揮性靈集」（詩文集）、「文鏡秘府論」（論作詩方法）、「入唐求法巡禮行記」、「行歷抄」（以上兩書爲紀文）、「本朝麗藻」、「本朝無題詩」（以上兩書爲詩集）、「都氏文集」、「續日本紀」、「日本後紀」、「新撰姓氏錄」、「弘仁格式」等，其中尤以勅撰三集，其內容多七言律絕之句，故其受唐朝詩風之影響很深，而去六朝已遠，且詩文之內容處處均充溢著中國文學特色之豪宕高逸絢爛之情。抑有甚者，由於漢魏六朝及初唐諸家之詩集流傳已久，故昭明文選、白氏文集、李白、杜甫、白樂天等詩文甚爲風尚，因之平安朝初期爲日本漢文學上成就的黃金時代。當時的詩人除了男性外，亦有若干年輕女性亦擅於漢詩，如「文華秀麗集」中有姬大伴氏之「晚秋遊懷」一首爲「節候蕭條歲將闌，閨門靜閑秋日寒，雲天遠鴈聲宜聽，檐樹晚蟬引欲殫。菊潭帶露余花冷，荷𤦲含霜舊盞殘，寂寂獨傷四運促，紛紛落葉不勝看」。雖然自宇多皇朝（公元八八八年──八九七年）以後漢文學因日本的所謂「國風文化」的逐漸抬頭而失其勢力，但文士之輩如管原道真、紀長谷雄、三善清行、管原文時、源順、兼平親王、具平親王、藤原公任、大江匡房等皆精通漢學，至於此期產生的續日本後紀、類聚國史、和名類聚抄、和漢朗詠集、江家次第、本朝麗藻、本朝文粹、續本朝文粹、朝野羣載、本朝無題詩等亦皆受漢學之影響而編成者。抑有甚者，這些書集的內容泰半都以儒家的思想爲根本，而間亦有染上道釋之色彩者。尤其是在公元九〇〇年前後四十年間，爲日本的經文學時期，作文均以漢文爲主，南北朝隋唐間流行的四六駢體，日本亦仿效之。

二、國風文化——物語文學

自公元九世紀中葉後，由於日本獨得風格文化的逐漸形成，而產生了「和歌」、「和文」作品，其中較爲著名的和文作品則爲「伊勢物語」、「大和物語」、「竹取物語」、「宇津物語」、「後撰和歌集」、「拾遺和歌集」、「後拾遺和歌集」、「金葉和歌集」、「詞花和歌集」及「千載和歌集」等較爲有名。這些和文及和歌集之共同特色，纖巧優麗，但其主要內容皆受到我國漢文學作品如昭明文選、白氏文集、穆天子傳、漢武帝故事、神仙傳、搜神記、列仙傳、霍小玉傳、枕中記、南柯太守傳等著作的影響。抑有甚者，當時當權的藤原氏爲和其他氏族競爭權位，乃勉力於漢詩文的研究，在這種情況下，漢文漢詩學者之輩出，自屬當然之事。惟這些人雖富於漢文漢詩之修養，但除尊崇漢文學，作漢詩之外，亦對於日本固有的和歌與和文，極具才識，因此，他們係屬所謂「和魂漢才」之士，這是這個時期文化界的另一大特色。

我們綜觀平安時代中國漢文學對日本影響，在整個平安時代，詩雖然甚爲發達，但當時詩的形式體裁，主要是流行一種短歌的形態。雖然自所謂「國風文化」確立之後，一般貴族公卿固不例外，即使服膺尊崇儒家精神的一般士人，在一種幻夢式的追求慾和分析主義的精美意識形態之下，所追求者爲宮廷生活的典雅美，因此，當時的詩歌文學並不像萬葉集時代的作品之由自然的呼聲所產生，缺乏自由的感像，而囿於形式主義，且多仿自中國文人的作品，殊少具有獨創性格的境地。其因受到貴族生活之影響結果，平安時代文學的發展，大有完全沉溺於女性境地的傾向，而呈顯出浮華文弱的氣息。

除了文學之外，平安時代日本美術的進展，亦爲當時文化發展上的顯著趨勢，各種精緻驚人的作品，顯示當時美術的進步性。在進步的美術形態上，表現最力的是佛像的塑造雕刻。平安時代的雕像，已由奈良朝的寫實色彩趨尚怪誕艷麗，以適應貴族的需求，但無論如何，其靜態美與均衡性是當時形成的理想典型。在繪畫方面，奈良朝以佛像畫爲主，但平安朝後，所有山水人物，風俗各種繪畫，皆百美雜陳。自平安朝中葉以後，我國宋朝的文化已傳入日本，故畫風亦受宋代畫風之影響很大。在書法方面，由於中國大批石搨真蹟的傳入，兼以當時文人學士必以筆墨書寫文章詩詞，因之書道極爲發達，王右軍、歐陽詢之書法大受歡迎，當時著名之書法有空海大師、橘逸勢、嵯峨天皇（以上三人世稱「三筆」）、小野道風、藤原佐班、藤原行成（以上三人世稱「三蹟」）。

三、平安時代佛教的變遷

前已述及，奈良時代由於佛教興隆的結果，日本雖呈佛國家之觀，但亦因朝廷及貴族太過於重視尊崇佛教，爲了興建佛寺佛像，虛靡了無數的國帑，終於佛教遂成爲致弊的根由。由於皇室的歸依佛門，僧侶的地位驟然提高起來。在崇尚門閥的當時，祇有僧侶是出自民間而且與貴族比肩媲美，因之，僧侶之中人材輩出，其勢力不僅發揮之於精神界，並且在政治界裏亦植了足與貴族階級相抗拮的力量。甚至於生出了反過來壓倒貴族，而有玄昉及道鏡（曾任稱德女帝的太政大臣且兼法王掌握政治、宗教之全權，並與女帝同枕姦通）之徒，覬覦皇位，即爲顯其例。這種僧侶謀篡皇位之舉，後來雖由和氣清麿的忠誠而得阻止，道鏡於公元七七〇年被貶爲下野國藥師寺的別當而失勢，但這種逆謀事件的出現，已明顯地暴露了奈良朝政治的腐化無能，僧侶之跋扈囂張以及佛教腐敗的黑暗面來。桓武天皇令空海、最澄兩大師改革佛教之詔勅有云：「乘法貪利、蔑官慢令、以已出塵之身，尙作在纏之舉，有司應嚴加檢舉。……今見衆僧，多違法官，或私定檀越，或誣稱佛驗，詿誤愚民」等語，從這一段話可以窺知當時佛教腐敗墮落之程度，已達極峯。

在這種政治腐化，佛教墮落的氣氛之下，桓武天皇即位後，爲圖把政治從佛教中解放，並振奮民心計，乃在今日京都的地方興建了一座極雄大壯觀的京城，而將帝都自奈良遷移至此，這個新都即上述的平安京，自桓武天皇時起至明治維新爲止（公元七九四年——一八六九年），千餘年之間，京都成爲日本的帝都。此遷都平安之一大動機，實在是爲了防止僧侶的干涉政權，而且亦是對於佛教的一種警戒。桓武天皇鑑於奈良佛教之墮落腐敗，已無可救藥，他爲了徹底改革腐敗的奈良朝佛教，曾勅命弘法大師（空海）及傳教大師（最澄）主持改革之事，以謀重建日本佛教。空海及最澄兩人於公元八〇四年曾奉天皇命令，前來唐朝留學，他們兩人爲當時日本僧侶中具有高深學識的哲學者，他們的思索注入佛教以新的空氣，並且促進佛教教理研究的長足進步。空海入唐曾抵長安，向青龍寺慧果學真言宗，二年後返國建金剛寺於高野山；最澄入唐後曾登浙江天臺山，接受天臺宗師道邃和行滿之教，返日後創天臺宗。前者以折擾法，後者以攝取法，與南都六宗（所謂六宗者：即三論、法相、成實、俱舍、律、華嚴）的舊派抗拮。他們兩人都曾注心力於調和日本古來的神道和佛教，倡神道即佛道的「神佛同體之論」（即「本地垂跡說」），謂佛力神之本地，神爲佛之垂跡，神佛權實表裏，濟渡人生。申言之，日本諸神皆是佛陀的化身，將日本神道包含於佛教之中，使佛教帶上了日本氣味。他們兩人的見解和理論，具有對奈良朝佛教的革新的性格，最澄的理論是「人間的現實，雖有天皇與奴僕之別，但其本質卻是平等的。因此，人人都可開拓和佛陀同樣的境地。換言之，人人均可成佛」，空海亦持同樣主張曰：「『茅舍與宮殿並無對立，君民均可做大日如來』。不僅人人可以成佛，而且以此『即身成佛』之身，就以這個具有肉體的人類之身即可登大覺之位」。由最澄及空海所創的真言宗及天臺宗，雖因皇室及公卿相繼潛心研究其教理，而獲得了發展的氣運，但他們只作教義的註釋，與實際的國民生活完全隔離，只圖享樂現世而不求來世。尤其是兩宗均以祈禱爲鎮護國家之法，以及祈求個人平安和幸福之法，迎合貴族的要求，而得在京城內外建立了許多寺院，並接受了廣大的莊園的捐獻，已臻富裕，因之，最澄和空海的改革精神被沖淡消滅，而在僧侶之間，爲了追求世俗的名利，結果始而與權門勾結，繼而豢養僧兵，企圖一償政治慾，與貴族武士互相傾踏，教勢遂不振。

桓武天皇除了根絕佛教政治的殘餘勢力，建立安定的民政制度之外，另一重大的措施，即爲先後派兵遣將三次平定叛亂無常的蝦夷人，皇室威權自此始徹底建於北方邊陲，這是日本史上一樁重大的事件。蓋日本本國全土，從這個時候起，始完全在天皇的統治之下，此外在第三次征伐夷人時（七九七——八〇一年）朝廷任命坂上田村麻呂爲日本史上第一位「征夷大將軍」，因此，蝦夷人被征服之後，武人階級亦開始漸露頭角。抑有甚者，當時因政府財政困難，日廷爲節省開支，乃實行皇族賜姓，使皇族降居臣籍。最初賜姓的桓武天皇的曾孫高望王，被賜爲平高望，此即以後曾以武將身分統政的平氏的起源，而桓武天皇並爲平氏始祖。其後嵯峨天皇的子孫亦賜姓源氏，他們以後即衍爲與平氏爭霸的源氏。

日本國民精神又再度被中國思想及印度思想所奪取。蓋自聖德太子向隋煬帝派僧使節以來，與中國歷代君主，都有使臣往來，並派遣大量留學生前來中國留學研究，他們目擊了金碧燦爛的隋唐文化而歸國，並傳之於國民，所以崇拜中國之心，一天比一天熱盛。當時唐朝的文化已臻至爛熟之境，而日本國民受其所眩惑，交相讚美，而充溢著敬慕之忱。唐德宗之朝入唐使節人員之一的管原清公，曾詠五絕一首云：

我是東蕃客，懷恩入聖堂，欲歸情未盡，別淚濕衣裳。

管原清公自己屈稱東蕃客，以推崇唐朝，由此一例可知當時日人仰慕唐朝之情懷是如何地熾烈熱狂。由於當時日人競相仿效唐朝的文風，久而久之，遂使一般國民輕視政治，而惟以文雅爲事，盛行結果，招來了惰弱淫蕩之風。

儘管平安朝的日本文化，已逐漸走上日本化之途，但由於中國文化思想已深植於一般日本國民心目中，故大多數文物典章裏面，處處皆有受中國文化或思想浸染之跡。例如平安朝的記錄，常把天皇寫作「皇帝」或「帝王」，甚至連即位儀式亦都模仿中國。抑有甚者，連於詮釋日本的神祇，亦都引用中國文獻，如「和名類聚抄」於說明「天神」時，謂「周易有云，天神曰神」，又於解釋「地神」時，謂「周易有云，地神曰祇」之類是也。原來日本的天神地祇，原是民族遠祖的「天津神」和「國津神」，而「和名類聚抄」竟用中國的文字來解釋，於此一例可見中國文化思想之影響於日本是如何地深鉅了。

當時除了中國文化深植於一般國民心目外，在佛教方面，印度的文明卻成爲主位而居於日本之上。這種現象乃前述「本地垂跡說」盛行的結果，後來終把日本的諸神置於佛的下信，不言神佛而言佛神，成爲平安朝的慣例。其最明顯之例，如傳教大師最澄所創的天臺宗的本山延曆寺，其初原爲十二番神，後請增爲十二番神。所謂「番神」，是守護法華經的神，而十二之數，相當十二支。即子之日應爲某神，丑之日應爲某神，而令日本的諸神，交迭地在延曆寺守護法華經。依照此種順序，子日的番神則爲天照大神。這種以日本諸神作法華經看守人，而不以爲怪，由此可見，佛教文化已深植於日本國民心目中，而其地位卻高於日本固有神道了。

四、貨幣流通之普及

在平安時代發展上的又一特徵，厥爲自宇多天皇寬平（唐昭宗，公元八九〇年）時，貨幣開始廣用於全國，對於日本的經濟發展，大有幫助。日本之有貨幣，乃始於奈良時代和銅元年（公元七〇八年）元明天皇仿唐高祖武德四年（六二一年）所鑄之開元通寶，而鑄造穴明錢，稱爲和銅開寶。自此以後至平安時代中期村上天皇天德二年（後周世宗顯德五年，九五八年）三月鑄造乾元大寶爲止，約二百五十年之間，先後鑄有十二種貨幣，總稱之爲「皇朝十二錢」或「本朝十二錢」，其名稱爲和銅開寶（七〇八年）、萬年通寶（七六〇年）、神功開寶（七六五年）、隆平永寶（七九六年）、富壽神寶（八一八年）、承和昌寶（八三五年)、長年大寶——又稱長年永寶(八四八年)、饒益神寶(八五九年)、貞觀永寶(八七〇年)、寬平大寶(八九〇年)、延喜通寶(九〇七年)及乾元大寶(九五八年)。其中自隆平永寶以後的八種貨幣,皆係平安時代所鑄造者。

綜括上述所言,日本平安朝之文化,已較奈良朝進一步,對於中國文化由純粹之模仿而臻於同化之時期。當奈良朝之際,積極移植中國文化,初創規模,雅好儒學政制,矢志揣摩。平安朝則注意吸收而融匯之,假諸西鄰,引爲己用,且漢學家輩出,因此,學藝有長足之進步,而文學藝術,亦卓然有所建樹。此外更將中國文物因素滲入日本固有文化之中,逐漸建立了以日本爲體漢學爲用之所謂「國風文化」(或稱和樣文化)。

第九章　貴族政治的墮落與武士勢力的抬頭

一、貴族生活之奢華與庶民生活的窮苦

平安朝的文弱嗜好華美的風氣，遺國家生活一切方面以重累。先就貴族的生活而言，其奢侈豪華情形，儼如我國的金粉南朝世界。他們競相以採用唐風為榮，他們享樂生活的節目，最流行的詩歌、鷹射、騎射、競馬、雅樂、對棋、雙六等都是中國傳入的藝術娛樂，當時所謂上層階級社會，對此沉醉不已，並崇尚優美風流，武藝文彩。此唐化生活，他們視為象徵著他們階級的光榮。當時貴族們熱烈地獻地捐款建築寺院，但這只是貴族們的別墅而已，例如藤原氏一門所建的著名寺院，如貞觀寺（良房）、極樂寺（基經）、法性寺（忠平）、道澄寺（道明）、叡山法華三昧堂（師輔）、法興院（兼家）、法住寺（為光）、世尊寺（行成）、法成寺（道長），以及宇治平等院（賴通）等，都是豪華的

別墅，而且建有很多寢殿。紫式部的「源氏物語」，大貳參位（紫式部的女兒）的「狹衣物語」，赤染衛門的「榮華物語」等，皆對於當時貴族生活腐化糜爛情況一一加以描出。在貴族輩那種詩歌管弦，日以繼夜的享受生活中，反觀一般庶民生活，他們的大多數，甚至連麥粟之飲，亦只能日食一次，而午飯則喝水充飢，加以苛捐雜稅的負擔及貪官污吏的嚴加榨取剝削，於是在不堪暴政的壓迫下，紛紛棄口分田外出逃亡而淪爲農奴或浪人，甚且有流浪而餓死者，亦有投入盜賊之羣者。抑有甚者，由於地震、天災、疫病等不斷的侵襲，致使社會常爲不穩空氣所籠罩。

二、貴族政治的墮落與莊園的產生

次就政治方面而言，自遷都平安後，中央的朝廷已喪失軍事力量，迨及九世紀中葉，更失去了統制地方豪族的力量。影響所及，不僅盜賊橫行，各地亦有叛變。事實上，這個時代的政治實權，完全掌握在貴族手裡，他們威勢淩駕皇室，可謂達到了登峯造極之境，貴族間的明爭暗鬥，日益尖銳，他們以陰謀方式進行彼此間的顛覆。在此鬥爭過程中，藤原氏的勢力逐漸壯大，最後政府的榮官顯職，均由藤原氏一門獨占，以往是天皇親政的日本，至今實質上成了貴族政治的國家了。大化革新所斷行的土地國有制，後來曾因獎勵開墾荒地，恩賞功臣，寄賜寺社關係，私有田的範圍年年增加，弄得原制蕩焉無存。降及平安朝中葉以後，貴族與有勢力的寺院，竟利用墾田永世私財法（七四三年）之便，利用浮浪者的勞動力，競以開墾占有土地爲務，而地方豪族爲求逃避國家課稅，或干涉管理，紛紛將其土地所有權，在名義上奉獻於中央的有力量貴族或寺院，以求庇護，結果，直接屬於國家在地方官吏治下的公領地，不及大寺權門私有土地的百分之一。這種土地當時稱曰「莊園」（佃莊）。按「莊園」在古代是指貴族寺院所有私有地，其意義爲倉庫及附屬園地而言。後三條天皇曾下過極大的苦心，以圖打破消滅莊園制度，但終於未收功效。自白河天皇（宋神宗時）以後，皇室本身亦公然墾置莊園，所以到了平安朝末期，簡直便無所謂國家經濟了。由於上下互相爭置莊園，期望自己能夠多獲，因此中央朝廷政務所需要的財源，遂完全涸竭。當時的日本，在某種意義上，是在一種無政府狀態中。上自皇室爲始，藤原氏一族以下，大小不知有若干地主，分別佔據日本國土，租稅貢物，都歸於莊園之所有者的地主之手。皇室以下數十名地主，都是以其收入消費於各自的生活享受，並未有效地將其應用於政務或公益上。所以京都雖然成了文化的中心，但卻並未曾成爲政治的中樞。至於在地方，豪族到處隨便作亂，而豪族又自動起來鎮壓，因之中央政府成了有名無實的東西。中央朝廷鑑於莊園制之發達，導致中央政令不行，雖自公元一〇四五年（宣德二年）以後屢頒莊園整理令，將設立理由不明確的莊園没收充公，但此舉無異正式承認莊園之合法，結果徒增莊園之發展。在這種情況之下，當時政治，決非統治國家之具，只不過是因循舊例，進退百官的場所罷了。所以知道掌故最多者，便被推重爲當時的能吏。

三、武士勢力的抬頭

由於莊園制度的發展，一方面班田制度終於崩潰，土地兼併集中的傾向，日益激烈化，社會關係由以律令爲基礎的法治關係轉爲私人主從的社會關係，政治態勢形成倒退，在這種情況之下，地方遂產生了許多新豪族。這些新豪族就是所謂諸國「住人」，成爲日後「武士」的前身。這些住人之中，也有當初是國司，由京都下來，至任期完了，仍舊不歸京師，而守著其地變成私墾田的領主；也有負監督皇室的莊園之責，每年獻納一定的年貢，自己駐在地方，成爲事實上的領主；也有將自己私墾田，僅名義上獻給了權門勢家，以避免課稅，自己則在國司或是預職名下，掌握領土的實權。這些擁有莊園的實權者，當中央威令受阻不行時，爲了保護自己的安全，乃訓練武術，以備一旦有事。他們主要修習馬術和弓術，稱爲「弓馬之道」，撫養家人，自詡誇稱「弓馬之家」。這樣一族便自成爲一家，庶子分家時稱「家子」，稱家人奴僕爲「郎黨」，人數衆多時，編作一集團稱爲某黨，黨有「旗頭」，惟旗頭一職恆都由所謂「住人」自任之。一旦地方發生變亂，朝廷往往派任諸國住人中之有功者爲檢非違使（等於現在日本的警視廳長官）、追捕使或押領使等，令其鎮撫。這些豪族住人未必定爲秩序的維持者，但在幾於無政府、無警察的地方狀態之下，他們因擁有軍備武力，因此多少收了若干維持治安的效果。後來地方上的其他豪族便和這批出任檢非違使、追捕使或押領使的豪族住人勾結，冀圖在他們的庇護之下，使所領的土地安全。連住在京都的貴族階級，亦和他們勾結相結托，藉以維護其莊園。於是在地方上，遂產生了可以和後世的「大名」（諸侯）相比匹的大地主。

由上所述，可知武士產生的因素，係淵於莊園制度，申言之，因爲中古時代的經濟體制起了變化，故新的社會關係亦應運而生，莊園制度之導致武士的產生，毋乃爲必然的趨勢。但地方豪族的武士勢力，最盛的是在日本東部，尤其是東北一帶區域。那些地方，中央政府鞭長莫及，故武士勢力易於蔓延猖獗。原來古時日本人，以西南爲其故國，而以東北（日本地域名）爲殖民地。畿內以西的地方，不僅海路的往來非常便利，而且因爲是日本民族創業立國的地方，所以人口稠密，文化發達極早，然而東北地方，則地廣人稀，且有強大敵人蝦夷人蟠據其地。但遠在奈良時代，關東和東北的壯丁，便常在皇室所派的鎮守府鎮將軍之下，任征討或防禦蝦夷人之事。蝦夷人因爲是馳騁於山野，以狩獵爲生活的慓悍的民族，所以與之作戰時，非用騎兵不可。白河關、勿來關等衆多關隘，都是日本民族次第將蝦夷人追至北方而防止其再行南下而設的。大寶養老令雖然模仿唐制，採取全國皆兵主義，但後來由於產生了種種弊害，至桓武天皇時（公元七九一年）除了少數直轄地區外，各地軍團一律撤廢，另從熟悉武藝的郡司子弟中募集堪爲軍人者，使專門從事於戰鬥，造成了專門的兵士，而所謂諸國住人者，多是世列兵籍，嗜弓馬之道，視戰爭爲其專業，至此遂有了稱作武士的特別階級的產生，關東諸國則成爲武士的淵藪了。關東的武士，他們的武術，原來是和蝦夷人作生死之戰中發達鍛鍊出來的，然而他們的勇敢，終於征服了蝦夷族。但現在中央政府的威力，既不到達東北，他們彼此之間，遂開始激烈的鬥爭，在京都養尊處優的貴族，他們平日祇知道享樂宴安，稱這些武士爲「關東暴戾之類」，而輕視之。

至於當時畿內以西的地方，自古以來即服從中央，迨至平安時代中葉起，始逐漸離開了中央政府的管轄。當東北部的豪族，以兵馬之强自誇爲陸上之勇者時，西南部的豪族，則以兵船之多自炫，而成爲海上的霸王。住於瀨戶內海、四國、九州等沿海地方的貴族，各自擁著若干條兵船，爭奪著本來不大的海上霸權，或則操起海盜業來。例如藤原純友父祖原爲京都貴族，自己則因奉命作地方官的緣故，蓄有兵船，平退了小海盜。後來竟在瀨戶內海的九州地方，公然割據，勾結海盜，反抗朝廷。其後統一了西南的豪族，造成了一大勢力的則爲平家（氏）；統一了東北的豪族，而形成武家棟樑者，則爲源氏。

由上所言，初期發展的武士團之勢力，似乎無足輕重，然那種勢力，在日本歷史上究爲空前出現的產物，在以後的發展上，它曾帶給國家以空前的動亂，及至最後，武士的勢力，且終於起而支配一代歷史，而自公元第十世紀中葉以後至第十二世紀間的各種戰亂，即爲那種發展的具體形成。

第十章　平氏與源氏的爭霸戰

平安時代莊園制度發生結果，破壞了國家政治統一，所以地方的豪族——即武士們，開始了激烈的露骨的生存競爭，最後造成了威脅中央政府的大亂來。自公元第十世紀中葉以後至第十二世紀之間，由武士勢力引發的頻頻動亂，最先發生的是「承平之亂」（九三五年）和「天慶之亂」（九三九年），其後有「平忠常之亂」（一〇二八——一〇三一年）。然而這些變亂，雖被平定，但連年戰亂，遂使東部地方非常疲弊，田園荒蕪甚多，結果造成了使源氏獲得東國的士心之因緣。

源氏之盛，自經基始（經基於八七七——八九〇年之間擔任攝政）。經基爲清和天皇第六皇子貞純親王的長子，所以稱作六孫王，被任爲武藏、上野的地方長官，居於關東，征討平將門的叛亂，立下了軍功。其子滿仲，歷任常陸介、武藏守、陸奥守、鎮守府將軍等職，扶植其勢力於東北。其子賴信平定平忠常之亂，歷任陸奥守、甲斐守。賴信之子賴義任相模守，特別獲得士心，討平了安信質時之亂。其子義家更鎮定了清源武衡之亂，朝廷雖准許義家昇殿，但認爲此役屬私鬥而未論功行賞，但義家卻以私財獎賞部下武士，因之獲得武士的感恩尊敬，遂使他成爲關東武士敬仰崇拜的中心，並被稱讚爲「天下第一武勇之士」，地方豪族紛紛捐獻莊園以求其保護。像這樣，源氏自經基開始，至義家爲止，共五世一百廿年之間，在東國種下了根深蒂固的勢力。當時處於私門苦於豪族兼併的東國武士們，爲求在源氏庇護之下保障領土的安全，故爭相作爲源氏的家人。此之所謂家人者，係將名簿送到源氏處，出入其家，結下了主從關係的意思。儘管藤源氏已成爲關東武士的盟主，但初時仍甘自居於藤原氏家臣之列，作其爪牙，迨至賴家、義家之代，始取藤原氏而代之。

一、攝關、院政

如前所述，藤原氏自鎌足參預大化革新有功得寵後，逐漸掌握政權，迨至公元九世紀後半葉，國家統治大權完全控制在藤原氏一族之手，而其操縱政權的方式則所謂「攝關」及「關白」的特別官職，合稱爲「攝關政治」，而開其端者即爲太政大臣藤原良房於公元八六六年清和天皇時，以外祖父因擁立年幼天皇即位而出任攝政爲始。每當天皇年幼或患病之際，輒有攝政，以代理萬機，惟在幼君元服之後，攝政便照例辭職而轉任關白。首位出任關白者爲良房養子基經，他於公元八八七年由宇多天皇正式任命而擔任關白一職。由於「攝關政治」的出現，故律令制下掌握全國政治大權的太政大臣及左右大臣的職權遂被侵奪，而成爲備員。這種攝關政治繼續至公元一〇六九年後三條天皇即位爲止，連恆二百年之久，因行之過久，弊病叢生，是故自藤原道長的極盛時期過去後，藤原氏的家天下統治，已無力維持。當時掌握政治大權的已非出任「攝關」的藤原氏，而是由後三條天皇所創意而由白河天皇所實現的「院政」。原來後三條天皇與藤原氏並沒有外戚關係，他壯年而即位，馬上便開始排斥藤原氏的政治勢力，例如曾設立記錄莊園券契所，這就是試行壟斷藤原氏的經濟地盤的。院政的性質係援藤原氏之以天皇的外祖父資格處理天下的政務之例，由讓位的天皇親執政權的一種制度。院政深具一種專制的性格，絕不是一種以健全理想爲根據的政治。這個制度由白河天皇實行，蓋他繼承後三條天皇遺志，勵行改革，不顧外戚，在位十四年後，禪讓於其子堀河天皇，自己則以太上天皇與法皇的資格，組織「院廳」的機構，居院主持政務達四十年之久，此即所謂「院政政治」的肇始。史上稱「上皇」爲「治天之君」，被認爲是事實上統治天下的天皇，係權力之總源泉。事實上，院廳等於太上政府的規模，不但以院廳掌天下的政令，使「院宣」和「宣旨」有同樣命令天下的力量，而院廳中，除文官之外，更設武備，集諸國的武士，此即所謂「北面武士」（太上皇的親衛隊），使成爲實行院宣的背後的實力。而「北面武士」設置的主要目的乃在於對抗藤原氏及源氏。院政雖把政權從攝關手裡收歸皇室，但卻深具一種專制的性格。它只不過是「武家政治」建立前過渡時期的一種政治型態。

自白河天皇創立了這種「攝關政治」的變體之「院政政治」後，太上皇的統理政治形態，歷百年，至公元一一五九年的「平治之戰」，始歸破滅。所謂「平治之亂」係發生於平治九年（一一五九年），其起因為「保元之亂」時（一一五六年），源義朝自視平亂功高，但後來其所獲得的賞賜，卻低於平清盛，乃大為不滿，遂與藤原信賴發動叛亂，後來為平清盛所討平。自此以後，源氏與藤原氏的勢力，皆被平氏壓倒，於是朝廷遂寵用平氏，而平氏自此即逕行執掌政權，展開了以後數百年的武人專政的歷史。

院政政治在實行初時，雖然產生了若干有利的影響，但是這種制度是天皇之外，又生一天皇，政府之外復成立一政府的形態，結果產生了天皇與院廳之間的對立狀態，這種糾纏不已的複雜關係，釀成了中央最高層的嚴重政爭。蓋在位的天皇，在名義上，雖然是君臨四海總攬萬機的至尊，看到一切政務悉需仰恃太上皇或法皇的鼻息親裁，其感到不快之狀，猶之政權操之於藤原氏一族手中一樣。加之，廷臣之未獲院廳重用者，均欲擁天子以伸展其志，兩院的感情自然日益隔離了。保元之亂及平治之亂，便是這種黨爭的表現。這種院政，不但造成了大內和院廳的反目，更造成了和大內或院廳相結以圖擴展其勢力的廷臣間的內訌。而每次發生爭鬥，雙方必藉武士的力量，以求達到其目的。保元、平治之亂後，武士覺識了自己的力量，更覺悟了天下的事，都擔負在他們自己的雙肩上。以往他們只是為公卿們賣命賣力，為公卿們守護莊園，防禦海賊，但現在上自皇室為始，乃至藤原氏們貴族，人人都冀望獲得他們的幫忙，以伸張自己的勢力，驟然使他們產生了自信之念來。於是他們不再甘願作他人的爪牙，而且反過來想把別人當做自己的傀儡，而由自己取他們的地位而代之。在這種冀望下，武士遂於保元、平治之亂戰勝了源氏及平氏，遂一躍而成爲日本政治的主人翁。

二、平氏政權的興亡

平氏興起之後，在中央的勢力，飛黃騰達。平清盛在公元一一五八年平定「平治之亂」後甚受後白河法皇信任，於公元一一六七年（仁安二年）升任太政大臣而開武士任宰輔之先河。嗣後他又仿效藤原氏的故智，利用婚姻，以其女德子配爲高倉天皇的中宮，和皇室結下了密切的關係，憑藉外戚地位，依恃皇威，以重其號令。平清盛雖爲人奸猾、獨裁、殘酷、好色，但他的頭腦敏銳，曾開闢兵庫和宋朝貿易，並將宋朝購入當時文化秘籍的百科全書「太平御覽」一千册，在日本文化史上頗有貢獻。他利用間諜組織以監視排除異己，並强奪了神社、佛閣、皇室、貴族等的家領和莊園，而擁有采邑卅餘國，莊園五百餘所，使日本全國之大半數土地變成他一門的領地，大有「率土之濱，莫非平臣」之勢，平氏甚且公然豪語：「非平家之人非人」，權勢之重，震懾朝野。平清盛之官邸位於京都的六波羅，故稱其政權爲六波羅政權。抑有甚者當時平氏一門的繁榮，清盛之長子重盛爲內大臣、左大將，次男宗盛爲中納言（等於副相）右大將，三男知盛爲三位之中將，一門之中，公卿（官等三品（位）以上）計十人，朝臣（官等五品以上）凡卅餘人，各國的太守以及供職於衛府者計達八十餘人，在文武百官之中，平氏勢力幾佔一半。但由於平氏跋扈囂張目中無人，且爲平氏一家私利打算操之過激，終使貴族、寺社和諸國武士對平氏漸生反感，而被迫展開了反抗運動。當時反抗平氏的領導中心爲源氏，因此，在公元十二世紀的下半期中，平、源二氏從事長期的、慘烈的內戰，史家稱爲「平、源爭霸之戰」。

由於平氏之驕縱放恣，目中無人的氣燄，逼人太甚，因此後白河法皇亦生反感，而於公元一一七七年與近臣藤原成規等密議討伐平氏，後事機洩露，有關各人，一律被處流刑或死刑，並囚禁後白河法皇，進而勒逼高倉天皇讓位於其三歲的幼皇子，是爲安德天皇，這種結果，平清盛不僅失去了天下的人心，同時並招致了舊勢力的憎惡，並加速了平氏的滅亡。當時源氏唯一殘存的在朝人物爲賴政，時年七十餘歲，因憤平氏之殘暴驕橫，奉後白河法皇的第三皇子以仁王，以仁王的名義於公元一一八〇年飛檄令諸國出兵起義，討伐平氏。結果賴政雖失敗而自殺，然由於以仁王的檄令，源氏在諸國增加了聲勢力量，而賴政的遺志卻由其嫡裔賴朝之手完成。

源賴政失敗後，源氏反抗平氏的運動，方興未艾，平清盛懼怕被南北的僧兵（園城寺與興福寺的僧兵）挾攻，於一一八〇年擁立安德天皇遷都於攝津之福原，高倉天皇之子尊日親王於京都被擁立，是爲後鳥羽天皇，於是東西各有天皇。平清盛此舉更招來貴族反感，不久之後又復歸京都。此時源賴政之子賴朝繼承父志，於公元一一八〇年八月起兵討伐平氏，獲得不忘「源氏之盛世」的諸國武士的支持，不及十年消滅平氏，平氏政權崛起於「平治之亂」，僅廿六年即滅亡。源賴朝完全統一日本後，便創置幕府於鎌倉，握天下之實權，啓開了其後七百年的武家政治之基。他以搜索追捕平氏殘黨及義經（賴朝同父異母兄弟）之黨羽爲名，出兵平定了不斷遭受藤原純友的餘類之禍殃的九州南部，其勢力更及於鬼界島、琉球。此外他更藉討伐庇護義經的藤原泰衡氏的機會，將一向叛服無常，幾有非屬日本版圖之觀的東北地方完全征服。至此他的武威使得全國權力歸於統一。以往平安時代以前的公家歷史，只記述中央的事情，至鎌倉時代以後，才開始有全國各地的大事的記錄。

第十一章　鎌倉幕府的職制及其文化

一、鎌倉幕府的成立

源賴朝於公元一一八〇年（治承四年）八月舉兵進擊平氏後，採納支持他的東國諸豪族意見，以鎌倉爲根據地，並於是年十一月在鎌倉設立一種政治性的機關，稱曰「侍所」，其職務平時爲統率家臣諸士，處分罪犯，戰時則統率軍務，奉行軍令，旋於公元一一八四年（元歷元年）復設立公文所（其後改爲政所）、問注所，前者爲私設政治機構之一部門，其職務爲處理政務，後者爲私設的司法機關，其職務爲司掌訴訟，幕府初型，遂告形成。迨至公元一一八九年藤原氏滅後，全國統一，他任右近衛大將，於是遂正式開設幕府，使私設的政治機關變爲國家的政治制度，將原有的公文所改爲政所，以形成變相的中央政府，以後統治日本六百七十餘年的世界政治史上前所未有的奇特政治制度——幕府制度，至此遂告完成。公元一一九二年（建久三年），賴朝改任征夷大將軍，藉此以列爲全國武士的長官，强化軍事統制的權力，幕府制度，至此遂更名實俱備。因源賴朝之府邸在鎌倉，史稱鎌倉幕府。關於武家政治的地方制度，其中心爲軍事統制主義，文治元年（一一八五年），賴朝以緝捕義經爲名，請朝廷於諸國設立「守護」、「警察」，同年又以同樣名義於各莊園設立「地頭」、「稅警」，他並自號爲六十六國總追捕使，這些官職，即爲武家政治的地方制度。

在日本史上出現的六百七十餘年的武家政治過程中，最初爲源氏三代與北條氏九代之鎌倉時代，其次爲足利氏十五代的室町時代，其間五十七年稱爲吉野時代，而室町時代之末期，即繼所謂戰國時代之後有織田信長之安土時代及豐臣秀吉之桃山時代，其後有德川氏十五代二百六十五年的江戶時代，此爲武家文化時代的終幕。

源賴朝所辛苦締造的鎌倉霸業，爲時不過廿七年，其後祇傳到第三代，便告斷絕，公元一一九九年，賴朝去世，由其長子賴家繼位，時賴朝岳父北條時政與妻北條政子擅權，以賴家荒淫無度，共謀排斥，乃另組合議體制，主持政務，賴家旋被北條時政幽禁於伊豆修善寺，後被暗殺。賴家被殺後，繼之者爲賴朝之次子實朝，因實權掌握在北條氏手中，乃漸與京都之朝廷接近，此舉遭到北條氏之猜忌，在位十餘年，於公元一二一九年被賴家之子公曉所殺，實朝無子，源氏正統遂絕，而由外戚北條氏攝政。

二、北條氏的攝政

自公元一一九九年起至一三三三年止，北條氏攝政共歷一百卅四年，而使幕府政治轉變成爲攝政政治。在攝政時代中，北條氏在政治方面，頗多設施，北條時房和北條泰時，設立了「六波羅探題」之特別官職，負責警衛京都，監視朝廷。公元一二二五年（嘉祿元年）北條泰時設置「評定衆」的最高顧問官職，以通政務者十五六人充之，以與攝政共決各種政務，期能避免專斷獨裁之弊。公元一二四九年（建長元年），北條時賴又設置「引付衆」的官職，以爲「評定衆」的補助，參與裁決訴訟，辦理庶務及政所之紀錄等事。自評定衆、引付衆設立之後，往昔政所、問注所等主管之政務，大多由其管理，成爲幕府政治的中心。

北條泰時執權時（一二二四至一二四二年），他是一個公平正直的熱心辯護士，他採用中國「模範皇帝」的古法，在宮殿之外，放個鐘鼓，百姓若有所陳請時，只要擊鐘鼓，便可進去當面訴說，此外他以裁判武家訴訟，須有一定標準，乃制定一種武家法典共五十一條，名曰「貞永式目」（又稱「北條律令」、或「御成敗式目」），此爲日本最古的武家法典。它雖是整然有組織的律令，但簡潔而切合實際，爲武家法典之特色。其內容爲包括有關社寺關係，守護，地頭的權力，行政、民刑法、訴訟法的大體方針及有關御家人身分與所領權的規定等，而最堪注意者，即爲婦女地位的提高，女子亦能繼承御家人所領。貞永式目對於以後武士社會的法制、家法等影響甚大，初僅施行於幕府勢力範圍之內，嗣後隨幕府勢力的擴展，次第推行，後來不僅爲室町幕府所繼承，即戰國時代諸大名的家法，亦受其影響。

在北條氏攝政時代，曾發生兩次元軍征日之戰，一即所謂「文永之役」（一二七四年），另一爲「弘安之役」（一二八一年）。這兩次戰役幸因元軍不習於海戰且戰艦遭遇颱風破壞甚多，得免爲其征服而亡國。但自這兩次戰役後，北條氏的勢力因戰費負擔所引起的社會政治問題，弱點畢露，其中尤以「御家人」的經濟狀態，臨於極度貧乏。幕府雖先後多次頒佈儉約令，獎勵廉節。然因京都貴族奢侈生活的影響，以及商業經濟的勃興，武士生活的奢侈習慣，終難根絕，而其經濟狀態，遂致形勢日非。在幕府方面，由於北條氏自時宗以後，執政者多屬生活放蕩之徒，兼之內部爭權奪利之事，層出不窮，因此降及公元第十四世紀上半葉，北條政權，已人心渙散。迨至公元一三三三年（元弘三年）反幕勢力在第九十六代後醍醐天皇之領導下，勤王之士楠木正成、新田義貞、足利尊等合力奮戰，終於擊敗攝政北條高時。自源賴朝開創幕府以來，統治日本恆百餘年的鎌倉幕府，遂告覆亡。

表十二：鎌倉幕府組織表

創立當時之職制			
中央		侍所	平時爲統率家臣諸士，戰時則統率軍務。長官稱曰別當。
		政所	又稱公文所，其職務爲處理幕府政務。長官稱曰別當。
		問注所	其職務爲司掌訴訟裁判。長官稱曰執事。
地方	一般的地方		守護——置於諸國，掌理行政並兼掌司法警察裁判。 地頭——置於全國之公領，以管理土地，徵收幕府之租稅，並秉承守護之命以掌警察之事。
	特別地方		京都——置京都守護，以維持治安，並監視朝廷。 奧州——置奧州總奉行。九州——置鎮西奉行。
後期之職制			
主要係源氏滅亡後而北條氏擅權之際所設置的職制			執權——輔佐將軍之重職，由北條氏世襲獨占，事實上北條氏握有政治實權。 連署——輔佐執政之職，由與北條氏關係最深者出任之。 評定衆、引付衆——共參幕府之政治，由富有實際政治經驗者充之。 六波羅探題——置於承久之亂後，代替京都守護以負責警衛京都，監視朝廷。 長門探題——元軍征日之頃爲統治中國（日本地方名）而設置者。

表十三：大寶律令與貞永式目比較簡表

大寶律令（忍壁親王、藤原不比等）	貞永式目（北條泰時、三善康連）
法令浩瀚繁雜，係朝廷統一政治之規準及公家法制之根本。基於天智天皇以來之諸律令，並取範唐代法制而制定者。由朝廷公佈，適用於全國各地。	法令簡單，僅五十一條，係武家政治、武家法制之規準。以賴朝以來東國武士之習慣爲基本而制定者，合符武家政治之要求，無一贅文。由評定所所公告，而非朝廷所公佈，主要適用於幕府之家臣。

表十四：北條氏系統表

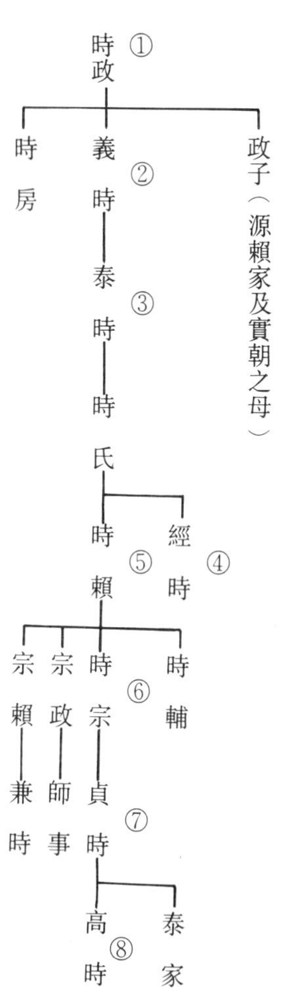

三、鎌倉時代的幻夢式文化

就這一時代的文化而言，鎌倉時代之初，日本文化仍然繼承貴族的傳統，貴族文化的勢力，依然甚强。但另方面，當時因武家在社會上所擁有的勢力，甚爲强大，故在文化方面，亦已形成了一種反映武家性格和武家社會的感覺的傾向，及一種基於寫實和說明傾向所促進的活力，與貴族文化並駕齊驅。結果鎌倉文化的內容係由貴族文化和武家文化的總和或融合的文化，同時又受外來的宋、元文化影響，各自變化發展。貴族文化以奈良爲中心，保持傳統的文化，雖居領導地位，但已喪失創造性，武家文化則以堅强的積極性，具有創造新文化的氣魄。抑有甚者，此一時期，由於佛教的勢力，極爲隆盛發達，而佛教的力量，支配了廣大的日本社會，因之，鎌倉時代的文化，殆爲强烈的佛教影響所支配，而佛教精神，遂成爲鎌倉文化的中心。

前已述及，日本自平安朝中葉所謂「國風文化」確立以還，在文化上遂產生一種幻夢式的追求慾，而以往勇健的男性文化竟流於柔膩的女性化，使一般貴族之生活趨於靡爛奢逸，結果降及平安朝末葉，道德之頹廢程度已達極峯，例如稱三位（品）以上官吏爲「月卿」，四位五位爲「雲客」，此一形態美則美矣，但其精神因懶惰、驕慢、虛榮、淫樂，而腐敗得無以復加。連家屋之類，亦有一種適於逸樂宴安的「寢殿造」之建築物。男女關係的極度紊亂，和他人的妻女通姦，那算不了什麼大罪，兄弟叔姪互相姦淫其妻者有之，甚至繼母子相通者亦有之。加之當時的婚俗，夫並不迎娶妻至其家，而是入居妻家，因之弊風流播的機會更加容易，終於弄成誰能和許多男人交接便被視爲是佳人的本領，而能率領許多女性之男人則被視爲是風流男子的榮樂。男女之倫常關係，既然如此地紊亂，則五倫中的其他亦必隨著紊亂起來，如子弒父，姪殺伯的保元之亂，充分地暴露了當時風紀的極度頹廢。

四、武士道的興起

對於這種幻夢式文化的頹風，給予新刺激，並救出日本於道德的破產之物者，則爲武士道。所謂武士道者，本來是隨武士階級的興起與俱來的武士生活法則，當平安時代的年代中，它曾經過長久的醞釀發展，並逐漸完成了具體的內容與形式，降及鎌倉時代，它即開始取得了社會的支配權。武士道這時不但是武士階級奉爲金科玉律的生活規範，它並且成了一般國民生活行動和社會風尚的準繩。武士道即是「吾妻鏡」一書中所說的勇士之道，係胚胎於武將和世世在此武將下奉職的武人之間，不知不覺中所結成的特殊的主從關係，而這種關係漸普及於武人相互之間。武士道的主要成份是以程朱理學爲基礎，它是當漢式法制在日本失掉權勢影響力時，以民間習俗風尚爲基礎與儒家思想交織成的思想行爲的範疇。武士道以知恥爲基礎，由於知恥的觀念，產生忠誠謙讓克己耐勞的德行，鍛鍊樸素儉約的武勇，棄虛禮重義氣，而保持著無疚於神明的光明心術。其德是歷代儒家哲聖所唱說的「德」，其行是王陽明基於良知發動於中的「行」，完全以儒家學說爲骨幹。此武士道可說是日本式的儒教，是以儒爲宗的漢倭混合物。由於武士棄虛禮重義氣，故他們的忠誠之魂，使他們明曉了人生上義務的本末輕重，使他們覺悟了不可以以私害公。由於武士的社會生活的基本性格之最高範疇是崇尚忠勇，因此「仇討」與「切腹」，最後演爲武士道的精華，前者爲殺人，後者是自殺，又彼等之至死猶重視體面的精神，教諭了他們應當尊重自己並他人的人格。而這種意識到人格的尊嚴，並求能維持之的努力，遂成爲武人生活上道德向上的基礎。以後它並成了日本社會的名教宗法，且爲日本社會生活情趣的源泉。

由於武士道精神發達結果，鎌倉時代的文學已脫卻男女的戀愛、風流談及懷舊談等之類，而著重以描寫武士的節義爲主眼的故事或教訓談之類。例如「保元物語」、「平治物語」、「源平盛衰記」、「平家物語」、「曾我物語」及「太平記」、「義經記」等則爲其代表作，其作風明朗生動，反映著男性化的情操，富有粗野氣質和堅強意志，以與渲染柔靡的女性美的王朝貴族文學相較，充分地證明那是此一時代武士道精神影響於文學作品之特徵。

五、僧兵的出現與新宗教的勃興

就佛教而言，弘法、傳教兩大師所鼓吹的新生命的佛教至平安朝末葉突然墮落，佛教已流爲末法意識和往生淨土的思想，專以乞求現世利益的加持祈禱爲事，對於繼續不絕的病疫、饑饉、天災等並無何等救濟。而僧侶們除過著窮奢極侈的生活外，已失去了傳道的熱誠，而閉居於寺院之中，多讀經論，盛鼓舌辯，爭以知識的優勝壓倒同儕，以理論之難解誇示於俗人，於是宗教已變成學問，而脫離信徒羣衆，失去了本來的面目。加之所謂「僧兵制度」，遺當時的佛教以莫大之累，貴族子弟既多歸依佛門，他們一旦成爲僧侶，則臣事他們的武人，亦便多出家入寺，僧兵一物便自然地產生。當時的寺院，各自擁有廣大的莊園，所以足有餘力來供養許多僧兵，各寺院爲了保衛自己財產，蓄養多數僧兵，結果寺院之間，各執干戈，互相爭鬥，儼成敵國。其中最爲橫暴者，當推延曆寺和奈良興福寺的僧兵。當時朝廷最苦惱的是延曆寺比叡山法師奉日吉之神輿，與興福寺奈良法師奉春日之神木的紛擾京師，對朝廷大事威嚇。由於他們和皇室有密切關係，所以使人民無法反抗他們，若和他們爲敵，則被視爲叛國而嚴加處罰，因此，人民亦只有屈服於他們的橫暴之下而不敢有所怨言。尤其當有不利他們的新信仰的宣傳者出現，他們便立刻以兵力加以鎮壓迫害，因此，妨阻了當時宗教家自由信仰的發動。在這種情況下，佛教的改革運動和奈良佛教的復興運動，遂相繼勃興，於是產生了這一時代佛教的新宗派，其中最盛的有禪宗、淨土宗、淨土真宗、日蓮宗等。

當時新教運動，奔騰澎湃，人才鼎盛，從事佛教改革的代表人物首推法然上人，他創立了「唱名念佛專修」的淨土宗，繼法然而起者有親鸞上人。他們高唱他力往生的信仰，雖遭受種種的迫害，但以江河之決之勢，廣播世間，三十年功夫幾達了「專修佛念者，繁昌於天下」的形勢。地方上的武士與庶民信仰此宗者，到處皆有。其次禪宗也以一個新的生命開始流播起來。法然上人開宗十六年之後，叡山學僧榮西，入宋學臨濟宗之禪學而歸，提倡臨濟宗，主張佛法之至極是「禪」。榮西寂滅後十餘年（十三世紀初葉），道元禪師興起漕洞宗，其勢甚大。禪宗之「自力」主義，與武士之克己的態度有相通之處，故武士多信仰之。禪宗既已成了武士的宗教，故禪宗的教養乃完成武士人格的基本生活，此於上層武士爲尤然。職是之故，凡將成爲支配階級的上流武士，當時對於不可或缺的禪宗教養，視爲必備的條件。抑有甚者，日本禪宗的教義是以「護國家，利衆生」爲旗幟，這種號召，使掌握國政的權貴，對它尊敬歡迎，而由它教養出來的武士，則深受社會人民的推重愛戴。因之禪宗在當時遂被確定爲鎌倉武士的宗教。

興起於這一時代的另一新興佛教則爲日蓮宗，它是鎌倉佛教的最後光輝。該宗教義通俗化，重視信心，但以誦念南無妙法蓮華經即可成佛，此與他力主義的淨土諸宗，適站在對立的立場。日蓮宗的創始者爲天臺宗僧侶日蓮上人，他初學天臺宗，後對佛法派別紛歧，佛教盛行，日本災難不息，而發生疑問，是後並以唯法華經始能傳播釋迦的真精神，遂奉之爲正法，而斥佛念、參禪爲邪道，最後自立一宗，而成開山祖。他曾痛論當時的災害饑荒，乃諸天瞋怒衆生不奉法華經的報應，勸勉世人，皈依正法，並大聲疾呼：「念佛無用，禪惡魔，真言亡國，律國賊」等，排斥他宗，諸宗遂施行聯合攻擊，結果先後被處流刑二次。儘管如此，由於其教義通俗化，故易伸入於民間，同時因其性格，富於鬥爭性和國家主義的色彩，故其信仰者多屬都市手工業者及下層武士，故它在日本軍中一向具有勢力。

在上述新佛教競起的刺激之下，舊佛教之中亦發生了革新，它們在公元十二世紀至十三世紀之間皆力圖振作，以求適應社會的新環境。其中如華嚴宗之明惠，法相宗之貞慶，律宗之叡尊，天臺宗之俊芿，他們確曾爲瀕臨危亡的舊佛教，一度樹立了維新的氣象。

於此我人尚欲一言者，即宋之禪宗傳入日本後頗能投合日本武士之胃口，故日人又極力吸收宋人文化，而宋代文化之輸入，遂形成日本武家之文化。宋版書籍之刊印，尤深予日本印刷史上一新紀元。他如禪宗傳入之建築（書院造及玄關）、繪畫（肖像畫）、製陶法、彫刻、烹調等亦都深受宋代文化之影響。當時日本男女做宋人服飾，著唐綾織物，及唐綾小袖等，而日常生活喫茶之風，由公卿僧侶漸及於庶民。抑有甚者，當時日本雖已知鑄造貨幣，但在日本國内卻因流通「宋錢」，而必須輸入大量「宋錢」，以應需要，此於促進日本當時貨幣經濟的發達，曾經有過莫大的貢獻。由此諸端可以窺知日本國民之生活方式，受宋文化影響之一斑了。

第十二章　曇花一現的建武中興

鎌倉幕府的創設者源賴朝，爲了統一幕府的勢力維持海內和平之必要，乃殘酷地壓迫平氏一門，以殺滅其勢力，其手段之辣，至受一般人非難的程度。北條氏亦蹈襲這種政策，而變本加厲，自源氏諸家爲始，對有勢力的大名，都實行强壓。到了最後，北條氏成了天下無敵的獨霸者。

本來鎌倉幕府的基礎，爲地方農村的御家人，但因貨幣之流通，生活的向上，以土地爲經濟來源的御家人，遂發生了破綻。尤其是自元軍來襲之後，御家人之間貧富之差已著，從「守護」起，有力的土豪，勢力大增。這種情形，一方面是由於繼承法的變化，限制分產繼承的習慣，停止女子的分襲領地，由「總領」（長子、嗣子）一人繼承全部領地而扶養本族族人。另一方面，多半是由於社會關係的轉變，有力的土豪，吸收窮困之御家人的領地，侵略田莊，使中小「名主」隸屬其下。

由於以上原因，降及公元第十四世紀前葉，北條政權，已人心渙散。那時政界情形，亦形勢日非，政治腐敗，賄賂公行，此又使武士階級增加反感，最後他們遂起來揭櫫旗幟，反叛北條政權。加上到了北條高時爲執權時，不問政治，專事遊治，實權已經移與臣下（內管領長崎氏），因此，給與後醍醐天皇討滅幕府的一個好機會。當時各方反幕的勢力，在後醍醐天皇的領導下，斷行討幕戰爭，北條政權於公元一三三三年在各方環攻之下，遂致傾覆。

北條政權消滅後，由後醍醐天皇親政，他於一三三三年七月凱旋京都之後，銳意推行新政，重建國家，收回王權，其所領導的時代和事業，此即日本歷史上所稱的「建武中興」。後醍醐天皇的中興政府成立後，不僅否認院政，並廢除攝政關白，親理萬機，並廢鎌倉幕府所擁立的光嚴天皇，並改元「建武」，是謂「建武新政」。親政之下，在政治機構方面，中央設立「記錄所」，爲天皇親臨處決萬機之所；設「雜訴決斷所」，分全國爲八區，以卿相爲長官，處理將士糾紛，裁決訴訟，有類調解法庭；設「恩賞方」，命有功公卿武士，主持恩賞；設「侍所」，使掌理軍政並京都的警衛；設「武者所」，爲天子的親兵。地方制度，則一仍鎌倉舊慣，設置國司、守護，以調和文武兩方之關係，並示獎賞有功。關於各項新機構職官人選的任命，他不分公家武家，一律公平量才錄用，以期羣策羣力，共同推行新政。

上述中興政府的措施，並非欲實現天下一統的政治，但當時「公家」與「武家」的反目，畛域過深，公家回顧往昔律令時代的盛世，把天下一統政治看做當然的結果，對於武家則遇事採取疏遠的態度。反之武家對於中興政治的理想等，概不關心，而只圖領地的安寧與一家的榮升，因此，眼看公家勢力發展，而自己所期待的恩賞並未獲得，自然地不滿於新政。加之，同時天皇為欲整頓政府威容，大興土木，營造皇宮，加重守護地頭之租稅，以充營繕費，引起了他們的嗟怨之聲。這種種不急之務措施，病國害民，使得人民怨聲四起，而武士則怨望悲憤交加。蓋當初武士之參戰討幕，其目的全為確保土地，今新政推行的結果，他們的願望不能實現，於是願再出現武士政治，以重溫舊夢。抑有甚者，朝廷官吏因為以前曾被武士輕侮，至是遂競驅役武士以報復洩憤，武士對此，遂怨望悲憤交加，常有「吾輩皆為奴虜」之感。另方面莊園領主的貴族、寺社則乘機加重農民的課賦，原本期待新時代之來臨能替自己謀取利益的農民至是失望頹喪，終至於責難新政之苛民而有痛苦不堪之感。這種情形，醞釀了二、三年之久，以卒使建武中興的偉業受了挫折，而由梟雄足利尊建立了室町幕府，他的霸業，以後曾在十四世紀上半期至十六世紀的下半期，約兩個多世紀中，統治日本。

第十三章　室町時代的職制及其文化

一、足利氏的獨裁及南北朝

前述王室公卿的建武新政，祇是曇花一現，瞬即消滅，武人專政的野心，遂告復熾，而這次崛起建立新霸業的中心人物，即是當年應後醍醐天皇之詔協助打倒鎌倉幕府的北條氏舊將足利尊氏（高氏）。他及其子孫的霸業，以後曾在十四世紀上半期至十六世紀的下半期，約兩個多世紀中，統治日本。本來足利尊與新田義貞及楠木正成同爲建武中興功動，後兩者的功勳大於前者，但所受的封地反而比足利尊少，真是功不稱償。在建武中興之際，足利尊獲第一號恩賞，天皇爲示優渥待遇，特賜「尊」字爲其名字之一，遂稱尊氏。足利尊自始即已萌反叛之心，他除數責天皇的政治過失外，更進而蠱惑天皇的心，先是離間後醍醐天皇的皇子護良親王與他父皇的關係，以謀叛冤獄將護良親王拘捕幽禁於鎌倉，一三三五年尊氏之弟直義，趁北條時行起兵攻鎌倉的機會，再遣刺客殺之。其次使天皇與新田義貞不睦。後醍醐對於足利尊的品格與動機發覺固然太遲，而對於忠義的將士，亦未免信賴過晚，以致不能早日平定變亂。足利尊自稱征夷大將軍，於鎌倉舉兵，以除新田義貞爲名，並以追討檄文分送諸「國」，並揭櫫奉持光明院正統，後醍醐天皇逃至南部的吉野，稱爲南朝，與足利尊所擁之北朝對峙，成爲南北朝對立之局面，史稱爲「南北朝時代」，又稱「吉野時代」。其實，當時南北朝，也並無清晰的界限。擁護兩朝的人，隨地皆有，且兩朝皆不自認爲僞朝。南朝自後醍醐天皇起至後龜山天皇還京都把「神器」授與後小松天皇爲止，共歷四代，凡五十七年（一三三六年——一三九二年），其間曾出北畠顯家，新田義貞、名和長年、楠木正成等諸忠臣，屢謀討伐北朝，以圖匡復社稷，但終於不敵，於公元一三九二年歸併北朝。在南北朝時代，朝廷固然南北對峙，而各地亦爭亂不絕，諸國中有力之守護大名，卻趁機侵略佃莊，擴張本身力量，統率小土豪，而成爲封建領主了。

二、室町幕府的組織與統治階級的逸樂及庶民的慘狀

公元一三三八年，足利尊氏雖由北朝傀儡光明天皇任命而出任北朝之征夷大將軍，在

京都開始其幕府政治，但因與南朝對抗，且復有內部紛爭，未遑創制，迨至第三代將軍足利義滿時代，南北朝統一以後，幕府名實始行確立。義滿因將幕府移設京都室町，故其幕府稱爲室町幕府（一三三八年——一五七三年），足利氏係以繼承鎌倉幕府爲己任，不但其法律延用「貞永式目」，而少有改變，即使其幕府組織，幾乎全部抄襲鎌倉幕府的組織，另外加上若干變化而已。但其與鎌倉幕府所不同之處，則鎌倉幕府自北條氏「執權」以來，將軍徒擁虛位，但室町幕府的將軍則保持實權，大事均自裁決，事實上是將軍在上綜攬政治。抑有甚者，第三代將軍足利義滿一方面是征夷大將軍而主宰幕府政治，同時他亦爲太政大臣而參預公家政治。在平清盛之後，以武家而出任太政大臣者，他實是第一人。

室町幕府的組織，將攝政的職名，改爲管領，係輔佐將軍的最高機關，通常坐鎮於鎌倉，例由足利氏一族之斯波、畠山、細川等三氏輪流擔任，故稱「三管領」。另設置評定衆、引付衆，參與政務，諸奉行，分擔事務。至其中央官制，由政所、問注所、侍所三者而成。政所主司財政，並聽賣買貸借之訟訴。問注所司記錄證券，並聽斷文書誤謬、詐欺遺失等訟訴。侍所司幕府之警備、將士之進退、暴徒之彈壓之務。至於地方制度大抵皆與鎌倉幕府相同，即各國設地頭、守護，鎌倉置關東管領，九州、奧州及羽州等地各置探題，以分掌各該地方政務。惟這些地方官職，因其權力較鎌倉爲大，結果遂造成了武力割據的局面，出現了兵禍連結的「戰國時代」。

表十五：室町幕府官制表

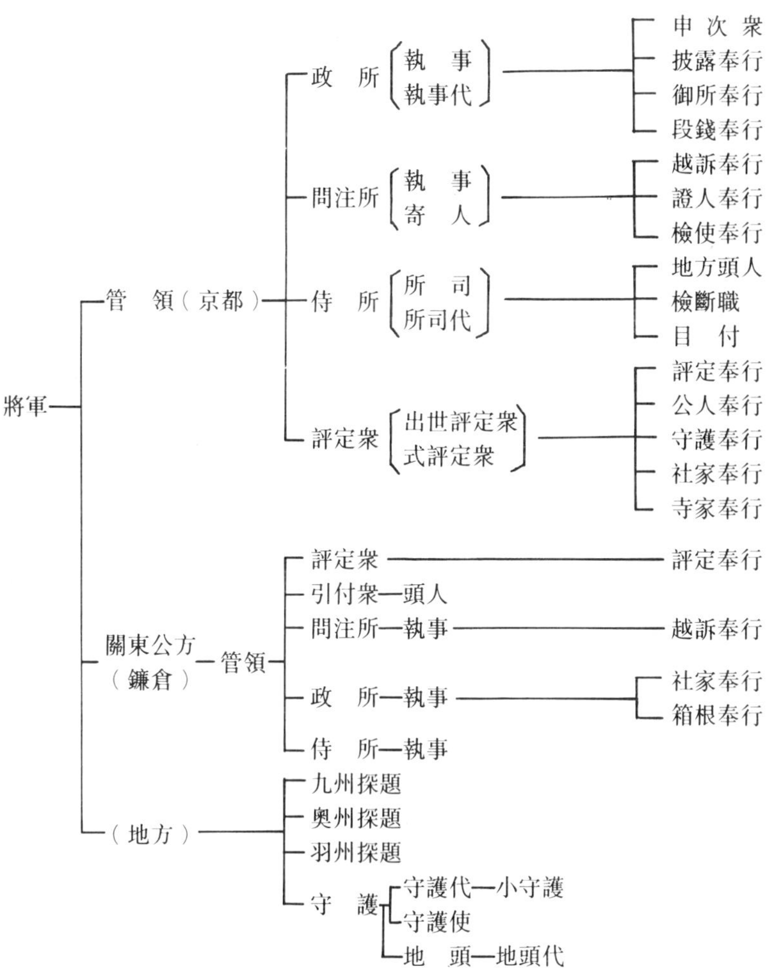
將軍
管　領（京都）
政　所
執　事
執事代
申次衆
披露奉行
御所奉行
段錢奉行
問注所
執　事
寄　人
越訴奉行
證人奉行
檢使奉行
侍　所
所　司
所司代
地方頭人
檢斷職
目　付
評定衆
出世評定衆
式評定衆
評定奉行
公人奉行
守護奉行
社家奉行
寺家奉行
關東公方（鎌倉）
管領
評定衆
評定奉行
引付衆—頭人
問注所—執事
越訴奉行
政　所—執事
社家奉行
箱根奉行
侍　所—執事
（地方）
九州探題
奧州探題
羽州探題
守　護
守護代—小守護
守護使
地　頭—地頭代

室町幕府雖然在表面的組織上，和鎌倉時代完全一樣，但實際上卻缺乏使政治有效的統一力量。蓋鎌倉幕府的創立，在性質方面是革命的，日本歷史因源賴朝之出世，而有了一轉機，完全打開了一新局面，故在政治、法律，乃至於道德、宗教等都能發揮出和前代完全不同的新面目來。但室町幕府的成立，主要由於各地豪族的利害好惡，自始便帶有一種受動的性質。足利尊自始則過於優遇功臣，未以一切收中心勢力於幕府為事，因此埋下了禍患的種子。在創業之初，便已常為權正豪族所苦，其後將軍不但被利用作諸豪族互爭權力的工具，而將軍的廢立，亦完全依他們的好惡為標準而定奪。足利氏在名義上雖然是天下的將軍，惟當時中央政府的權力所及，只不過近畿數郡之間，天下完全和平安朝末期一樣，陷入於無統一的狀態。割據於各地的大小豪族，和天下的全局完全無關係似地，自生自滅，自己創造著自己的歷史。迨「應仁之亂」（一四六七年——一四七七年）以後，日本可說又再度陷入無主權的混沌時代。

足利獨裁軍事政權自尊氏至義昭，號稱將軍十五代，為時歷二百三十六年（一三三八——一五七三年），但事實上自應仁之亂後，室町幕府久已名存實亡，申言之，它的有效統治，實在不過一百三十年左右而已。在十五位將軍之中有十一位應當繼位時皆未成年，其中有一人自殺，二人被部屬所殺，五人被放逐而死。室町幕府，足利尊氏在世之時，對於政事尚有勵精圖治的傾向，曾於公元一三三六年頒佈「建武式目」十七條（俗稱「足利法典」），以為統國治民之準繩。但自他死後，繼位之歷代將軍，多數不德，繼位時多未成年，且多奢華縱慾之耽溺淫慾昏庸之輩，民力則由於室町邸宅的莊嚴，金閣寺、銀閣寺之興建等原因，而顯著地疲弊下去。第三代將軍義滿於公元一四二一年進貢明廷時曾受「日本王」的封號，並直認日本爲明朝的諸侯，因此，在日本人的心目中，義滿是應當受絕嗣報應的。當時足利將軍耽溺於淫樂荒遊之狀，如第四代將軍義持後來遁入禪門以期懺悔已往沈湎於酒色之罪過，而第七代將軍義政之寵妾，有案可查者便超過四十人，他甚至和管領細川政元之母通姦，其夫人日野富子亦惟以淫亂爲事而和後土御門天皇發生戀姦事件，並利用公卿諸士的貧窮，貸款給手頭拮据的諸侯們，甚至還徵收關稅似的稅金，拚命增加她的財富，以取供自己的奢侈的生活費用。歷代將軍視亂世如他域，聽憑天下騷亂，於汗血馳驅劍戟驚響之際，悠悠然地度著逸樂無慚的生活。當時的後花園天皇，看見人民苦於水深火熱之中，而幕府將軍卻不斷大興土木，經營花御所，在感嘆之餘，曾吟詩描述當時民間的苦狀云：

殘民爭採首陽薇，處處鎖爐閉竹扉，詩興吟酸春三日，滿城紅綠為誰肥。

當時幕府將軍所需要的豪奢費用，恆都從商人和農民身上徵收來，所以弄得民力疲弊不堪。義政治下之寬政二年（一四六一年）時，因天災地變飢餓疾病而死亡之京畿百姓，僅二日之間，便達八萬人衆，由此可以想像人民窮苦之慘狀是如何地嚴重了。加之幕府爲了無法籌償自己所負的債款，屢屢施行所謂「德政令」（即下令賴債），連續地施行這種使一切公私貸借關係無形解除的暴舉。所以此後無賴之徒苦於債務者，每相連結起來，强求政府發佈所謂「德政令」。義政一代所頒發之德政令凡十有三次之多。在這種情境下，武士階級利用騷擾的機會，天天擴張勢力，對於國稅則貢納甚少。人民受苛稅與暴亂的痛苦，皆舉動失常，其他亦盡棄田地，任其荒蕪，不事生產。教育無人過問，其最興盛通行的手工業只有製刀劍和甲冑。至於皇室的式微，至室町時代的末期，更無以復加。年中的儀式節會，多半廢略，據說後奈良天皇困於生計而出賣宸筆，來補助日常之費用。公元一五〇〇年第一〇三代天皇後土御門崩後，無資舉辦大葬，靈柩安置禁內黑戶達四十餘日之久。而第一〇五代天皇後奈良困於生計，賴鬻字自給爲生，甚至連後柏原天皇嗣位二十年之間，而不舉行即位的大禮之事情亦有之，後有僧人獻金一萬，才補行典禮。談到公卿之窮乏，更是莫可名狀，夏天連一件單衣都没有而纏蚊帳於身的公卿亦有之，攜袋乞食於市中之公卿亦有之，獻美妻作武士之妾以換取衣食之補助者亦有之，而大部分卻因在京都無法立足，因而拋棄了親屬，流落到他方謀生。

由於上述情況之趨變結果，賭博開始盛行，奪取人家的女子之所謂「女捕」（獲女子於街道而姦污之）之風亦熾盛起來。拐帶了少年少女以換取金錢的所謂「勾引」（即縛票）之徒亦出現了。當路打劫的「追剝」現象到處橫行。當時京都雖爲朝廷並幕府所在之地，然因苦於虐政，且成爲變亂之中心之緣故，其悽慘之狀不忍睹目。難怪有人形容：「初未料及也，期萬歲常榮之花都，今則何如，將成狐狼之臥床」，其荒涼如此。

以上所述係近畿之慘狀，至於地方的人民，並未陷入那種悲慘狀態。蓋因幕府的勢力，鞭長莫及，小規模的中央集權發生於各地，而成爲小君主的各地豪族，不得不依恃自己的力量來自謀保護，自圖發展。因此他們頗知道培養民力的必要，頗用心於產業的發達。所以在有力的豪族下之邑落，幸得趨於盛大，而沿海商業自立都市的逐漸發達起來，則爲最顯然之特色。徵諸當時日本沿岸各港之商人，曾連署致書於羅馬教皇之事實，可知那些自由都市之間，至少必有一種聯結，或者可能爲了保護共同的利害，而有過都市同盟的組織。

三、室町時代的對外關係

至於室町時代的對外關係，與明朝、朝鮮及南洋皆有通商貿易之舉。自元軍征日以後，因爲元朝奬勵國外貿易，所以日元之間已經通商。公元一三二五年，日本爲了籌措營造建長寺費用，曾派遣貿易船到元朝，其中北條氏所派之「建長寺船」，足利氏所遣之「天龍寺船」（一三四一年）最爲著名。天龍船來往日元之間數次，共獲五千貫文之利益以充寺院營造之用。當時搭乘天龍寺船的人，除了商人外，還有前來中國的日本禪僧，亦有不少的中國僧侶，乘該船赴日講學弘法。

降及日本南北朝中期，公元一三六八年中國元亡明興，明朝之通商政策爲除進貢船外，禁止從事國際貿易的外國船入口，因此日本對中國的貿易發生了問題。當時日本商人遇到不許貿易或貿易不利之際，便每每訴諸武力，在中國沿海擄人劫貨，並焚燬城鎮，此即中國史上所稱的「倭寇之禍」。當時日本派遣進貢船和主持對明貿易的權力，最初屬於幕府，但後來各大寺院和西部沿海的地方大名，亦有參加，其中最具勢力的是以擁有博多、門司等港口，承受幕府委託辦理通商證事宜，以及處於瀨戸內海海盜勢力之下的大內氏，和擁有神戶、堺（大阪）等港口，擔任保護進貢船隻以及運輸貨物的田川氏。其後幕府漸衰，事實上由他們掌握了對外貿易實權。但這些從事對明貿易之大名，後來鬥爭結果由大內氏獲得了獨占貿易的勝利。其後大內氏滅亡，明朝閉關絕貢，由是日本對中國的正式貿易通商，遂告斷絕，降及明末，一則由於明朝採取「海禁政策」，不准商船赴國外，一則日本國內正值「戰國時代」，中央對地方的統制力減弱，因之日本之倭寇，又在中國沿海恢復活動。

日明之間的貿易，到了將軍義滿時，於一四〇一年採納博多商人之策，下令鎮壓倭寇，並遣使入明，呈獻國書，受明廷封爲「日本國王源道義」（道義爲義滿之法名）。這種形式的派遣船隻來往日明之間，自公元一四〇三年起至一五四七年止，前後共有十八次。關於日明貿易的方法，在宣宗皇帝之宣德年間規定爲十年一貢，每次限定三艘，船員三百人，另用「勘合符」（校對符號）以區別究係公船或私船，其由日本輸出之貨物，與前無甚變，以銅、硫磺、刀劍、金漆、屏風、扇子爲主，其中刀劍的輸出，數量很大。至於由中國輸入者，主要爲銅錢、生絲、絲織品、鐵、藥材、漆器、書畫，其中以生絲之輸入，獲利最大。

至於日本在中世時代與朝鮮的商業關係，最早的歷史可上溯至十一世紀的中葉，那時已出現了日本商人渡海至朝鮮半島，從事貿易。但嚴格言之，日本對朝鮮的正式貿易，還是李氏朝鮮建立以後——一三九二年，始告興盛。當時朝鮮政府指定三個貿易港口——即釜山浦、乃而浦（熊川）、鹽浦（蔚山）等所謂「三蒲」，並於京城及三浦設「倭館」，許日人居留。在十五世紀後半葉中，由日航行朝鮮的商船，每年達二百次。後來降及一五一〇年朝鮮官廳及日人大起衝突，發生所謂三浦之亂，日人遂離開返國，自此，日鮮貿易遂告衰頹。當時日本輸入朝鮮的物品，主要由琉球運日的染料、香料，和日本出產的金、銅、刀劍、屏風等，而由朝鮮輸入者爲虎豹皮、人參、麻布，此外尚有棉布和經卷。

關於日本對南洋的貿易，最初經營的是琉球商人，自十四世紀末葉起，他們往來於安南等南洋地域、中國、日本之間，從事貿易，至十五世紀初中山王尚巴志統一琉球後，以那霸港爲海上交通要地，而該區的貿易，達於全盛時期，降及十六世紀的日本戰國時代，日本倭寇再事活躍，他們在琉球夥伴引導之下，直接以私人商船回南洋方面進出，此舉不但爲日本人以後大量向南洋活動之肇始，又葡萄牙人之進入日本，使日本與世界接觸，亦是由此所促致而成的。當時南洋特產之象牙、沉香、犀角等每經過那霸而運往日本，再輸入朝鮮和中國。參與此業者多爲琉球、中國、朝鮮、日本等商人。

四、室町時代文化

就此一時代的文化而言，日本文化進至室町時代之際，武家文化極端地「公家」（朝廷、朝臣）化以後，佛教禪宗的影響，深入於貴族和武家之間，這種影響，使室町文化產生了一種具有幽玄閑寂風格的特別文化。在其初期，是以足利義滿的「北山」第的金閣爲中心的「北山文化」，後來則是以足利義政的「東山」第的銀閣爲中心的「東山文化」——此爲武家文化的精華，而日本古代武士及以後的軍人，在修養上甚重禪宗，其故在此，蓋武士坐禪實踐的修行方法，可以鍛鍊武士的精神。抑有甚者，降及室町文化的末期，尤其自「應仁之亂」（一四六七——一四七七年）以後，由於「公家」前往地方避難，因此不但對於文化之普及於地方貢獻甚大，同時亦提高了一般人民的文化水準。日本文化此後所以能夠擺脫階級的藩籬，形成廣大的國民文化，產生了文明社會，這是主要的階梯。

在鎌倉時代初期發展的禪宗，迨至室町時代以後，更形發達，深得足利將軍及武士信仰的名僧，如疎石、一休等輩出，地方大名紛紛招請禪宗學者教導其家臣，禪宗之影響支配力量，真已風靡了整個統治階級。不過當此時，上層武士的生活方式，漸趨貴族化和文弱的習慣，禪宗亦因之爲世俗的權勢慾所糾纏，不免趨向於形式主義和名利主義。儘管如此，禪宗在日本文化及日本性格的形成上，其潛在支配力，甚至於超過儒家哲學。如儒家哲學在傳統上固已久居日本思想中心的地位，但其後來的發展，卻深得力於禪宗的影響，尤其是如後來江戶時代，儒者效法僧侶削髮講學的故事，更是儒家受禪宗影響最顯然的實例。

關於淨土真宗（一向宗）及法華宗（日蓮宗）至室町時代以後，其發展已普遍深入民間，蓋淨土真宗之僧侶使用通俗的語言，講解教義，力使民衆易於瞭解領會，而法華宗的教義亦通俗化，重視信心，但以誦念南無妙法蓮華經即可成佛，因此它們在農村中，不但形成支配社會的勢力，後來演變成爲反抗支配階級的封建領主的中心。

此外足利義滿則仿宋朝官寺制度，規定五山之制，以天龍寺、相國寺、建仁寺、東福寺、萬壽寺爲京都五山，另於其上置南禪寺，並以建長寺、圓覺寺、壽福寺、淨智寺、淨時寺爲鎌倉五山。五山僧人受幕府將軍歸依成爲政治、外交顧問者居多，遣明使節亦多由彼等擔任。抑有甚者，這些五山僧侶之中如虎關師錬、春屋妙葩、絕海中津、義堂周信等，皆爲通儒碩學，對於宋學、朱子學極有研究，且擅於詩文，而當時漢文學的盛行係以這些五山僧侶爲中心，因此，在日本文化史上，所謂「五山文學」有其顯耀的地位。五山文學雖以漢詩、漢文爲主，但亦涵蓋五山僧侶之日記語錄等。至於當時的出版物，即稱爲五山版。

當時由於經書刊本甚不易得，故一般武士只學習童子教實、論語、庭訓往來等淺近的學問，一般民衆的儒學漢文之修養，更趨向下，但儒教卻因此而更進一步染上了日本色彩，尤其是在文學方面，因爲一般民衆及武士階級不能理解並應用漢文，乃改用漢文日文折衷的漢字假名混合文，啓開了日本文字自成系統的機運。至於此一時代儒家之學，除上述五山僧侶盛行研究朱子之學外，周防之大内氏延聘僧侶儒者在其領内傳習儒學及古典文學，而關東管領之執事上杉憲實，除再興金澤文庫外，又復興足利學校以收集和漢書物，爲其後江戸時代之漢學隆盛期奠植了基礎。在九州方面，五山僧侶桂庵無樹，先後受聘於肥後之菊池氏及薩摩之島津氏，開朱子學之講座，儒學中所謂薩南學派，則奠基於此。在土佐方面，則有南村梅軒講朱子之學，而樹立了所謂海南學派。何以這一時代，由僧侶來繼承儒家文化正統？此實因儒家的程朱理學部分與禪理貫通，爲學佛而學儒，只是附帶作用，當然又可免於誤解。總之，宋學改變了漢唐以來只重訓詁的言語學的研究，發揚儒家精神，以理氣爲根本，謂聖人之心，不必求於千數百年之前，可以近感得於自己的胸底。因爲與禪理相通，所以僧侶學習理學者較多。抑有甚者，京都吉田神社的神官吉田兼具，在此一時段間統合融合儒佛二道於神道，而創立了所謂「唯一神道」（又稱吉田神道）。

除了上述之佛教、儒學之外，藝術、工藝亦都能開創出一種新穎氣氛。在寺院建築方面，雖然前代的各派仍舊照樣地流傳，但各派漸有統一的傾向。在住宅建築方面，卻產生了一種新的式樣，稱曰書院造。抑有甚者，此時禪宗已實際生活化，佛寺已混進了住宅當中。工藝方面，隨著生活的提高，就連座右的日用器具，也都注重技巧了，而描金的技術等，亦均大有進步。此一時代，彫刻雖完全不振，但繪畫方面別開生面，除了繼續前代的畫卷、肖像畫、禪僧肖像畫等外，宋元兩朝傳來的水墨畫大爲發達。餘如茶道及花道的藝術，也是在這一時代所成立的。

就文學而言，這一時代乃日本文學中落時代，也就是黑暗時代。當時由於武士階級個人主義盛行的結果，遂沒有關於國家社會全體的著作，文學作品只限於個人的記敍（例如曾我物語、義經記等），此外又受了宗教的影響，當時的宗教類於迷信，所以文學也迷信成法，千篇一律。

綜括上述，室町時代的文化特徵，因係深受禪宗的影響，故完全是代表禪宗的精神，其性格著重於象徵主義和暗示的說明。抑有甚者，室町時代的農民與商人，在與執政者之權力鬥爭當中，提高了地位，並創造出屬於他們自己的文化。例如插秧時便唱吟插秧歌或田樂而共同勞動，祭祀神社時則演猿樂並跳盆舞以娛樂。至於收集民謠的「閑吟集」之中則把民衆純樸的感情表露無遺。

第十四章　戰國時代

一、下剋上的社會

室町幕府，到了後半期，尤其是自「應仁之亂」（一四六七——一四七七年）以後，至織田信長、豐臣秀吉統一天下以前，百餘年間的日本，完全成了擁有領地之「大名」的世界。那時羣雄割據，如北條、上杉、武田、足利等佔據了關東；淺井、朝倉、齋藤、織田、德川、今川等佔據了近畿；山名、尼子、毛利等佔據了中部；伊達、葦名等佔據了奥羽；菊池、大友等佔據了九州；細川、河野佔據了四國。羣雄之中尤以織田信長勢力最强，最後終於在公元一五七三年趕走了足利義昭。足利氏遂滅亡，室町幕府先後凡二百三十六年。

上述羣雄割據，彼此之間，互相兼併，大小戰爭，狼煙不息，此一日本史上最紊亂最黑暗的時代，史家稱曰「戰國時代」。當時崛起的大名稱之爲「戰國大名」。當時軍閥多如牛毛，下剋上的風氣極盛。天皇受制於將軍，將軍受制於管領，管領受制於家老，守護地頭之見制於其部下者更比比皆是。當時由於各方壤地相接，互爭勢力，故各諸侯爲維持發展勢力起見，莫不汲汲於鞏固掌握其領地的支配權。當時的政治狀況，各自爲政，各自任意立法，其一般作風爲軍事、行政、司法皆由大名獨裁。他們所有法典，或稱國法，或稱家訓，前者爲治理領地內之武士及農民的法制，後者爲教育子孫的政治、道德的典範。武田氏的「甲州法度之次第」、小田原的「早雲寺殿十二條」、大內氏的「大內氏壁書」、伊達氏的「塵芥集」、長曾我部氏的「元親百條」、今川氏的「今川假名目錄」、朝倉氏的「敏景十七條」、六角氏的「義治式目」等，這些「分國法」都是爲世所知的戰國時代諸大名的法典。

二、兵制的變化與軍國主義

前已述及，日本在室町時代以前，武士道被稱爲「弓馬之道」，而武士之家，則被稱曰「弓馬之家」。蓋因這個時代所發生的戰爭，主要的是以騎兵作戰，在戰場上得立功名的人，亦祇限於騎兵之武士。但自應仁之亂以後，步兵在戰場上已取代了騎兵。此一兵制上的變化現象遂給以當時的日本社會一大變化。蓋在往昔騎兵戰的時代，能在社會上爭名立世，露其頭角者，祇限於各地的大地主，反之現在以槍劍爲主要武器的步兵戰時代，雖身爲匹夫下郎，頭戴竹子笠，身披輕冑，有槍劍一把，便能搏取得相應於其本身藝業實力的功名，因之產生了草莽英雄的時代。

抑有甚者，在步兵戰的時代，交戰之際，軍隊人數之多寡比起個人的勇氣，更來得重要。申言之，軍勢的大小，隊伍的良窳，遂成爲戰爭之際決定勝負最有關係的因素。在這一時代，小地主不能在大地主之下保其地位，而以武力兼併土地之事開始盛行，因此，小地主遂至不得不仰戴一位有力的主權者，在其節度之下，以圖安身立命。如此，失去了土地的武士，都結集到自己所選擇的主人——大名的城下，仰給於大名之糧米以維持生計，而大名亦極喜以糧米招募天下之士，以擴張壯大自己的勢力。因此，當時的武士中，於譜代之外，另外又產生出一種所謂「給人階級」來。由於戰爭技術之變化，故貧人寒士只要身懷武藝或超人才智，亦能獲得其功名。

戰國時代的制度，最引人耳目者，卻是赤裸裸的軍國主義。當時割據日本各地的許多小獨立國，均以軍國主義爲其國是。一切諸侯（大名），莫不將其所統領的部下大小家臣，編列在軍隊的組織之下。軍奉行之下置物頭、組頭分別指揮槍組、小銃組，稱那些新來歸附的武士爲寄子或曰寄騎，而以寄親充其支配者。並於自國各要衝地，設置關所，以警戒他國人的入國。在這種軍國主義思想瀰漫之下，峻刑酷罰，屢見不鮮。蓋當時各國，常在戰鬥狀態裏面，若非全國攻守一致，則自己的存在便異常危險，因此便有嚴酷刑制的必要。當時的刑法，於處罰罪犯之外，爲防止犯罪於未發，採用威嚇主義，爲懲一警百故，更施行嚴刑酷罰。最能代表這種精神來的便是「連坐條例」及「爭鬥兩成敗」，前者係一人犯罪，罰及其父子一族，是一種所有個人的關係者皆負連帶責任的主義；後者係對於凡爭鬥之人，立刻便將雙方同樣處罰的法則，一以減省手續，一以防止或減少爭鬥行爲。

連坐制度除用於罪犯外，對於戰國時代町村自治之發達上，亦大有貢獻。蓋在當時，不僅刑法爲然，凡租稅之滯納，道路之破損，乃至田地之荒廢等，一家乃至一部落都負有連帶的責任。當時之地方組織，以町而言，將一定的區域，劃分出來，稱爲組町，其中別含親町和枝町；鄉村方面，也有了組鄉、組村，別分爲枝鄉、寄鄉、小村等，互相之間保持連絡，以處理公私事情，而負連帶責任的區域爲了能舉實效，漸漸縮小範圍，到後來成爲所謂「向三軒兩鄰」（對面三家左右兩鄰之意），僅是一種近所隔壁的聯合制度了。

抑有甚者，諸國爲了預防一旦有事，不得不重視產業之發展，以作國內物質的供給無缺的準備。所以雖然在鎖國之下，惟獨對商人特別通融，准許其自由地出入關所，且免徵其貨物關稅，定市場爲自由市場，市場上發生的一切糾紛，總使商人佔便宜。由於採取保護政策，結果商業遂得發達起來。其次各國大名爲謀己國之富强，熱心於礦山的採掘，日本礦業的發達，實自戰國時代始。其結果，日本貴金屬的份量大量增加，金銀幣之鑄造漸盛，逐漸流通普及於全國。凡此種種，對於國民的經濟生活影響很大，固不待言。

第十五章　織田氏與豐臣氏的政權

一、織田信長的崛起及豐臣秀吉的霸業

戰國時代不斷的混亂，自然發展出一種統一的趨勢。織田信長和豐臣秀吉趁此趨勢，暫時完成統一，而使日本歷史上進至十六世紀中葉以後，乃產生了短暫的安土和桃山時代（安土是織田信長所居的城地，桃山是豐臣秀吉晚年所居的城地，後世所稱安土、桃山文化時代，即指織田、豐臣兩人所統治的時代而言），降至十七世紀後，德川家康起而取代了豐臣的政權，並造成了二百六十餘年盛世的江戶時代。此在日本由封建社會進入近代歷史的演進過程上，蔚放異彩。

如前所述，自始基礎即不甚堅固的足利氏，及其統治權衰微，日本又回復了大地主割據的時代。中央政府和足利將軍的權力，均不能維持秩序，各地武士，割據稱雄，各自成

立了小規模的中央集權制，國家大勢，危如累卵。在這種激烈的競爭中，慘烈的內戰，循環不已，當時成爲各地的勢力的中心者，均爲新興起的出生於草莽之間的英雄。這些英雄之中，抱有稱霸於天下的雄志之人，雖然不止二三人，但因種種因由，中原之鹿，終於落入了織田信長的手中。他把危險的國家，導引至另一發展的時代。

當時日本各地的中心勢力，若自東北向西南列舉之，則奥羽有南部氏、伊達氏，關東有佐竹氏、北條氏，甲斐爲武田氏，越後爲上杉氏，駿河爲今川氏，近畿至中國則有三河之德川氏，尾張之織田氏，大和之三好氏，但馬之山名氏，出雲之尼子氏，備前有浮田氏，安藝有毛利氏，周防長門有大內氏，四國則有伊豫之河野氏，讚岐之十河氏，土佐之長曾我部氏，九州則有豐後之大友氏，肥前之龍造寺氏，日向之伊東氏，薩摩之島津氏。這些諸侯之中，獨有織田氏能獲得問鼎中原的原因，最主要是因他所興起的濃尾平原，不但土地豐沃，且其位置近於京師。蓋若十河、島津則困處邊境，欲出而不得，上杉、武田雖亦有問霸之心，無奈四方都是强敵。惟有織田信長在入京都的沿道上，並無勁敵阻道。這種事實，也是使他得以完成統一天下的重大原因。

織田信長是從平氏傳下來的。當十二世紀平氏失敗的時候，平清盛有一個孫子逃了出來，就在尾張幽靜之處，成立了一個八代相傳的僧系。公元一五三四年（天文三年）斯波氏的家老織田信秀生下了一個男孩，這便是後來成了那萬古不朽的偉大軍人之一的織田信長。信長年少時，極其呆戇，頑皮好遊，目無尊長，一五四九年當他十六歲時，其父病逝出葬當天，他將長柄大刀和短刀，用麥繩卷佩腰間，頭髮結成茶筌式，不著袴（日本衣服外所穿之下裳，爲禮服之一），到靈前將抹香投擲，便逕自歸去。繼父業後，於七年汗馬之間，以廿一歲稚齡，統一了尾張（愛知縣）全國，嗣於永祿三年（一五六〇年），桶狹間一戰，擊敗稱霸東海之今川義元，勢力大增，旋平服美濃國之齋籐氏，於是名聞全國。時足利第十三代將軍義輝之弟義昭來投，乃於永祿十二年（一五六九年）擁義昭入京即第十五代將軍職。義昭因信長之庇護，而得成爲大將軍，一再敦勸信長作其管領，但爲其卻辭不受。朝廷亦曾諭其就副將軍之職，但亦固辭未就。

義昭雖因信長之力，而得爲將軍，但忌信長聲望過高，自己的勢力毫不能發揮，遂與武田信玄勾結，圖謀夾擊信長，信玄本來亦爲一代之雄，早蓄問鼎天下之心，經義昭誘請後，便滿口承諾，正欲整軍入京，忽於陣中染病逝亡，於是信長遂於永祿十三年（一五七〇年）正月廿三日迫義昭宣誓五條約束：第一條，發往諸國內書時，必使信長聞悉事（這是防備義昭的秘密計劃）；第二條，過去之命令全部取消，今後全部另定事；第三條，賞給忠於公儀者，若無可與之祿邑時，願以信長之祿邑與之；第四條，天下之事，請一任信長，信長所行不得任意干涉事；第五條，欲天下謐靜，朝廷方面，望萬事勿有疏略事。事實上，至此，國家的一切軍政大權，已經完全歸之於信長之手。義昭因不滿信長之牽制自己，又與舊下密謀消滅信長，事爲信長所知，遂於天正元年（一五七三年）將義昭放逐，朝廷並下令解除其將軍之職，信長任右大臣，掌握政權，足利幕府凡經十五代，共二三六年（一三三八——一五七三年），至是遂亡，而信長的統一事業，由此開始。他在緊鄰於京都的安土（滋賀縣）建築七層樓的天守閣做爲根據地。惟當他開始征討四方，進兵至北陸、關東、四國、中國，正欲逐步完成其大業時，竟於天正十年（一五八二年）六月廿一日在京都本能寺被部將明智光秀刺殺，享年四十九歲。統一之業，功敗無成。明智光秀反叛信長的動機，據説是因德川家康於一五八二年五月訪問安土城時，信長畀予光秀以負責招待之事，可是信長發現菜餚中有腐壞時，竟大發雷霆，免掉他的招待職，且命令光秀即刻出發，和天主教的高山右近等一同加入那時已出征中國的羽柴秀吉的軍中。

織田信長歿後，部將豐臣秀吉擁護年僅三歲的織田信秀爲嗣。信秀爲信長之孫。豐臣秀吉善用兵，没有人敢反抗他。自本能寺之變以來，只經八載，則混一宇內，於一五八五年出任關白，並於一五八六年（天正十四年）官至太政大臣，姓氏稱爲豐臣，其威勢之盛，在日本歷史上，實罕有其儔。但其後嗣不昌，他死亡之後，其妻子皆成了悲劇的主人翁。

二、織田、豐臣時代的政經文化

織田信長及豐臣秀吉兩氏當政時期，雖然短暫，但在事業上之表現，如在政治、軍事、經濟、文化各方面之建樹，皆有歷史的價值。先言信長之功業，在政治方面，尊重皇室以遏止寺院勢力的猖獗，並根據前代遺制，草創了調查統一土地制度，和兵農分立政策的初步基礎。在軍事方面，當時軍陣中大抵必有一位真言宗和尚，以占卜日之吉凶、方角之是否，但他卻完全排斥了這種迷信，在軍備之改革則獎勵長槍，利用火器及火鎗，使用鐵殼船。在經濟方面，廢止關所交通稅、幣制及稅制的統一，並打破莊園經濟機構，凡此皆促進了國內經濟邁入發展之途，此外他亦曾預備管制都市和創立國營礦業的制度。在文化方面，獎勵樂市、樂座、保護自由營業，免收捐稅，此外爲抑制佛教舊勢力乃對基督教（當時稱曰吉利支丹或切支丹）加以保護，在京都、安土、近畿地方及東北地方設立教會（稱曰南蠻寺），降及天正十年（一五八二年）之際，全國教堂二百餘所，信徒十五萬人，信長晚年（即一五八二年）時並派遣四名少年使節（稱曰「天正遣歐使節」）前往羅馬朝拜教皇，並向西班牙女王請求派遣傳教士來日佈教，基督教因此得以在當時迅速發展，西方文化由此增進了接近日本的機運。

豐臣秀吉之政權，爲時亦僅十餘載，但因有織田信長之遺規可承，且天下平定，政權統一，施政無阻，故其政績較之信長來得輝煌。在政治方面，秀吉大部分踏襲信長之遺規，於中央政制方面，在將軍府中建立了「五奉行」及「五大老」做爲行政上的最高輔佐顧問機構，以掌庶政，另有「三中老」係介於「五奉行」與「五大老」之中間機關；在地方政治方面，對於各地大名則頒新令六條禁止他們私婚、私黨、私爭，並緊握大名移封的權力，以壓抑新大名的興起。在經濟方面，統一田制廢除原有以錢納地稅的制度，改用按照收穫量之比例，繳付米糧的貢租制度（即所謂「官二民一」的高徵稅收），撤廢全國關所，統一度量衡，貫徹樂市樂座之命令，又促進商業交通，統一通貨，新鑄大正通寶，礦業歸由國營，而大阪、堺、博多、長崎等重要都市則歸中央政府直轄，另方面則發展「朱印船」的海外貿易。在治安軍事方面，採取兵農分離政策，令農民交出刀、弓、洋槍等一切武器，名曰「刀狩」，以根絕農民暴動，商人則集於城下，以便統制。對於基督教之傳佈起初未加限制，迨及一五八七年禁止其傳教，將傳教師趕出日本。一五九六年謠言西班牙將利用傳教師以圖擴張領土，乃將廿六名傳教師及信徒處死於長崎，此爲日本最初的殉教事件。

織田信長及豐臣秀吉兩人之治世，在日本文化史上稱爲安土桃山文化時代（一五七四年——一六〇二年），已如前述。該時代的文化特色，厥爲因與西洋交通的結果，異質的文化傳入日本，遂使日本文化內容益加豐富，貢獻於此一時代文化之人羣，乃在戰國時代爭亂中，建立大功之大名與武士以及因對外貿易而獲巨利的富商，這些人士，所受舊文化之拘束不多，他們爲誇耀權勢並使士民歸服起見，乃以赤裸裸的人性之樸素形式，以顯示自身之優越。抑有甚者，由於經濟的發展，尤其是金銀產量的增加，對於財力及其象徵的金銀遂深爲愛好，因之這批新興的支配者層之生活，競相於豪華之衣食住，其精神即爲否定既成的權威而確信自己的實力，謳歌現實。此一時代藝術所以表現燦爛的豪壯之美者，其故在此。另方面，這一時代文化之又一特色，便是宗教威力之減退。古代以來迄乎中世紀，佛教在宗教界、俗界兩方面發揮了莫大威力，其對於學問、藝術之發達、道德觀念之涵養、精神之形成等所予以之影響，可謂絕大。可是到了武士階級因私慾而圖擴張領地，以武力來決定自己的命運的時代，從前那種求助宗教精神以解脫現世的痛苦已覺得空疏無實，繼之而來的便是藉權勢之力量以之爲肯定現前之人生事實的現實主義的精神，成爲人類行爲的支配原則。在這種情況之下，佛教完全屈服於武權之統制，在其保護下從事民衆之教化及宗教教義之研究，而失去了以往做爲社會規範的精神。至於和佛教同爲既成文化之一翼的學問、文藝，在戰亂之間雖曾一度衰退，但在和平恢復後，和漢之古典文學及歌學、歌道又再度復興，而啓開了江戶時代古典文化興盛的胚基。

三、織田、豐臣時代的對外關係

在織田、豐臣兩代短短廿八年執政期間，另一惹人耳目者，厥爲豐臣時代的對外關係。豐臣秀吉思欲轉移當時閒蕩思亂的武士之眼光，同時爲滿足一己的雄心，他發動了多次對外戰爭，既欲征服中國大陸，又欲討伐朝鮮、菲律賓、琉球、葡萄牙、印度等，蓋在他的心目中，不獨朝鮮一國，世界上一切的國土，都何異是日本的一部分。他常顧左右而言：「若能有比自己更强的人出來，則余情願將天下奉送，若沒有比自己更强的人出現，天下則應歸我」，抑有甚者，他答朝鮮王書語有云：「越海超山，直入於明，使其四百州，盡化我俗」，這種夜郎自大狂語，豈有異於明治維新以後的軍閥乎?明治以後的所謂日本的大陸政策，實於豐臣秀吉之世，即已萌芽矣。

秀吉執政時頗欲使日本以優越的立場而與明朝貿易，並求朝鮮為之仲價，曾三次遣使赴朝鮮，但朝鮮始終不報。因此秀吉覺得這是丟臉的，極為憤憤不平，遂於文祿元年（一五九二年）發兵十六萬人出征朝鮮。這時日本已經和歐美通商，軍中已有火器，反之朝鮮士兵，卻依舊用那些古老的長戟短刀，因之戰爭初，日本獲勝，其後曠時日久，不但糧食發生問題，將士病者日多，兼以日本水軍之制海權被朝鮮之猛將李舜臣之水軍所奪，日軍戰況逐漸不佳，於是乃議和，並提出下列七個條件，謂明廷若不答應，斷不媾和：

第一條：納明帝之女為日本之后妃，以舉和平之實事。
第二條：兩國今後官船商船，應不絕交通事。
第三條：兩國之通好不得變更，應由兩國大官等交換誓詞事。
第四條：朝鮮八道之中，四道歸還朝鮮事。
第五條：四道歸還朝鮮，但朝鮮須送王子並大臣一、二人至日本作人質事。
第六條：我軍生擒之朝鮮王子二人，還送朝鮮事。
第七條：朝鮮國王之權臣，需書一永世不得悖背此約之誓詞事。

而在這個條件上，還附有如下的一篇告示：

一、夫日本神國也。神之天帝，天帝之神，絲毫無誤。故此國俗尚帶神代之風度。崇王法，體天則，地有言有令。然移風易俗，蔑視朝命，英雄爭權，化為羣國。予懷胚之初，慈母夢日輪入懷，覺而驚愕，召相士筮之。曰天無二日，德輝四海，彌綸嘉瑞也。故及壯年，夙夜憂世憂國，思欲復聖明於神代遺威名於萬世而不能自止。纔十有一年，族滅凶姦，攻城無不拔，攻邑無不克。乖於心者，自然消亡。已使國富家娛，民得其所。心之所欲，無不立遂，非予之力，天所授也。

一、日本賊船，年來侵入大明，到處橫行作寇。然予曾有日光照臨天下之先兆，故具匡正八極之志。已使遠島邊陬，海路平穩，通貫無礙制禁之。此非大明之所望乎，何不言謝？蓋以吾朝為小國，而輕侮之乎？故率兵欲征大明。然朝鮮見機，差發三使，請盟乞憐。遂與之約，前軍渡海之時，不得塞糧道，阻兵路，而歸。

一、大明日本會同之事，已自朝鮮啓達大明，三年之內，應有報復。允於約年之間，偃息干戈。今則約期已過，而報覆毫無，是朝鮮之妄言也。其罪不可逃，其咎所自取。故去春三月，至朝鮮，遣前驅，欲匡其違約之罪。於是設備築城，高壘為防。前驅以寡擊衆，多戮其首。疲散羣卒，伏於林越，恃螳臂，舉蝌戈，雖欲窺隙，交鋒使潰。逐之北方，討逾數千，國城一炬，悉成焦土矣。

一、大明國欲救朝鮮之急難，而失其利，是亦由於朝鮮反間故耳。此時大明勅使二人，來日本名古屋，說大明之綸言，乃答以七件，見於別幅。故令四人演說之。

當時豐臣秀吉一方面和明廷進行和議，他方面又遣人傳書給高山國（即今之臺灣），書曰：「吾軍征朝鮮，國王出奔，乞援於明，明國出十萬之衆，與我軍戰，但均失利，故派勅使於吾國請和，現在進行談判中。如琉球，亦年年進獻土物，通海陸舟車，仰我德光。貴國亦望能早來朝，否則即加征伐」。

上述豐臣秀吉向明廷提出議和之七條件及致高山國書，正足以證明他目空一切，驕狂無恥之最好例證。和議因後來明神宗遣沈惟敬赴日交涉所持致秀吉册文中有「封爾爲日本國王」之句，秀吉見之不悅大爲憤怒，重行徵兵十四萬人西征。在第二次出征朝鮮時因遭受朝鮮與明朝的聯合軍之頑强抵抗，戰事並無進展，水師多失利，慶長二年（一五九七年）八月，秀吉忽病故，前敵將士，無心事戰，卒遭敗退，於是全軍乃還。征韓之役，前後七年（一五九二——一五九八年），日本將士曝於異域，但並無所獲。此亦促成豐臣氏政權衰弱早亡的原因之一。於此我人欲一提者，厥爲日軍兩度攻打朝鮮時，境内屍體堆積如山，日軍之殘虐行爲令人髮指。當時也有許多朝鮮的良工臣匠，隨著日本的軍士而東渡日本。因此，當戰後各諸侯的人民都趨於貧窮的景況時，這些朝鮮人則利用其技巧術藝，在日本發展陶器工業。所以在物質文明之進展而言，以後的時代，爲日本陶器的全盛時期。而活字印刷之方法，也藉此道由中國大陸而傳入日本，對於日本文化之普及大有貢獻。

第十六章 西歐文明的接觸及其排斥

——基督教的傳入日本

一、西方勢力的進入

西歐人士之知有日本其國存在於地球上者，即爲十三世紀末葉之事。當時日本正是北條氏執權之世，滯居中國約廿年之久的意大利人馬哥波羅歸其故國後，在其遊記大談其東方異聞時則說遠東方面有一名稱爲 Jibang 的黃金國，相傳其王宮的屋頂都是以黃金爲瓦。此之所稱之 Jibang 即爲日本。儘管十三世紀末葉，歐洲人即已知有日本，但遲至一五四三年（日本天文十二年）九月廿三日始有三位葡萄牙水手穆塔（Antonio de Mota）、齊慕托（Francisco Zeimoto）與皮哥德（Antonio Peikoto），乘了一隻小船，欲從澳門駛往暹羅，途遇大風，吹到了九州大隅種子島，這是歐洲人第一次的登陸日本。嗣後不久又有葡萄牙旅行商人屏托（Fernao Mendes Pinto）和他的兩個同伴波加洛

（Christopher Borcalno）與齊慕托（Diego Zeimoto）接踵而至九州。自此以後，和葡萄牙的交通驟然頻繁起來，未及數年，已經有數艘葡萄牙船，同時開入薩摩港的事情。而日本人則以異常的熱心，歡迎他們所帶來的新文明。尤其是漂著於種子島的葡萄牙人，曾在該島滯留很久，將洋鎗傳入日本，並教授本地土人怎樣使用火器，此舉對日本近代文化，作了最大的貢獻。

當時正值日本的戰國時代，各國武士目睹這種新異的洋鎗威力之大，莫不思欲獲取，以增強自己的力量，當第一艘葡萄牙船漂著到種子島後，該地領主種子島時堯便向葡人購得洋鎗，又請他們教授製造火藥。十年之後，洋鎗的傳佈與使用，便廣及了九州，並達於本州中央地區，遂至日本全國的武士，無有不知操縱使用洋鎗之術者。自此以後，最直接的影響爲武士傳統的日本的舊戰術和築城學，發生了重大變化。以往的戰爭都以個人的勇氣爲最重要，大將必須親自挺身奮鬥，家子郎黨擁奉其主將，一同戰死於沙場的事情，毫不足奇。以前的所謂「一騎打」（即一人對一人的搏鬥）的戰法，現則轉變爲集團的戰法。兵士因爲需要熟練的緣故，在數目上雖然減少，惟在實力上則增强。至於不列於兵籍的平民已失去了戰爭的能力。至於城廓的建築，因堅固有加，所以諸侯也不復有平民攻來之憂。在政治方面，因洋鎗的輸入，所受的影響最鉅。織田信長之所以能成功，以及德川幕府二百六十餘年間的泰平局面，可說是藉了城堡和鎗砲才得以維持，亦非過言。

他們又看見了西洋的巨大的船舶，不久以後，便發明了可以製造和那些匹敵的巨船的造船術。當時往來於東印度及爪哇諸島以從事海外貿易的「朱印船」，便是從這個時候開始。所謂「朱印船」，即由政府發給印狀（公認貿易證書）於長崎、京都、堺等地的大商人，間亦有大名及幕府的官吏，使他們獲得貿易的特權，以便向海外從事商業活動。這種政策，一方面表現了秀吉的統一政策，同時又洗去了以前海盜船和倭寇等惡名，使對外貿易形成爲一種積極的政策。這些從事海外貿易，航行於海洋中的船舶之船員，其生活開始仿效傳教師，除了仿造傳教師的法服外，又製作雨衣，以防雨。用青菜葉、馬肉做成西班牙式的菜來吃，名之曰鴨南蠻或葱南蠻，認爲是珍品異味。諸侯之中有些人甚至刻了羅馬字的圖章，以爲時髦。例如大友宗麟的 Christian name 稱曰 Frncisco，所以刻了一顆 Frco 的圖章。細川忠興則刻了一顆 Tadanoqui 的圖章，黑田孝高將其 Christian name 和其號如水兩字的讀音合起來，刻一顆 Simeon Losui 的圖章。日本平民所愛用的紗布的種子，亦於文祿年間，由葡萄牙人傳入。

在織田信長及豐臣秀吉執政時代，傳入日本的西洋勢力，除葡萄牙人的商業發展外，另一具有歷史意義的事件，即爲基督教在日本開始傳教和發展。而這種歷史的開始，當與商業發展有密切的關係。

二、基督教傳入日本

在十六世紀的第六十年代中，進入日本的西方勢力，除葡萄牙的商業發展外，另一具有歷史意義的事件，即爲基督教在日本的發生和進展。按基督教傳入日本是比較晚的近代，其最初的先導者，當爲葡萄牙傳教師薩維爾（Francisco de Xavier），他是屬於對抗馬丁路德宗教改革的舊教徒——耶穌會教徒，該會是由羅耀拉於公元一五三四年創設，其會員入會時，要立下「清貧仁愛服從」的誓約，以拚死的精神向海外異教徒佈教。薩維爾和羅耀拉同輩，爲了想要向新發現的東洋世界傳佈上帝之福音，於一五四一年由葡萄牙首都里斯本（Lisbon）航行到了葡萄牙屬印度，在柯亞（Goa）與德拉芃科（Travancore）地方作了苦工幾個月，不久赴麻六甲時，在該地遇見一位日本人安治郎，遂起意赴日傳道。一五四九年薩維爾偕同安治郎與斐南德（Fernandez）神父，爲了傳教與經商的兩種便利，一同航行赴日，於是年八月十五日駛抵鹿兒島，由薩摩藩主島津貴人獲得傳教的許可，在該處滯居十個月，當時有不少人認爲是天竺傳來之佛教一支派，因此信道受洗的信徒達百餘人之衆。嗣後因遭受了佛教徒的迫害，乃留下安治郎及另一葡人傳教師，自己轉赴平戶傳道，這時日本朝廷已許可他在全國傳道。在平戶不久，他訪問山口，轉請入京都傳教的許可，但山口藩勒索一萬貫的傳教許可費，遂不果其願，乃留山口從事於傳教。在山口傳教時該地領主大內義隆曾給予一座廟宇做爲基督教堂（日人稱爲南蠻寺），這是日本第一座的基督教堂，也是日本基督教事業的發軔。自此以後，耶穌會派以外的傳教師亦相踵渡來日本，至慶長初年（公元一五九六年之頃），全日本無處無教堂，而信徒據說超過了一百萬人。

基督教傳入日本的初期中，日本的國情，實爲新宗教弘佈的好地方。蓋當時的佛教僧侶，酒食耽逐，恣意非行，引起了一般國民的嫌棄，反之，耶穌會派的傳教師，都是極高潔俊秀的人才，他們的道德堅固，操行異常高潔，加之他們懷有日本一般國民所未知未識的新學問。薩維爾在其書札中，曾有下述一段記事曰：「日本人具有勝於他國人的通悉道理的性情。然而他們連地球是一圓體，以及它如何運行諸點，都還完全未悉。所以我們在講說其理由並風雷等原理的時候，他們都能熱心地傾聆其真理。尤其是上流有識階級，特別敬慕我們，聽到學說之奧蘊處，特別喜悅。我們藉了技術上的便宜，使其國人一般之心，得悟我們的宗教」。抑有甚者，薩維爾等傳教師，爲傳教之便，將「基督教問答」和「基督一代記」譯成日語，綴以羅馬字，而在說教時，朗讀該二書，直接教導聽衆。他們爲迎合日人的所好，將天國叫做極樂，冥府叫做地獄，盡量使用佛教用語，並徒步各村莊，高聲唱著動聽的歌曲，以引動聽衆。有的教士甚至於削去頭髮，穿著佛教僧徒的法衣，在道傍向著行旅說教，以致日人誤認基督教是來自天竺的新佛教。他們又在各地設立了學校，同時教授宗教和學術的智識，於是普通教育機關的Seminary、專門的宗教教育機關的College到處都建立起來。凡此種種，使得傳教很快的發生了效果。

另方面，傳教士又以慈善事業來收攬人心。或創建癩病院，以收容當時醫生所最不願診治的癩病者，或設立貧民病院，以救濟貧民，或建造孤兒院、養老院，以收容棄兒及無所歸依的老年人。並常應當時上流社會階層的招聘而施行所謂「南蠻流的治療」，治癒了許多疾病，使宗教在上流社會間，也有了傳播的機會。所以當時的人們，目睹這種情況，均曰：「誠佛菩薩出現此世，救生度衆也」。

其次由於貿易上的關係，也給以基督教傳教上的便宜。當時的葡萄牙及西班牙均爲極度熱心的天主教國，政府方面，更以種種物力，補助傳道佈教事業，因此，一般商船也對傳教師，表示極大的好意。而日本的諸侯領主，也因這些商船，在當時那種戰亂不息的時代，輸入了最有用的槍械，並帶來許多歐亞地方的珍品，故爭相歡迎傳教師入國。抑有甚者在天正十年（一五八二年），北九州的信徒大村純忠、大友宗麟、有馬晴信等三位諸侯（大名）派遣四名十四、五歲的年輕武士組織所謂「天正遺歐使節團」，前往羅馬教廷，正式謁見了教皇格雷哥利十三（Pope Gregory XIII）他們所到之地，均受歐洲人歡迎，據說在一五八三年之間，在歐洲各國之間，有二十種以上的刊物著作記載報導「天正遺歐使節團」的消息及活動。他們於使命完成後，於天正十八年（一五九〇年）歸抵日本。此乃日本人足跡到達歐洲的開端。

三、基督教遭受挫折

由於基督教是溝通日本與西方文化的唯一橋梁，故其初期傳入時，不但受到各地諸侯領主的歡迎，織田信長在世執政時，亦曾盡力予以獎勵維護。但自政權一握到豐臣秀吉手中，基督教的進路便發生了阻礙。他繼承織田政權之初，對於基督教的態度，亦頗爲友好，但迨至天正十五年（一五八七年）六月平定九州之際，他第一通令全國禁止基督教。其主要措施爲禁止傳道，驅逐傳教師，破壞教會及教會學校，此外又將當時屬於耶穌會的領地的長崎改爲直轄市，對於信教的人們，予以嚴酷的處分。

豐臣秀吉禁教的原因不一而足，諸如①和基督教同時傳來的西歐的時髦品雖受一部分急進派歡迎，但卻爲保守派所反對；②被信仰神道及佛教之徒視爲仇敵；③信徒之間受了信仰之熱忱而以殉教爲名譽，對君父之命令教示則不予以重視，這種情況自然與當時的日本社會組織及倫理道德不相允容；④秀吉對於織田信長所破壞的事業予以建設復興，信長所採取之抑制僧侶佛寺，而保護基督教教士，秀吉爲操縱收攬僧侶及人心，乃大反信長之道而抑制基督。凡此種種固皆爲重要原因，但最大的原因完全基於政治的理由，蓋他認爲外國傳教師不僅致力於感化日本國民的精神，更進而抱有確立政權於日本國土上的傾向，同時又恐懼信仰基督教的大名，利用外人的關係，抵抗中央政府。

由於這種恐懼，於慶長元年（一五九五年）發生了所謂「聖菲力浦」（San Felip）事件。按「聖菲力浦」事件，原來是慶長元年有西班牙船聖菲力浦號，自菲律賓出發，駛往墨西哥，航行中遭遇了狂風暴浪，而漂流至日本土佐的浦戶。當該船碇泊在浦戶之際，船長翻開了世界地圖，向居民等誇示西班牙領土之擴大，並說西班牙領土之所以能夠如此地擴大，實由於開始派遣傳教師至各地，及信徒的人數增加後，再以軍隊爲後盾，得到信徒們的呼應，便能佔據那塊土地。船長所言，確是當時天主教徒的心理。蓋當時的天主教徒，認爲開拓殖民地，消滅異教，擴充羅馬教皇的領土，爲神聖的事業故。此語洩露後，爲秀吉所悉，乃將該船沒收，將全體船員自長崎送至馬尼剌，並將船上傳教師在弘佈邪教的罪名之下，令遊行京都、大阪各街道之後，送往長崎，連同舊金山派傳教師共六人，日本信徒二十人，處以死刑，由此造成了日本的最初基督教殉教事件。一八六二年，羅馬教廷曾將這廿六人列爲「二六聖者」，後世之日本基督教徒，亦將彼等奉爲該國殉道的先驅。

基督教傳入日本後，因受到少數諸侯的支持而排斥儒釋神道，致引起守舊派的反對。例如大友宗麟、小西行長，都曾破壞過領管內的神社佛閣，燒棄經典，强迫臣下受耶教的洗禮。高山右近也同樣破壞了領管的寺社，對神主僧侶加以嚴峻的迫害。長崎地方正在建築管公祠，因基督徒的日夜投石，終至無法進行工程。由於基督徒這種排他狂熱，不僅爲一般國民儒士所不喜，連德川幕府也對於基督教徒存了戒心，蓋久以忠節聞名的武士，亦有皈依基督教的信徒，他們對德川家康命其改教的命令，竟敢抗拒不理。抑有甚者，荷蘭人爲了爭奪商業地位，其國王曾致德川幕府，公然直指葡萄牙傳教師挾有侵略意圖云：「荷蘭想和中國通貿易，卻被葡萄牙人所妨阻。他們一定亦會出來妨阻和日本的通商。然而葡萄牙人之所以不欲日荷通商，實由於葡萄牙人抱有舉全世界作其領土的野心。傳教師先使日本國民歸依於天主教，其次即將出於掠取日本國土之一舉的緣故」。然而像荷蘭這樣的新教國家，事實上並不想和日本締結什麼親善關係，只是想挑撥離間日葡之關係而已。德川幕府深受刺激，至慶長十七年（一六一二年）遂下令禁止基督教，處罰信教的旗本，翌年年底，更發佈嚴令：「外人來傳道者一概逐出，毀圮教堂，嚴禁信教」，破毀全國基督教寺院，迫令教徒改宗，或將之流放呂宋及澳門。

在德川幕府禁教令下，日本基督徒竟不惜以生命來對抗幕府的迫害鬥爭。多數的外國傳教師、日本傳教師，被幕府捉住處以磔刑和火刑，甚且有灌注沸湯的酷刑，但十字架上之死，並不足以嚇阻他們。寬永三年起至九年爲止（一六二六年——一六三二年），島原之中央的溫泉嶽山中，成了實行這種慘刑的人間地獄。德川幕府認爲傳教與貿易，在江戶的西方勢力之中，乃一事的兩面，具有不可分離的關係，因此爲了徹底禁教，除於寬永七年（一六三〇年）下令禁止基督教的譯書進入外，對於對外貿易亦須加以限制，遂於寬永十年（一六三三年）由將軍家光令長崎奉行禁止奉書船（即規定凡日本商船之航行海外者，除須帶朱印狀外，還須獲得長崎奉行的許可證，故稱奉行船）以外的日本船隻，和乘奉行船以外船隻的本國人航行海外。又凡在外邦居住五年以上，其中未嘗一度歸國的日人，則禁止其歸來，違者皆處死刑。至寬永十二年（一六三五年）徹底禁止一切日本船航行海外，一切人民不准出國，所有旅外的日人一律不准回國，違者皆處死刑。嗣後於次年在長崎港內築成扇形的出島，將葡萄牙人全部移居其中，並將葡萄牙人在日本所生的子女二八七人，放逐至澳門。迨至寬永十六年（一六三九年）——即島原之亂以後的第二年，幕府藉口葡萄牙傳教師在日本製造宗教叛亂，下令禁止葡萄牙人赴日，次年斬殺葡萄牙特使六十一人，並放逐十三人，所謂「鎖國政策」，至此已臻完成。從此，日本直至德川幕府末期，二百餘年間，幾乎完全處於與世界隔絕的閉關自守的孤立狀態中，而德川幕府末期，有所謂「攘夷論」者出現，那即是這種鎖國主義的同調。

由於幕府禁壓基督教的手段，無所不用其極，因此引起信徒的反抗，至寬永十四年（一六三七年）發生了有名的「島原之亂」，當時島原居民三萬七千人，不受幕府禁教之令，以藩侯益田時貞爲領袖，樹十字旗幟以抗官軍。政府調遣全國軍隊十六萬精銳圍攻六個月之久，始得陷落，叛亂後來雖被敉平，但因戰死及被殺者則有萬餘人。自該役之後，幕府的禁教措施，更行嚴酷，終於頒訂所謂「踏繪法」及「宗門帳」，前者係爲嚴禁基督教起見，規定如欲證明其非爲教徒，須用腳踏碎耶穌像；後者又稱「寺社文」，乃爲實行對人民的宗教限制計，官府特設立一種宗教登記簿，任何人必須信某門宗教，推行官方所信奉的宗教。上述兩種辦法主要目的無非在於期能徹底令基督教歸於消滅。

島原之亂後，幕府雖厲行閉關自守主義，但荷蘭人因助幕府砲擊教徒，特准在長崎的小島中通商。如是相安者二百餘年。荷蘭人之外，得與日本通商者只有中國、朝鮮而已。

儘管基督教在日本受到壓抑，但隨著傳教師而傳入日本的西方文明，把數百年來籠閉於島國中的日本國民解放，後來忽然開國，因之，在西歐文明之前，摧毀了日本人的自尊心，而形成了極端崇洋的氣勢。

第十七章　德川時代的社會與國家體制

一、德川家康取代豐臣氏

豐臣秀吉死後，粗告安定的大局，旋即發生動搖。當時支配全國土地的二百十四位大名中，德川家康勢力最大。他所領有的土地，奄有關東八州，亦即日本本島的東部全部。秀吉在生時，已預知家康有奪取政權之企圖，故臨終之前，曾要求家康和其他大老、老中、奉行等一再宣誓效忠，輔佐豐臣秀賴。但秀吉死後，這些受托孤的大老及重臣，大家都忙於明爭暗鬥，對於秀吉的遺命，置若罔聞。當時武功彪炳的淺野長政、福島正則、加藤清正等武斷派，與以石田三成、增田長盛、前田玄以、長束正家等奉行爲首的中央集權派形成對立。家康利用兩派之爭，盡力拉攏武功派，不斷挑撥石田等文治派。抑有甚者，家康蔑視法度，其家人與各大名廣結婚姻，又交換誓詞，以厚其勢力，又自行擴充領地。

德川家康雖然掌握了政治大權，但他還是五大老之一，並無名分，可藉資號令天下。欲奪取名分大權，只有消滅秀賴名位。當時不滿家康之企圖確立霸權的文治派之石田三成乃號召親豐臣氏的大名以圖打倒家康。但文治派（西軍，擁兵八萬人）因步調不一，復有小早川秀秋等之倒戈，一六〇〇年十月西軍與東軍（家康軍隊，擁有七萬人）在美濃關原發生劇戰，西軍一敗塗地。關原之役，家康獲勝，確立了霸權，西軍的將領石田三成、小西行長等被梟首，並削減秀賴領地，使之降爲僅擁有攝津、河內、和泉等六十五萬石領地的大名。此外諸侯被奪封的九十一家，計地四百二十萬石，減封的有四家，計地二百廿一萬石，總計没收額爲六百四十萬石。

關原之戰告終後，德川家康以戰勝餘威，大權獨攬，恢復幕府政治的體制，繼承源氏和足利氏的獨裁傳統。公元一六〇三年（慶長八年），他任內大臣（時豐臣秀賴任右大臣），並拜征夷大將軍，以江戶爲根據地建立幕府，號令全國。迄至此時，雄心萬丈的德川家康，已經名實皆備。在江戶設幕府後二年，家康即將將軍職讓與其子秀忠，以示將軍一職爲世襲。當時家康曾促豐臣氏入京朝賀，迫其對德川氏稱臣效忠，但遭拒絕。隨後又苦心計劃，欲消滅盤據大阪城的豐臣氏。一六一四年（慶長十九年），德川藉京都方廣寺落成典禮，鐘銘上鑄有「國家安康」字樣，疏忽避家康之諱，又指「君臣豐樂，子孫殷昌」一句，亦隱賀豐臣氏之意，令將加以銷毀，藉以激怒豐臣氏，製造戰爭，雙方關係呈劍拔弩張之勢。一六一四年十一月發生第一次武力衝突——「大阪之戰」。時各地浪人紛投豐臣氏使其軍隊人數達十餘萬，而德川軍則擁有二十萬人。大阪城建築鞏固，深溝高疊，易守難攻，德川軍久攻不下，雙方議和，並約定填塞大阪城濠。翌年，家康趁機填埋內溝，孤立「天守閣」，是年夏天，復藉口大阪藏匿外來浪人，要求豐臣氏交出大阪城，移封於大和或伊勢，此即令其放棄正統，退居死地。但豐臣氏不甘絕祚，仍決定抗拒，此時因大阪已變成無法防守的裸城，豐臣氏陷於極端不利的原野戰，結果全軍潰敗，戰死者達二萬人。德川家康獲勝後，曾用最殘酷的手段，剪除豐臣氏的餘衆，當時株連的人不計其數，秀賴之子國松，年八歲，亦被殺死，豐臣氏的全族，至此遂被完全消滅。大阪之戰後，德川家康即大展鴻圖，積極發展獨裁專制的統治。他高壓專制的指針，則由對付豐臣氏轉爲對付朝廷和各地大名，其當前急務，則爲對全國展開武斷的統治。

二、德川氏監控朝廷及籠絡貴族

公元一六〇三年（慶長八年）德川家康受朝廷封爲征夷大將軍，開創幕府於江戶（今之東京），迄公元一八六七年（慶應三年）德川慶喜奉還大政於明治天皇爲止的二百六十餘年之間，日本史上稱曰德川幕府時代，又因其開創幕府於江戶，故又稱江戶幕府時代。

江戶幕府初期的政治，是把所有的權力，都集中在幕府手裡，自朝廷、大名以下，凡在幕府以外的一切勢力，都加以壓制。但由於日本國民自戰國時代（一四六七——一五六八年）末期以來逐漸對天皇加以尊敬，而織田信長及豐臣秀吉兩人亦皆傾心於皇室。因此，德川家康執政之後，爲迎合一般國民之尊皇心，在表面上亦極力顯示其尊敬皇室之心，諸如增加皇室的收入，修繕宮廷，復興朝廷的儀式等，即其較著者。

然而家康對於朝廷表示尊敬，只止於宗教上的尊敬，而非爲政治上的尊敬。第二次世界大戰前日本的天皇不但是國民的宗教上之崇拜對象，同時也是國家的統治者。家康雖然提高了天皇的宗教上之尊嚴，以滿足新抬頭的國民的尊皇心，但他在另方面，卻將一切政權自皇室收入自己的掌中，使天皇與政治完全脫離，而僅成爲宗教上國民所崇拜的「天神」。幕府在守護宮城的美名之下，於京都設「所司代」（等於將軍的行營主任），令其親信軍隊移駐京都，對皇室的行動嚴加監視。此外，爲充人質起見，又招請皇族之一人來江戶，作上野輪王寺的座主。不僅如此，所有大名，未經德川氏的許可，不得奉伺宮廷，並制定禁中及公家諸侯法度，作爲壓抑朝廷的根本法典。據此法典，幕府有權干涉天皇的行動，有權參預朝廷的任官敍位；不管朝廷的定員如何，武家有權被敍任爲朝廷的官吏。在這種情形下，天皇便被幽閉於雲深九重之處，而被奉爲「神秘之神」，宮廷變成了名實相符的「禁裏」。

那些圍繞在皇室周圍的宮廷貴族輩，由於他們和皇室有密切的關係，所以享受了高出於一切日本國民的社會地位。由德川氏供給他們食祿，把他們從窮乏中救出來，所以他們非常感激德川氏的恩德。抑有甚者，他們本來都是平安時代執柄日本政治之貴族的苗裔，他們在京都宮廷中，不僅保存了平安時代從唐朝的制度裏所學來的官制，並竭力想保存繼承其文化，即使對於以唐代文明作基礎的數世紀以前的平安朝文明，以及其藝術、詩歌、服裝及禮儀等亦一味加以保存而不輕易放棄。誠如民初我國大儒辜鴻銘氏曾云：「我人若欲知唐代文明之情況，宜往日本，失之於中國者，存之於日本故也」，唐代文明之得以長久保存於日本者，實因有此輩京都貴族之故。這些公家（即貴族），由於眷戀於唐代的文明生活，只要德川幕府能供給彼輩的生活，而不加干涉，則在實際政治上是否能發生權力作用，則非所問，在這種情況下，德川氏卻將他們的全部政治權力都剝奪掉，而他們依舊甘之如飴。

三、德川氏統治下的社會階級

日本的社會階級制比較嚴格，是在江戶時代，當時的階級制是以武士爲中心，武士爲四民之首，其下有農民、商人與工人，是爲平民階級，此外有僧侶、神官、穢多、非人等，是爲附庸。當時的武士，可以大別爲將軍、大名、旗本、御家人、陪臣、鄉人及浪士等七種。德川將軍爲武士的總頭領，大名則居於其次位，其他的武士，或直屬於將軍，或隸屬於大名，這些階級的區別，身分的確立，在原則上皆爲先天的註定，其間不容許稍有混淆。武士不僅是支配階級，且在社會上享有最高的地位和特權，他們有姓，有帶刀的資格，這是階級榮譽的標誌，他們爲了維持其權威，有對市民賤民任意施行無禮暴力的特權，這種特權在德川時代稱曰：「切捨御免」。

農民及商人是次於武士而佔重要地位的平民階級，他們是國民中佔最大多數的生產階級。本來日本稱農民爲百姓，按百姓兩字，原來本指一般公民而言，因爲初時公民即是農民，無需分別，故二者混用一名，迄後來農民逐漸與其他諸階級分化，百姓遂專指農民。農民的地位雖僅次於武士階級，但他們因爲是國民糧食的生產者，同時也是武士階級的資源負擔者，故受幕府的保護干涉最甚。他們的生活，由於統治階級層層的統制，衣食住皆十分惡劣，而其生產所得精華，俱爲貢物。同屬農民之中，也還有地主與小作人（佃戶）之別，地主中有「本百姓」、「高持」、「平百姓」、「小前」等名稱，爲農民的中堅份子。佃戶全靠出賣勞力，傭工度日，俗稱「飲水百姓」。

平民階級中除農民外，尚有居住市內的市民，這種平民依職業可分爲商人與工人，商工之徒自來被視爲較農民更下賤，工人是受役於人製造器物，其地位雖比農民又次之，但卻高於商人。商人以販賣他人生產製作的貨物取利，計算盈絀，耽於逸樂，故爲四民中的最下賤者。但因他們利用其經濟力量，因之物質與精神的生活之向上，不但淩駕農民，且進而威脅了武士階級，於是所謂市民文化，因此而向上提高了。

市民因其從事生計的方式有別而分成「家持」、「店借人」及「家守」三者，「家持」是房主，「家守」是土地房屋的管理者，「店借人」是租店經商的人。其中「家持」與「家守」須負擔市費，對於「店借人」的行爲，須負連帶責任，同時亦保有充任「里正」候選人的資格。而普通的「店借人」，既無此種義務，亦無此種權利。所以狹義的所謂市民，僅是指「家持」而言，「家守」亦祇是準市民。

四、德川幕府的統治體制

前已述及，德川時代武士在社會上及政治上擁有最高勢力，當時的大名總數約有二百八十餘名（計「一門」——德川氏的本家廿五名，「譜代」——隨德川勢力的發展而逐漸歸附的計有一五六名，「外樣」——關原之戰後從屬德川家者，由德川氏封立的計有一〇一名），他們在自己的領土內是一個專制君主，不問其領土的大小，都是獨立平等，所以當時的日本，不啻爲在天皇許可之下推定德川氏作盟主，由二百八十餘國而成的一個聯邦。但本來即已不大的日本，再經分割爲二百八十餘塊，所以當時的大名之領土，除了二十餘位大諸侯之外，大者數郡，小者不及半郡。故大名一方面雖有比擬國王的權力，但另方面，卻不過是一個大地主罷了。他們依德川家所定的武家法度（最初於元和元年——一六一六年七月七日由二代將軍秀忠所頒佈的元和令，凡十三條，三代將軍家光時大事修改，共擴充爲廿一條，嗣後各代迭有不甚重要的修訂，及至十七世紀末葉的天和年間，改爲天和令，以後即固定不變），使大名的義務成文化，凡私自互相通婚，或新築城廓，或不待命令而出兵於鄰國諸事，悉被禁止了。此外家光所頒佈的武家法度中，尚有所謂「參覲交代」制度，那是一種最專制的統制諸侯的辦法。此一制度在幕府初期，原未形成制度，亦無一定的時限，但至家光重新頒佈規令時，明定每年四月爲交替期。其要旨規定他們須將妻子留於江戶做爲人質，一年居於領地，一年居於江戶。他們之中若有違犯幕府的法度者，即受命削封或轉封，毫不寬恕，又若無後嗣，或後嗣幼弱，不堪承祚者，則强制奪封。德川氏藉此一强暴統制手段，不但把大名牢固地統制起來，得以加强了中央集權的實效。在這種高壓統制政策下，大名在軍事上、經濟上均已喪失其抵抗幕府的能力，而成爲幕府將軍的忠實家臣。因此，德川氏才能優然抑制各諸侯達二百六十餘年之久，而無一諸侯起來叛亂。

德川幕府以何種政治組織治理天下？先從中央制度加以探討。在將軍之下設有稱爲「用部屋」的輔佐機關，是爲幕府在政治方面的最高組織。由大老、老中、若年寄等在該「用部屋」會執一切政務。「大老」在幕府中除將軍外爲最高官職，其職務爲參與幕政大事，無固定職務，多由譜代大名充任之，在整個江戶時代，出任大老者大約不過十人而已，大老若不得其人，則闕其位，恰如奈良平安朝律令制下之太政大臣。「老中」，即執政官，相當於現在的國務大臣，定額經常爲五、六人，此項官職多由譜代城主（即譜代大名而爲受封之城的城主）出任，其職責爲執行全般政務，如幕府公文的副署，對外關係的應付，財政的處理，大名的管理，以及屬於神社和各種大工程等的行政等。「若年寄」爲老中的輔佐，即爲副執政官，此項官職，多由無城的譜代大名充任之，人數約五、六人，其職責爲管理旗本及御家人（皆爲武士，封石在萬石以下，直接聽命於將軍，得謁見將軍者爲旗本，同爲萬石以下直屬將軍的侍不得謁見將軍者爲御家人），此外爲處理普通建築及江戶城內的庶務等事。

此外尚有高家、奏者番、大目附、目附、寺社奉行、江戶町奉行、勘定奉行等官職。「高家」係專司有關朝廷、公家儀禮的官。「奏者番」係司幕府內部儀禮的官。所謂目附乃監察的官吏，「大目附」是老中的耳目，其職務爲監察各大名，並負責傳佈法令，「目附」是若年寄的耳目，主要任務乃監察御家人、旗本及江戶城內的諸官吏。至三奉行則爲專門主管某地或某業的官職，均秉承老中的節制。「寺社奉行」係專管全國寺社、僧祝及寺社領的人民，並裁決上述各地人民及關東八州以外的天領（直屬將軍的領地）人民的訴訟，人數共三人。「江戶町奉行」掌理江戶城的政治，舉凡民政、司法、財政皆屬之，有類市政府的性質。「勘定奉行」管理諸國代官，掌理金銀錢穀的出納，聽決關東八州以內人民的訴訟，其中各有二人專司財政和專司裁決，前者稱已勝手方，後者稱曰公事方。上述各奉行聯合起來，組織評定所，辦理交涉事件並重大的訴訟。

德川幕府因係藉武力而取得天下之故，所以不能不防備隨時有天下之矛反襲過來。因此幕府是起於戰陣之間，終於休戰之中的組織體，它既是政治統治機構，又是軍事指揮體系。其政廳悉用武人來組織，以備一旦有事之日，皆成爲兵。將軍爲全軍之將領，老中、若年寄則督率大名、旗本之兵。大目附、目附，成爲監軍之職。在平時則有稱爲五番方的大番、書院番、小姓番、新番及小十人組，爲將軍的親衛，書院番亦兼駐於駿府，大番亦駐守於二條城、大阪城。

至於地方的政治制度，則有「京都所司代」，其任務在守衛朝廷，監視公家及西國諸大名；其次則有「大阪城代」，負責守衛大阪；「駿府城代」，衛守駿河府；「京都町奉行」，掌理京都市中的寺社人民，徵收山城、大和近江、丹波等地的租稅，並裁決上述諸地的訴訟；「大阪町奉行」，掌治大阪三鄉及其市郊，徵收攝津、河內、和泉、播磨等地的租稅，並聽決訴訟。其餘如伏見、堺、奈良、山田、長崎、日光、佐渡、浦賀、下田等樞要地，則各置奉行。在其他直轄地方，則置郡代、代官等，使職司民政之任。

德川時代的封建制度，在地方的開發上，有極大的貢獻。蓋當時大名諸侯，都能基於儒家精神的勃興，以及經濟上的要求，而積極講求富國方策，力謀國利民福，按鎌倉時代，是佛教和政治有密切關係的時代，降及德川時代，則儒家的精神和政治發生了密切的關係，幕府的政治，以儒家的思想爲其根本軌範，孔孟之愛民富民之思想，在德川治下的封建制度下，被充分地表現出來。「君爲民父」之思想，成爲諸侯的信仰。因此諸侯都能力謀使人民之衣食無缺，並教人民以孝悌忠信之道。如此任何一藩若有哲君賢相出而改革藩政，獲得優良的治績時，他藩亦競相仿傚以期克臻治化之境。所以有了一個美好的藩制，便成爲諸藩的模範，而弘佈於全國。

在經濟方面，由於德川幕府厲行諸侯的「參覲交代」之制，因之使得諸侯難免陷入經濟窘迫之境。蓋曩昔交通不便，諸侯隔年一次來往於領地與江戶之間，恆常跟從有許多家臣陪客，其數目往往達數百人乃至數千人，這一羣人員逗留江戶，衣必文彩，食必佳餚珍品，毫無生產，兼之諸侯間互相交際宴酬時，互爭綺羅，講究體面，所以奢侈浪費之風與太平同樣，如此費用浩大，耗費鉅量國帑，倘不盡量開發財政的來源，到底無法維持一藩的生存。抑有甚者，當時承平雖然日久，但受戰國時代的餘波影響，割據之風依然存在，各藩立國的方針，採徹底的軍國主義，一切的必須品，務使能夠自給自足地自己生產，所以在促進領內產業之發達，皆能不遺餘力。

由於上述緣故，因此，當時有名的諸侯，在消極方面不斷地干涉其陪臣人民的生活，獎勵其勤儉儲蓄習慣；而在積極方面，則植林以確保水源，植林木以防止飛砂，翻修道路、架設橋樑，以利通旅，築堤防、修溜池，以利灌溉運輸，或移植他領的農物，獎勵生產改良，汲汲於富國裕民的方策。

表十六：江戶幕府官制表

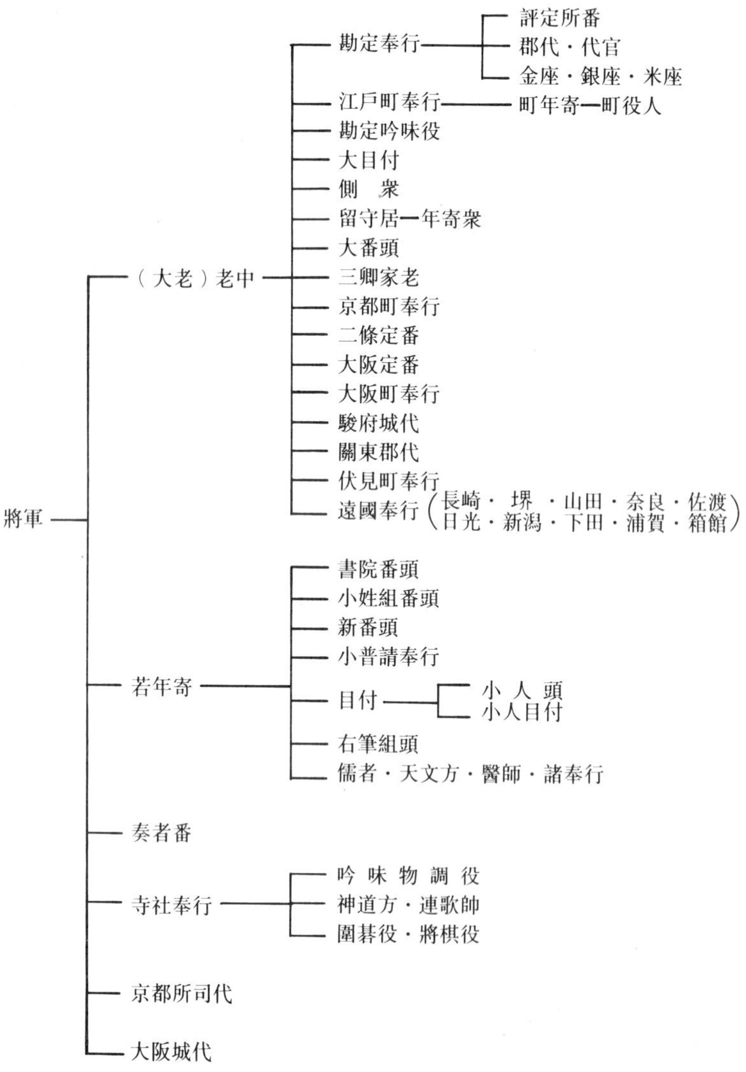
將軍
（大老）老中
勘定奉行
評定所番
郡代・代官
金座・銀座・米座
江戶町奉行
町年寄
町役人
勘定吟味役
大目付
側　衆
留守居
年寄衆
大番頭
三卿家老
京都町奉行
二條定番
大阪定番
大阪町奉行
駿府城代
關東郡代
伏見町奉行
遠國奉行
長崎・堺・山田・奈良・佐渡
日光・新潟・下田・浦賀・箱館
若年寄
書院番頭
小姓組番頭
新番頭
小普請奉行
目付
小人頭
小人目付
右筆組頭
儒者・天文方・醫師・諸奉行
奏者番
寺社奉行
吟味物調役
神道方・連歌師
圍碁役・將棋役
京都所司代
大阪城代

五、農民統制措施

在德川時代的政治上，有一樁值得注意者，厥爲町村自治體的發達。德川二百六十餘年間的武斷政治，而能成爲平民的保障，使平民得以安居樂業者，實爲此自治體的制度。村是封建統治的一個行政單位，一村的戶數自五、六十戶至一百戶左右，人口則以三百人至五百人的地方居多，村民大部分是農民。當時各村中有所謂「里正」（名主）、「組頭」、「百姓代」等稱爲地方三役（日人稱爲「村方三役」）以運作村政，名主是一村之長，多爲村內名門或世家，雖由全體農民推舉，但爲世襲，掌理全村行政。組頭是名主的輔佐。百姓代則是代表全體農民監察名主與組頭。各町中均有町年寄、名主等官，在奉行、代官的支配下，處理町村的一切事務。這些町村職員，大都和藹易親，毫無官僚臭味，因爲世代住於一個町村內，所以對町村的同情極厚，因此與人民接近，且凡事都幫一般町村民說話。他們又不嫉妒互爭地位，所以絕無好功喜勝的風氣。

此外又有所謂「五人組」的制度，係根源於律令制度的「五保」。這是把豐臣秀吉所定的「十人組」變化而來的，其方式是市中毗連的五家，鄉村中近鄰的五家組成一個單位，其任務在防止犯罪，互相扶助，互相檢察，並繳納年貢，對於公私事件，負連帶責任。此外同組中人力不足之家，應互助耕作，同組之人，患難相助，吉凶相慶助，以收敦厚風俗，維持治安之效。由於當時的町村自治制及五人組制之發達健全，因此，儘管在德川武斷政治之下，一般百姓農民在政治上毫無發言地位，但在生活方面，卻能獲得充分保障。

大抵言之，德川時代的日本社會生活，是趨向於保守主義的。京都貴族之謹守平安朝時代之文明遺規，已如前述，則那些武士階層亦一惟恪遵鎌倉時代與室町時代的理想是務。他們排斥一切新奇，任何事情惟求不背祖訓，而不求新奇花樣。這種保守的傾向之原因，固然由於德川幕府為了鞏固其家天下政權，而獎勵守舊有以致之，但當時日本採取鎖國主義與海外斷絕交通，亦為一大要因。原來日本國民對外來的文化或文明異常敏感，因之每和新的思想文化一接觸，便思欲一一將其攝取吸收過來。若德川幕府當時不採行鎖國政策，則在新奇的歐美文明風景侵襲之下，日本國民必然徹頭徹尾地採用西方文明，乃可以斷言的。自公元六、七世紀開始，直接大量地從中國移植日本的中國文化及儒家思想，真正地為日本人所玩味咀嚼，也是在德川時代。究其原因，當然是德川幕府為了永遠維持其政權以及依主從關係而組織的社會制度，因此儒家那種「君君、臣臣、父父、子子」，以及尊傳統，倡忠孝的思想最能符合幕府治國統民的需要，所以便不惜一切盛加獎勵。論者有謂，在德川幕府時代儒家思想及中國文化之所以能成為日本國民真正咀嚼的東西，應歸功於鎖國政策，若從當前的日本內外環境而言，確是如此。蓋就文化方面而言，當時的日本，因鎖國結果，得有充分機會，從容消化中國文化的精華，並醞釀成純粹日本風格的文化。倘若早受歐美文化的强烈刺激，則於日本特有的學問、思想、藝術、風俗的發展，必有弊害。明治時代之所以能用西洋文化，完全靠在江戶時代已經培養成了可資利用的素養之故。

第十八章　德川幕府初期的國民精神及文化概況

一、崇尚和平精神之興起

在戰國時代爭亂中建立大功的大名與武士，以及在貿易上獲得巨利的富商，他們對於安土桃山時代文化的貢獻最大。如前所述，這些人士，因所受舊文化的拘束不多，爲了誇耀其權勢並使士民歸服起見，乃以赤裸裸的人性之樸素形式，以顯示自身的優越。但降及德川氏一統天下之後，亙久的戰雲霽散，而以往武士所發揮的勇狠精神，已不能發揮之於戰陣間，兼以德川幕府採取閉關自守的鎖國政策，因此，從前那種衝天似的武士精神及國民精神，既無法伸展於海外，則只能發揮於日本國內的和平建設事業上，另方面則蘊積爲一種變則的豪俠、傳奇、冒險的風氣。這種風氣，終於激動了一部分的國民，使其破壞法禁，而經營私商。當時舟子所私自流行著的一首詩：「船發須待夜深時，猶恐帆影人得見」，正是私商冒法禁之險的縮影。這些私商，一旦駛出海外，有時襲劫中國南方沿岸而成爲倭寇海盜，有時出没於南洋諸港而爲貿易商。等到他們腰纏萬金成爲巨富，乃偷歸故里。

至於那些不慣於航行者，則集黨呼朋，横行於江戶城内，旗本武士，亦對之無可奈何，他們成爲替百姓平民一吐萬丈之氣的俠客。這一種人所表現的是一種鋤强扶弱的豪俠精神。他們盡是一批「今日有酒今日醉」之徒，難怪他們嘗歌云：「尚不奮起乎，惟有今日，明日將成爲鴉雀之糧食」。他們都是見義勇爲，挺身抱打不平之輩，雖至殺身而不悔，睚眦之怨必報，涓滴之恩必答，所謂富貴權勢，王侯武士，在他們心目中更是不值一瞧。

復仇及刺客之流行，也是當時國民精神流露之一種。那些奮勇地將敵人殺死的斗膽壯士，受盡世間的讚美，反之，那些懦弱無能之徒，則爲世人所卑視譏笑。子爲報父仇，妻爲雪夫恨，不惜和一切傳奇的艱難作戰，犧牲其全生涯。他（她）們的行爲固然是孝親或貞節的表現，但其本質實則爲打製刀刃散出火花來的那種銳氣的餘勢。

那些忠君扶主，溢滿了霸氣爭義的武士，雖然無時無刻有爲其主君殺身捨命的勇氣與覺悟，但倘若看到主君之行爲乖張背理，便立刻喝一聲不爲五斗之祿折腰，逕自拂袂而去。這種舉動在那些視忠義作最高道德的人士心目中，不但不覺得這種舉動不當，反而同情他的視富貴如浮雲的廉潔的胸懷節操。抑有甚者，有的人爲了一朝一夕之情，或爲了一飯一哺之恩，而拋棄了俸祿，拋棄了家庭，甚至於拋棄了生命。他們的心志，承繼了天龜天皇及天正天皇以來極度緊張冒險敢爲的心懷，寧爲玉碎不爲瓦全，絕不願無聲無息地死去。雖然受人家的畜養之後，野狼也會變成家狗，但至成狗爲止，究竟需要相當的年月。德川初期數十年的日本社會，實爲尚未完全變作狗的野狼，發揮其野性的時代。

但上述那種似乎帶有野性的國民情操，當戰國時代那種混沌雜亂的社會，被德川氏的政治巨腕統一之後，由於新的太平盛世已實現，新社會的建設，自爲各階層人民所懷抱熱望的一大事業。於是學者用其心智於新的學術研究，町村人用其心智於營商耕種，政治家則用其心智於新的經綸。對於久苦於戰亂的町人百姓而言，這不但是一個充滿了希望的時代，也是一個萬物更新的時代。至於那批以戰爭爲職責的武士，亦以曾用之於戰爭的氣力，施之於和平的事業。

京都商人角倉了以，在慶長年間（一五九六——一六一一年），開通保津川、高瀨川、富士川、天龍川等使舟楫可以直接通達丹波、京都、甲斐、信濃等地。永田義右衛門，於正保慶安年間（一六四四——一六五一年），爲水戶侯作常陸國辰之口之閘。河村瑞軒於貞享元祿年間（一六八四——一七〇三年），奉命運送奧羽的官米，以調劑江戶的糧食，乃慎選船隻人員，縝密設置觀察站，在急流險灘，更派駐領港，並設蜂火站。奧州的米，取東海一道，送至江戶，而把出羽的米，則更經由西海及南海兩路運至江戶。從此北西兩海路的航運，纔漸發達。他又改修安治川，治平了大阪的水害。駿東郡之名主大庭源之丞，於元祿十一年（一六九八年），疏導箱根湖水於駿河駿東郡的工事完成了。元祿年間，筑前的宮崎文太夫，著有農業全書十卷，使一般農民知農業改良之急務，京保六年（一七二二年）大岡忠相發表其防火論，禁用茅葺或板葺建築房屋，而改用瓦葺或蠣殼葺。餘如江戶城醫生小川笙船的施診院設置論，某浪人的小金荒地開墾策，小梅村某農民的代官民治意見書等，以上所列舉只是其一例而已。此外尚有許多名不留於青史的忍耐、勤勉、勇敢的無名英雄，化盡了其心血於社會建設事業。

二、佛教的墮落與文弱的社會文化

由於江戶時代的太平盛世，與幕府自第四代將軍家綱推行文治主義的結果，文化遂有顯著的進步，尤其是儒學的勃興更為顯著。先是織田信長奉足利義昭之命上京都，推倒三好、松永之輩的時候，曾榜示謂有志於文學者仰名具報。在這以前，學問幾為貴族僧侶的獨占事業，不過供有特志的武士作戰陣餘暇的修養罷了。天文年間（一五三二——一五五四年），江村專齋好容易在京都從山科殿學得了四書素讀，便以為是了不起的本事，而沾沾自喜。但一進入德川時代，儒學的驚速的勃興，正如五彩春光，呈百花爛漫之觀。德川時代中最有魄力、有獨見、有自信的儒士，實都出於戰國武士的氣力尚未銷磨淨盡的前百年之間。抑有甚者，德川時代初葉，正當明朝的滅亡，滿清入關後，許多不願受異族統治的明朝遺民，紛紛東渡日本，甚至歸化日本，這一批漢人予以日本在精神與物質兩方面，以莫大的貢獻及影響。他們提供了日本以許多當時日本人經營新事業最迫切需要的資料。

儘管德川時代初葉百年之間，充滿了蓬勃的新興氣象，但若詳細加以探析，則這只是一種忙殺於表面的整頓、發展的擴張時代，其實質卻是缺乏內面的深刻的時代，一般人過於重視現世的慾望及冀求，而缺乏永遠未來的追求，是一個缺乏人生的信念和理想的時代。

自戰國時代末季，以迄於德川初期，基督教之所以能挾其如燎原之威勢弘佈於國內之根本原因，如前所述，實因佛教已不能滿足一般人民的信仰，而基督教則適與了人心以一種極烈的刺激故耳。但德川氏則以其政治的鐵腕嚴禁基督教，並且以佛教爲一個政治的方面而利用。因此，本即已微弱不振的佛教，更減少了他的精神的感化力，本已不堪睹聞的腐化現象，更加激增起來。上自以富有及門閥自誇的高僧，下至鄉村裏小寺的和尚，都早已失去了宗教家的生命之傳道精神。宏大的寺院之中，藏著花樣的變童，艷麗的女子卻在「母輩」或「縫窮婦」等名義之下，留養在各處的寺院裏。雖然由歸化僧隱元等所支撑而得勢一時的禪學，對此腐敗的狂流，亦無可奈何。加之禪宗係立足於極端的唯心論，視人生如草芥，其名僧崇傳，竟充將軍家康外交文書之任，有黑衣宰相之稱，佛教墮落之狀，可獲明證。抑有甚者，佛教教義固然流於空虛的形式，即一切儀式亦變成了繁縟禮節，而一般僧侶的活動，則以賺錢爲目的。在這種情況下，佛教雖在德川氏的保護之下，不但未能去腐還真，終於墮入腐敗可悲的衰運之境。

當時的佛教雖已陷入極度沉滯萎靡之境，但國民並無可以代替得佛教的任何宗教。神道在本質上，雖然是一種高貴信仰之物，但在當時，畢竟祇不過是一個習慣或風習而已，並未能發揮其本來至深的意義。儒教雖具有宗教的一面，但其主要旨趣，著重實踐的道德方面，事天一面是闕如的。至少在當時並未有過一位提倡事天努力於滿足國民的宗教要求的宗教的儒者。因此，嚴格言之，當時的日本國民是没有宗教的。

無宗教之民，最易趨向以圖目前快樂爲人生之目的，而當時受逸樂的誘惑最多者，則爲身無一定的職業，而又豐享世祿的武士。他們之中的大多數，已經變成了豢養於市中的狼化狗了。就中那些上級武士，完全失去了勇武的氣象，成爲懦弱無能形同木偶的傀儡。抑有甚者，德川氏鑑於北條氏篡取源氏，又鑑於三管領的足利氏，爲欲防權臣專横之弊，規定老中月番之法，使某一老中不能長久處於樞要之地的制度。但任何事情，有利必有害，這種制度確實把權臣專横之弊矯正過來了，然亦因之使得老中等苟且敷衍，互避責任，產生了缺少銳意於政務之人的現象。加之被委爲老中、若年寄的諸侯，因不能用旗本爲自己的屬官，遂各用其親臣以處理政務，於是旗本的地位便非常之奇妙起來，君家的政治任他人辦理，而自己卻成爲毫無干係的樣子，因此遂失去了政治訓練的機會，在經綸方面永遠是一個無能力的人。至於京都的那些公卿，因天下太平之故，因之其政治上所失的勢力，有幾分在社會上恢復了優柔的儀態，武士多有受其感化的樣子。把當路攔住行旅搶劫都覺得算不了一回事的武士的子孫，今則仿效公卿之作風，崇尚起迂闊的派頭來。幫助將軍創業並參與天下的經營之英雄的子孫，今則僅成爲藉和尚之助得徘徊於殿中的傻王爺；和主君合謀冒大險和天下一決雌雄之策士的子孫，今則成爲奔走四方，視叩求一樣極微末的禮式爲極重要的大事的屬吏了。

留著額髮的美少年受寵於君側，參覲交代的武士們在驛站和女侍者調嬉，旗本的武士爲浴場的女傭奪去了魂魄，堂堂的國主於娼樓中留下千古的臭名，嵌鑲著金銀的華美的刀劍，其刃也絕非秋霜烈日的寶物，只是一枝輕髮的鯨骨代之而已。應該爲國民信仰之指導的僧侶，破毀其祖師的遺誡過著腐化可悲的生活。占據社會上最高級的武士，變成了獸慾的俘虜。商人們的居室、服裝，無不力求講究，受到無數人的諂媚，營著窮奢極慾的生活。而娼樓和劇場，更在人民的情欲之火上加油。這樣一種糜爛浮華的時代裏，其他的人民絕不會有節操高潔的生活之道理。因此，那些平民婦女，受不住生活的誘惑，不但學著戲劇中的旦角的姿態，且又模仿著娼妖們的結髮型式。這種風氣，以驚人的速度滋長蔓延。誠如西鶴所說的：「古者出嫁之際，悲親里之別，淚濕衣袖，然今日女子，則才智多矣，不待媒妁……四十年前，女子迄十八九歲，乘竹馬遊於家門，男子則必達廿五歲始行加冠禮，然今世則均已大變矣」。誠如其言，四十年間世情急變了。

綜括說來，德川時代的初期，雖然可說是充滿了希望的時代，但也是缺乏可成爲國民生活根柢的雄大深遠的思想信仰的時代。所以當代的文化，光明和黑暗並存。在日本文化史上，是一個缺乏中堅信仰的時代。

第十九章　德川時代思想界上的新精神

一、儒學成爲德川幕府的官學

在日本文化史上，有一種特殊現象者，厥爲所謂「學問」，恆帶有十分傳襲性質。在上古時代，當學問和藝術最初從三韓半島及中國傳入當時的日本社會制度，是以學問和藝術作爲一個世襲的職業的。這種傾向，降及中古時代氏族制度廢除之後，仍舊很不可思議地支配著日本的思想界，迨至鎌倉時代以後，更有與日俱增之勢。先就儒學來說，自中古時代以來，管原、清原、大江諸家，便相繼成爲世襲的家學。鎌倉時代以後，因有融合了佛教的宋學的傳來，五山僧侶更視之爲自家的專業一樣。再就和歌和國文學言，所謂堂上歌學的傳統，自俊成、定家以來，被確立了。二條、冷泉兩家爲了繼承衣鉢而爭執起來。毫無理由地以口事秘傳這種妄誕的傳承爲可貴。其結果，遂產生了離開師範家便沒有了學問的狀態，若言學問，便彷彿是僧侶的特權。但迨至戰國時代之際，革新的精神震撼了一切階級，社會的構造既變，社會的壓迫也隨之消滅。學問上這種傳統的性質，也被打破了。促進這種改革機運的原因之中，最重要的一端，實爲武人的好學。

鎌倉時代以後，武人實際上成了日本國民精神的繼續者及護持者。他們代替了宮廷貴族，扶育維持著日本國民本來的精神之魂。他們出入於生死之間，真切地鍛鍊了健全的人格及節操。而且武士道是建築在嚴肅的人生經驗的基礎上的。武士道，是武道和士道的結合，武道即是武人之所謂德，士道即是儒家之所謂德，把儒家德目妥當地運用到武人的生活中。武士不僅要在體格和鬥爭技術上要自幼訓練，情操的運用與道德的訓練，也都是自幼即訓練起。所以武士們一面磨練他們的劍術，同時又磨練他們的心神。爲欲使他們的心也發出光輝來，他們真率地開始研究學問。恰好在這時候，五山已衰頹，而那些視學問爲獨占性的僧侶多半難於維持生活，好學的武士遂將這些僧侶聘至自己的領地來講學。因此使那即將在五山僧房中槁萎待斃的學問，移植到新土壤裏，重新透出欣欣向榮的嫩芽來。尤其是當時抱有大志的諸侯，自今川、毛利、後北條、武田、上杉諸氏爲始，都向學僧研習儒學。他們這些諸侯的研習儒學，和從來的貴族僧侶之類遊戲式賣買式的研習性質不同。他們實是爲了自己的生命而學，爲了內心至深的要求而學習。

德川家康聘請五山僧侶藤原惺窩及其弟子林羅山兩大碩儒爲顧問。對朱子之學，努力弘揚，奠下了儒教中心的文教政治。這個事實——將學問從階級的壟斷和傳襲中解放出來的事實，在日本文明發展史上是值得大書特書的，因此藤原惺窩被稱爲「日本朱子學之祖」，朱子學遂成爲德川時代儒學的正統學派，也稱爲「官學」。從此以後，日本的思想裏，才有了自由研討學問的風氣與精神。

二、朱子學與陽明學

自由研討的結果，儒學的各派爭相興起。如前所述，當代學問的主流爲儒學，而在儒學之中，最先發達，且長期間被尊爲官學的爲朱子學。朱子學在室町時代末期，由南禪寺僧桂庵從中國傳入日本，迨至江戶時代，始在學問上及思想上發揮重要意義。朱子學的精神，注重君臣名分，以維持道義作爲政教之根本。此種精神，作爲德川幕府的封建統治之基本理論，自屬適當不過，因此受到重視而尊爲官學。江戶時代首先提倡朱子學的是藤原惺窩（一五六一——一六一九年）。他本爲相國寺之禪僧，後來捨佛歸儒，專攻朱子學，遂豁然通達，甚受幕府尊敬。他把儒學從僧侶及公家之手中解放出來，因而在江戶時代開創了學術獨立之端。他的「假名性理」、「四書五經倭訓」是最早用日文撰寫和宣揚宋儒的書籍，爲儒學擺脫宗教教條轉向哲學思想體系的發展，奠定了初步基礎。其門人之中，有林羅山、石川丈山、松永尺五、那波活所、堀杏庵等，皆爲傑出之徒，有五大天王之譽。林羅山（一五八三——一六五七年），秉性恭謹，學問博洽，出仕幕府，司幕府學政，林羅山將中國儒家的理論與日本社會現實相結合，力倡「君有君道，父有父道，爲臣盡忠，爲子盡孝，其尊卑貴賤之位，古今不可亂」，替德川家康的封建統治提供理論依據。因此倍受德川家康的賞識和器重。其子林春齋（鵝峯）、孫林信篤（鳳岡），皆能繼承其業，其後林家遂握幕府文教之權，直至幕府末期。松永尺五門人木下順庵（一六二一——一六九八年），學德並茂，門下頗多英才，其中新井白石與室鳩巢兩人，尤爲傑出，他們師徒三人皆能直接繼承惺窩之正統。

當京都方面，惺窩一派的「京學派」在講朱子學時，海南土佐方面，亦有人講求朱子學，稱爲「南學派」。南學派之基礎尊於谷時中（一五九八——一六四九年），時中初亦爲僧人，後讀朱子之書，遂信服還俗，講朱子學。他對朱子深爲尊敬，自己行爲端正，對弟子亦頗嚴格，其門人中以山崎闇齋（一六一七——一六八二年）尤爲傑出。闇齋初治朱子之學，後轉而研究日本之傳統思想，從朱子學立場來闡釋神道而倡「垂加神道」，此一學說後來影響日本的尊王攘夷思想很大。闇齋性格豪邁不羈，不屑記誦詞章，主張正義理，嚴師道，師徒之間，有如君臣。因此，益覺富於氣概熱情，門弟號稱達六千人之多。此一學派，雖不免有墨守師說，狷狹固陋之嫌，但重實踐尚節義一點，確爲其特長。他的門下雖多，其中尤以淺見絅齋、佐藤直方、三宅尚齋等，最爲傑出，稱爲崎門三傑，皆能恪遵師道，甘於貧寠。

當時朱子學派，除上述京學、南學之外，尚有中村惕齋、藤井懶齋、貝原益軒等，他們俱學無師承，不立門戶，專心努力於研究修養，並有著作傳世。其中貝原益軒初修醫學，後改習朱子學而成爲儒學者，他爲人恭謹和順，學問淵博精微，以平易的「假名」（日文字母）文字撰寫道德、教育、衛生、歷史、地理等書，致力於教化民衆，乃一代師表。

當朱子學鼎盛之際，與之對抗的陽明學派，後亦繼而興起。陽明學派之首創者爲中江藤樹（一六〇八——一六四八年），他初奉朱子學，堅守其格式家法，但後來接觸王陽明之書，遂服膺其說，皈依王學，努力自反慎獨，希望知行合一。生平事親至孝，溫恭謙讓，行住坐臥，無不中規矩者，因此感化及於四方，稱爲近江聖人。中江之後，以熊澤蕃山（一六一九——一六九一年）最能繼承師志，他的心學，即受感於中江的陽明學心法，其經世濟民的卓識，傑出並世，公卿從學者甚多，門戶極盛。但是他的陽明學與林家的朱子學既不相容，且本身以浪人出身而擴其勢力於公卿諸侯之間，致深爲幕府所忌，寬文七年（一六六八年），被逐出京都，最後至貞享四年（一六八七年），又因上書議論時事，被幕府幽禁於下總古河。熊澤蕃山雖被幕府所歧視而終至受幽禁，但繼其後者人才輩出，形成在野派的儒學中堅。當時該派產生了許多自由思想家，其進步的傾向，甚爲强烈。職是之故，以後明治維新的志士，有很多由該派產生的。

三、古學派的興起

除朱、王二派之外，江戶時代的中葉，儒學尚有第三派，即所謂古學派的興起。該派的首創者爲山鹿素行（一六二二——一六八五年），他著有「聖教要錄」（一六六六年），以宋學（即朱子學）爲佛老餘緒，力事排斥，認爲道統之傳，至宋而泯滅，主張孔孟之真精神，應直接從聖賢之書中求之。他治學的態度，强調實證的歷史的研究學風，這種方法，以後即刺激國學與洋學的勃興。這一派的學說，又强調國民道德，批評政治經濟，且與當代官學朱子學對立，兼之他也是浪人軍學者出身，幕府忌之甚深，一味加以壓抑，以致他雖爲日本的古學首創者且著有「武家記事」、「中朝事實」鼓吹日本主義，成爲確立武士道的基本理論，但始終未能成爲一學派。

與山鹿素行同時倡導古學的，在京都方面有伊藤仁齋（一六二七——一七〇五年）。他反對當時以官學自恃自居於道學正統的朱子學派，同時又反抗號稱江西之學，在士人之間逐漸獲有相當勢力的陽明學。他以爲受佛老影響，傾於哲學的，主理的重自己中心的功夫，重持敬良知之德的朱子學及陽明學，非繼承孔孟本來的精神，他視「論語」爲至高無上的天下第一書，自信已在論語、孟子二書之中，發明千載不傳之學，而力唱道德的根本爲仁義。他以爲仁義並非如宋學所說的「性之名」——即爲理之屬性的吾儕理法之對象，他力持仁義應該是可以在生活上實現的「德之名」。他非議朱子學及陽明學之所以動輒陷入寂靜主義、獨善主義的弊病，是受了佛老的惡影響有以致之，這實在是大反孔孟的精神，使活活的道德化成了死物。他曾云：「真正的道德之理想，不外乎是潑溂的仁義之實行。」他反對宋學的將道德的理想，趨歸於理氣二元論，而謂宇宙的本體，爲活動的氣之一元。即一反前者之形而上學之爲主理的，他的形而上學則明白地爲主意的。而他所謂的氣，可以加之以名爲「活潑的以太」之氣。他謂：「宇宙之一切現象，都是這一氣之永遠不滅之活動，而此活動亦即是道德之實現，此實現亦即是善了」。他的思想，在其活動的積極的點上說來，真可以說是代表了元祿時代（一六八八——一七〇三年）的進取精神。仁齋在京都堀川的自宅開設古義堂私塾，世稱之爲堀川學派，其門下有二千餘人，其子五人亦皆能繼承家學，尤其長子東涯，恭謙博學，集家學之大成。

伊藤仁齋開了這種新機運之後，在江戶同以古學相頡頏者有荻生徂徠（一六六六——一七二九年）。他攻擊仁齋的古學，後來變化古學，自成一家之言，併斥宋儒及仁齋之說。他認爲先王制禮作樂，以治其民的政治學，爲儒學主旨，故主欲知禮樂，必先學古文辭。在他心目中，所謂道德，便是五經中所表現的先王之道，爲先王治天下之道，即所謂禮樂、刑制是。以道德爲自然之道，而務歸於個人之心，決非儒學的本義。道德非自然之道，而是先賢爲了治理國家提高文化所創之物。所以從這點上說來，離開了政治，便沒有了道德。後代的學者，均誤解了道德，所以均未能真正了解五經之義，倘若欲領悟五經真義，則非領解古語、古文獻不可。他提倡了這一種主義，為日本開闢了一條未曾有過的「中國文獻學」的新途徑。在文化史上，其學派被稱為古文辭學派。他所著「政談」一書，為德川時代中期出現的政治改革提供了有力的理論依據。

如上所述，儒學之中，朱子學最先起，其次陽明學，其次古學，然後再分為百家九流，正是百花怒放，蔚成空前的盛況，完全奪取了支配日本思想界甚久的佛學的地位。至於其發達的原因，要者一般學者皆注重獨特的研究，發揮創見之故。抑有甚者，當時儒學者中，既多欲發揮獨自的見解，因而已漸呈不甘於僅拾中國牙慧的現象，而對於古學，其至於朱、王之學，皆竭力吸收融會，以期形成日本化的儒學，例如當時盛行「華夷中外論」，其故即在此。按當時儒者惺窩、羅山、順庵、益軒等以華夷之別，為聖人所定，不能妄改，故應稱中國為華，日本為夷，以符聖人之教。但白石、素行等則創日本勝於中國之說，而自稱日本為中國，稱他國為蕃夷。

荻生徂徠及伊藤仁齋的學風，盛行結果，勢力逐漸擴大，風靡了關東關西的學界多年，大有一新全國之學之勢。然迨及他們兩人歿後，其門弟子，兩派均未在思想學說上有什麼新生面開闢出來，而惟以繼承祖述為事，兼之至寬政元年（一七八九年），松平樂翁公發異學之禁，儒學完全歸入朱子派官學的掌中，可謂之儒學之生命的自由研究之精神，終於衰歇了。因此，自伊藤仁齋、荻生徂徠死後，日本儒學上的新運動也便絕跡了。

四、德川時代的史學

當時除儒學外，史學方面，因受到了中國史學的影響，逐漸地發展出日本史學。幕府、諸侯皆從事修史，學者亦努力研究。幕府之修史業有「寬永諸家系圖傳」（係武家系圖之集成）、「本朝通鑑」（係從神武天皇到後陽成天皇之編年體日本史，爲日本通史之先驅）、「武德大成記」（記述家康一代的事蹟），主編者皆爲林家三代。諸侯修史，最著者首推水戶藩主德川光圀（一六二八——一七〇〇年），他開設史館（彰考館），集合學者，編輯紀傳體的「大日本史」共三百九十七卷（從神武天皇到後小松天皇），此一工作始於明曆三年（一六五七年），至明治卅九年（一九〇六年），才全部完成，前後共達二百五十年。這部史書把朱子學的名分思想應用上去，充滿了尊王斥霸的思想，結果當引起對幕府存續的懷疑。這種精神，對於後來的王政復古及明治維新運動，直接間接地發生了很深的影響，以後日本的變革，與之甚有密切的關係，而其形成，得力於明末朱舜水的思想之處甚多，蓋舜水當時被德川光圀延聘爲塾師，在日本開創了所謂「水戶學派」。此外，在儒者之中，亦有很多人對於歷史造詣甚深，例如山鹿素行的「武家事紀」、「中朝事實」，新井白石的「讀史餘論」、「古史通」、「古史或問」、「史疑」、「藩翰譜」、「經世典例」、「王事略」、「蝦夷志」、「南島志」，賴山陽的「日本外史」等，均爲歷史名著。

五、德川時代的文學——國學

由於史學的啓發和儒學的刺激，日本文學的研究也表現出了新的風氣，儒學中自由研討的精神，也擴展到文學研究的範圍，後來發展的結果，到了江戶時代中期，便成爲日本的國學。以往，日本文學的研究總是受著儒佛思想的纏繞，現在則擺脫此種纏繞，而期能以實證的方法來研究古籍。這種風氣的萌芽起於戶田茂睡（一六二八——一七〇六年）、下河邊長流（一六二四——一六八六年）及僧契沖（一七四〇——一八〇一年）。國學的首創者爲元祿時代的名僧契沖之學，爲日本古典的言語學之研究，他的研究之結果，於主著「萬葉集代匠記」外，尚有「古今集」、「伊勢物語」、「百人一首」等註釋，以及「和字正濫抄」等。契沖文學，係採「歸納」及「客觀」的方法，務以事實的精細之研究爲根據，以求探得裏面所潛藏的根本義。這種學風，經後繼學者加以發揚，遂產生了江戶後期「國學」的隆盛。此派後繼學者之中，本居宣長（一七〇三——一八〇一年）出而集此種國家運動的大成，他著有「古事記傳」排斥外來思想及儒學，不僅在國文學和語學的研究上，補充了契沖以來的國學者未竟的事業，同時也爲日本的神道拓展了一條新路徑。他主張日本國實爲萬國之元本，萬國之太宗，由於其皇統連綿無窮，因之始終不受外國的凌辱。其主要思想趣旨，乃在於闡揚日本國民的忠君愛國思想。固然這種忠君愛國思想，後來因和種種政治上的因緣相聯結，而終於促成了幕府政治的没落，實現王政復古的動機，但這種尊君愛國的思想，卻不必爲國學者所獨有。就中如尊皇思想，朱子學派儒者的主張，感化國民者至深且巨。因此可知，使尊皇思想發展到强烈的政治運動上，實以漢學者的思想爲其魁。

蓋朱子學派有兩種傾向：一、爲學必須堅苦，此即格物致知的傾向；一、爲大義名分必須分明的傾向。前者爲朱子文集中所表現的精神，後者爲通鑑綱目所表現的精神，這種大義名分論，啓發了日本的尊皇思想，是極其自然的結果。其中最足以代表者，便是所謂垂加派。此派學者之中，如竹内式部者，嘗於寶曆七年（一七五七年），致其門人之爲公卿者一「奉公心得書」（從政須知）書中有云：「大君請於上古伊奘諾尊，而生天照大神，爲此國之君，統治天地山海，無衣食住之不足，人明爲人之道。今日地板之下，一物不生，蓋天日之光不及處，草木亦不能長也。天下萬物，若非不受天日之寵眷，當此神之子孫之大君爲君、爲父、爲天、爲地時，則此國一切有生之物，人類不待言，乃至鳥獸草木，亦應尊敬此君，各盡其才能，各致其用，一心無二，以奉公也」。

綜括上述，我們似乎可以從德川時代思想界的歷史演變過程上獲得一個印象：即以大義名分爲標榜的尊君愛國思想，不僅對內發揮了打倒幕府建立統一國家先導的作用，並且與由所謂國學古學所闡發的神權思想融匯，同時又和因與外國相觸而喚起的國民的自覺聯結，成爲後來的排外主義、國粹主義思潮的淵源，終於表現爲尊皇攘夷的政治運動。最後產生了足以和大化革新的史實比美的王政復古、明治維新的偉大改革的機運。

第二十章　德川時代的洋學

——西洋學術

一、蘭學的發軔

在日本所謂「西洋學術」又稱洋學，其最早的名稱爲「南蠻學」。蓋當十六世紀西班牙、葡萄牙人至日本時，日人因其來自南方海上，故一律稱爲南蠻人、南蠻船，對其技藝學術，則一概稱爲南蠻學，或簡稱爲蠻學。其次，自德川時代起，洋學最盛的是由荷蘭人傳導的，故名曰和蘭學，後以和蘭學乃西洋學術的一部分，故又稱西洋學，簡稱洋學。

我人當知自公元一五四三年葡萄牙人至日本，至一六三九年日本實行鎖國，共計一百年之間，西歐文明對日本國民的生活，曾發生了莫大的貢獻與影響。但自鎖國以後，西洋學術，殆已絕傳，其間碩果僅存的只是荷蘭語文的學習，以供翻譯的應用，這是當時所謂洋學的唯一領域。不過自新井白石著「西洋紀聞」以後，日人對西洋學術又有新的認識，因此他們的學習範圍，始由荷蘭語文進至一般學術，所謂德川時代的洋學，乃成了一代的學風，而蘭學的名稱，亦是此時確立的。

從來外邦的文化輸入日本當初，都是先經朝廷或政府採用，以在上者的權威及貴族的勢力，加以獎勵使之普及於一般人民，這種現象已成了常例。中國文化的輸入固如此，即使印度文化的輸入也是如此。但是西歐文化的初傳日本時，卻和前兩者的情形完全不同，祇有少數的民間之識者，如鹿之慕溪水般地，以求那璀燎的新知識，在困境之下，不屈不撓地以謀攝取之。德川幕府，不僅不予以獎勵，反而嚴禁其講習傳佈。即使後來在緩禁的時候，對那些洋學者，仍然監視不休。在這種環境下，於是西歐的文化知識，經有爲的學者之力，始逐漸地被實地應用了。及幕府見其實益多於弊害，乃不得不公然允准。由此可知，西歐文明之傳來日本，是自下而上，即由民間覺醒了政府，而成爲國民普遍攝取學習的一種東西。

前已述及，急於撲滅基督教傳道的德川幕府，至第三代將軍家光時，即寬永年間（一六三九年），終於和信奉天主教的西歐諸國斷絕了交通。甚至於嚴禁一切的洋書原本及漢譯洋書的輸入，寬永七年（一六三〇年）中，列舉禁輸書籍，頒發了所謂「御禁書」。斯時獨有荷蘭准許渡海，成爲唯一例外，准許其在長崎交通貿易。其船長，每年春天上江戶，拜謁將軍，奉獻禮物，成爲定例，此稱曰「公方樣阿蘭陀人御覽」（將軍召見荷蘭人）。而泰西的文明之曙光，才得在這個縫隙之中，如微縷樣透入日本來。蓋每當荷蘭船入港時，幕吏非施以檢查不可。所以置有通譯官性質的所謂通詞一人。這位通詞雖被禁止不得閱讀蘭書，但既已了解蘭語，而且常常和荷蘭人接觸，自然多少通曉一點西洋的事情，當然其中必有偷偷地看閱洋書的人。第四代將軍寬文十二年（一六七六年）時，荷蘭人獻將軍以世界地圖，天和三年（一六八三年）水戶宰相奉獻地球儀於伊勢神宮，元祿四年（一六九一年）安井算哲亦獻其所製之天地儀、地球儀於伊勢神宮，而長崎的荷蘭通事西川如見，亦於元祿年間著「華夷通商考」及「四十二國人物圖說」二書，雖然內容簡單模糊不詳，但總算敍述了一下世界的大勢和各國的風俗。又第六代將軍寶永五年（一七〇八年）中，薩摩的屋久島上有一位名西篤齊的羅馬人，以宣教為目的而渡來日本，翌六年被送至江戶，被錮禁於小石川的切支丹屋敷中。當時負責審詢這位西篤齊之任者，則為新井白石。新井白石事後把其從天主教傳教師西篤齊（G. B. Sitotti, 1688–1715）所聽來的事情，著成「西洋紀聞」和「采覽異言」兩書，成為日本洋學的濫觴。

因此，洋學的創始者，當然首推西川如見及新井白石，而第八代將軍吉宗（一六八四——一七五一年）的維護，亦為洋學隆盛的原因。吉宗在享保元年（一七一六年）繼為將軍，他以非常的果敢英斷，緩和了洋書之禁，以便擷取西洋的科技，繼位翌年即命自長崎上府的船長，使之演奏西洋的音樂。以往之將軍對於上府謁見的荷蘭船長，每視為看把戲一樣，今吉宗則不獨傾聽其音樂，並命其時時報告西洋事情。吉宗又託荷蘭人輸入波斯產的馬廿七匹，其中若干匹，作為種馬，賜交奧州南部。又召荷蘭人凱滋耳至江戶教習馬術。又令移植西歐的藥草於小石川的菜園。此外又令房州嶺岡飼育白牛，製造牛酪。又玻璃的製造，更紗的染法等，也都命專人負責研究。

吉宗之解放書禁，其動機在於其對天文曆數之學發生興趣，遂於享保五年（一七二〇年），准許與基督教無關的洋書之輸入。蓋吉宗深信農爲立國之基，且以爲春夏秋冬，自種蒔起至刈稻止，應授民以時，這是政府之責。若有誤失，則無以對天下。然而自來的日本曆數都不免於不正確，吉宗頗欲改革之，遂依旗本建部彥次郎之推舉弘賢，召中根條右衛門元圭來商討此事，於是元圭遂述明日本曆學之種種不精確，謂必須參考西洋的曆學才行，並建議非寬洋書之禁不可。吉宗然其說，遂令除基督教類之書外，一律解禁，這時爲享保五年，距寬永禁制以後，已有九十九年之久了。

在吉宗解禁令之下，出而研究洋學的先驅者則爲青木昆陽、前野良澤、杉田玄白等人。青木昆陽（名敦書），天性好學，嘗學於伊藤東涯之門，主張博通。其才華爲當時的名奉行大岡越前守所識，薦之於幕府而爲官吏。此時青木作了一篇「蕃藷考」，講述蕃藷的栽培法，經大岡之手，獻之於吉宗。吉宗非常佩服其年輕有爲，旋得大岡斡旋，被准許在將軍的圖書室中閱讀書籍，從此在幕府的書庫中，見了荷蘭文書籍，遂有志於蘭學。後得吉宗之助隨從入府朝見的荷蘭人學習蘭語，並赴長崎專誠學習。不久之後，他著了「和蘭貨幣考」，此外又著了「和蘭文學略考」、「和蘭文譯」、「和蘭語證」、「和蘭櫻木一角考」等書。他的蘭學，真可謂獨闢乾坤，至少當時的江戶，除了他便沒有一個學過荷蘭語的人。至明和六年（一七六九年）青木七十二歲時，才有中津藩奧平侯的藩醫前野良澤，入其門學習蘭語。時前野已是四十七歲的壯年之士。青木歿後，前野乃兩度赴長崎學習荷蘭語。明和八年（一七七一年）因與杉田玄白、中川淳庵間至小塚原參觀人體解剖時，對於荷蘭解剖書的精確，深爲嘆服，決定共同從事翻譯。然而當初前野等的蘭學知識，太爲薄弱，除了前野僅識荷蘭文數百字外，其他二人則根本不懂，然而他們克服一切困難，遇有不能了解的地方，或則解剖犬豬，或者等待荷蘭人至江戶參觀時，親往請益，後來復有幕醫桂川甫周也參考研究，據杉田玄白追敍當時的感慨曰：「先望著『太赫耳阿那脫米亞』的書，誠如無櫓無舵的船來到了大海，祇見一片汪洋，不知應泊繫至何處，唯有呆然而已」。他們經過了四年的刻苦奮鬥，譯稿改編凡十一次，至安永三年（一七七四年）全部譯定，並於安永八年（一七七七年）出版，名爲「解體新書」，是爲日本翻譯外國書的最早事蹟。

前野良澤不求名利，「解體新書」雖然由他主譯，但他並不藉此出名，且其後閉門力學，專心致力於蘭學，著有「和蘭譯筌」、「和蘭文略」、「露西亞本紀」等書，此外桂川甫周，後來亦專門努力於翻譯事業，著有「萬國圖誌」、「露西亞志」、「北槎聞略」、「荷蘭藥選」等書。後來前野之弟子大槻玄津和杉田玄白、森島中長等二人，在江戶設立「芝蘭室」，專講荷蘭學，其中產生了許多有名的學者，大槻曾於天明八年（一七八九年）出版一部「蘭學階梯」，闡述荷蘭文法的大意，給予後學者以極大的便利，後來又著有「環海異聞」（論日本的國防）、「北邊探事」（敍述俄國事情）等書。至文化八年（一八一一年），幕府鑑於洋學研究的必要，遂於一八一一年設立「蕃書和解御用」（洋文日譯員），最初舉大槻充任其役，並出版翻譯書籍「厚生新編」。後來演變結果，經洋學所而有蕃書調所，最後改稱爲開成所。

大槻及杉田所設立的「芝蘭堂」對於促進日本新文化運動，貢獻甚大，以後編纂日荷辭典多種，大槻著有「蘭學階梯」，並培養了不少傑出人才，其如坪井信道、箕作阮甫、佐藤信淵等都是錚錚者，而在坪井信道的門下，又出了緒方洪庵、杉田成卿、里川良庵等高材。而緒方洪庵門中，則出了後來成爲日本新文化泰斗，明治維新的指導者福澤諭吉、橋本佐內、大村益二郎、大鳥圭介、寺島宗則等人。

二、自然科學及技術之興起

蘭學的開始，是因吉宗對天文曆數之學發生興趣而起的，後來經醫學者的努力，更開拓了進路。這種蘭學在各方面激發了人心的新知識慾。青地林宗於文政十年（一八二七年）著「氣海觀測」，成爲在日本出版的第一部物理學的書。宇田川榕庵研究化學著有「舍密開宗」，並於元保四年（一八三四年）著「植物啓源」三卷，其次安政二年（一八五六年）飯沼慾齋著有「草木圖說」二十卷，如此，開闢了純然的日本植物學之曙光。而蘭學之研究亦從純知識的方面，逐漸廣及於介紹西歐自然科學及技術的知識，所有植物學、物理學、化學、天文學等各種研究及翻譯事業，皆甚流行。至德川幕府末期，由於攘夷之說蠭起，於是兵學方面的研究，亦爲洋學的課程。

抑有甚者，所謂西洋學，初時僅限於蘭學，但自英俄軍艦至日後，感覺英俄語亦有學習的必要。文化六年（一八〇九年），幕府令長崎的通譯，兼修英俄兩國的語言，於是修習二種外國語的事業，便漸漸就緒。安政末年（約當一八五九年）起，始在蕃書取調所（一八五三年設置）中增加英法語二科。此蕃書取調所後來變成了「開成所」，最後蛻變爲「東京大學」。

由於和外國接觸，其結果必然加强了國民的自覺，因蘭學而得和西洋文明接觸，至此日本國民對於國際間的事情亦漸有認識，基於防衛日本的獨立，因此人心漸漸地注意到兵學和砲學問題，長崎町年寄高島秘帆，曾從荷蘭艦長學習砲術，並請蘭學者翻譯兵書，購買槍砲，建造洋式船，在水陸兩方，從事實驗演習。伊豆山代官江川坦庵，設置洋式反射爐，鑄造大砲。坦庵弟子佐久間象山，在江戶講兵學砲術。大名之中島津齊彬、水戶齊昭、真田幸貫等對於國防最用心，而於大砲的鑄造亦最爲努力。幕府亦設海軍傳習所與講武所，聘荷蘭武官教授西洋兵學。

綜上所述，可知洋學的興起，使日本與西歐文明世界開始接觸，因此，不但使學者輩對於事物的處理有了實證和合理的態度，同時亦提高了一般日人對世界情勢的認識。在這種新知識的薰陶之下，甚至於有人主張根據實用經濟，來實行富國强兵，又藉政治兵制的改革來統制世界。抑有甚者，當時一般接受洋學之士，瞭然西歐情勢後，對於幕府專制政治遂表示不滿，爲了能正式與外國平等往來，開始攻擊批評幕府的鎖國政策，他們一旦對幕政本身的信念喪失，終於在國家意識和愛護國家的精神感召下，遂與尊皇思想合流，漸至在攘夷的名義下，實行討幕，最後終有王政復古，明治維新運動的出現。

第二十一章 德川政權的衰落與鎖國政策之破棄

一、德川政權的畸形政制

日本自源賴朝以來互續了七百年的封建政治，制度方面雖然有許多缺點，但在國家的發展上貢獻甚大，則亦為不容否認的事實。一般咸認為德川幕府滅亡的原因，應歸咎於外國軍艦的東來和尊皇論的發達。事實上，尊皇論祇是國民自覺的一部分的表現，而外國勢力的壓迫，亦祇是暴露德川幕府破綻的一種機緣而已。

幕府本來就是一種畸形的政治制度。德川家康以不世之才，於公元一六〇三年承襲織田、豐臣二氏統一天下之後，受朝廷封為征夷大將軍，開幕府於江戶（今之東京），完成封建制度之組織，以期傳之永世。其對朝廷則設種種制度抑制皇室，使其與政治完全脫離；其對諸侯或用懷柔誘導之術或用牽制政策使他們無法獨立強大，並公佈武家法度，抑留諸侯之妻子於江戶，作爲人質，更設「參覲交代」及「工役賦課」之制，其目的在削弱諸侯的財力、武力，務使其服事幕府，聽順幕府；其對浪人則採取嚴重壓制政策，或則把他們放逐，或則禁止錄用，並實行嚴密的戶口調查限制其居住，絕對禁止所謂「處士之橫議」。在二百六十多年的德川幕府政權之下，其政治措施，對內則採取「民可使由之，不可使知之」的態度，並未賦予一般人民以任何政治及經濟上的自由權利，完全採取一種愚民政策，以高度壓迫手段來搾取民脂民膏；對外關係，則採取閉關自守的鎖國政策，妄自尊大，與外國不相往來，使日本國民茫然於外國文明智識，以利統治階層的宰割並繼續推行其愚民政策。

二、德川政權衰落的原因

凡上述此種情形，已在前面幾章分析過。但德川家康之如此縝密的計劃措施，因其子孫耽於享樂，結果其幕府命運，亦不過傳至十五代即告崩潰，究其原因不外乎下列幾點：

(一)幕府本身政治腐敗與財政困難——德川幕府的封建組織與以前鎌倉及室町幕府之封建組織在基礎上有所差異。即德川時代之諸侯，除一部分「親藩」及「譜代大名」外，均係在豐臣秀吉時代與德川氏並列之大名（稱爲外樣大名），因此，德川氏得天下之後，爲欲抑制諸「大名」，乃設有如上所述之種種方法加以抑制，另方面，對於自身每能堅持理性，律己處事，對於臣下保持剛健之風儀諸事，尤重加注意。

然以武力維繫之德川氏的封建制度，間亦有幾位將軍或執政推行文治主義（第四代將軍家綱至第七代將軍家繼，共六十餘年），以緩和諸侯的怨咒，但統治策術之實力主義及武家主義，卻始終不變。因之，當幕府失去其威力時，反抗勢力自必乘隙而起。德川幕府自第五代將軍綱吉，因漸失初期的緊張氣象，政治遂有弛緩之傾向。其後雖有第八代將軍吉宗之「享保之改革」，第十一代將軍家齊之「寬政之治」，第十二代將軍家慶之「天保之改革」等的革新政治，然由於積弊已深，秕政百出，綱紀紊亂，賄賂成風，兼之連年荒歉，米價暴漲，小民苦於飢渴，而官吏漠視不救。在這種情況下，加上歐美勢力之突然襲來，遂使幕府的破綻，次第暴露而出。

日本的武士階級，自鎌倉幕府創立以來，逐漸獨占地主的地位。但鎌倉時代的武士，原則上是土著於地方，養育一班譜代的家子郎黨，統率自耕農民，親自耕作田園。然到了德川時代，由於工商業發達，農村疲弊，以土地爲基礎的武士社會，在經濟上亦逐漸陷於不利地位。其結果當然爲武士對於農工商，尤其是對於商民失去威嚴與壓力，抑有甚者，各地諸侯所重視的人才爲長於理財之士，而一般旗本以下的武士，迫於生計且不得不從事低賤的工作，這種情勢的最後發展爲武士在社會中喪失一切中心地位的條件，流於被淘汰的慘境，故在政治上亦完全顛倒主客的關係。至於此輩失去社會地位的下級武士，復希望社會發生變動，以爲轉換其命運的機會，亦爲他日明治維新倒幕運動，武士活動最有力的重要原因。

政治腐敗之後，財政自亦日陷於困難恐慌之狀態，此時各諸侯整理財政的應急策不外爲①令農民增加納稅，②借取或尅扣藩臣一部分之俸祿，③向富商借貸以敷衍一時，④發行「藩札」（由各藩發行的一種貨幣）等種種剜肉補瘡的政策。結果諸侯被迫賣官鬻爵以爲生計，而他們的家臣陪臣，則秘兼營小差，藉資糊口。至於依存土地而從事生產的農民，除了因資本勢力的發展，自然成爲經濟上的落伍者外，且爲武士用途所資仰，所以也受武士貧窮的經濟影響，更爲困苦。在這種情況下，那些陷於絕境的武士，最後的出路，唯有流爲浪士或無賴之徒，四出浪遊，其善良分子則投身於農民階級。凡此種種，實爲封建制度崩潰因素中的最大者。

總之，德川幕府政治腐敗以後，上層階級完全失去統治實力，加以財政的困難，農村的疲弊，社會已感覺極度之不安，此時縱令沒有外國勢力的來襲，明治維新是一種必然會發生的革新運動。

(二)外國勢力的來襲——德川幕府初期，對外本採取開國進取方針，後來在寬永年間（一七〇四——一七〇九年）以宗教問題爲主因，遂厲行鎖國主義政策。其後二百餘年，除於長崎與中國及荷蘭實行貿易外，對外幾乎完全處於與世界隔絕的孤立狀態之中。在鎖國政策之下，日本固然得有充分機會，從容消化中國文化之精華，並醞釀成純粹日本風格的文化，但亦因之而徒使日本近代化的起點——明治維新延遲二百年始出現。

當幕府採取鎖國主義之初，歐洲的葡萄牙亦因國勢漸衰而喪失東方貿易的霸權，英國亦以國內戰亂不已，無力於東方的貿易經營，故日本舉國尚得以相安無事，然自十六世紀初葉，世界的形勢一變，歐洲各國爭相競營東方貿易，於是北方之俄國，來自東方之美國，來自南方之英、法，著著向日本進迫。幕府昧於宇內大勢，固守其鎖國主義政策如舊，是時荷蘭雖屢以友誼之態度勸告日本幕府當局從速開國，但幕府終以「祖宗之法」不可違背爲理由，竟婉拒之。

大凡墨守舊例故格的人，往往把一時的權宜的制度，誤認爲百年至計。德川幕府雖眷戀所謂「祖法」的鎖國主義政策而不肯與西歐各國開港通商，然諸國之通商要求並不因而作罷，且更因此引起各國以武力壓迫之機運。首先以武力壓迫日本開國的，則爲美國，當時美國之捕鯨業業已移至北太平洋（美國自一八二四年和俄國締結美蘇漁業條約以來，在太平洋上獲得了捕鯨業之權益，自此約二十年之後，已擁有一千五百艘捕鯨船，並三萬五千人從業人員），須要找覓一個捕鯨船避難港；又因中國門戶開放後，中美間直接通航（美國於一八八四年和清廷簽定望廈條約以來獨占中國對外貿易額之百分之五十），須要在太平洋上設置貯煤所，故日本開國，於美國實屬必要。當時日本的幕府雖以鎖國祖法爲第一要務，但鑑於鴉片戰爭中國之失敗，瞭解排外政策之不當，第十二代將軍家慶時老中水野忠邦於一八四二年（天保十三年）廢止一八二五年頒佈的「異國船掃蕩令」並頒發

「薪水給與令」（允許護送漂流民船）。美國先是於弘化二年（一八四六年）其東印度艦隊司令海軍准將巴德（James Biddle）奉命率軍艦二艘至浦賀（今橫濱港之南），要求開港通商，卒無結果而去。其後嘉永六年（一八五三年）美國總統費爾穆（M, Fillmare）派印度艦隊司令官柏里（Matthew Calbraith Perry）率軍艦四艘（其中兩艘爲中級戰艦Susquehanna號及Mississippi號，另兩艘爲小型戰艦Plymouth號及Saratoga號）官兵五百六十名，於是年七月七日駛入日本的浦賀港，並致日本天皇以國書，强迫幕府開國通商，實爲幕府屈服於外人勢力的一大關鍵。一八五四年（安政元年）二月十三日柏里再率艦十艘和二千名官兵前來浦賀，並直駛神奈川口，威脅江戶，幕府迫於情勢，乃於是年三月卅一日訂立了所謂「日美親善和約」十二條，此即所謂「神奈川條約」或「安政和親條約」，開下田、函館兩港口與美國通商，並准許美人上岸遊覽，美國官吏得駐在下田。該條約附有最惠國條款，實爲日本與歐美各國締結開港之不平等條約之嚆矢，其歷史意義重大，玆抄錄如下以供參考。

第一條：日本與美國無地域人種之別，締結人民永世相親之好。

第二條：日本開放下田、函館兩港，准許美艦碇泊，就地購求糧食煤炭等航行上缺乏之物品。下田港於條約簽訂即行開放，函館於來年三月開放。

第三條：美船漂泊於日本海岸時，須本互助之誼，護送漂民及其所持物品至下田或函館，交由美國人。關於護送漂民之費用，兩國彼此均不取償。

第四條：對於漂民或渡來之人民，應予以他國同樣善遇之，不得無故監禁，但須服從正直的法度。

第五條：美國人或他國人留居於下田或函館者，與華人及荷人之留居長崎者同等待遇，不得加以監禁或侮辱。下田港十島周圍七里以內，可以自由往來，函館另定之。

第六條：如尚有其他所需，由雙方另訂之（此即爲日後要求締結通商條約之張本。）

第七條：美船駛入以上二港時，准以金錢或貨物換取需要物品，但須依照日本政府之規則辦理，且美船所交貨物爲日本人所不喜而須退還時，須接受之。

第八條：糧食煤炭等航行物品之購求，須由當地官員辦理，不得私自交易。

第九條：日本政府目前所未允許美國人者，將來允許他國人時，須同樣允許美國人；關於此等事務之交涉，彼時不得藉故延宕。

第十條：美船除遇暴風雨者外，祇許停泊於下田、函館兩港。

第十一條：兩國政府在條約簽訂十八個月後，如認爲有必要時，視其情形如何，美國得派官吏駐紮下田。

第十二條：本約簽訂後，兩國均須堅守勿違，美國將其通過於國會後，致書於日本大君（指德川將軍），自訂約日起十八個月後，交換兩國元首批准約文書。

依日美親善和約之規定，美國得在日本設置領事，因此美國乃於安政三年（一八五六年）八月調派駐中國寧波領事哈里斯（Townsend Harris）爲駐日總領事，並向幕府要求締結通商條約，終在安政五年（一八五八年）七月廿九日議定了通商條約十四條，貿易章程六條。此一條約又名「下田追加條約」，其要點爲：①交換公使領事，並承認其駐箚權（第一條），②開放江戶、大阪兩市，神奈川、長崎、兵庫、新潟、箱館五港，在上列五港口准許外人永久居留從事貿易（第三條），③自由貿易之制定，則日本政府不得干涉美日兩國人之直接買賣，米麥禁止出口，銅若有剩餘歸政府公賣，軍用品則絕對禁止賣給民間，禁止鴉片之輸入，犯者科以罪刑（第二條、第四條），④貿易章程，則稅則規定除酒等外，輸出入均值百抽五（第五條），⑤設定領事裁判權（第六條），⑥居留上述五港口之外人原則上以十四里範圍內爲私人遊覽地區（第七條）。

上述條約，日本損失最大的是關稅協定與領事裁判權（即治外法權）二項。關稅自主本是一個國家神聖的主權，決不能與外國相共；領事裁判權，雖與外人有訟爭時，外國領事往往袒護其國人，外人犯罪，可徇情而使漏網，都屬極不妥當。但當時日本的德川幕府一則昧於國際情事不諳國際公法，再則逼於美國砲威，竟與之簽訂。

當美國以武力屈服日本與之締結神奈川條約之年，俄國亦援例派海軍提督蒲夏廷（Euphimius Putiatin）率領艦隊赴大阪灣，要求締結日俄條約，是年冬天簽訂了「日俄親善條約」，規定開放箱館、下田、長崎三港，並承認千島在擇捉以南皆爲日領，得撫島以北的千島羣島歸俄國所有，庫頁島則雙方共有不另分界。日本與美國締約之年，正是克里米亞戰爭進行之際，英國和法國經常派出遠東艦隊聯合砲擊堪察半島之軍港，而英國爲了艦隊需要在日本海岸寄碇，故於是年九月亦派海軍司令史瑞林（Sir James Stirling）率軍艦四艘入長崎，要求開放海港，幕府卒於是年十月卅一日與之締結「日英條約」七條，允許開放長崎、箱館兩港。抑有甚者，當美、英、俄三國與日本締約後，當時荷蘭係在日本鎖國期間唯一與日本保持良好邦交的西歐國家，亦趁機援例要求締約。先是安政元年（一八五四年）七月六日，荷蘭駐長崎出島的商務館長寇帝斯（Jan Herdrih Donker Curtius）奉本國政府訓令，向幕府交涉條約，要求與美國及俄國獲得同等待遇，因之於次年（一八五五年）簽訂了「日荷條約」。該條約內容與以上諸約大致相同。

上述美日通商條約成立後，荷、俄、英、法諸國亦要求援例增加條約，自安政六年（一八五九年）七月至九月先後與幕府締結通商條約，這叫做安政條約或五國條約。各條約之主要內容皆相同，即：①在江戶設公使館，在各開港地設領事館，公使及領事均可自由作內地旅行，②於下田、函館之外，更開設下列各港口，即神奈川、長崎、新潟、江戶、兵庫、大阪，③允許自由貿易，④承認領事裁判權。

由於以上種種外邦的强迫開港通商之一連串刺激，對於在鎖國政策下閉關自守了二百餘年的日本而言，頓時掀起了朝野上下的不安，與內部的必然的革新機運相拍合，而加速了德川政權的崩潰。

（三）尊王倒幕思想的勃興——如前所述，德川政權的崩潰，內則由於自身政治腐敗，財政困難；外則由於歐美諸國武力經濟的壓迫所致。但在此環境下所產生的尊王倒幕思想，實爲直接推翻幕府的根本的原動力。按日本之尊王思想，在建國之初，既極濃厚，尤以奈良時代尊王思想之發達，至有視天皇爲神之概；降及中世武家政治時代，尊王思想雖極衰退，實亦僅表面上一時的潛隱而已。兼以在德川時代，一切事情皆以德川氏爲本位，幕府爲萬能，國民但知有武將而不知有皇室，但後來由於國史的研究、神道的隆興、儒學的開拓等，尤其是朱舜水等到了日本後，大談宋儒尊君之學，申說王霸之別，不但藩主感受甚深，即連一般國民亦逐漸知道最大的忠義並非是爲了德川氏效力，而在於尊崇皇室。蓋德川氏爲了自己的利益所鼓吹的忠義的精神，迨日本的歷史既明，則人們知道忠義並非應向其君發，而是應向其君的君發才是忠義的本質，於是自大義名分上持尊王斥霸之論者，遂造成一種擁護朝廷的思想，隱然與幕府相對抗。

德川幕府末季外力的刺激，乃促成尊王倒幕思想具體運動化的一大原因。當時的日本自第三代將軍確定鎖國政策以來，幾乎除了日本，不知海內尚有其他國家，僅僅聞名者不過中國、荷蘭與朝鮮諸國，至若印度不過用「天竺」這一個名稱，想像作天空之外的幻國。在內憂外患交迫之下，全國朝野受到了莫大的刺激，貨幣貶值，國民的經濟生活亦到達了山窮水盡的境地。此時幕府爲籌劃軍備及解救財政的困難，把重要的商業都市如江戶、大阪、京都、長崎等劃歸幕府直接管理，生野、佐渡、足尾等諸礦山亦歸幕府管理經營，貨幣籌造權亦專屬幕府；另方面各領主及藩主對於農奴亦極盡苛斂壓榨之能事，在這種情況之下，幕府政權基礎的封建體制，開始發生動搖。因此，一般憂國之士，鑑於國家獨立之日趨没落危殆，皆認爲非鋭意於改革政治，充實國力，不足拯國家於滅亡之危。惟就手段方法論之，最初則尚有「尊王攘夷論」與「佐幕開國論」之分，前者意欲充實國力於開國之前，後者則意欲開國後再作國力之充實。然而時勢推移之急激，與尊王攘夷論者期待相反，即不待其目的達到之時，業已演至不能不開國之勢。因此在此時尊攘論與開國論間，在努力於充實國力的觀點上，所見漸趨於一致。然尊攘論者，更進而認爲改革政治，充實國力，應自統一朝廷與幕府對立之二元的勢力，打破現狀之基礎工作做起，遂以外交問題爲藉口，展開猛烈的倒幕運動。故此時之尊攘論者，殆由尊王攘夷論者，一變而爲尊王討幕論者，或王政復古論者。他方佐幕開國論者，對此運動初雖加以預防牽制與阻止，但爲整個國家民族之福利計，亦痛感王政復古之必要。加以目睹幕府之無能爲力，遂逐漸放棄其佐幕之主張，而與尊王攘夷論相合流，共同高舉討幕之旗幟。演變結果，終有慶應三年（一八六七年）十月十四日第十五代將軍德川慶喜無條件的「大政奉還」之舉。

自中世紀以來創立的武家幕府政治，至此結束，政權復歸於皇室。自源頼朝於天曆元年（一一八四年）開創幕府以來，至德川慶喜的奉還大政於朝廷爲止，凡六百七十六年，自德川家康任征夷大將軍以來，凡二百六十五年，而日本亦從此開始步入近代國家之途。

第二十二章　封建體制的破滅

——德川政權的崩潰與大政奉還

一、安政大獄與櫻田之變

前已述及，在日本明治維新前的「尊王攘夷思想」，是由外力的壓迫逼出來的。當嘉永六年（一八五三年）美國東印度艦隊司令柏里率艦來浦賀强迫日本開國時，「老中」首座阿部正弘打破了先例，向朝廷及各地諸侯徵求關於「開國」之意見。但是「開國」與「攘夷」兩派意見對立，頗難決定。惟幕府因逼於外來武力，卒之與美、英、法、俄、荷等國締定開港條約並通商條約，但亦因之而招來幕府內部紛爭。蓋當時第十三代將軍家定體病無嗣，勢須另覓繼嗣。對於此一問題，尊王攘夷派（又稱革新派）主張迎立水戶的德川齊昭之子一橋慶喜，並取得阿部正弘之同意；佐幕攘夷派（即守舊派）主張迎立家定堂兄弟紀州家之慶福。尊攘派以德川齊昭爲中心，反對幕府締結條約，反對擁立慶福，並紛紛入京，在朝臣公卿之間醞釀反對空氣。安政四年（一八五七年）六月阿部正弘以疾終，乃由井伊直弼繼之執政，自任大老。井伊與水戶家宿有嫌怨，因之力主迎立慶福爲將軍，這便是第十四代將軍家茂。

井伊直弼當政後，未經勅許擅自於安政五年（一八五八年）六月至九月，先後與美、英、法、俄、荷等國簽訂通商條約外，爲重建幕府的威信，不惜採用高壓的手段，於安政六年（一八五九年）冬大興所謂「安政大獄」，對於當時加入反幕集團的久邇宮朝彥親王、近衛忠熙、三條實美等多數公卿或免其官職，或令其薙髮使之遠離皇室，同時對於水戶齊昭、士佐容堂、尾張慶恕、越前慶永等諸藩主，則科以罪名，幽禁於別邸，頒佈全國戒嚴令，逮捕吉田松陰、橋本左內、賴三樹八郎、安島帶刀、梅田雲濱、小林安民等勤王志士數十人，或處以死刑，或分處徙流，株連者五十餘人。當時全國有爲俊秀之士，咸爲井伊大老一網打盡。

德川幕府的這種暴戾的高壓手段，雖然暫時能夠慴服反幕派，但亦因此而招來了反幕派的直接行動。以攘夷倒幕爲口號的勤王志士和對於封建制度的束縛不平的人士，以京都爲策動反幕根據地，到處暗中糾合同志，圖謀革命，推翻德川幕府，萬延元年（一八六〇年）三月三日，「櫻田門之變」，井伊大老爲水戶藩士之天狗黨分子村治左衛門等十八名志士狙擊殞命，倒幕之勢於是如火之燎原般的熾盛起來。抑有甚者，攘夷的實際行動產生了所謂「生麥事件」（即一八六二年七月廿六日，薩摩藩主島津久光在行經「生麥」途次，其儀隊爲英人衝撞，其侍從武士立即將該英人斬於馬前。事後英國代理公使向德川幕府提出嚴重抗議，要求嚴處兇手，並索求賠償十萬英磅，此案件史稱「生麥事件」），繼之文久三年（一八六三年）五月十日又有「長美法荷之戰」，翌元治元年（一八六四年）八月英、美、法、荷四國聯合艦隊攻擊下關砲臺（據説幕府曾贈三百萬法郎給英、美、法、荷的聯合艦隊，請其攻擊下關）。

二、公武合體運動與長州征伐

井伊被刺殺後，幕政日衰。幕府的行政由老中安藤信正和久世廣知賡續主持，然此時全國形勢大變，尊王攘夷之論風起雲湧，薩摩、長州、土佐等外藩公然從事反幕府的政治活動。因此，安藤信正爲謀與反幕派協調，取銷井伊的嚴峻手段，同時爲了緩和諸侯反對幕府的空氣，乃策動所謂「公武合體運動」（按公指朝廷，武指幕府）以度難關，乞以皇妹和宮降嫁於將軍家茂。但這事的結果，當時因開港所帶來的經濟混亂，不僅激起了下層武士和民衆對尊王攘夷派更引起了刺激與憤慨，紛紛指責安藤，以後於文久二年（一八六一年）正月十五日安藤信正於登城途中，在阪下門外爲壯士刺傷，此則世所稱的「阪下門之變」。

上述薩、長、土三藩對於「公武合體運動」亦予以支持，冀能藉此以改革幕府政治，其中以薩摩藩主島津久光最爲積極。他對改革幕政，不餘遺力，除親自至江戶提出京都方面所提的三大改革案外（三大改革案爲：①將軍入京，②以沿海各諸侯爲幕府五大臣，並由其執掌對外政策，③以一橋慶喜爲將軍輔佐，松平慶永爲幕府大老），並斬殺其本藩的急進反幕分子多人。幕府採納其議，同時放寬參覲交代制，允許大名的妻子回其本藩。正當薩摩藩島津藩主幹力斡旋「公武合體運動」之際，長州藩的上級武士雖亦支持公武合體論，但其下級武士和浪士卻熱狂地奔走作尊王運動。尤其是吉田松陰門下之高杉晉作、久坂玄瑞、桂小武郎（木戶孝允）等長州藩士，成了中心人物游說於公卿之間，與三條實美、岩倉具視等公卿相結，由是攘夷討幕派的勢力，充塞於京都。因此，朝廷乃命令幕府以一八六三年五月十日爲期，開始實行攘夷，並賜攘夷寶刀於將軍。幕府不得已，接受朝命，定於五月十日爲實行攘夷之期限。但長州藩擁有下關海峽，因之於一八六三年五月，對通過下關海峽的美、英、法、荷等四國船舶加以砲擊，長州藩終被四國十七艘艦船聯合反擊打敗。

當時的公武合體政治中心勢力的薩摩藩，對於長州藩的行動，甚表反對，卒之與佐幕派的會津藩合作將長州藩勢力逐出京都，並禁止三條實美等激進派公卿入朝。長州藩自被逐出京都後，激進派久坂玄端等爲挽回其頹勢而於元治元年（一八六四年）六月率軍二千舉兵上京，以武力要求革新朝廷，終被薩摩、會津、桑名的藩兵擊敗，未達目的而返，此即所謂「禁門之變」，又稱「蛤御門之變」。當長州藩出兵進犯京都時，幕府遂乘機向朝廷力爭征討長州，七月十八日朝廷遂徇幕議，下詔征長，此即所謂「第一次征伐長州之役」。長州藩在此內外夾攻下，雖暫時屈服於幕府之軍門，以圖喘息，但不久高杉晉作、井上馨、伊藤博文等討幕革新分子當權，除致力軍備的充實、編「奇兵隊」，施行西式訓練外，對幕府變爲强硬的態度，幕府乃再起討伐之軍。

時局發展至此，公武合體派的勢力，又佔了優勢，遂使搖搖欲墜的幕府，稍露轉機。然幕府因法國公使羅修（Roches Léon）表示願協助統一日本，乃對薩摩派等大加排斥，以圖控制朝廷。至此薩摩派乃覺悟德川幕府的狡猾，在土佐藩士坂本龍馬與中岡愼太郎兩人斡旋奔走之下，遂於慶長二年（一八六六年）秘密締結同盟，以謀共同抗幕。時幕府雖已發動第二次征討長州藩，但因薩摩藩已不聽命，而使幕府作戰不利，兼以將軍家茂出征途次，死於大阪，由慶喜繼任爲德川最後一代將軍，幕府遂藉口撤兵，所謂「第二次征討長州之役」，至此遂告失敗，而幕府威信爲之大喪。

三、薩長藝三藩同盟與奉還大政

德川幕府自第二次討伐長州失敗後，遂暴露其弱點。將軍慶喜雖勵行改革幕政，於幕府分設陸軍、海軍、會計、內政、外交五局，使以前合議的老中，分別專任各局的總裁（此爲日本內閣制的濫觴），冀圖鞏固專制主義的中央集權國家的體制。改革漸有成果，反幕府勢力深以爲憂，時適朝廷內佐幕派中心孝明天皇駕崩（一說被毒殺），於是尊王派乃更堅定武力倒幕的決心。孝明天皇死後，由年僅十五歲的皇太子睦仁踐祚，是爲明治天皇（一八六七——一九一二年），急進派公卿三條實美、岩倉具視等亦復歸朝廷當權輔弼天皇。此時反幕派陣營中的薩摩、長州、藝州等三強藩締結所謂「薩長藝三藩同盟」，決心以武力來討伐幕府，一方面擬定新政府的計劃，另方面奏請討幕詔旨。朝廷於慶應三年（一八六七年）十月十四日下討幕之宣旨於薩長兩藩，詔旨曰：「詔；源慶喜藉累世之威，恃闔族之强，妄賊害忠良，數次棄絕王命，矯先帝之詔而不懼，擠萬民於溝壑而不顧。罪惡所至，神州將傾覆，朕今爲民之父母，是賊不討，何以上對先帝之靈，下報萬民之深讎。是朕之所深憂憤，而有萬不獲已之苦衷也。汝宜體朕心，殄戮賊臣慶喜，以速奏回天之偉勳，而措生靈山嶽之安。此朕所願也，其勿懈怠」。同時朝廷又下征討會桑兩藩之令曰：「會津中將（松平容保）、桑名中將（松平定信）二人久滯在輦下，助幕賊之暴，其罪不輕，仰速加誅戮」。以上兩詔均秘密下降，故朝廷公卿少有知悉者。

早在「薩長藝三藩同盟」之前，土佐藩下級武士坂本龍馬與後藤象二郎於一八六七年六月從長崎乘船赴京都航行途中，兩人對時局長談，共記下八項政治主張，即爲著名的「船中八策」，提出了改造日本的施政大綱，其要旨主張幕府還政於以天皇爲中心的大名聯席會議，建立統一國家。數日後由薩摩的西卿隆盛、大久保利通與土佐藩的後藤象二郎、福岡孝悌等所締結的「薩土盟約」將「船中八策」昇華爲徹底改革制度，政權歸於朝廷，德川氏辭去將軍職務，奉還大政後位列諸侯，一切制度、法律均出自分上、下二院的京都議事堂。嗣又由坂本龍馬的斡旋又締結了「薩土藝三藩約定書」，提出了具有議會民主制傾向的主張。這是一個建立新政權之初步構想，對後來的明治政權有深刻之影響。

士佐藩前藩主山內豐信等深睹討幕派的勢力，對幕府尚且同情，冀以和平手段來收拾這種局勢，因此，於慶應三年十月三日由藩士後藤象二郎、福岡孝悌、神山羣廉等三人向德川幕府致送「奉還大政」的意見書，勸德川慶喜贊襄王政一新大業。這種建議無異是青天霹靂，朝野上下均掀起了議論。德川幕府對於這個問題亦議論紛紜，未能獲得一致意見。但將軍慶喜，向受水戶學派思想的薰陶，大義名分，嚴格分明，其本身根本上富有王政復古的意識，況幕政演變至此，他更深察時勢民心之所趨，知道幕府政治決難長久維持，於十月十三日在京都二條城召開重臣會議，決定採納山內建議，遂於朝廷下詔討幕那一天——慶應三年（一八六七年）十月十四日上表奉還政權於朝廷，其上表文曰：「臣慶喜謹考皇國時運之沿革，昔王綱解紐，相家執政，自保平之亂，政權移於武門。及至祖宗，更蒙寵眷，迄今二百餘年，子孫相受。臣奉其職，政刑失當不少。其至今日之形勢，畢竟薄德所致，不勝慚懼，況當今外國之交際日盛，朝政苟不出於一途，則綱紀難立。苟改從舊例，奉歸政權於朝廷，廣令天下盡公議，萬機仰諸聖斷，同心協力，其保護皇國，則庶幾能與萬邦立。臣慶喜之所以盡忠於國家者，止此一事耳，今後如有所見，當隨時上奏，傳達諸侯，謹此奏聞」。薩長二藩的武力討幕遂亦中止。

窺諸實況，土佐藩的大政奉還論可說是公武合體論的變相主張。至於德川慶喜上表奏還大政之本意，不過是藉此以消弭討幕派的舉兵藉口，爲一種捨名求實的苦肉計。諸藩對於奉還大政的意見甚爲紛歧，廟議亦不一致，其中輔佐中川宮朝彥親王，攝政二條齊敬及其他多數的朝臣均眷戀「公武合體」的政體，因此，當紀州藩士三浦休太郎訪攝政二條齊敬詢朝廷之意向，攝政答稱：「大政奉還之事，恐不致許可」，但討幕派的小松帶刀、後藤象二郎等夜訪二條家，謂若不許慶喜的奉還大政，必會全國演成爲大亂。因此，是月十五日召慶喜參內，許其奉還政權並辭內大臣之職，賜詔曰：「祖宗以來，委以國政，屬望甚殷。方今考察宇內形勢，奏請奉還大政之舉，實俱明見。今後仍望與天下同心協力，維持皇國，奉安宸襟」。朝廷准許德川慶喜奉還大政，二百六十餘年來的德川幕府霸業，至此遂告結束，政權復歸於皇室，自源賴朝開府鎌倉以來，凡六百七十六年的武家政治遂告結束。

德川慶喜奉還大政後，薩摩藩等討幕派心猶未足，極欲一戰以消滅德川氏的基礎，方爲快意。而德川氏方面則認爲其在諸藩之中仍具相當勢力，維新政府必可予以高位，但事實上，新政府不但命其辭官並直接交還領地，同時所有與幕府有關者悉被擯斥於新政府之外，凡此種種，皆引起不平。因此他們在憤激之餘，遂於第二年（明治元年，一八六八年）發動鳥羽、伏見之戰，結果幕府軍敗退。事後朝廷雖沒收德川氏的領地，但赦免了慶喜之死罪，另封七十萬石於德川家達。德川氏之幕臣不服者，雖仍各據地謀叛，不過這些佐幕的殘餘勢力，降及明治二年（一八六九年）五月皆告敉平，德川政權至此遂完全覆滅。

第二十三章　明治維新
——統一政權的確立及其建制

一、明治新政權的誕生

德川慶喜奉還大政之後，新政府確已走上維新之路，惟其內部依然有討幕派和公議政體派的對立，因之有朝廷和幕府間一年的戊辰戰爭之發生。新政府爲了結束內戰，必須結合國內各方面的勢力。朝廷方面爲決定國是，乃命諸大名上京，參議國是。並於是年十二月九日發佈「王政復古」宣言，其要旨爲「德川內府，請奉還往時委任之大政，且辭其將軍之職，今乃斷然允其所請。自癸丑之役，遇未曾有之困難，先帝頻年憂勞，衆所庶知。故叡慮決定大謨，立王政復古，挽回國威之基，自今攝關與幕府，皆令廢絕，先假置總裁、議定、參與三職，以宰理萬機。百事基於神武肇國之旨，無論縉紳武弁堂上地下之別，皆竭其公議，與天下共同其休戚，是叡慮之所繫也。皆宜勉勵，洗其驕怠之行習，誠意盡忠，以奉於公，以報於國」。

該項宣言，乃維新的根本方針。依照王政復古的意義，維新政府的組織，廢除原有的關白、攝政及征夷大將軍等官職，新設總裁、議定、參與等三官職，以爲臨時的官制。朝廷爲牽制壓抑薩長兩雄藩擅恣驕橫的態度，乃採納越前藩士由利公正及土佐藩士福岡孝悌等以議會主義爲主旨的國是大本「五條誓文」，於慶應三年（一八六七年）三月十四日由明治天皇率公卿諸侯在紫宸殿祭告天地神祇，宣讀「五條誓文」如下：

㈠廣興會議，萬機決於公論。

㈡上下一心，共展經綸。

㈢自官吏以至庶民，務使各遂其志，振奮人心。

㈣破除舊來之陋習，一切基諸天地之公道。

㈤廣求智識於世界，以振皇基。

這個誓文是當時若干領袖政治家決心中的第一個步驟，是新舊勢力之間進行鬥爭和達成妥協的產物，也是明治維新初始之新興日本的政治綱領。他們是想依靠國民的合作，來推展全國改造的工作，並且還爲了保全國家的獨立，免受外國侵略的目的，而想採取西方的文化。此後維新政府所推行的國是綱領，以及朝廷的各種政治措施，悉以此誓文爲準繩，國民亦遵奉之。此「五條誓文」論者有謂係日本明治憲法的雛型。抑有甚者，其第一條的「廣興會議，萬機決於公論」，在第二次世界大戰後，被解釋爲明治維新是立於民主主義原理的證據。

二、新政治制度之樹立

上述所設定的總裁、參與、議定三職，旋於慶應三年（一八六七年）閏四月廿一日被廢止，另設太政官，分七官，掌理立法、行政、司法，使三權鼎立，並公佈政體書，將國是「五條誓文」制度化，有人稱此「政體書」爲明治政府最初的憲法。此一太政官制度之特徵有三：一爲政府組織的三權分立主義，二爲採用議會制度，三爲官吏公選制度。該政體書係由副島種臣及福岡孝悌所起草，其內容除根據「令義解」、「職原抄」等日本古典外，主要係根據福澤諭吉的「西洋事情」及美國人所著日譯本「聯邦志略」，以及孟德斯鳩的「三權分立」爲準則，以爲維新政府政治運營的法則。該政體書之要旨爲：

一、天下之權力，悉歸太政官，使無政令出於二途之患，太政官之權力爲立法、行政、司法三權，使無偏重之患。

一、立法官不得兼任行政官，行政官亦不得兼任立法官，但如臨時都府巡察使及駐外國使節得以立法官兼攝之。

一、雖非親王公卿諸侯其得晉升爲一等官者，蓋所以親親敬大臣也；雖藩士庶人，設徵士之法，其能晉升至二等官者，所以貴賢也。

一、各府各藩各縣皆出貢士以任議員之職，其所以設立議事之制者乃在於推行輿論公議也。

一、設立官等之制者，所以知其職位之輕重，使各自不敢輕舉妄動也。

一、僕從之儀，親王公卿諸侯皆得隨從帶刀之士六人，小者三人，以下之官員得隨從帶刀之士二人，小者一人，蓋所以除尊重之風以革上下隔絕之弊者也。

一、在職官吏不得在家與人私議政事，若有抱議面謁者須申之於官，經公議而決論之。

一、諸官應以四年交替，用公選投票之法。但今後初次交替時，留其一半延長二年而交代，使其不致斷續，若其人衆望所歸難於去任者，得再延長數年。

一、諸侯以下立農工商各階層貢獻之制者，所以補政府之經費以嚴軍備，用以保護人民安寧，是故有位官者亦應貢其秩祿官給三十分之一。

一、各府各藩各縣其施行政令應仰遵五條誓文爲其唯一準繩，切勿私授爵位，切勿私鑄通寶，切勿雇用外國人，切勿與鄰邦或外國訂立盟約，此種種皆所以弄小權而侵犯大權以紊亂政體者也。

由政體書所釐訂的政治機構就三權分立、打破門閥、尊重公意諸事而言，較諸幕府專制政治確具高度進步性，同時也强烈地表現出維新進取的精神。惟事實上，這一政體書所表現的政權之形態，係一種列藩同盟的政權，同時也是從純粹封建體制急速地轉移到絕對主義政治的過渡性政權。就其實質內涵言，在某種程度上限制了藩主的權力，初步加强了中央政府的統治地位。政體書雖然把重點放在輿論政治的實現，其中尤以採取官吏公選制，誠爲一革命性大改革，惟所遺憾者，乃這一改革因以封建的遺物「藩」組織體爲前提，承認諸侯武士的存在，而忽視一般庶民大衆，是故其費盡力量所完成的民主主義大變革，亦無異是築於灘上的樓閣，毫無牢固根基。

依照政體書本身內容所示，新政府的美國制度意味甚爲濃厚，但在實際上，以當時的環境而論，要實行三權分立制及選擧官吏，自不容易，是故規定的官吏互選辦法僅於明治二年（一八六九年）五月擧行過一次——即由三等官以上之上級官吏互選輔相、議定、參與，嗣後以公選易產生共和政治之慮爲理由，有反對者，因之並未繼續擧行。

前述根據政體書制定的官制，施行未久，旋於明治二年（一八六九年）七月又進行改革，採大寶令之古制，調和近代主義和復古主義，實行祭政一致，設神祇官，其地位與太政官相等，太政官下設左大臣、右大臣、大納言、參議等職，至於中央政府原設的各官，現則改稱爲民部、大藏、兵部、刑部、宮內、外務等六省。這次官制改革的結果，樹立了以太政官爲首的純然的集權行政機構，因之政體書所宣言的三權分立主義的精神，至此完全被抹殺殆盡。自此次官制改革之後，太政官制屢有修改，迨至明治十八年（一八八五年）內閣制度之成立，始告廢除。

上述太政官制之實施由以太政官爲首的正院總攬一切大權，天皇更是「總理萬機」，進一步地强化了以天皇爲首的中央集權統治。實際政務運作，除太政大臣三條實美和右大臣兼外務卿岩倉具視兩名倒幕公卿擔任外，其他要職全由倒幕派下級武士擔任佔據中央要職的領導崗位，至於原在中央機構中占據要職的親王、公卿和諸侯大多被解職，因此引起公卿和藩王的不滿。

三、版籍奉還與廢藩置縣

如前所述，德川慶喜奉還大政之後，幕府制度雖被廢除，但封建制度並未因而中止，各藩諸侯仍領有土地和人民如舊，統治權亦分屬於各藩，僅幕府直轄地移歸朝廷而已，全國幕藩領地總收入約三千萬石，明治新政權僅有七百萬石，因此新政府財政拮据，兵力不備，無法推動全國統一的政治，距確立統一政權尚遠。因之在文治派首領木戶孝允、大久保利通等人努力之下，一連串斷行了各種革新工作，以期徹底廢除封建制度。明治二年（一八六九年）上半年間之「版籍奉還」，即爲其端始。版爲土地，籍爲人民，薩長土肥四雄藩藩主迫於壓力，於明治二年一月首請奉還封土，政令歸於一途。是年六月詔許諸藩之奏請，改藩主二百七十餘名爲藩知事，成爲天皇政府之地方官，以歲入十分之一爲世祿，其餘十分之九充作士卒之俸祿及藩政費用，至於各藩的臣僚則改稱爲士族或卒族。至此日本全國的土地及人民都直隸於朝廷，而中央集權，日臻鞏固。後更於明治四年（一八七一年）七月間斷行「廢藩置縣」，召集各藩主於東京，不使就國，知事由天皇親簡，封建模型全部廢棄，至是年十一月劃全國爲三府七十二縣（一八八六年設北海道廳，一八八八年十二月修改爲一道三府四十三縣），並頒佈縣治條例及事務章程，地方制度，由是統一，這是日本從政治上向近代資本主義國家體制邁出的重要一步。

幕府封建制度廢除之後，朝廷乃更進一步，從事取消特殊階級。明治四年（一八七一年）詔解士族之常職，許其從事農工商的營業，平民亦與士族同享有就文武官職之機會。明治五年（一八七二年）十二月實行徵兵制度與全國皆兵主義，士族獨從軍役之制完全廢止。一時「國內臣民，在法律上一律平等」（即所謂「四民平等」）的原則，大致確立。但是到了明治十七年（一八八四年）頒佈「華族令」，設公侯伯子男之五爵，稱爲華族，承認爵位世襲之特權，開始依功勳列爲華族之制。及後明治憲法制定後，又給以此種世襲華族有出席貴族院的特權，於是階級特權之制，終至再現，直至昭和二十年（一九四五年）日本戰敗爲止，始被廢止。

四、立憲政治的演進

日本立國以來的第一部近代憲法——明治憲法，遲至明治廿二年（一八八九年）二月廿一日始行頒佈，這是維新運動中的積極事業，比之消極的廢除幕府及封建制度，更爲困難，所以中間經過了二十多年的歲月，才得完成。先是明治天皇於明治三年（一八七〇年）十一月派遣岩倉具視、大久保利通、木戶孝允、伊藤博文等四十人出訪使團（另有華族、士族出身的留學生五十九人同行）赴歐美各國考察政治，於一八七三年九月歸國後主張以漸進的程序，樹立憲政的基礎。蓋因當時內政初定，一切未有秩序，財政亦甚紊亂，故奏請天皇頒諭「整理國政，培養民力」敕旨，採取穩健政策，避免與外國衝突，因與武治派（又稱急進派）的西鄉隆盛、板垣退助、江藤新平、副島種臣等「征韓論」大起衝突。但征韓政策卒被御前會議所否決，於是武治派之士於明治六年（一八七三年）忿然辭職下野，其中江藤新平及西鄉隆盛先後以武力反抗，前者稱爲曰「佐賀之亂」（一八七三年），後者稱曰「西南之役」（一八七七年），卒皆失敗。板垣退助則糾合林有造、副島種臣、後藤象二郎及留學英國的古澤滋和小寶信夫等自由主義分子，於明治七年（一八七四年）一月十二日組織「愛國公黨」，灌輸宣傳天賦人權思想，促請政府採用民選議院，這是日本政黨的胚胎，以後自由黨的起源，不僅是日本第一次誕生的具有現代精神的政治團體，也是日本初期自由民權運動的開端。同年一月十八日向政府提出所謂「民選議院設立建白書」其要旨謂：「臣等默察今日之政權，上不歸於天子，下不在於人民，而爲有司所壟斷，彼等日言上尊帝室，而帝室漸失其尊榮，日言下保人民，而政令百端，朝出暮改，任免出於私情，賞罰由於愛惡。言路壅蔽，困苦無告。夫如是而求天下治安，雖三尺童子亦知其不可。若因循不改，恐致國家於土崩之勢。臣等愛國之情，不能自止，竊以爲挽救之道，唯有張天下之公論，而張天下之公論，則在於設立民選議院，使有司政權有所限制，而上下均蒙其安全幸福矣！……臣等所以辯論今日我國民選議院之不可不設立，與夫今日人民進步之程度，堪立斯院者，非與有司爲難，使其無所藉口以拒。乃以立此議院，實欲伸張全國之公論，樹立人民之通義權理，鼓舞國家之元氣，相親互助，振興國家，保護人民之安全幸福也。倘蒙採納，國家前途幸甚！」

當時政府當局，對於這個建議，也都表示同情，因由掌理建議和請願的左院答覆說：「查建議書中所述之主義，殊屬良好，故已咨交正院審慎處理，且與內務卿熟議已決定召開地方官會議，屆時當妥爲協議」。但是坂垣退助等對於政府這種敷衍態度，極爲不滿，蓋因他們所希望的不僅是地方會議而是全國民選議會的設立。當時的輿論，亦都贊成板垣等的主張。明治天皇不得已乃於明治八年（一八七五年）八月十四日發佈詔敕曰：「朕即位之初，求保存萬民之道，首令文武百官，以五事誓神明，定國是，求保全萬民之途，幸賴祖宗靈佑及羣臣協力，得有今日之小康。顧今中興日淺，內治之事當應振作更張者固非鮮少。朕今擴允誓文之義，設立元老院以廣立法之源，置大理院以固審判之權，招集地方官會議，以通民情而圖公益，漸樹國家立憲之政體」。可見明治天皇已有意制憲，但並未指定確期，於是板垣等更組織「國會期成同盟」（一八九〇年三月），向政府作切實的要求。文治派如大隈重信等亦以情勢所趨，想滅絕藩閥和取消西方國家的條約特權，主張非開設國會不可。因此就由天皇於明治十四年（一八八一年）十月十二日下詔說：「……顧立國政嚮以明治八年設立元老院，十一年開府縣會，莫非創業開基，循序漸進之道……顧立國政體，列國各異其宜……我祖我宗，臨照在上，揚遺烈，擴鴻謨，變通古今，斷而行之，責在朕躬。今將以明治二十三年（一八九〇年）為期召議員開國會，以成朕初志」。

自下詔宣佈定期成立國會之後，政府為準備制憲起見，於明治十五年（一八八二年）三月派伊藤博文、西園寺公望、岩倉具定、伊東巳代治、平田東助等赴歐洲考察憲政制度，俾作起草憲法的參考，當時政府除授伊藤以憲法調查之要領外，復令其就當時嶄新憲法論所出之德國憲法學者作充分之研討，然後再與英美法等國之憲法論相比較，以制定日本所需要的憲法。伊藤認為歐洲最保守專制的普魯士憲法最適合日本的國情，因此伊藤等抵歐後，大抵留在德意志就柯乃斯德（Heinrich Rudolf Harmann Friedrich Gneist 1816－1895）、史泰恩（Loreng von Stein 1815－1890）及穆濟（Albert Mose 1846–1925）等學者，對普、德、巴比利亞及其他德意志系國家的憲法作充分的調查，對於英國憲法則以「英國立憲主義，國王統而不治，若日本而採行此一主義，即有違王政復古之本義」爲由，未置重研究。伊藤等在歐洲滯留一年又半，回國後他即被任爲制度調查局總裁，總理編纂憲法事宜，並由金子堅太郎、伊東巳代治、井上毅等佐之。此制度調查局既不屬於行政機關，亦不籍隸元老院，而直接受命於朝廷，可見當時天皇對於制憲的重視，以及該局如何的重要了。

爲了編纂憲法，伊藤乃任井上毅爲主任，並任金子堅太郎及伊東巳代治爲助理，並聘德人羅士勒（K. F. H. Roseler）等爲顧問，在金澤的夏島，秘密著手起草，不與任何人往來，雖是閣員，亦絲毫不能預聞，至對當時主張民權的各方面的呼籲，則更是充耳不聞。從事草擬憲法工作的井上毅是紫溟會的首領，長於漢學，對於日本的古文，更有深刻的研究，金子曾在歐美留學，對於西方的人物制度極爲熟識，伊東是一個典型的官僚。實際上編纂憲法的也是井上毅等三人。蓋因伊藤當時身任內閣總理大臣，無暇顧及字句的研究，他僅是提示大綱原則，由井上毅等三人編纂和研究字句。

伊藤博文等所起草的憲法草案，先後歷時四載，迄明治廿一年（一八八八年）三月告竣，四月秘密呈奉明治天皇欽定。是月廿八日爲了審議該草案起見，特設樞密院爲審查機關，由伊藤自任議長，集國家元勳及學識者由天皇親臨之下開會審議憲法的草案。該項審議工作於是年五月八日開始，經過多次的會議至十二月十七日完竣。在正式公佈以前，因對外極端秘密，故外間鮮少知其任何一條的內容，樞密院的顧問官和書記都不許把草案攜出會議室外。會議室設東宮中，所以任何顧問官若對某章某節，須特別研究時，則非留在宮中不可。憲法草案審議完竣後，由明治天皇於明治廿二年（一八八九年）二月十一日紀元節頒佈之，名曰「大日本帝國憲法」（俗稱明治憲法），並於翌年十一月一日，正式發生效力。

「大日本帝國憲法」共分七章七十六條，此一憲法的頒佈雖為藩閥勢力向自由民權派讓步的產物，但究其實際，那是絕對帝政的建立，其於自由民權運動的目標，可說是背道而馳的，難怪有人稱它為「憲政的帝國主義」（Constitutional imperialism），蓋「就其來歷和實質而言，就其理論與事實而言，它都是帝國主義，但是它曾經受著，正在受著，和繼續地受著憲政原素（Constitutional element）的陶冶」。這部在藩閥獨裁政府的政治演進中產生的明治憲法，其結果顯示出幾種特質（實質上的），即：①由萬世一系的天皇永遠不滅地統治日本國土——天皇主權論。②皇室的一切事情均在議會審議之外，亦即徹底的皇室自律主義。③非政黨內閣制的國務大臣制。④樞密院為天皇最高的諮詢機關。⑤貴族院及衆議院兩院享有同等權限。⑥外交宣戰媾和為天皇的專有權。⑦統帥權的獨立。⑧議會對於立法權及預算權只有限度的權限。⑨不成文承認少數元老的存在。⑩內大臣府的存在。在這幾種特質之下，議會只能在這種限制之下稍作自己的主張，完全不承認政黨內閣制。其中妨礙議會政治最大者，除少數元老外，要算樞密院為最大。樞密院的成立本係專為審議憲法草案的機關，與行政不發生關係，但後來重要的法案均須經過該院審查同意，幾成慣例，因此它成了藩閥的大本營，民主政治的障礙物。它之存在的最大目的，乃在於牽制實行明治憲法而產生的政黨內閣。

憲法頒發之後，第一屆國會乃於明治廿三年（一八九〇年）十一月廿五日召開，但在國會正式成立以前，政府方面，尚有許多改革，以爲踏入憲政時之準備，玆特擇要說明如下：

(1)創立內閣制：明治十八年（一八八五年）十二月正式廢止太政官，設置內閣，純仿德國內閣形式，主其事者即爲伊藤博文，而他即被任爲第一任內閣總理，此外九位國務大臣，幾全爲薩長二藩人物。當時他對於改制的理由在其「日本帝國憲法釋論」一書中曾云：「這種改組，可使每個國務大臣，各對天皇直接擔負一部分責任。各大臣之上置以總理，所以此次變動，既可使各大臣各展所長與肩膺重任，更可保持內閣之統一，而免除不必要的糾紛與散亂也」。事實上，此內閣制係法律上之機構，而非憲法上的機構，蓋它之存在係依據明治廿二年（一八八九年）的內閣官制勅令而運營其職權，在明治憲法上對它並無片言隻字的提及。就內閣之權責言，總理大臣僅爲內閣首席，無權罷免其他閣員，他只是「奏宣機務，承旨指示大政方向，監督行政各部」，是一種各省大臣直接向天皇負責的內閣制。

(2)改革文官制度；在維新運動中，官吏的更動非常頻繁，幾皆援用私人，致引起一部分被摒棄於政權之外人士的反對。伊藤乘此時機大加改革，藉以鞏固自己的勢力，培植自己的黨羽。制定「文官任用令」、「文官分限令」等，規定以後官吏之任用或升降，須經考試委員會的考核，初次考取合格人員，非經試用，不得正式補缺，嗣後晉升，概須比照年齡、品格、能力、體力及考績等條件而定。

(3)設置樞密院：明治廿一年（一八八八年）四月三十日下詔設立樞密院，其前文曰：「朕察有遴選元勛及練達之士，諮詢國務，以倚其啓沃之必要。設樞密院，以爲朕之至高顧問之府」。此樞密院的制度係仿英國的Privy Council者。樞密院在國會開設之前（一八八八年至一八九〇年八月），權限較大，有權審議憲法、解釋憲法、及審議預算、重要勅令、法律草案、與外國交涉之條約等。迨及一八九〇年國會開設後，經修改官制，規定須俟諮詢而後議。惟該院利用職權，隱然形成內閣與國會的太上院，時常與執政當局發生齟齬。

(4)確立地方議會：明治十一年（一八七八年），天皇即下詔命設立府縣會，越二年（一八八〇年）又命各市、町、村均設立議會。在一八八八年至一八九〇年間，政府又頒佈許多命令，成爲地方政府的全部法規。因此，在取得當地行政長官的同意，各地方議會有管理財務之權，至於村町以上之行政長官悉由中央政府委任。地方議會之設立，使人民得熟練議會立法之功用與手續，奠植了日後全國議會之基礎。

(5)編纂法律：日本法律本來借自古代的中國之律令法，後來雖因封建制度之實行而稍有變化，但仍本中國法律的原則，就是德川幕府所頒佈關於諸藩關係的法令，中國法的色彩，仍頗濃厚，即使維新政府於明治三年（一八七〇年）最初制定的「新律綱領」，亦係參照日本古代法典及中國明清兩代的刑法而制定。迨至明治六年（一八七三年）以後，乃從德國聘請法學家波索納得（G. E. Boissonadede Fontarabl）爲顧問，著手編纂刑法、民法，到了明治十五年（一八八二年），刑法及治罪法開始實施。憲治頒佈後，法典的編纂，更爲積極，審判廳組織法、民事訴訟法，以及民法各編，皆於是時先後完成。

(6)教育制度的確立：明治四年（一八七一年）設文部省，掌理全國教政事務，明治五年（一八七二年）八月頒佈全國學制，其目標爲「自此以後一般人民無論華士族、農工商及婦女，必使邑無不學之戶，家無不學之人」，分全國爲八大學區，每區設一大學。每大學區各分三十二中學區，每區設中學。更於中學區分二百十個小學區，各區設小學。即計劃全國設八所大學，二百五十六所中學，五萬三千七百六十所小學。但在當時的財政狀況下，無法立刻施行此計劃，故至明治十二年（一八七九年）乃撤廢舊令，制定四十七條「教育令」，取消從來的學區制度，而令町村或數町村聯合起來，設立小學校，將國民教育的基礎託付於地方。其後又有了數次的改廢增補，至明治十九年（一八八六年）廢舊制，而發佈新的小學校令、中學校令、師範學校令、帝國大學令，以上合稱「學校令」，同時訂定諸學校的通則而公佈之。日本的教育制度，至此大體上有了基礎。學校令的頒行確立了近代教育制度，到了一八九四年全日本有小學二〇〇四六所，學生三五〇萬人，中學一〇三所，學生三萬人，各類專業學校、師範學校及大學一一三所，學生超過二萬人。

所以當一八八九年憲法頒佈時，各種設施，事實上都已與憲政制度相符合，行政如內閣、樞密院，已規定得很清楚，文官制度已合於時代的精神，大理院自明治八年（一八七五年）詔勅設立而後，至是已有十五年的經驗。因此，使日本近代立憲政治的推進，有了相當的基礎。

以上已把明治維新的經過及確立統一政權後的各種建制，一一加以敍述。關於其性格，若從社會文化的觀點來說，明治維新具有近代革命的原動力，其於近代日本文明的推進，有似歐洲文藝復興；再就國家權勢轉移的形態來說，明治維新是具有政治革命的意義。雖然明治維新還沒有具備成熟的政治革命的條件，且其發展，亦非真正的出自近代的思想，但它卻啓開了封建日本邁進近代日本的端緒。

綜括言之，日本在步上近代化的過程中，自一八五三年美國東印度艦隊司令柏里率艦來日始，至一八六七年德川慶喜奉還大政爲止，十五年間，可稱爲改造前期。自大政奉還始，迄一八八一年頒發國會開設之詔示爲止之十五年間，可稱爲改造本期。自此迄一八九〇年國會開設爲止之十年間，可稱改造後期。而明治維新前後經過四十年的苦心經營，始到其目的。從此日本才真正步上近代化國家之途。

五、明治維新的本質與斷限

日本近代史的發展，有人把它比作「東方的彗星」，說它「像彗星一般地躍登歷史舞臺，又像彗星一般地消失了」。此實緣於日本自一八六八年明治維新開始的一連串自强近代化運動，能照預期的迅速發展成功，然降及昭和初年軍閥竊取政權後，很快地使日本因發動一連串對外侵略而使日本在短短七十餘年所累積的國力幾乎全毀，迨及第二次世界大戰後，日本又能迅速復興之故。

前已述及，明治維新是十九世紀後半葉在一個亞洲的封建國家裏發生的一場巨大的政治、社會及經濟變革運動，它不僅具有革命的因素，也包含改革的成分。明治維新在本質上，一方面是變革幕藩體制（破舊），一方面是扶植資本主義（立新）。日本參預維新之士在這場爭鬥中，不但推翻了長達二百六十多年的德川幕府的統治，同時抗拒了西方列强的侵略，勝利地獲得了民族獨立，發展資本主義經濟。

明治維新既然是日本走上近代化資本主義國家發展的里程碑，然則明治維新的斷限如何？關於明治維新有廣狹兩義。狹義的明治維新乃特指歷史事件，此乃無可爭議的，其完成可說是終止於明治十年的西南之役。至於廣義的明治維新係指一系列事件所構成的歷史過程，它究竟始於何時，終於何時？日本學者之間對此問題意見紛云。不管如何分歧，但經過了明治維新，日本從封建社會轉變爲資本主義社會，卻是不爭的事實。從這一觀點言，這個轉變過程的起始點應該是一八五三年的「黑船來航」，而其終點便是一八九四年中日甲午之戰的爆發及日英新約的簽訂。蓋「黑船來航」，日本被迫不得不放棄閉關自守而開國，其意義恰如第一次鴉片戰爭之於中國，日本遂被納入世界資本主義體系，而日本的封建經濟進一步地崩潰，一個轉向資本主義發展的革新勢力逐漸形成。至於「日英通商航海條約」的簽訂爲一八九四年七月十六日，此後不到十天中日甲午之戰爆發。這個條約使日本一掃三十年的污辱，廁身於國際友誼伙伴中。從此日本由被壓迫民族轉變爲壓迫他國民族，且由於日英新約的簽定，日本的國際地位亦有所改變，德川幕府末年與歐美列强所簽訂的不平等條約的廢除也只是時間性的尾聲（按不平等條約的完全廢除在一九一一年）。

從一八五三年的黑船來航至一八九四年的日英通商航海條約的簽訂之四十一年的歷史過程，可把其劃分爲三個階段，第一階段爲一八五三年至一八六八年，其主要內容爲攘夷倒幕；第二階段爲一八六九年至一八七七年，其主要內容可概括爲破舊；第三階段爲一八七八年至一八九四年，其主要內容可概括爲立新。此三個階段涵蓋了日本從封建主義轉化爲資本主義的全部過程。

明治維新、大化革新和第二次世界大戰後民主改革一起成爲日本歷史發展的三大里程碑。無論從日本民族發展或推動日本社會進步來說，明治維新的意義都超過了大化革新。明治維新是日本近代史的開端，它使日本結束了德川幕府的封建專制統治，迅速地走上了資本主義近代化之發展道路。有人指稱明治維新是民族革命，不問其真實性如何，但明治維新卻使日本贏得了民族獨立，建立近代化的民族國家，蓋明治維新從國內情形來看，它使日本從封建體制走向資本主義體制，從封建民族發展爲資本主義民族。從對外關係而言，明治維新斷行結果，擺脫了西方列强的殖民枷鎖，廢除了不平等條約，並贏得了自身的富强，而富强是民族獨立的基礎。

在明治維新運動過程中，一批代表新興資產階級和資產階級化貴族利益的啓蒙思想家，如西周、福澤諭吉、西村茂樹、加藤弘之、中村正直等人，積極宣傳歐美文化，以歐美文化爲目標，另一批出身下級武士的資產階級或出身資產階級化的貴族，他們是推動日本近代化的傑出領導者又是親自實現日本歐化的實行家，如岩倉具視、木戶孝允、大久保利通、伊藤博文、山縣有朋、井上馨和西園寺公望等，他們雖然出身經歷不同，但對實現日本近代化的目標上，則完全贊同「脫亞入歐」的西歐化方針，並在國內積極開展了政治、軍事、經濟、文化等全面歐化的移植運動，大量地移植引進了英、美、法、荷等先進國家的各種政治與經濟制度和先進的科學技術與文化教育，自强不息，銳意進取，從不懈怠。在「殖產興業、富國强兵」及「文明開化」的口號下，參照歐美經驗，結合日本國情之需要，採取一系列的巨大而果敢的革新措施，制訂出日本式的立憲議會制度、官營保護企業制度、金融貨幣制度、交通運輸制度、常備兵制度，以及國產品使用獎勵制度等，尤其對日本經濟的近代化措施特別具體釐定，在工商業、農林水產、貿易、畜牧、金融及交通產業等，作全面實施改革，其目的在於「脫亞入歐」，俾使日本早日進入近代資本主義國家之林。但不幸的是，當日本走上發展資本主義的獨立富强道路之同時，也促使日本走上對外侵略擴張之途發展。蓋因維新改革派之士都出身於封建武士，腦海裡深深地烙印著封建主義及軍國主義的思想。當他們掌握國家權力建立具有濃厚封建性格的近代天皇制後，又迅速地走上了極富侵略性的天皇制軍國主義道路。後來演變結果，終於引起了一連串的對外侵略戰爭，遂使日本走上肇禍亞洲，危害世界和平的軍國主義道路發展。

第二十四章　近代日本政治的演進

——政黨政治的興衰

一、日本近代政黨的發軔

前已述及，自從明治六年（一八七三年）征韓論紛爭後，急進派和漸進派之爭，變成了在朝派與在野派之爭。在野派高唱自由民權主義，和政府互相對抗，在自由民權運動反抗政府勢力陣營中，板垣退助自征韓論失敗後，便糾合同志林有造、副島種臣、片岡健吉、後藤象二郎及留學英國的古澤滋和小寶信夫等自由主義分子，於明治七年（一八七四年）一月十二日組織「愛國公黨」，以便與政府作政治鬥爭。這就是日本政黨的胚胎，以後之自由黨的起源，也是日本第一次誕生的具有現代精神的政治團體。以後自由黨的起源，以及民權運動的具體進展，皆以此爲起點。愛國公黨成立的目的，是要擴張民權，設立民選議會。當它成立之際，正值自由民權思想盛行於日本，愛國公黨的結社，利用此機會高舉「天賦人權論」的旗幟，故聲勢極爲隆盛。唯其如此，藩閥政府遂加以嚴竣的壓迫，同年三月，該黨因右大臣岩倉具視被刺及佐賀之亂，兼以世人多誤解，在政府的彈壓下，被迫解散。

愛國公黨受官憲的壓迫而解散後，板垣等仍繼續鼓吹其自由民權運動，先後組織立志社及愛國社，鼓吹自由民權思想，並致力政治運動，雖一再遭受到政府的嚴厲取締，但一般志士並不因失敗而灰心，反而再接再厲，前仆後繼，勇往邁進。他們在各地相繼成立自助社、立志社、共立社等組織，但這些多屬不平士族的集合，並非站在國民立場的民主主義思想。嗣後愛國社於明治十三年（一八八〇年）三月改名爲「國會期成同盟」，發起全國性促成國會請願運動，遂有河野廣中、片岡健吉等代表，二府廿二縣共八萬七千餘人連署的開設國會請願書。該同盟之政治目標，對外則爲修改外交條約，以求民族解放；對內則爲開設國會，實行君主立憲政治爲目的，但後來更進一步地集中力量，從事實際的民權運動，要求開設國會，賦予人民以參政權。

自由民權運動的浪潮既熾且烈，因此藩閥政府爲緩和自由民權運動起見，遂於明治十四年（一八八一年）十一月十二日頒發以明治廿三年(一八九〇年)爲期開設國會詔書。是時愛國社一派的民權運動志士，鑑於以往政治運動的失敗，痛感需要有正式嚴密的政治組織，始足以與藩閥政府對抗，並促進立憲政治的早日實現，遂於是年十月十八日成立自由黨。該黨的成立，在日本政黨史上，具有劃時代的意義，因爲在它之前的愛國公黨、立志

圖七

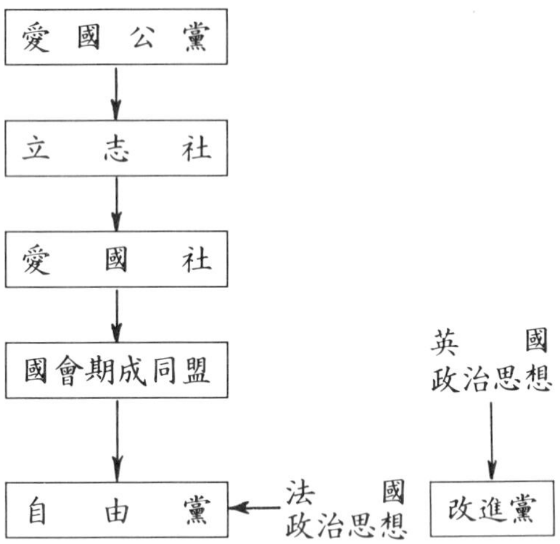

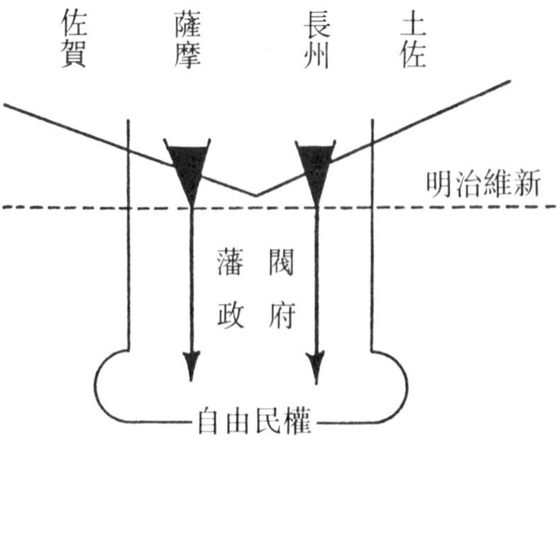

社及國會期成同盟等，雖然都是政治性的組織，但事實上，它們的作用，只能連絡彼此間感情，溝通意見而已，至於組織紀律的政黨要素，則皆不具備。從自由黨的創立起，日本才有近於完備的正式政黨。自由黨是繼承愛國公黨的傳統精神，以法國式的自由主義爲基礎，冀圖樹立立憲政體，擴充人民的自由權利爲政治綱領。該黨主張主權在民，標榜自由，傾向於激進，獲得不滿現狀的士族、富農及一般農民的支持。該黨在成立當初是急進左傾的先鋒，民權主義的代表，後來經過種種變化，甚至於根本變質，最後竟變成爲保守主義的政友會（一九〇〇年九月十五日），這種怪現象，實爲創黨當時的自由志士始料所不及。儘管如此，但自由黨在日本政黨史上所具第一號地位，是不可或疑的。

自明治十四年（一八八一年）十月以後，日本國內的政黨組織，如雨後春筍，紛紛產生，繼自由黨之後，另一派自由民權人士在大隈重信領導下成立「立憲改進黨」。大隈本爲非薩長出身的參議，明治十四年因國會成立問題被薩長派人士誣蔑被逐出政府後，乃轉而興學，創辦早稻田大學，備受政府當局的壓迫。當自由黨成立後，大隈認爲此乃施展其抱負的千載難逢良機，遂糾合同志於明治十五年（一八八二年）三月十四日組織「立憲改進黨」。該黨的政治主張，在於「依順正之手段而改良之，以著實之方法而進行之」，是採取英國式穩健踏實的民權主義的政治理論及制度，其組織分子係中階層的地主及智識人士爲基礎，尤其與三菱財閥集團等都市新興資本家有密切關係。該黨雖然較之自由黨有漸進主義的傾向，但是其基本立場仍然堅持民權主義，與自由黨同爲反政府黨，在反對藩閥政府的鬥爭中，兩黨的目標是一致的。

自由、改進兩大民間政黨相繼成立後，政府見勢不佳，伊藤博文等薩長政府主要人物遂利用政府的機密費，嗾使其走狗福地源一郎、丸山作樂、永野寅次郎等爲中心，於明治十五年（一八八二年）三月十八日，組織御用政黨「立憲帝政黨」，旨在實現伊藤博文、井上馨等對抗民間政黨的計劃。該黨以「古事記」及「日本書紀」爲典據，與民黨的自由民權主義政論針鋒相對，互相論戰。該黨的政治主張是絕對擁護天皇的權力，反對普選制度，事實上，只是政府的應聲蟲而已，它雖然是藩閥政府的御用政黨，且直接間接受到政府的支持援助，但其黨勢始終不能與自由改進兩大民黨匹敵，互爭勢力。

由於自由、改進、帝政三大黨的先後成立，日本近代政治演進過程中的政黨發展，至此已漸具基礎規模。自由、改進兩黨雖然是同爲主張自由民權的反政府黨，而兩黨的主張亦無多大差別，但在實質上，卻有矛盾存在，故後來兩黨的關係，不免互相排斥傾軋。所謂實質上的矛盾，實由於兩黨構成分子不同有以致之。當時自由黨的黨員若非屬於不得志於明治新政府的士族，便是久受封建專制政治剝削的農民，他們多屬骨氣棱棱，憤世憂民，春秋鼎盛，不惜犧牲生命，不惜牢獄之災的無產者，標榜自由平等，喜與平民接近，喜代表平民說話，同情貧苦階層，不事空洞的學問，注重實踐，與富人學者輩格格不相入。當時一般有產者和學者多視自由黨爲暴力團體，不願與之接近，反之，自由黨員亦視他們爲保守頑固的舊勢力。至於改進黨的黨員，除了失意政客外，多屬能文善辯之士，或在社會上有地位名望的市民，或縣議會議員和中等階級人士，故其分子多屬有產階級的學者和富人，這些人的性格，著實穩健，好學深思。由於兩黨在本質上，有這樣的差別，故自由黨黨員難免有敝衣破帽，不嫻禮貌之嫌，反之，改進黨黨員則西裝畢挺，擅於演講。改進黨因有鄉愿之徒及老奸巨滑之輩，不顧信義，唯利是圖，所以較之自由黨缺乏活力及熱忱。兩黨在本質上，既有如此的差別，於是各有各的黨風，互相排斥，改進黨則嘲笑自由黨徒不學無術，言行粗暴，自由黨則攻擊改進黨毫無氣力，唯利是圖，陰險刻薄，彼此傾軋，互不相容。這種風氣，幾乎變成一種傳統，演變的結果，後來皆為藩閥及軍閥所利用，最後幾經變遷和推移的結果，改進黨變為「民政黨」，而自由黨卻變成了「政友會」。

至於就當時三黨的發展情形來看，在思想方面，它們三個政黨正好代表了三種外國思潮，自由黨崇尚斯濱沙的理論，接受法國共和主義的革命思想；改進黨則推崇密爾的理論，取法英國功利派的立憲君主主義政治思想；帝政黨則受了德國國權派國家主義思想的影響。除了上述三派的思想之外，尚有片山潛、德富蘇峯、安部磯雄、西川光次郎等人的美國基督教派思想。這些思想以後在日本政治社會文化等各方面，皆發生單一的或交流的支配作用。

在政治主張方面，自由黨鼓吹法國式的民約憲法、共和政治、自由平等、主權在民之說，積極提倡一院制國會及實施普選。其運動方針，頗操之過急，有非一氣呵成不可的作風，故世人稱為「壯士黨」。自由黨的理論家有植木枝盛、田中耕造、中江篤介等人。改進黨在政治上採取漸進主義，主張英國式的兩院制國會及限制選舉，主張主權在於君民之間的國會，並標榜折衷性的君民融合的國會主權論。因其政治上的運動方針採取漸進的改革，比較溫和穩健，故世人多稱為「紳士黨」。該黨的主要理論家為矢野文雄、小野梓等。帝政黨受了德國國家主義思想的影響，極端擁護絕對君權，主張主權在天皇（這種主權觀念與布丹及霍布士等人的君主主權論相同），在政制方面，反對自由改進兩黨的地方

表十七：明治十五年左右日本三大政黨比較表

黨名	創立年代	重要領導人物	崇奉思想	階層基礎
自由黨	明治十四（一八八一）十月二十九日	總理　板垣退助　副總理　中島信行　常議員　後藤象二郎　馬場辰隋　末廣重恭　竹內綱	法國式急進民權主義	士族　商業資本家　農民（鄉村）
立憲改進黨	明治十五（一八八二）四月十六日	總理　大隈重信　掌事　小野梓　牟田口元學　春木義彰	英國式穩健主義	地主　農業資本家　都市智識階級（都市）
立憲帝政黨	明治十五（一八八二）三月十八日	福地源一郎　丸山作樂	國家主義政府御用政黨	神官、僧侶　官學出身學者　免職官吏

自治而主張中央集權。

再就三大政黨的社會基礎及地方勢力的分野而言，三黨因其構成分子之異，而各有不同。自由黨繼承愛國公黨、立志社和愛國社的傳統，故在精神方面富有平等自由的熱忱，易與羣衆接近，兼之這三個結社的根據地在鄉村地區，故其力量亦偏重在鄉村，在全國各地均能發生影響。改進黨員多屬有產者和智識分子，兼之思想行動比較穩健，中產階層社會人士多樂意與之接近，故在城市占有優勢，在農村的潛力則反而不如自由黨。由於自由黨在農村具有深厚勢力，而改進黨在都市佔優勢，因之有人詼稱爲地方黨、地主黨，改進黨爲都會黨、資本黨。至於帝政黨因其黨員多屬官吏或有志於仕途的腐儒，故與大衆脫離，根本談不上社會基礎，除政界及一部分漢學家外，別無其他勢力可言。

自由、改進兩黨成立以後，除在各自的機關報上宣傳外，爲擴張黨勢，遂遊說地方，因之民黨的勢力日益强壯，故民黨與政府間的鬥爭，日益劇烈。自由黨黨員甚且在地方和貧農結合，對政府採取直接行動，公開反抗。由這種關係，當時轟動一時的暴動，層出不窮，較著者有福島事件、加波山事件、飯田事件、秩父事件、羣島事件、名古屋事件、大阪事件以及靜岡事件等。由於民黨反政府事件的到處蠭起，因之政府亦採取嚴酷的壓服手段，除修改集會條例、新聞紙條例，並制定請願令，以資鎮壓民黨，全面控制政黨活動外，又用籠絡離間方法，使自由、改進兩黨彼此之間發生鬥爭，猜忌分裂，終於民黨內部發生內訌，而削弱了力量及黨員士氣。降及明治十六、七年（一八八三——一八八四年）之頃，遂使民黨紛紛解散。此後政潮平穩，政府致力於政制的改革，創設內閣制。但到了一八八七年，隨著制憲與開設國會期間之迫近，修改條約等問題之發生，反對政府運動又呈蓬勃氣象。後藤象二郎、犬養毅、尾崎行雄、星亨等人，發動所謂大同團結運動，意圖爭取言論自由、推動民權運動，全國各地風起雲湧，紛紛響應，政府對此除發佈「保安條例」，逐出民黨人士數百人於東京都門三里之外，並用籠絡手段，邀請後藤象二郎任遞信大臣，大隈重信出任外務大臣，以緩和緊張的情勢。大同團結運動因後藤之入閣致無疾而終。迨至明治廿三年（一八九〇年）夏天以後，因距選舉衆議員成立國會期近，沉寂已久的政黨運動，乃重起爐灶，是年九月板垣的政黨復興運動，最先出現，聯合舊自由黨、舊愛國公黨、和大同俱樂部各派成立「立憲自由黨」，至於改進黨亦以「議員集會所」名稱，參加國會活動，降及明治廿九年（一八九六年），始改稱爲「進步黨」。

議會開設後再生的自由、進步兩大民黨的性格與從前自由民權運動時期大有改變，此時兩大民黨指導人物，雖然仍是當年自由民權運動的中堅分子，但是兩黨的社會基礎，已由舊時的士族層逐漸擴及於地主及資產階級，其性格亦逐漸變爲有產階級政黨。當時有產階級雖然對政府頗有嘖言，但政府對於地主有產階級仍然採取保護政策，有產階級想利用民黨來要挾政府，但民黨對於有產階級的這種不左不右，既左既右的態度難以容忍信任，這種因由逐漸形成後來兩大民黨不得不與政府妥協的契機。

二、明治初期議會時代的政治

明治廿二年（一八八九年）二月明治憲法公佈後，在日本政治史上，具有重大意義的第一屆帝國議會，於明治廿三年（一八九〇年）七月一日第一次衆議院議員選舉後，在同年十一月廿五日召集，伊藤博文及東久世通禧分別被任爲貴族院正副議長，自由黨的中島信行及大成會（政府黨）的津田真道分別當選爲衆議院正副議長。是時首相爲長州閥的山縣有朋，因民黨的自由、進步兩黨以其超過半數的議席（共佔一七一席），在「節省政費、休養民力」的口號下始終聯合反對政府，對政府所提出的修改條約、陸海軍預算、教育方針及振興殖產問題，處處加以掣肘，政府對在野黨的衝突隨之而起。因此迫得山縣內閣以收買手段賄賂自由黨一部分議員，才獲得度過危機。山縣這種卑劣手段，招來了若干閣員不滿，迫得山縣內閣於明治廿四年（一八九一年）五月六日總辭。而議員之中的中江篤介於憤激之餘罵國會爲「無血蟲的陳列場」而辭去議員。

第二屆帝國議會在薩閥松方正義內閣執政下，於明治廿四年十一月廿一日召開，民黨仍然與政府爲難，否決了海軍費及鐵路公債案，迫得政府於是年十二月廿六日解散衆議院，這是日本議會政治史上的第一次解散衆議院。衆議院解散後，在翌年（一八九二年）

的總選舉中，內相品川彌二郎竟出動全國警察干涉民黨候選人，並動用公帑，大事賄選，支持吏黨候選人，結果招來全國到處發生搗亂事件，政府竟出動軍隊鎮壓，造成死亡廿五人，負傷三百八十八人的慘劇，舉國譁然。但是結果，勝利仍歸於民黨（得一百卅二席，吏黨九十三席，中立七十四席），品川內相備受指責，掛冠而去。同年五月間召開第三居議會，民黨派一致團結，提出「內閣不信任案」，迫使松方內閣瓦解。其支持政府的吏黨議員在品川彌二郎、西鄉從道的指導下於同年六月廿日組織標榜國家主義的「國民協會」，投奔傘下之議員有七十餘名之多。

松方垮台後，由伊藤博文繼起組織所謂「元勳內閣」，這是伊藤第二次組閣。此一內閣壽命歷四年之久，經中日甲午之戰，第四至第九居議會。政府與議會之間因預算案而發生爭執，在第四居議會（明治廿五年十一月廿五日召開）中也發生過。但伊藤利用日皇詔諭，抑壓議會使其停會，暫停議會的機能。當時的政府常用這種措置，以抵制議會。伊藤利用日皇詔諭，抑壓議會，破壞立憲政治，爲後世開惡例，頗招致輿論非議。而內閣同僚對伊藤之蠻橫作風，亦怨聲四起，伊藤乃乘機更換法務、海軍兩省大臣，設置海軍整理委員、臨時造鋼事業委員會、貨幣制度委員會，並修改各省官制，銳意改革，勵精圖治，惟所收效果微不足道，各方不滿之聲，甚囂塵上。明治廿五年（一八九二年）十一月廿八日舉行第五居議會時，因民黨又提出內閣不信任案，伊藤即解散衆議院。嗣後於同年六月二日第六居議會召開時又被解散衆議院。民黨各派極爲憤懣，惟時逢中日甲午戰役，藩閥與民黨間之抗爭，暫告中止。

中日甲午之戰因明治廿八年（一八九五年）三月簽訂馬關條約而告結束。但此次戰爭不僅提高了日本在國際上的地位，且其國勢亦突飛猛晉。正當戰爭方酣之間，日本國內因在所謂「舉國一致團結對外」口號之下，一切紛爭盡息。但迄至戰事結束後，民黨與藩閥政府間之政爭，又死灰復燃，同時中日戰役後的犒賞方針，輕文重武，許多軍人據政府要津，把持政權，干預政治，造成日後軍權壓服政權的趨勢。當中日馬關條約締結後，因三國干涉日本付還遼東半島問題，政府與民黨之間又起齟齬，引起全國普遍的反對運動。但民黨亦知道只主張推翻政府，仍不能解決遼東半島歸還問題，又想和政府妥協而分擔政權較為有利。至於藩閥政府亦覺悟到，面對甲午戰役後的國家經營，民黨的力量是不可漠視的，因之不能不放棄其壟斷政權與超然主義。伊藤遂採用拉攏手段與自由黨攜手，安穩地通過明治廿八年（一八九五年）十二月召開的第九屆議會。其後松方正義繼伊藤博文之後，組織第二次松方內閣時亦拉攏進步黨。從此開端，日本的議會政治逐漸轉向政黨政治之道邁進。惟藩閥勢力仍然依恃其元老身分，經常對於天皇任命繼任閣揆擁有絕對的影響力量。因此，政黨政治在其確立前難免經過許多曲折，不過從此數年後政黨內閣終告出現。

明治卅一年（一八九八年）五月十四日召開第十二屆議會時，自由、進步兩大民黨又聯合反對第三次伊藤內閣因整軍而提出的增徵地租法案，政府乃解散衆議院。於是忿怒的自由進步兩黨乃摒棄成見，於是年六月廿一日實行合併，成立憲政黨對抗伊藤內閣。當憲政黨成立時，薩長藩閥政府睹狀大爲狼狽，極爲震駭，曾舉行御前會議，討論對策。席上伊藤力陳民心的趨向及時代的推移，超然主義已不能繼續維持，擬組織一個「官黨」以對抗民黨，俾便維持藩閥政權，最後不獲山縣有朋等元老的支持，伊藤一氣之下，竟辭去首相及一切勳爵。於是在是年六月廿七日，以大隈重信爲首相而板垣退助爲內相的憲政黨內閣竟告出現，此即所謂「隈板內閣」，這是日本政治史上的最初政黨內閣。這個內閣除陸海軍大臣兩人外，閣員全體由憲政黨員擔任，惟不幸的是此內閣竟因閣員之分配問題，而演出內訌，致他們的抱負與理想並沒有能夠實現，組閣未滿五個月即告崩潰。結果憲政黨又拆夥，舊自由黨系取名憲政黨，舊進步黨系即組織憲政本黨，互相對峙。隈板內閣垮台後，政權又落於藩閥手中，由仇視政黨的山縣有朋再組薩長閥的超然內閣——第二屆山縣內閣。山縣雖仇視政黨，但他深知背棄漠視政黨，則無從運營議會政治，因此不惜移樽就教，降低條件，商請憲政黨與之合作，因而能渡過第十三、四兩屆議會。

日本史上第一次政黨內閣，雖然爲時只有四個月餘，但對於今後日本政黨政治的運營，不無貢獻。因爲自此以後一般藩軍閥官僚，已知道單靠藩軍閥官僚勢力，並非萬全之策，因此，乃羣起從事政黨運動，其中最積極且最先出而組黨者即爲伊藤博文，同時政黨在日本國內引起了大家的重視，播下了日後大正時代日本政黨政治的種子。

以上所言，乃初期議會時代的政治概況。依照上舉概況，民黨政爭的特徵，爲把自由

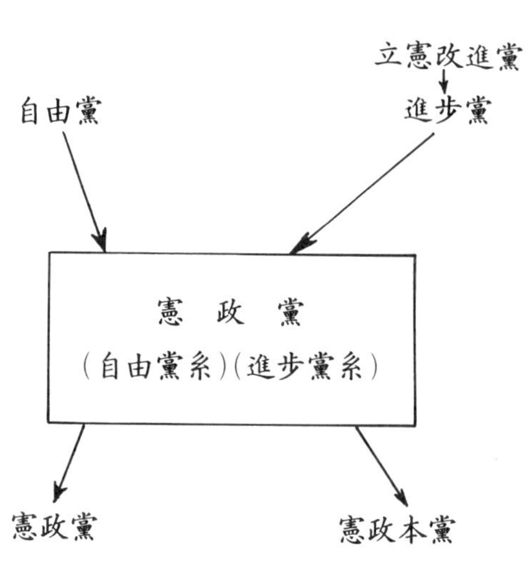

圖八：憲政黨系譜圖

民權運動時代的政治鬥爭形態，移於議會政治之上，繼續發展。這時代民黨的口號爲「休養民力，刷新外交」，及因明治廿一年（一八八八年）保安條例所引起的「言論、出版、結社自由」等三大口號，凡此皆爲自由民權運動後期的政治主張。這時民黨的每一項主張，若以現在的眼光來衡量，其內容雖然未免令人有空洞無實之感，但民黨在帝國議會就政府預算加以削減，以修改條約問題來督促政府，展開對政府的攻擊，多少有具體的步驟，内容亦是比較實在。除了這些事情之外，政府與民黨間多年不息的情感上的强烈對立，亦爲這一時期政府和民黨鬥爭的另一原因。不過政黨人士因太過於熱中政權，而致不惜其節操與藩閥提攜，而藩閥亦不惜移樽就教遷就政黨，藉以維持其政權，這種現象尤其自中日甲午之戰後，更爲顯著。對於這種現象，我們可加以另一種解釋，那就是經過將近十年的議會政治經驗，政黨因有資本家的後援，其政治力量，已强化到令藩閥官僚不能忽視其力量，不得不有時出來妥協。換言之，這亦可說是政黨政治力量强化的反映；另方面政黨亦曉得藩閥官僚得天皇眷寵，非政黨的力量可以抗拮，只有與之合作妥協，藉此消滅官僚仇視政黨的心理。不管兩者妥協的動機真相如何，在那種提攜妥協中，藩閥是主體發動，政黨是從屬協助，處於被動地位，最後的現象，政黨不過是藩閥用爲遂行政權的工具而已。儘管如此，惟當時的政黨領導人物，雖然間或有人中了政府計謀而受賄，但大部分尚能保持純潔的性格和人格的信賴關係，站在國民代表的立場，傳達民意，不屈服於藩閥的彈壓干涉。至如後來政黨政客甘爲藩軍閥官僚走狗之事，他們尤不屑爲。

三、明治時代後期的政治

自中日甲午戰爭迄明治卅三年（一九〇〇年）的五年間，日本國勢大增，國際地位提高，外交關係日趨複雜，國政進入非常重大時代。隈板内閣瓦解之後，憲政黨分裂爲憲政黨（舊自由黨系）及憲政本黨（舊進步黨系）。舊自由黨系的憲政黨在山縣內閣的移樽就教下，與之合作，而政府又以國民協會爲基礎組織帝國黨（明治卅二年七月五日），因此，與政府站於反對地位者，祇餘大隈一系的憲政本黨。

伊藤博文辭去首相及爵位後，曾遊中國，於明治卅三年（一九〇〇年）五月間返國，深知欲求立憲政治的圓滑進行，非親自組織政黨，伸入勢力於民間不可。於是在是年九月十五日以憲政黨爲基礎成立「立憲政友會」，西園寺公望、尾崎行雄、原敬、松田正久等均加入。政友會的出現，使伊藤完成其組黨的宿願，該會的成立就伊藤本身而言，其出任在野黨的黨首乃是一種讓步，至於就憲政黨而言，實可說是向官僚出賣自身。夫以擁有五十萬黨員，擁有廿餘年歷史的憲政黨，今竟無條件以獻於多年宿敵的藩閥遺老，故當時黨員之中有深爲痛惜，濺血淚以爭其不可者，惟是衆議已決，亦無可奈何。

圖九：立憲政友會系譜圖

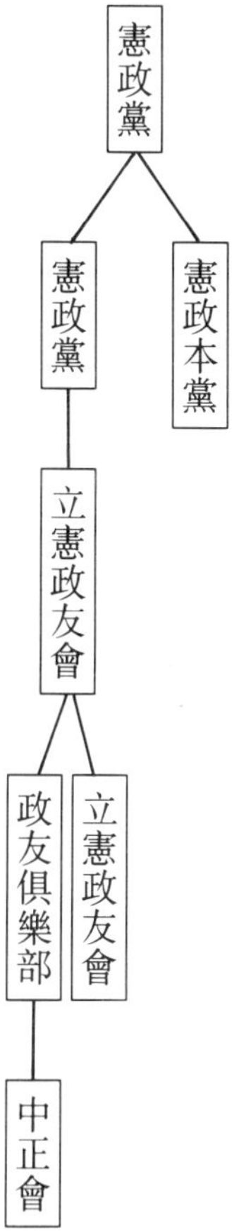

憲政黨 → 憲政本黨、憲政黨
憲政黨 → 立憲政友會
立憲政友會 → 立憲政友會、政友俱樂部
政友俱樂部 → 中正會

如前所述，軍閥勢力自中日甲午之戰倖勝清朝之後，聲威日盛，逐漸淩駕文官官僚之上，當政友會成立之際，山縣的勢力已羽毛豐足，他不但與伊藤不睦，素來憎惡政黨，極力反對伊藤親組政黨，迨至政友會成立，山縣殊爲不悅，因即於九月廿六日提請辭職。十月九日由伊藤繼起組織第一次政友會内閣（第四次伊藤内閣），亦即日本第二次的政黨内閣。它不僅是日本最初的單獨政黨内閣，也是日本政治史上由元老親自出而組閣的最後一次内閣。山縣下野後，處處爲難伊藤，策動貴族院否決政府的各種稅案，但伊藤終於不堪其擾亂，乃於明治卅五年（一九〇二年）五月二日呈表辭職。第四次伊藤内閣垮臺後的政治，完全是政友會與官僚的妥協時代。

第四次伊藤内閣垮台後，繼起者爲長州軍閥桂太郎的超然内閣。此内閣係由山縣在幕後支持操縱，故世人譏爲「小山縣内閣」，且其閣員多爲政界的二流之各省次官級人物，故又稱爲「二流内閣」或「次官内閣」。桂太郎在山縣之援助扶持並代爲拉攏政友會之支持下，勉强地渡過第十六至第十八居議會。及明治卅七年（一九〇四年）日俄之戰起，政爭暫告中止，桂内閣竟得以維持政權達四年又七月之久，此爲日本自内閣制創立以來任期最長内閣。日本在日俄戰爭之前，曾以抵抗俄國爲目的，於明治卅五年（一九〇二年）一月三十日和英國簽訂所謂「英日同盟條約」，以孤立俄國在歐洲的勢力。

日俄戰爭之役，日本雖未獲得豐碩果實，但其對日本的影響之大，甚於中日甲午之戰，而日本在此一役已奠基了軍國主義的礎石。此次日俄之戰對日本的影響約有如下數端：①大陸政策的成功，使日本資本主義發展。日本在中國大陸的經營，以滿鐵爲中心，大膽地大規模地推進。近代工業發展不可缺的煤鐵等原料，在中國大陸上獲得，使軍需工業與普通工業異常發達；在東亞及南洋市場上，日本得與先進資本主義國家並駕齊驅。②日本在朝鮮滿洲以及整個東亞方面佔優勢，國際地位提高，結果對英法等國給與威脅，因而發生矛盾衝突。③中日戰爭後，日本軍部次第干預國政，日俄戰爭後，軍部更强橫干政，使日本走向軍國主義之途發展。④日本戰勝世界强國的俄國，民族自尊心與自大心提高，從此日本活躍進取，但因而產生了輕視漢民族與東亞諸民族的錯誤的優越感，使日本從此與中國以及其他民族發生衝突。

日俄戰爭後，日本的內政外交，深受歐美民權思潮的影響，在政治方面，因爲社會主義運動與勞工運動的興起，過去藩閥與民黨之對立，已轉向資產階級與勞工階級的對立。政黨之間，除了政策的對立外，又有了以思想爲背景的階級政黨的對立，政爭愈演愈烈。一度休戰的民黨與藩閥的抗爭，日俄之戰後再度掀起，尤以人民對樸資茅斯條約的反感，更助長民黨攻擊政府的聲勢，且桂內閣在日俄開戰以前解散第十九屆議會，未得各黨派的諒解，對桂氏的蠻橫態度大加指責，是以政府完全陷在民黨的包圍之中。在四面楚歌之下，桂氏自知難以承當未來的大局，乃於明治卅八年（一九〇五年）十二月廿三日上奏辭職，奏薦政友會總裁西園寺公望爲後繼首相。自此以後至大正二年（一九一一年）二月七日桂氏組織第三次桂內閣爲止，其間閣揆一職，由桂氏移到西園寺之手，再由西園寺移桂氏，如此經過數次授受，政局總算得保平衡，這就是日本近代政治史上所稱的「桂園交替時代」。

在此期間，日本曾於明治四十三年（一九一〇年）八月廿二日迫使韓國與之簽訂「併合條約」，將韓國併入了日本版圖。而當朝鮮尚未合併於日本之前，曾任韓國統監的伊藤博文於明治四十二年（一九〇九年）十月廿六日奉使訪俄途次哈爾濱車站時，為韓國志士安重根刺殺。明治四十五年（一九一二年）七月卅一日，一代英主明治大帝晏駕，改元大正，明治時代於焉終幕。大正元年（一九一二年）八月廿一日召開的第廿九屆議會在所謂舉國一致悲哀的氣氛下，全體一致通過第二次西園寺內閣所提出的出葬費。但埋葬竣事後，政界風雲又告日急，終於掀起了所謂「大正政變」。

四、大正時代的政治

在「桂園交替時代」期間，第二次西園寺內閣於明治四十四年（一九一一年）八月卅日成立。他對於　孫中山先生所領導的一九一一年的中國國民革命採取不干涉的態度，因而增加了極力支持清朝，排擊國民革命黨的山縣一派的不滿。當時整個日本朝野人士，只有犬養毅所領導的立憲國民黨敢明目張膽地支持中國國民革命黨。第二次西園寺內閣之與黨政友會在議會擁有過半數議席，爰決心整理財政，根據緊縮方針，編製大正二年（一九一三）度預算。但此舉使第二次桂內閣留下來的陸軍計劃增設二師團及海軍擴建八八艦隊之方案落空，尤其是西園寺與海相齋藤實有約，對海軍增設艦隊計劃不加改變，而對陸軍增兵一節，則不表同意，因此，陸相上原勇作乃憤而辭職。嗣陸軍在山縣的控制下，不推出繼任陸相人選，實行所謂「陸軍罷工」。結果內閣被迫垮臺。這次西園寺與山縣一派的鬥爭，日本史家稱為「大正政變」。這次政變，事實上，乃政黨對於自日俄之戰後日漸增加勢力的軍閥勢力的挑戰。

陸軍迫垮西園寺內閣後，一時輿論譁然，紛紛指責軍閥官僚專橫跋扈，使後繼內閣難於決定，嗣繼元老會議經十一次協商結果，始議決由桂太郎三度組閣。是時海相齋藤實拒絕留任，桂氏乃奏請日皇詔敕，迫使齋藤實就範。桂氏這種動輒請詔勅，挾天子以令諸侯的舉動，刺激人心過甚，各方紛紛嚴詞抨擊，大正時代有名的「第一次護憲運動」，遂湧現了高潮。護憲運動有兩大口號，即「打倒閥族」、「擁護憲政」。當時倡導這種運動的兩大中心，是政友會和國民黨。它們糾合了無所屬的人士及新聞記者組織了「憲政擁護聯合會」，展開護憲運動。此一運動在大正元年末至二年初的那一段期間，進行極為猛烈，因為它不但是政黨對藩閥的鬥爭，而且擴大為打倒藩閥的大規模全國性民衆運動。被當時一般民衆頌稱為「護憲之神」的尾崎行雄及犬養毅曾在「護憲國民大會」痛斥桂太郎的暴橫，其中尾崎曾把桂氏罵作袁世凱，諭之為王莽董卓，大會並通過決議：「閥族的橫暴跋扈現已到達極點，憲政的危機時刻正迫在眉睫；吾人堅決排斥妥協，根絕閥族，以期擁護憲政」。護憲運動，如火如荼，迫向政府，其風暴從此一瞬息間普及全國。

桂氏目睹護憲派聲勢之大，恐慌之餘乃步伊藤舊路，企圖以國民黨、中央俱樂部及無所屬議員爲基礎組織政黨，並於大正二年（一九一三年）二月七日發佈組織「立憲同志會」宣言，以便對付牽制民黨。抑有甚者，在大正元年（一九一二年）十二月廿四日召開的第卅居議會中，桂氏三度下令休會，民衆聞悉，憤憤不平，數萬羣衆，包圍國會，政府動員三千名警察鎮壓，釀成流血事件，騷動波及京都、大阪、兵庫等地。桂氏猶似再作困獸之鬥，欲解散國會，後因衆議院議長大岡育造勸告謂倘解散議會，則必發生內亂，桂氏見大勢已去，乃於大正二年二月十一日掛冠他去，其組閣壽命只有五十三天，這是日本政治史上最短命的內閣。這一幕就是「第一次護憲運動」。這次護憲運動的一大特徵是布爾喬亞階級，不假藉元老、藩閥的力量，而直接推動政治。

護憲運動告一個段落之後，政友會忽然再與藩閥結合，而有薩派的海軍元老山本權兵衛中間主義內閣的出現。山本內閣在任期內，因有政友會支持，故勵精圖治，整理稅收、改革人事制度，建功殊勳。但終在大正三年（一九一四年）二月廿四日，在山縣系官僚的策動牽制下，受到衆貴族兩院的責難取鬧而垮臺。日本軍閥政客之中，陸軍的桂太郎之政治生命最後受制於海軍，而海軍的山本權兵衛則被以山縣爲中心的陸軍所拖垮，此實淵於軍閥官僚的爭權奪利。惟這兩派軍閥的受到挫折，在野黨及居於背後策動的國民反藩閥運動力量，確有莫大功勞。而大正初年的政變，因陸海軍軍閥的中堅代表人物，一舉而被打倒，故自此以後，以武官藩閥爲唯一是賴的文官派政客，只好轉變態度，逐漸轉移態度，而終於加入政黨陣營，使日本在大正年間有一段期間的政黨政治時代。

山本辭職後，三月十三日大隈重信受命組織第二次大隈內閣，因其閣員人選悉委由三菱財閥快婿同志會總理加藤高明全權處理，故世人譏稱第二次大隈內閣爲之「三菱內閣」，抑有甚者，大隈組閣的最大使命乃山縣有朋所期望的征伐政友會及解決懸案已久的陸軍增師問題，故在本質上是元老軍閥的傀儡內閣。惟大隈自明治四十年（一九〇七年）一月辭掉憲政本黨總理後，雖自政界退休，從事教育及社會事業，但常乘輿論趨勢，批評時政，故世人對其頗爲同情，兼之於第二次內閣成立翌日即把海軍大頭目山本權兵衛及長老齋藤實編入預備後，遮斷山本等與海軍的直接關係，因之大快民心，一般民衆對大隈內閣頗爲擁護支持，即使多數黨的政友會亦不敢妄加爲難，故組閣後所召開的三次臨時議會（第卅二、卅三、卅四等三屆），因有國民輿論的支持而得以順利通過。由於大隈重信頗得人望，故其出而組織第二次內閣雖曰出自山縣、井上等元老的奏薦，然倘從歷史的觀點來看，其出而組閣無寧說是出自民衆的奏薦。

大正三年（一九一四年）八月第一次世界大戰發生，日本以日英同盟關係，於是對德宣戰。參戰的理由據日皇詔書說：「我們很不願意，但又不得不如此，就是我們雖然這樣地熱烈期望著和平，但我們不得不向德宣戰，特別是在新朝伊始，國喪未終的時候」，而加藤高明外相亦在國會宣稱「日本並不是要捲入這次的漩渦，但是他不應當背棄與英國的同盟，而爲鞏固其基礎起見，不得不促成東方的永久和平，以保障兩同盟國的特殊利益」。日本果真爲保障亞洲和平而參戰乎？非也，誠如加藤外相所招認，其目的無非在於保障其特殊利益。在對德宣戰期間所舉行的三屆臨時國會，均順利度過，迨至是年十二月卅五屆議會開會時，政府方案無法通過，乃解散議會。翌年（一九一五年）三月舉行大選，政府與黨同志會獲勝。但因當時日本政府曾用嚴厲手段强迫袁世凱接受廿一條條約問題，英、美各國向日本提出抗議，中國掀起抗日運動狂潮，到處貼有「毋忘國恥」的標語。因之，日本國內朝野對大隈之行動一致表示不滿，在野黨固然策動倒閣運動，而貴族院亦策謀倒閣。第卅七屆議會召開時，貴族院否決預算案，大隈處境困難，終在大正五年（一九一六年）十月四日掛冠下野。

大隈去後，由寺內正毅繼起組織超然內閣。時世界大戰行將結束，中日關係漸趨緊張，俄國發生革命，遠東局勢千鈞一髮，在所謂舉國一致團結對外的口號下，使政局安定了一個時期，而政府因之安穩地度過了第卅九屆及四十屆的兩屆議會。不意同年因受世界大戰影響，米價昂貴，人民生活困苦，發生了所謂「米騷動事件」，暴動頻起，寺內內閣四面楚歌，只得於大正七年（一九一八年）八月忍痛求去。當時米騷動事件的思想背景，乃是由吉野造作、大山郁夫、長谷川如是閑等自由主義派學者所鼓吹的「德謨克拉西」（democracy）思潮所引起的必然結果。

寺內內閣垮臺後中間勢力漸趨消滅，政黨勢力遂得興起，因之大正七年九月乃有原敬政友會內閣的成立。原內閣實爲日本最初的純政黨內閣。日本自原敬內閣起至昭和七年

（一九三二年）五月犬養毅內閣瓦解爲止，共十三代內閣，其間雖出現過軍部官僚政治，但因政黨皆不爲威武所屈，仗義執言，批評指責軍閥官僚輩之專橫作風，故這一段期間，可說是政黨政治較爲健全的時期，至少政黨在國家政治的發言權，較具分量。

原敬係出身平民且爲衆議院議員，既非貴族，又非軍人，而日本平民出身的首相，當以原敬爲嚆矢，其爲人忠誠勤敏，組閣時的表現，頗有政治家風度，故不僅極受人民歡迎，連憲政會及國民黨亦忘掉曩昔之仇恨，一致歡呼政黨內閣的出現，並祝福立憲政治的光輝前途。原敬內閣的出現，雖然是政黨在政治鬥爭中的一大勝利，但當時的人民大衆，對於民主政治及政黨政治的真諦尚缺乏認識，惟當時的日本資本家階級爲了保持自己的利益，鑒於藩閥勢力的式微而政黨力量的抬頭，乃改變輕視政黨的作風，逐漸表示與政黨接近，以求政黨內閣來維護它們的利益。同時在政黨方面的人士，則認爲倘欲在帝國議會獲得過半數議席俾便獲得政治權力，則非要有充分的資金不可。因此，迫得政黨自然而然地與資本家階級及地主階級互相勾結，而政黨的這種作風，雖然能夠幫助政黨獲得政權，然亦因此，而使政黨爲利所誘而屢有大規模的腐化行爲發生，終於導致軍閥主義的抬頭，而使政黨陷入破滅之途。

原內閣成立後，即著手充實國防，振興教育，獎勵產業及整頓交通機構。大正八年（一九一九年）第四十一屆議會閉幕後，原敬爲削弱官僚與軍閥的勢力，改革各種制度，殖民地長官改爲文官制。同年六月巴黎和約成立，世界重見和平，日本因山東等問題，外交上千頭萬緒，兼之加以思想界因受威爾遜總統的民主主義及俄國革命的影響，勞工問題及社會運動，前仆後繼，使內閣杌隉不安。關於社會主義運動在日本開始萌芽，雖然可追溯至明治十五年（一八八二年）五月成立的東洋社會黨，但因缺乏羣衆基礎，不能稱之爲真正的社會主義政黨，以後社會主義運動逐漸深植勢力於勞農大衆之間，這種運動在第一次世界大戰後（一九一四——一九一八年）以成立工會及農會的形式益趨積極，進而發展到要求廢除限制選舉權的納稅條件而實行大選的運動。在這種國內民主運動社會運動澎湃起伏之環境下，原敬千方百計擴張黨勢，並與軍閥結托操縱國會，一意孤行，阻止普選，彈壓言論，在野黨殊爲不悅，而原敬亦因之被一狹隘的國家主義青年兇手中岡良友所刺殺。原敬雖然不惜與軍閥結托以壓迫在野黨，但究竟不失爲平民宰相的本性，例如當他瀕死時，薦高橋是清爲後繼首相，遺囑不受勳爵，葬儀從儉，不失爲平民作風。

原敬死後，高橋內閣於同年（一九二〇年）十一月十三日成立，所有原內閣的閣員全部留任，故可視爲原內閣的延續。高橋內閣時代，日本在國勢方面，頗爲不振，如日本和俄國的大連會議沒有結果，英日同盟被英國破棄，侵略山東和西伯利亞的運動被迫撤退，凡此皆是外交上的挫折。大正十一年（一九二二年）六月十二日高橋內閣因內閣部分閣員不合作而垮臺。高橋去後，繼之者爲以貴族院研究會爲基礎的加藤友三郎的官僚超然內閣。這一超然內閣的出現，使官僚政治捲土重來，成爲政黨政治發展的絆腳石。加藤組閣一年，以無政黨背景，毫無表現，翌年（一九二三年）八月，加藤病逝，內閣隨之垮臺。

加藤內閣垮臺後，繼之者之第二次山本權兵衛內閣，及清浦奎吾內閣皆爲超然的官僚內閣。尤其是清浦首相，時年逾七十，爲人優柔寡斷，毫無主見，其組閣工作悉由貴族院的研究會安排，故衆議院各黨派大表反對，譏之爲「特權階級內閣」，而報紙輿論亦譏之爲「日本憲政史上性質最壞內閣」。於是憲政會、政友會及革新俱樂部等三個在野黨乃於大正十三年（一九二四年）一月下旬舉行「三派領袖協議會」，決定推翻清浦內閣以確立政黨內閣。此時全國各地亦紛紛舉行演說會，展開了第二次護憲運動。由於時勢所趨，第二次護憲運動聲勢浩大，軍閥不敢攖其鋒。元老西園寺公望乃推薦稱號苦節十年憲政會總裁加藤高明於是年六月十一日繼清浦之後組閣。這是日本政黨憑自己的力量，造成國會內多數的議席，而爭取得政權的最初記錄，也是第二次世界大戰前，日本民主政治發展的頂點，與已往仰承政府與元老的鼻息，而形成在國會內獲居多數派的情形迥然不同。自加藤高明內閣至昭和七年（一九三二年）犬養毅內閣的五·一五事件爲止，一直保持由衆議院多數黨組閣的所謂「憲政常道」的習慣。這一段時間雖然可算是第二次世界大戰前日本政黨政治的黃金時代，但在其背後有一不能否認事實，即爲政黨的生存大半係依賴三井、三菱等大財閥的資金支持。抑有甚者，護憲運動之所以能成功，實有賴於國民大衆的積極支持。但惜乎好景不常，終由於政黨自身的不健全與腐化，又將政權轉落到軍閥官僚手中，而導成亞洲不幸的悲劇。

護憲三派內閣，因三派的主義政策，向多鑿枘，迨登臺後，因利權關係，不免互相傾軋。此一内閣任内最大表現則爲大正十四年（一九二五年）三月廿九日第五十居議會通過了普選法案，使選民從三百卅四萬人，增加至一千四百五十萬人。普選法的通過，使日本的民主政治前進一步，但政府鑑於當時社會運動的風潮日益熾烈，爲防止勞農大衆利用普選做爲革命性的武器，乃於是年五月十二日頒佈了「治安維持法」，其内容雖爲禁止對於變革國體，或否認私有財產制等一切結社及運動，違者處以十年以下徒刑，但由於該法的存在，日後在日本歷史上僅有的一些自由主義的言論與和平運動，皆被當局利用該法加以彈壓。故該法與明治十五年（一八八二年）的「集會條例」、明治廿三年（一八九〇年）的「集會及結社法」，以及明治卅三年（一九〇〇年）的「治安警察法」等可說是一脈相承。抑有甚者，該法後來竟成爲法西斯主義者，利用爲鎮壓迫害民主主義的工具，這也許是當初提案的人們，始料之所未及。

第五十居議會終了後，護憲目的已達到，故三派協調之局亦宣告破裂，經過種種波折變化，在大正十四年（一九二五年）七月由加藤高明的憲政會單獨組織第二次加藤内閣。大正十五年（一九二六年）一月加藤逝世，由若槻禮次郎出任憲政會總裁，並於同月卅日拜命組閣。若槻機敏多智，其所行施設，一秉加藤遺規。但嗣後因地方制度改革案及稅制改革等問題，政府、政黨、及政治家醜態暴露，國會成爲爭奪政權的場所，政黨信用喪失，給議會政治染上污點，是以刷新政治，改革政黨運動如火如荼，先後有後藤新平的提倡新政治運動，以及近衛文麿的倡議改革貴族院，政界響應，可惜都是曇花一現，未能持久。大正十五年十二月廿五日大正天皇崩逝，改元昭和，大正時代於焉告終。迨至昭和二年（一九二七年）二月第五十二屆議會閉幕之後，財界混亂，同月十八日臺灣銀行休業，金融恐慌，若槻內閣擬撥款二億元，以救濟臺銀，當提交樞密院審查時，該院竟以違憲爲由而否決之，若槻內閣遂於四月二十日辭職。這是日本政治史上樞密院空前絕後的倒閣記錄。

五、昭和時代初期的政治——法西斯勢力的抬頭

若槻內閣垮臺後，於同月廿日由我國皆聞其名的田中義一拜相組閣。田中爲長州軍閥紅人，具有日本傳統思想，爲陸軍中的翹楚人物。田中內閣爲原敬內閣以來的純政友會內閣，它的使命乃以對金恐慌的緊急對策與轉變對華政策爲使命，故敦請夙孚財界衆望的耆宿高橋是清擔任藏相，頗受各方好評。田中內閣成立後即於五月三日召開臨時議會（第五十三屆議會），通過五億日元的日本銀行特別融資暨損失補償法及二億元的臺灣銀行救濟案，用以安定財政。當時早在田中內閣成立之前，即醞釀合併的憲政會與政友本黨，在第五十三屆議會閉幕後，幾經策劃妥協，於六月一日組織「立憲民政黨」（簡稱民政黨），推濱口雄幸出任總裁。此後政友會，民政黨兩大政黨爲爭奪政權而反覆重演政爭，因而一

連串發生了政治舞弊案，引起一般民衆對政黨的不信任，終於引致軍閥直接干與政治的氣運。

昭和二年（一九二七年）十二月召開第五十四居議會，這是限制選舉制度的最後一次議會。翌年一月廿一日第五十四居議會復會之後，民政黨提出不信任案，政府乃解散議會，二月舉行第一次普選，結果安部磯雄、河上丈太郎、西尾末廣、水谷長三郎、山本宣治等八位社會主義政黨黨員當選爲議員，這是日本政治史上，首次社會主義政黨當選衆議員的記錄。這項普選結果，政友會與民政黨相差僅一席（二一七對二一六），造成小黨派操縱議會的怪現象，致引起一般國民對政黨的不信任。田中以一個軍人半途出家做政客，政治經驗不足，動輒得咎，而且顢頇蠻幹，在任期內外交內政秕政續出，其對華交涉及取締社會主義思想的對策招來了輿論的不滿與攻擊，抑有甚者，田中內閣對於日軍謀炸張作霖的皇姑屯事件，對禍首採取寬容處理態度，不但貽給軍人以一種錯誤觀念——即凡是可以影響國際關係的陰謀，事成則爲國家的英雄功臣，如果不成則歸之於國家負擔，去實行的人，反正可以不受制裁，終於造成昭和軍閥篡漲跋扈的氣焰。當時碩存的元老西園寺公望極端不滿，對田中責備甚苛，而天皇亦對之表示不快，田中自知事態嚴重，已失去天皇信任，認爲千瘡百孔的內閣，至是已無可彌縫，乃於七月二日奉呈辭表下臺。

田中在位時制定治安維持法，箝制民論，人民憤憤不平，聲名狼藉。他始則借助樞密院及軍部力量以及議會主義手段打倒若槻內閣，而由自己繼之組閣，但最後自己亦不免因宮廷及軍部的不信任而倒臺，此誠或「天作孽猶可違，自作孽不可活」的因果報應乎？抑有甚者，他擬定了聞名於世的所謂「田中奏摺」（即對華政策綱領），為日本軍閥描出了一幅侵華步驟藍圖，其不得善終而亡（罹狹心症暴斃），真可謂「惡貫滿盈，天理昭昭」，此蓋非其逆天行道應得的報應乎？

田中政友會內閣垮臺後，根據「憲政常道」原則，元老西園寺立即奏薦民政黨領袖濱口雄幸組閣。濱口於昭和四年（一九二九年）七月二日入宮覲見後八小時內，即完成組閣工作，確為日本憲政史上罕有的記錄。在日本政治史上，其組閣之迅速亦只有昭和卅五年（一九六〇年）第一次池田勇人於六小時內完成組閣工作堪與比匹。濱口內閣成立後，至昭和六年（一九三〇年）四月下臺為止，其間閣僚僅更換文相一人，其餘原班人馬維持至最後，這是戰前日本政壇上罕有的記錄。濱口內閣可說是金融資本主義的傀儡，標榜官僚統制的消極政策，經濟發生恐慌，失業激增，人心沉滯，思想偏極，而政府又公佈減低公務人員薪津，輿論沸騰，嗣因各方一致反對，始收回成命。此時適有賣勳事件、松島遊廓事件、五私營鐵路舞弊事件、山梨事件、東京市大疑獄事件等所謂「昭和五大疑獄」事件發生，若干政府大員、財界巨頭，均被逮捕起訴，實為戰前日本司法史上未曾有的醜聞。

政黨這種不自爭氣，代表資本階級利益，甚且與之勾結發生連續的貪污醜聞，遂使政黨政治腐敗無能的真面目暴露無餘。在令人難於滿意之下，一般人民為了解脫困境，只有期望於奇蹟的出現。但這種奇蹟政黨本身已無能發揮，於是以青年將校為主體的所謂國家革新運動遂應運而生，以推翻政黨政治爲口號，造成軍閥控制政權的所謂武斷政治局面的出現。在這種民心思變的情況下，由軍閥所策動的一連串暗殺政、財界要人的事件，如五．一五事件及二．二六事件等，雖能完成人民所期望的推翻政黨政治，但日本亦因此由軍閥控制政治，對內則壓迫解散一切政黨活動，對外則發動全面性侵華戰爭，最後導致自殺性的戰爭，使國家淪於滅亡之深淵，這豈非日本近代史上的一大悲劇乎？始作俑者豈非政黨乎？

日本自昭和天皇踐祚後，世界經濟恐慌波及日本，政府的緊縮財政政策，不但無法恢復國內經濟的景氣，反而導致生產過剩，輸出減退，物價暴落，幣值增高。在恐慌的侵襲下，中小資本企業首先遭到犧牲，勞工加重負荷，資本額少的公司企業，接踵倒閉。農村方面繭價慘跌，蔬菜水果滯銷，米價暴跌，在穀賤傷農的情況下，形成了前所未聞的豐年饑饉。結果佃農爭議及勞工爭議事件，日見增多，過激思想氾濫，擴大了社會的不安。在國家經濟不景氣情況下，政黨幹部不但無法打開恐慌的僵局，甚且利用機會貪贓枉法，不但代表資本階級利益而活動，甚且與資本家互相勾結，漠視一般勞農大衆及一般人民的生活，而政黨對資本家的關照，尤甚於藩閥官僚，或以獎勵金補助金等方式由國庫支出巨款，交付財閥，或以免繳營業稅與所得稅方式來救濟財閥。凡此種種弊端，不僅爲人所詬病，並因之而引起極端分子的不滿，結果不但導致軍國主義者的反抗政黨以期改造政界風氣，濱口首相亦因之於昭和五年（一九三〇年）十一月十日被革新團體青年刺傷，旋於翌年四月十三日內閣總辭，翌十四日若槻禮次郎奉命組織第二次若槻內閣。

若槻內閣任內，昭和六年（一九三一年）九月東北事變發生，中日關係一髮千鈞，內閣雖決定不擴大方針，惟進駐東北日軍藐視中央方針，膽大妄爲，致事件逐日擴展，不可收拾。時民政黨內部有主張舉國一致的內閣，以對抗軍閥者，後因意見不一，兼以發生所謂「財閥搶購外匯事件」，致一般輿論及軍部指責政府與財閥勾結圖利，若槻內閣遂於十二月十一日悄然引退。

繼若槻之後，犬養毅於昭和六年十二月十三日組成犬養內閣。其時軍人醉心法西斯主義，跋扈飛揚，氣焰萬丈。在狂風暴雨中，犬養的被推出任舵手，真是受命於危難之中。犬養內閣成立後，當日即公佈禁止黃金出口，採取通貨膨脹政策，以挽救經濟不景氣。此一措施，一度奏效，財界稍復元氣，但這種情形不過是一時的現象而已，蓋當時的不景氣依然未恢復，且國內購買力減弱，輸出力不但不振，反而減退，致物價低落，最後的結果，人民依然被不景氣所困擾，這種情形，政府一方面招致了人民的不滿，另方面，予以反對黨以乘時煽動的機會。翌年（一九三二年）一月發生「一・二八上海事件」，犬養首相雖力圖恢復中日間的和平，但始終因軍部之作梗阻礙而未果。結果是年五月十五日爆發了空前震世的「五・一五事件」，一隊陸海軍青年軍官由一位現役海軍中尉率領，白晝侵入首相官邸，槍殺犬養，於是犬養內閣瓦解。這一幕有名的海軍五・一五事件，與其後昭和十一年（一九三六年）陸軍的「二・二六事件」，先後輝映於日本史乘。

五．一五事件的結果，海軍大將齋藤實繼起組織所謂「擧國一致內閣」，自此以後，日本政治由政黨政治，而轉入軍國主義的政治之途。其後廣田弘毅、近衛文麿、林銑十郎、平沼騏一郎、阿部信行、米內光政等先後組閣，但若非軍閥內閣，便是受軍閥控制的傀儡內閣，其中近衛曾以貴族身分三度組閣，曾努力以謀中日局勢之緩和，但始終受制於軍閥，致使中日間和平解決糾紛之途，終被阻塞。昭和十六年（一九四一年）十月十八日由軍閥梟雄東條英機出而組織內閣，東條一身除首相外又兼內相、陸相及軍需相，可謂史無前例，被稱爲「戰爭內閣」。果然不錯，東條上臺後，終在是年十二月八日偷襲珍珠港，啓開了太平洋戰爭，迨至昭和二十年（一九四五年）八月十五日招來了城下之盟的無條件投降。自明治維新以來，日人的先民慘淡經營締造的日本帝國，在一批狂熱的軍部法西斯主義分子的導演下，終被摧毁，過去以軍威輝煌誇耀的日本歷史，至此插入了悲慘的一頁。

東條爲遂行其獨裁政治，除首相兼陸相及參謀總長外，禁止民間一切批評政府的言行，其最具體的表現，則制定修正戰時特別刑法，對計劃或運動倒閣者處以嚴罰。並對攻擊軍部及政府者則設「國政變亂罪」專條處置。這等措施等於是東條內閣穿上了防彈馬甲，而完成了獨裁專制的幕府政治。東條內閣之獨裁作風招致皇族重臣及一般國民之不滿，乃於一九四四年七月十八日垮台。繼之者爲小磯國昭內閣，翌年（一九四五年）四月五日小磯內閣退場後，由鈴木貫太郎組閣。鈴木貫太郎爲日本軍團最後的一位宰相，他的內閣結束了太平洋戰爭，也結束了日本帝國的政權。

第二十五章 近代日本資本主義的發展及其崩潰

一、日本近代資本主義經濟基礎的樹立

近代日本資本主義的發展，是在諸先進國家已普遍地發展其勢力之後，處處受先進國家的壓迫與限制，遭逢了很艱難的境遇。本國又缺乏必要的原料，使其得不到充分的滋養。如果沒有軍事冒險的僥倖和第一次世界大戰的機會，日本近代資本主義是很難在短短幾十年內由萌芽而臻於發達的。因爲得到幸運，所以有了很好的成就。這就是說，日本資本主義的發展不是內在的，一半是憑藉政治掩護，一半是因爲碰上了僥倖機運。政治扶持是日本資本主義發展的必要條件。蓋明治政府一則爲了爭取民族獨立，免遭歐美資本主義國家的侵略，一則爲了加速發展資本主義經濟，趕上先進資本主義國家，政府不僅拿出由農民小工商人及殖民地人民剝削的財源來資助資本家，施政方針全以資本家利益爲準繩，

而且有時政府以所經營的事業廉價售與資本家以扶植私人特權資本。這樣津貼、獎勵、偏袒的保護政策，才使日本資本主義免於淘汰，而能側身於近代資本主義國家之林。事實上，明治維新政府的目標，是要把日本從經濟落後的國家推進到一個世界水準的產業化國家。但由於當時日本國內市民階級尚未形成，國內自發的資本與技術，尚未發達，故初期的日本資本主義，乃是由政府勵行「富國强兵，殖產興業」政策，由國家準備必需的資本，以遂行其工業化計劃，政府爲了籌集工業資本，除了舉債（包括國內公債及國外公債）外，並採取兩種措施：一爲獎勵投資市場，建立匯兌制度；又一爲運用國家財源，投資於生產事業，例如地租法的修改，其用意即在此。

日本自明治維新以後，其在經濟方面的發展，遂亦由封建經濟而轉入國民經濟的時代。維新初始至第二次世界大戰日本戰敗爲止的約八十年之間，日本經濟發展的變化異常鉅大。

明治維新後，新政府即以「富國强兵，殖產興業」爲建設新日本的中心課題，傾全力於培育近代產業。殖產興業政策就是利用國家權力和資金來帶動、發展資本主義的政策，結果在政府的積極政策之下，不僅使日本由封建經濟進展至國民經濟時代，同時由於「富國强兵政策」的實踐，遂使日本資本主義始終不能脫離軍國主義的窠臼，終於導致昭和十六年（一九四一年）十二月八日太平洋戰爭爆發，軍國主義的日本經濟，從此陷入了最後崩潰的悲境。

由於日本在德川幕府時代曾經有過二百餘年的鎖國政策，致使與外邦殊少往來，降及明治維新之際，歐美各國的經濟已進入「重工業化」與「獨占資本主義化」，惟日本則尚停滯於農村家庭工業階段。當時日本經濟停滯落後情形，從下列數端實況可窺出其梗概：①全國人口的百分之八十以上爲農民，而自給自足的生活傾向尚極爲濃厚。②產業資本的成長尚未成熟，連手工業也不甚發達。③產業技術與設備尚未大規模的發展。④近代化大規模工業基礎的民間資金之積蓄，極其不足。⑤原始的資本積蓄尚未成熟，而資本與勞力的分化亦極其遲緩。

由於當前日本經濟的落後，維新政府爲了培育促進日本的資本主義起見，乃採取如下政策，即：①積極舉辦官營事業。②培育增加民間資金，由政府貸與資金，以期克服資本主義落後的種種困難。③對於促進銀行、公司制度的發達以及交通機關的發達，則採取保護干涉政策。

爲謀資本制產業的發展，最感迫切需要者，厥爲生產技術的移植，於是由政府帶頭領先推進的方案則爲明治初期的官營產業，當時政府不顧任何犧牲，徵自農民的地租完全投入於此一建設。開創此官營工業的端緒者則爲德川幕府末期所興辦的洋式軍事工業設備的繼承。其主要者爲東京及大阪的砲兵工廠、板橋的火藥製造所、橫須賀造船所、長崎造船所及鹿兒島造船所等，這些不僅是明治政府的軍事工業，同時亦成爲發展日本重工業的一般基礎。

明治十年（一八七七年）「西南之役」當中，政府曾用去巨額軍費，多至四千餘萬元，並濫發不兌現的紙幣，因此，貨幣貶值、物價高漲、民生痛苦，結果，地租減收，國家財政面臨危機，政府迫得不得不增徵釀酒稅，並節減歲出。大藏卿松方正義遂於明治十四年（一八八一年）著手整理紙幣，採取緊縮政策，以圖克服難關。其具體措施則爲明治十五年（一八八二年）六月創設日本銀行作爲中央銀行，翌年（一八八三）五月公佈「兌換銀行券條例」，授權日本銀行兌換紙幣（日本銀行鈔票），此項鈔票，隨時可以兌現。自此制實行後，成效大著，至明治卅二年（一八九九年）不兌現的紙幣業已全部收回，紙幣政策終由日本銀行統一完成。這種緊縮政策實行結果，固然使物價安定，輸出增加，準備金日漸增多，但另方面，則因農產品價格低落，農民生活困苦，中小地主因負債而不得不售土地，土地遂集中於大地主，而使貧農與富農之差別愈益懸殊。至於中小商業和工業，則因農民購買力減弱，也日漸窮困起來。在這種情況下，那些没落的貧農，中小商人及中小工業人員，卻變成了自由勞力的源泉，同時也建立起資本主義發達的一大重要基礎。

緊縮政策的另一型態，厥爲官營企業的出售。這一措施不但對於日本近代工業的發達，貢獻甚大，同時由於官營工業變爲民營工業，促成了民間資本的發達以及國民經營企業能力的進步。先是政府於明治十三年（一八八〇年）十一月頒發「工場出售概則」，除純粹軍事工業部門及交通機構外，其他官營工廠皆出售民間。在這種政策下，明治十七年（一八八四年）長崎造船所售給三菱公司，深川水泥廠售給淺野，明治十九年（一八八六年）兵庫造船所售給川崎，餘如三池煤礦賣給了佐佐木八郎（後來又轉售給三井），高島煤礦售給了後藤象二郎（後來又轉售給三菱），富岡製鐵所售給了三井，足尾銅礦售給了古河。上述這些官營工廠的出售，其價格之低賤幾乎近於贈送，後來三井、三菱、住友、古河等財閥之所以能擴大產業資本，實奠植於此。這種官營工業移轉於民營的產業政策，雖包含有放棄某種程度的保護政策之意義在內，但並非即傾向於自由放任。這種措施，無寧可說是藉由對巨大產業資本家予以特權保護，而冀圖培養產業資本。

在促進近代資本主義經濟發展的過程中，健全的近代化金融制度之確立亦爲刻不容緩之事。因此，政府早在明治五年（一八七二年），便已公佈國立銀行條例，做爲促進資本積蓄及整備金融的一大步驟。自該條例公佈後，在明治六、七年間（一八七三—一八七四年），東京第一銀行等四行先後開業，准許發行紙幣，至明治十二年（一八七九年）時，銀行數激增至一百五十三家之多。降至明治二十年（一八八七年）時，全國共有私營銀行二百二十一家，而國立銀行則有一百三十八家。由於銀行事業的發達，迨至明治十九年（一八八六年）政府便公佈法令，確立對於一般銀行的統制及匯兌制度，而做爲近代資本主義經濟發展基礎的日本近代金融制度，至此遂以告成。

上述政府曾把除純粹的軍用工業外，各種工業均移歸民營，但是若無政府的保護與協助，則這些民營工業很難在國際競爭中自主自立。明治十四年（一八八一年）四月，明治政府乃設立「農商務省」，努力保護工業生產，其最顯著的事例如：①給予輪船公司（三菱、共同運輸、日本郵船等）以莫大補助金。②保證給予日本鐵道、山陽鐵道、九州鐵道等以配當率，並且給以無償售給國有土地的特別保護。③對於投下大量資本，甚至前途有望的官營工廠、造船所及礦山、煤礦等則折價售給「政商」。④爲促進國內產品之輸出及原料品之輸入，乃利用政府或國立銀行或其他方法低息貸款企業家。⑤把鐵道以及賣買交易所等的獨占利權給予政商，並幫助其發展。

當時主要的輸出品乃是絲與茶，而主要的輸入物品則爲棉紗與砂糖，於是政府乃傾力以保護助長製絲業和紡織業的機械化，並著手發展新式的製糖工業。在發展紡織業的措施之下，自明治十九年至廿三年（一八八六——一八九〇年）先後產生了東京、鐘淵、平野、尾張、攝津、尼崎紡織等大公司工廠，其中鐘淵紡織公司的設備則達三萬錠，迨至明治廿五年（一八九二年），日本紡織界已擁有三十九萬錠的生產設備，每年有二十萬包的生產量，此一年輸出的棉紗，並在中國開始與印度競爭。由於官民雙方的努力，從明治十五年（一八八二年）起，日本的國際貿易從入超轉變爲出超，這種出超除明治廿三年（一八九〇年）外，一直繼續至甲午戰爭發生的前一年——即明治廿六年（一八九三年）。

此外關於運輸和交通，從明治十五年（一八八二年）起，亦有劃時代的進步發展。先言運輸，海運業初爲三菱公司所獨占，但不久政府和三井系財閥合資創立了名曰「共同運輸公司」的航業機構（一八八二年），嗣後政府鑑於這兩個同受政府保護資助的公司互相競爭，實屬不利，乃於明治十八年（一八八五年）予以合併成立「日本郵船公司」，以統一運輸業務，並從明治廿七年（一九八四年）開闢了孟買航線，這是日本遠洋航線的開端。除日本郵船公司之外，明治十七年（一八八四年）另有「大阪商船公司」的創立。

至於鐵道建築情況，其初始係歸官營。然由於財政困難，鐵道的建築並無任何進展，除了東京橫濱間的所謂「京濱線」（明治五年——一八七二年，九月十二日舉行竣工通車典例）外，並未再有其他鐵道的建築。明治十四年（一八八一年）在政府保護之下允許私人建築鐵道，於是由華族集資創辦的「日本鐵道公司」，乃於明治十五年（一八八二年）開始建築東京青森間的鐵道，並於明治廿四年（一八九一年）全線竣工通車。降及明治廿六年（一八九三年）爲止，通車的民營鐵道已達二二〇〇公里，佔全國鐵道總里數之十分之七。明治廿二年（一八八九年）由政府建築的東京至神戶的「東海道線」亦竣工通車。截至明治廿二年（一八八九年）國有鐵道共達一千餘英里。

總之在明治二十年（一八八七年）前後，日本資本主義經濟總算是確立了其基礎，但亦因由於企圖在短期間內謀取高度化近代產業的發達，因之同時又產生了下列幾種現象：①大企業的經營主要委由少數特權政商之手經營，而這些少數特權政商形成了後來的財閥。②自始一種的資本即已掌握了各種產業。③自上而下的資本主義的傾向頗爲顯然。④地方的民間企業，停滯在中小企業的形態而發展，成爲大工業的基石。⑤日本的財閥具有異常顯著的同種性格。⑥重工業因長久滯留在官營形態，因此國家資本的比重頗爲突出。⑦重工業因包括在軍事工業之中而由政府官營，因之强化了軍國資本主義工業的色彩。⑧由於使用機械生產，未達相當發達階段，因之工業資本所能吸收的人口（即勞工者）不多，所以使得喪失土地的農民及佃農轉業的機會困難而變成無產階級而寄生於農村，遂使農民的生活水準下降。⑨婦女及未成年者的工作機會，凌駕超出於成年男性。⑩爲了積蓄並保護資本，通貨膨脹不斷地顯示有效的作用。

由以上所述的經過看來，可知明治初年以來政府的「殖產興業」的政策，已經鞏固了資本主義經濟的基礎。此後即以工業爲中心，以中日甲午、日俄兩次戰爭爲機會躍進了資本主義發展的另一個階段，並促使日本產生了兩次產業革命。

二、第一次產業革命

日本的資本主義成立的諸要件——即資本的積蓄、勞動力的培育、近代的生產樣式的導入等，大致在明治廿三年（一八九〇年）代即已整備完全，而啓開了日本第一次產業革命的端緒。不過第一次產業革命的成功則有賴於中日甲午之役，日本戰勝向清廷索得賠款二萬萬兩（約合當時的日幣三億六千萬元）做爲其發展工業的資金。原來這筆賠款幾等於當時日本國家財政四年歲入的總和。按明治廿七年至廿八年（一八九四——一八九五年）時日本的歲入爲九八、一七〇、〇八八日圓，明治卅年（一八九七年）由於中國巨額賠款的流入，

表十八：甲午之戰後日本對於清廷賠款用途分配表（單位：圓）

用途項目名稱	金額
臨時軍事費特別會計	七八、九五七、一六四
陸軍擴張費	五六、八二一、三八三
海軍擴張費	一三九、二六三、四二三
製鐵所創立費	五七九、七六二
臨時軍事費及運輸通信郵費	三、二一四、四八四
臺灣開拓經費	一二、〇〇〇、〇〇〇
皇室財政	二〇、〇〇〇、〇〇〇
軍艦水雷艇補充基金	三〇、〇〇〇、〇〇〇
教育資金	一〇、〇〇〇、〇〇〇
災害準備資金	一〇、〇〇〇、〇〇〇
共計	三六〇、八三六、二一六

使得日本能確立了金本位的貨幣制度。抑有甚者，由於戰勝獲得了賠款，並獲得了朝鮮市場，又在中國長江沿岸開闢了商埠，同時戰後巨額的增稅，凡此種種，自然地促成刺激了日本資本主義飛躍的發展，呈現了經濟的異常繁榮。當時世界各國採用金本位者正在逐漸

增加，因此，促進了日本與這些國家的貿易，開闢了外資輸入的門徑，而奠立了資本主義發展的基礎。尤其自清廷所獲得的三億六千萬元日幣之大部分用之於擴充軍備（參閱附表），使日本從此以後逐漸步上軍事性帝國主義之途發展，影響所至，後來竟一連串進行對外侵略戰爭。

中日甲午之戰，日本從清廷獲得鉅額的賠款，固然是促進日本資本主義企業勃興的主要原因，惟下列兩端亦爲促成甲午之戰後日本企業發達所不可缺少的原動力：

(1)**戰勝的好影響**：①因鉅額軍事費用的支出而使消費增加，與財富向資本家集中。②由於戰勝而國際信用增大，與導入外資的來源疏暢。③由於戰勝而呈現帝國主義性的進出與貿易擴張。④由戰勝之廣告性的效果，與海外對日貨需要量的增加。

(2)**世界銀價的暴跌**：當時日本猶係採銀本位，世界銀價的暴跌，對日本產業的勃興實爲一大刺激。因銀價暴跌的結果，對外而言，日本的物價較之歐美等金本位國家顯然低廉，乃促成出口的增加而阻止進口，爲日本產業拓開了發達的餘地，自國內而言，銀價暴跌，促進物價上漲，一面將在銀價高時所建築鐵路工場等導向極有利的地位，另方面在經營企業的前途上爲資本家帶來了巨大的利益。兩者相輔相須，便促成日本產業顯著的勃興。

由於戰爭的收穫，戰後日本的經濟，展開全面的進展，當時企業勃興的中心是銀行、鐵路及棉紗紡織三業。先言紡織，據農務省的調查，明治廿六年（一八九三年）棉紗平均運轉的錠數不過卅八萬二千錠，到了明治卅一年（一八九八年）增至一百十四萬六千餘錠，所用員工人數約增加三倍，由四十四萬人增至一百卅三萬人。再從明治卅二年（一八九九年）的工場數目來看，全工場總數三、三八一處之中的二、三九三處爲纖維工場。就其生產量言，在明治廿八年（一八九五年）原爲卅六萬捆，明治卅二年增加爲七十七萬捆，又到了明治廿八年（一八九五年）爲止，棉紗的輸入原是遠遠超出輸出的，可是從明治卅年（一八九七年）起，情況突變，棉紗輸出增加了（參閱表十九）。

表十九：一八九〇年至一八九七年棉紗輸出入數量比較表

年次	輸入量（捆）	輸出量（捆）
明治廿三年（一八九〇）	一〇六、三六一	三一
明治廿四年（一八九一）	五七、七六二	一〇八
明治廿六年（一八九三）	六四、六八四	一、〇五三
明治廿八年（一八九五）	四八、六三七	一一、七七六
明治三十年（一八九七）	五三、六三六	一四〇、一一六

次就鐵路與銀行言，鐵路營業線的延長，在明治廿六年（一八九三年）的鐵路爲二、〇三九哩，戰後的明治卅一年（一八九八年）即達三千哩，較之明治卅四年（一九〇一年）已突破四千哩，八年之間增加一倍之多。至於銀行公司的新設增加亦大爲顯著（參閱表二十）。

表二十：一八九五年一月至一八九八年銀行公司新設增資成立資本額表

公司	種類	數目資本金額	同上百分比
銀行	七七六	二二八、四二二千圓	三四・二四%
鐵路公司	一一一	二三三、八〇八千圓	三五・〇五%
其他公司	一、一二七	二〇四、八七六千圓	三〇・七一%
共計	二、〇〇四	六七七、一〇六千圓	一〇〇・〇〇%

表二十一：一八九九年至一九〇九年軍事工業與民營工業工人動力比較表

年次	軍事工廠			民營機械工廠		
	工人數	馬力數	工人與馬力比	工人數	馬力數	工人與馬力比
明治卅二年（一八九九）	二五、〇七三	八、四三八	〇・三三七	二〇、八七二	四、〇五四	〇・一九四
明治卅六年（一九〇三）	五三、五九三	一九、八四三	〇・三七〇	三二、〇二九	五、四九四	〇・一七二
明治卅九年（一九〇六）	九三、七〇四	六八、四〇三	〇・七三〇	五五、八二九	一五、四六四	〇・二七七
明治四二年（一九〇九）	六八、六〇五	九七、〇六三	一・四一五	四六、八三四	二九、九〇四	〇・六三九

關於重工業方面，由於三國干涉迫還遼東半島，激發了日本國民的敵愾心，促使日本準備對抗俄國，因之在軍事工業的擴張更加活躍。尤其是中日甲午戰爭結果，日本因獲得中國大冶鐵礦的獨占經營權，因此鋼鐵工業得以擴展，明治卅年（一八九七年）國營八幡

製鐵所創立，以謀經濟上和軍需上的鐵鋼之自給自足。當時官辦的軍事工業在數量上，規模遠較民營工業爲龐大（參閱表二十一）。

表二十二：一八九二年至一九〇九年工業原動力化概觀表

年代	工場總數	使用原動力工廠		工人數目	男女工人數		女工所佔百分比
		工廠數	對全體之百分比		男工	女工	
明治廿五年（一八九二）	二、七六七	九八七	三五・五一％				
明治廿七年（一八九四）	五、九八五	二、四〇九	四〇・一三	三八一、三九〇	一四一、九一四	二三九、四七六	六二・七九％
明治廿九年（一八九六）	七、六七二	三、六〇九	三九・九〇	四三六、六一六	一七四、六五六	二六一、九六〇	五九・九九
明治卅二年（一八九九）	七、二八四	二、三八八	三二・七九	四二二、〇一九	一六四、七一二	二五七、三〇七	六〇・九七
明治卅五年（一九〇二）	七、八二一	二、九九一	三八・二八	四九八、八九一	一八五、六二三	三一三、二六九	六二・八五
明治卅六年（一九〇三）	八、二七三	三、七一五	二〇・三八	四八三、四三〇	一九六、二二六	二八七、三〇四	六二・〇〇
明治四〇年（一九〇七）	一〇、九三八	五、二〇七	四七・五八	六四三、二九二	二五七、三五六	三八五、九三六	五九・八八
明治四二年（一九〇九）	一五、四二六	六、七二三	四三・五八	六九二、二二一	二四〇、八六四	四五一、三五七	六五・〇〇
大正一年（一九一二）	一五、一一九	八、七一〇	五七・六七	八六三、四四七	三四八、二三〇	五一五、二一七	五九・六八

此外，當時造船業已到達能建造六千噸輪船的能力，而汽車製造業亦已開始，其他各種機器，亦皆已能夠自製。餘如由於臺灣的割給日本，使日本的製糖業利用臺灣的原料而大爲發展，又製紙、製絲等各業亦開始發達。

總而言之，中日甲午戰爭後的十年中，輕工業部門皆已發展到了機械化的程度，同時重工業部門的發展亦開始邁進。其較爲具體的情形，則至明治卅六年（一九〇三年）時，全日本的工場總數爲八千二百七十餘所，其中使用原動力機的計三千七百餘所，職工總數共達四十八萬三千餘人，其中女工佔百分之六十二（參閱表二十二）

三、第二次產業革命

中日甲午之戰，不僅使日本完成了以輕工業爲中心的第一次產業革命，同時也是成爲以重工業爲中心的第二次產業革命的基礎。甲午之役後，經過十年的明治卅七年（一九〇四年），日俄發生戰爭，次年日本獲勝。這次戰爭較之甲午之役，規模既大，戰費亦幾達十倍，計花費十七億一千六百萬日元（甲午之役花費一億七千一百零二萬餘元）。這次戰費的百分之七十五，來自國內和國外的公債（國內公債六億四千萬元，國外公債六億九千萬元），因此，引起了通貨膨脹，並促造了日本資本主義發展的另一良機。抑有甚者，這種景氣後來又繼續了下去，蓋因戰後不僅繼續擴張軍備，同時爲開發經營朝鮮、庫頁島以及滿洲，而投下鉅額的資本。於是，在這當中，以重工業爲中心的第二次產業革命，遂應運而發生，從而完成了日本的產業資本主義。

日俄戰爭的結果，日本自俄國獲得了滿洲的煤鐵開採權。鐵礦的供給量提高了，重工業發展的基礎也就鞏固了，八幡製鐵所此時開始了大規模的煉鋼作業，結果，國內的需要量，鐵可以自給五六%，鋼鐵可以自給三八%（參閱表二十三）。又在機器製造方面，無論官營民營，這時亦皆急劇發達（參閱表二十四）。此外原來以蒸氣力爲工廠原動力，現在則以電力代替之，因此提高了工業的技術水準。原來日本的電力事業萌芽於明治二十年（一八八七年），惟當時主要用途係用以照明，迨至日俄戰爭前後，由於發電所建設的急速增加，因此開始大量地採用電力代替蒸氣力做爲工廠的原動力（參閱表二十五）。

表二十三：鋼鐵國內自給率表

年次／數量／種類	明治卅四年至卅八年（一九〇一——一九〇五）的平均			明治四四年至大正四年（一九一一——一九一五）的平均		
	供給（萬噸）	國內自給	輸入	供給（萬噸）	國內自給	輸入
合金鐵 銑鐵	一二・一	四五%	五五%	四七・一	五六%	四四%
鋼鐵	二五・一	五六%	八四%	六八	三八%	六二%

表二十四：機械製造工廠官營民營數目表

年次	工廠數	馬力數	工人數
明治卅三年（一九〇〇）官營機械製造工廠	一五	四、六〇〇	三一、〇〇〇
明治卅五年（一九〇二）官營機械製造工廠	一三二	五七一	七、六七〇
明治四一年（一九〇八）官營的造船、兵器、機械、車輛工廠	四一	六四、〇〇〇	八三、〇〇〇
明治四一年（一九〇八）民營的造船、車輛、機器具工廠	七〇三	二五、〇〇〇	五三、〇〇〇

表二十五：一九〇七年、一九一一年及一九一五年電力發達表

年次	發電所總數目	未滿一百KW	一百至五百KW	五百至一千KW	一千至五千KW	五千KW以上
明治四十年（一九〇七）	一三七	三一	七五	一五	一三	三
明治四四年（一九一一）	三三四	八二	一五六	四三	四四	九
大正四年（一九一五）	六〇四	二三三	二二五	六四	六四	一七

由於軍備擴張的機會，造船業也顯著地發達起來，明治卅一年（一八九八年），日本已有能力建造六千噸次的大型輪船，但到了日俄戰爭之後，在明治四十年（一九〇七年）左右，卻已有能力建造一萬三千噸次的大型輪船和戰艦。在鐵道運輸方面，由於保障軍事運輸的需要，於是政府乃於明治卅九年（一九〇六年）公佈鐵道國有法，並用公債償付辦法，收買了四、八三〇公里鐵道和兩萬五千餘輛車輛。官營和民營的車輛工業，均受保護，過去依靠輸入的火車頭，也能夠在國內自製。

日俄戰爭後的日本產業發展，雖注重重工業，但輕工業仍然繼續地順利發展。明治四十二年（一九〇九年）左右，日本棉布的輸出，在滿洲及朝鮮市場已經凌駕英美，而生絲的輸出，在國際市場上亦已駕乎中國之上，佔了首位。抑有甚者，對外貿易方面，到了明治四十年代（一九〇七年），日商的貿易總額亦已凌駕外商的貿易額了。

以上所述為日俄之戰後日本經濟界的一般動向，惟在這第二次產業革命階段中，日本資本主義經濟的發展，在其演變過程中具有下列數端特色：

①全產業的機械化與大工業化很顯著——明治廿七年至卅一年（一八九四——一八九八年）之間蒸氣動力凌駕水力，降及明治四十二年（一九〇九年）之頃電力取代了蒸氣力。但仍有相當數量的中小工業保留其原狀。②電力業的成長及電力使用的伸展——日本最初的發電為明治二十年（一八八七年），明治卅年（一八九七年）開始採用高壓送電技術，明治三十三年（一九〇〇年）發電所的建設大有進展，明治四十年（一九〇七年）一月的

新設事業計劃中之總工廠數四〇四所，資本金九億餘元之中，電力事業公司有一三七所，佔四億餘元，因此電力自明治卅六年（一九〇三年）的八萬公瓩增加至大正三年（一九一四年）的一一〇萬公瓩，工廠原動力總馬力數與電力馬力數之比率，電力馬力數由明治卅六年（一九〇三年）的六・二%增加至大正三年（一九一四年）的卅二%。③重工業的躍進特別顯著——以明治卅四年（一九〇一年）八幡製鐵所開始生產作業爲起點，明治卅八年（一九〇五年）池貝鐵工所已能自製車床，此舉可說是日本確立重工業的開端，其後至第一次世界大戰發生前爲止，日本的重工業可說大抵已完成。而八幡製鐵所的擴建，以及輪西製鐵所（後改爲日本製銅）、神戶製鋼、本溪湖煤鐵公司、日本銅管等的設立，使日本鋼鐵的自給率提高，以此爲基礎，造船、車輛、機械製作等各種機械製造工業亦隨之發達。④重工業的發展民間企業雖亦有此傾向，但最大的推進力還是國家資本所經營的官營工業。因此，對於資本主義之國家的支配及指導力再度開始加强，尤其是自明治卅九年（一九〇六年）鐵道國有化實現後這種傾向愈益顯著。⑤重工業的發達之主要原因，實緣於擴張軍備的軍事目的，因此，在重工業化過程中國家資本的比重日益增加，結果使日本的資本主義在其發展過程中，極度地呈顯了軍國的帝國主義傾向。

以上二次的產業革命的結果，雖迅速地使生產資本集中、產業集中、銀行集中，使在歐洲各國須花費長時間才能成熟的獨占資本主義，而在日本則在極端時間內便告實現，但這種結果，不但使農業在整個國民經濟中的地位低落，並且使國民的購買力低降。由於消費者購買力的低落，國民生活的貧困，因此，國內市場不能拓展，在這種情況下，生產及投資的增加擴大，終於誘致恐慌及慢性不景氣。因此，在明治四十年、四十一年（一九〇七——一九〇八年）之間，曾發生恐慌，及至明治四十二年（一九〇九年），始漸趨好轉，但至大正二年（一九一三年）時，還是處於慢性不安的狀態。

這種經濟恐慌及不景氣，逐漸地使日本的經濟構造發生變化——即促進了獨占資本或經濟、產業的寡頭支配的發生。結果由於生產資本集中，增加了財閥在經濟界的地位及影響力，並促使了三井、三菱、安田、住友等大財閥控制經濟界的怪現象發生。

四、第一次世界大戰後經濟界的繁榮狀況

自明治末期至大正初年，日本的經濟陷於不景氣的沉滯狀態，這種情形，有部分經濟界人士認爲係日本經濟走到絕路的徵兆。正當日本陷入經濟不景氣的苦悶狀態時，大正三年（一九一四年）第一次世界大戰爆發，這種機運，終於使日本經濟又得以恢復景氣，日本企業界出現空前未有的興盛。

在這次大戰爭中，歐洲先進資本主義國家，無法向戰爭中的國際市場去發展，而日本雖對德宣戰，但幾乎沒有受到戰爭的災禍，於是趁此機會，對中國施其露骨的帝國主義的

壓迫獲得了莫大利權，並向南洋、印度等經濟落後地區傾銷商品，甚且歐美諸國對於日本商品的需要量亦激增。日本在這次戰爭中真正地做了一個腦滿腸肥的漁翁。

表二十六：第一次世界大戰中日本國際貿易情況表（單位日幣千元）

年次	輸出	輸入	出超（＋）入超（－）
大正三年（一九一三）	六三二、四六〇	七九二、四三一	（－）九六、七九一
大正四年（一九一四）	五九一、一〇一	五九五、七三六	（－）四、六三四
大正五年（一九一五）	七〇八、三〇七	五三二、四五〇	（＋）一七五、八五七
大正六年（一九一六）	一、一二七、四六八	七五六、四二八	（＋）三七一、〇四〇
大正七年（一九一七）	一、六〇三、〇〇五	一、〇三五、八三三	（＋）五六七、一九四
大正八年（一九一八）	一、六六二、一〇一	一、六六八、一四四	（＋）二九三、九五七
大正九年（一九一九）	一、〇九八、八七三	二、一七三、四六〇	（－）七四、五八七

在這次大戰中，促使日本企業勃興，經濟獲取鉅利的原因，不外乎是：①歐美商品輸入量之激減乃至杜絕；②作爲歐美商品的代用而輸出激增；③供應交戰國的軍需品之輸出激增；④世界船舶不足，促成日本海運及造船業的激增。由於上述原因，日本的輸出額，這時大爲激增，計大正三年（一九一四年）爲五億九千一百萬日元，至大正五年（一九一六年）即爲十一億二千七百萬日元，約值一點九倍，更至大正八年（一九一九年）增爲廿

億九千八百萬，值三點四倍；在此以前，日本乃入超國家，而自大正五年（一九一六年）至大正七年（一九一八年），每年造成了數倍日元出超的紀錄（參閱表二十六）。至於就輸出額之總額而言大正四年至七年的四年間共計五十四億日元，此數目乃相當於以往平時十年間的輸出總額。

現貨的激增，除由於貿易出超外，更因海運船舶租賃等獲得莫大的傭金運費，大正七、八年間（一九一八—一九一九年）的收入達四、五億元之多。船舶噸數亦由大正三年（一九一四年）的一五九萬噸而增至大正八年（一九一九年）的二八七萬噸，一躍而成爲世界第三位的海運國。便宜的日本商品由日本船運往世界各地港口，此現象正象徵了大戰中日本經濟的繁榮。

表二十七：第一次世界大戰中農、工生產額比率表

年次	農業	工業	水產業	礦業	共計
大正三年（一九一四）	四五・四％	四四・四％	五・一％	五・一％	一〇〇％
大正八年（一九一九）	三五・一％	五六・八％	三・八％	四・三％	一〇〇％

在第一次世界大戰前的日本，農業生產額較之工業生產額爲高，例如大正三年（一九一四年）的農業生產額爲十四億日元，工業生產額爲十三億七千萬日元，但到了大正八年

農業生產額之上（參閱表二十七）。（一九一九年）其情形爲四十一億六千萬日元對六十七億四千萬日元，工業生產額凌駕於

工業方面的增產情形，輕工業中的紡織、製絲仍然佔重要地位，其生產方式完全爲機械及大規模化。自大正三年至七年（一九一四—一九一八年）的生產量，生絲由一萬八千三百噸增加至二萬九千六百六十噸，約增六〇%，棉花則由一百六十七萬梱增至一百八十萬梱，約增八%。生絲的輸出在大正五年（一九一六年）約二億七千萬日元，到了大正十年（一九二一年）增至四億二千萬日元，由片倉、郡是等大企業掌握絲織業之牛耳。同時因在日本國內勞工工資昂貴，於是紡織業者乃在中國各地投下資本建造紡織廠，利用中國境內便宜的勞力與棉花，以期確保控制中國市場。

重工業因在大戰中日本本身的擴張軍備，以及對同盟國方面提供大量的軍需品，這時可說是到達了極峯。其具體情形，機器工業由大正二年（一九一三年）的一億一千一百萬日元，增至大正十二年（一九二三年）的三億九千二百萬日元，即增加了四倍，鋼鐵生產在這十年中也增加了七倍，電力則增加了二點八倍。這種生產增加結果，船舶、工作機械、火車頭、原動機等皆能自給自足而不必再依賴外國，甚且已可向亞洲地區輸出。此外機械工業及肥料、染料、藥品等化學工業，亦由於海外市場之需要激增而大爲勃興。這種種工業部門的勃興，造成了日本國內一種黃金時代。但自全般而觀之，全工業生產中之百分之七十仍爲輕工業。蓋日本之重工業之凌駕輕工業乃遲至第二次世界大戰發生之頃。

表二十八：公司所投資本金集中表

年次	所投資本金額（單位百萬元）						所投資本金額之百分比%				
	十萬元未滿	五十萬元未滿	百萬元未滿	五百萬元未滿	五百萬元以上	計	十萬元未滿	五十萬元未滿	百萬元未滿	五百萬元未滿	五百萬元以上
明治卅八年（一九〇五）	八九	一六二	九〇	一七八	三三八	八五八	一〇·三九	一八·九一	一〇·五四	二〇·七四	三九·四二
明治四四年（一九一一）	一〇三	二三二	一五〇	三一八	四九八	一、三〇〇	七·八九	一七·八一	一一·五〇	二四·四五	三八·三五
大正三年（一九一四）	一三七	二八六	一七五	四六六	七〇七	一、七七〇	七·七四	一六·一八	九·八六	二六·三〇	三九·九二
大正五年（一九一六）	七七	二四五	一八三	五八〇	一、〇〇五	二、〇九一	三·七一	一一·七三	八·七六	二七·七四	四八·〇六
大正八年（一九一九）	一〇九	三九一	四〇二	一、四六七	三、〇四七	五、四二六	二·〇一	七·二二	七·四三	二七·〇八	五六·二六
大正十年（一九二一）	一三四	五七〇	五七五	一、九九三	四、八四四	八、一一六	一·六五	七·〇二	七·〇九	二四·五六	五九·六九
大正十三年（一九二四）	一五〇	五六一	五六一	二、〇二七	五、八八〇	九、二五五	一·六二	六·八八	六·〇七	二一·九〇	六三·五五

隨著產業的發達，企業的規模亦爲之擴大，資本集中於少數大資本家，促成了奇型的獨占資本的發展。由公司數目及所投資本金劃分其規模時，資本金在五百萬日元以上的公

司大正三年（一九一四年）時占公司總數的〇．三七%，其資本則占資本總額卅八．六%。至大正八年（一九一九年）時占公司總數的一．七七%，資本則占五三．六%。資本一百萬元以上的公司，資本總額的比率，大正三年時爲六二．八%，大正八年時爲七九．三%（參閱表二十八）。

除了上述生產資本集中之外，銀行資本亦呈露集中的趨勢，銀行總數減少，小銀行爲大銀行所吞併吸收，各行繳足的資本及公積金增加（參閱表二十九）。在這種現象下，財閥系銀行的獨占力，日見增大（參閱表三十）。當時對日本經濟操著最大的支配力的是三發、三井、住友、安田等既成的財閥。

表二十九：全國普通銀行數、分行數，一行平均繳足資本金、公積金表

年次	銀行數	分行數	一行平均繳足資本金（千元）	公積金（千元）
大正二年（一九一三）	一、六一四	二、〇九九	二四三	七六
大正八年（一九一九）	一、三四四	二、五六三	五三六	一二九

第一次世界大戰爲日本資本家帶來了「天佑」的好機會，使日本資本主義完成了突飛猛晉的大發展，結果財富增加，超過了從前的記錄。以前每年須有九千萬元國債的加上，現在竟能夠於清償外債之外，尚有十億元的積金。這種臨時性的經濟景氣，實因日本能充

分利用戰時國際市場，有以致之。迨至戰爭一結束，即當歐美各國恢復平時生產後，已不須日本的商品，在這種情況下，日本在國際市場已無法暢銷其商品。因此，自大正七年（一九一八年）大戰告終時起，戰時飛躍的日本資本主義，即開始發生困難。及至次年，日本貿易轉成了入超，戰爭期間所積蓄的外匯急速地減少。

表三十：大銀行資本金增加表

銀行名稱	所投資本金（千元）		昭和二年（一九二七年）	
	大正二年（一九一三年）末	大正十二年（一九二三年）末	繳足資金（千元）	公積金（千元）
橫濱正金	三〇、〇〇〇	一〇〇、〇〇〇	一〇〇、〇〇〇	一〇〇、〇〇〇
安田銀行	一〇、〇〇〇	九二、七五〇	九二、〇〇〇	一五〇、〇〇〇
三井銀行	二〇、〇〇〇	六〇、〇〇〇	六〇、〇〇〇	一〇〇、〇〇〇
三菱銀行	一、〇〇〇	三〇、〇〇〇	六二、五〇〇	一〇〇、〇〇〇
十五銀行	二三、五〇〇	四九、七五〇	六八、一一六	一〇〇、〇〇〇
第一銀行	一三、四三八	四三、一七五	五七、五〇〇	五七、五〇〇
住友銀行	七、五〇〇	五〇、〇〇〇	五〇、〇〇〇	七〇、〇〇〇

戰後不景氣，在大正九年（一九二〇年）正式爆發，是年三月公司股票暴跌，米、棉

絲、生絲等價格暴落，許多公司、銀行、商業皆被迫倒閉或休業，全國被前所未有的恐慌所襲。政府雖曾令日本銀行及大藏省預金部放出多額資金，實行信用膨脹的辦法以資救濟，但入超仍未扭轉，對美匯兌日益低落。

在不景氣的現象，日益深刻之下，大正十二年（一九二三年）九月一日發生了「關東大震災」，損失十九萬餘的人命及五十五億財富，多數產業建設被破壞，因此，又引起了新的恐慌。政府爲了復興工作一方面發行國內公債，另方面向外國募借外債，因此更引起了經濟膨脹的不景氣，最後更引起了昭和二年（一九二七年）的金融恐慌。抑有甚者，大正十四年（一九二五年）政府因入超激增爲補救外匯率的暴跌，開始將現金運往美國（即所謂「金出口解禁政策」），而不得不從當時的通貨膨脹政策轉變爲緊縮政策，於是物價立時下跌，公司銀行的利率開始降低，基礎較弱的公司、銀行也就隨之發生動搖。結果昭和二年（一九二七年）四月臺灣銀行、與宮內省有往來的第十五銀行以及關西的三十家以上的銀行被迫休業，股票市場大跌，許多企業破產，至昭和六年（一九三一年）三月全國七七四家銀行中，有五十八家被迫休業。政府雖採取「延期償付」（Moratorium）的保護政策，以圖挽救，但這種措施，更助長了日後日本經濟的獨占傾向。

五、日本資本主義的崩潰

政府爲解救因一九二三年九月發生之「關東大震災」所引起的經濟恐慌，曾實行黃金自由出口的所謂「金解禁政策」，結果外匯行價提高，物價暴跌，幣值增高，基礎薄弱的事業，露出破綻，而造成人民失業。降及昭和四年（一九二九年）秋又碰上了世界恐慌的襲擊，在內外交迫下，自昭和四年至六年（一九三一年），使日本財經界陷入了空前所未有的大恐慌的深淵。結果，中小企業紛紛倒閉，日本國內失業人員充滿街頭，勞資糾紛激劇增加，又因米價跌落，兼之歲荒，使得日本農村經濟陷入不振苦境。在這樣的大恐慌當中，大資本卻促進了「企業同盟」（Cartel），大財閥卻愈益鞏固了地位，甚至於組織了企業托拉斯。政府甚至於制頒「重要產業統制法」，以國家權力來强化大財閥對主要產業的統制力。這種企業同盟托拉斯的組成，一面維護利益，一面使大資本對於產業的控制支配，由工業而推展至商業、農業，三井、三菱、住友等大獨占資本對全產業的支配力，擴展至未曾有的强大程度。

昭和六年（一九三一年）九月發生的「九一八事變」，爲日本正式侵略中國的野心的暴露，當時日本政府又擴張軍備而採取通貨膨脹，暫時和緩了經濟恐慌的現象。惟在滿洲事變發生不久，英國宣佈停止金本位制，此舉使日本商品的國際出口，更感困難，兼以中國又發動排斥日貨運動，因此，更使日本貨品無法向國外銷售。在這種情況之下，國家財政年年恐慌，不能平衡，完全賴公債度日，通貨膨脹日甚一日。

這一時期由於所謂「軍需景氣」的刺激，因此工業生產的發展激增，其中尤以重化學工業的生產額壓倒了輕工業，改變了明治以來產業結構的比重。此現象正顯示了產業機構已逐漸轉移於戰時體制，同時國家的加强統制以及以國家資本爲中心的獨占型態的擴大。例如陸海軍工廠的大量的擴張，遂使國營工廠數到了昭和十一年（一九三六年）增加至五五〇座以上。軍事產業的基礎部門的製鐵業，雖於昭和八年（一九三三年）曾將八幡製鐵所移歸民營，且將輪西製鐵、釜石、鑛山、富山製鋼、三菱製鐵、九州製鋼等合併創立日本製鐵，但約占八〇%的國家資本則爲三井、三菱等財閥資本所統合而形成鉅大的獨占資本。此外汽車、飛機以及化學工業皆配合軍事需要而急激地勃興。至於輕工業則因在所謂準戰時體制的强化以及受到國家强烈的統制，因此全面的縮小了其規模。在政府這種獨占統制政策之下，除了舊有的財閥之外，又產生了從事於化學工業、汽車、以及飛機製造工業等軍事工業部門的新財閥日產及中島。而這些與軍部及政府相勾結的所謂「死的商人」，既因戰爭而興起，惟他們又重新誘發準備另一場新的戰爭。蓋當戰爭一終結，則被擴大的生產必然陷入停滯而產生新的經濟危機。這種經濟危機，惟有擴大新的戰爭才能避免。基於這一理由，當滿洲事變結束後，日本又開始另一場侵華戰爭。

當時由於軍事費的擴大（參閱表三十一），使國家的年度預算年年增加。政府爲了彌補預算赤字，除發行公債外，又增加銀行的貨幣發行額，這種措施當然誘致了通貨膨脹。另一方面，當時一般物價，無論輸入品或輸出品，皆逐漸高張，日元貶值達百分之五十，兼以勞工工資的減低（參閱表三十二），而農村則發生豐年饑饉，因此，使人民生活愈益困苦。

表三十一：財政膨脹情形表（單位百萬日元）

年次	歲出總額	軍事費（百分比）	公債總額
昭和六年（一九三一）	一、四七六	四六一（三一・二%）	四五八
昭和七年（一九三二）	一、九五〇	七〇二（三五・九%）	一、〇九七
昭和八年（一九三三）	二、二五四	八五三（三七・九%）	一、一〇五
昭和九年（一九三四）	二、一六三	九五一（四四・〇%）	一、〇六三
昭和十年（一九三五）	二、二〇六	一、〇四二（四六・一%）	一、〇五一
昭和十一年（一九三六）	二、二八二	一、〇八八（四七・七%）	二、八七一

自滿洲事變以後，軍部和右翼的直接行動突盛，先後發生了「血盟團事件」（一九三二年），「五・一五事件」（一九三二年），「二・二六事件」（一九三六年），而內閣在軍部控制之下，只有俯首聽命，增加軍費。其實際情形，如昭和十二年（一九三七年）

至昭和十六年（一九四一年）之間，一般預算由卅億元增至八十七億元，但軍事特別預算，則由廿五億元增至一一五五億元之鉅，其激增數目之大，誠足驚人。

表三十二：勞工工資定額、實收指數表（一九二八年為一〇〇％）

年次	總指數		男工		女工	
	定額工資平均％	實收工資％	定額工資％	實收工資％	定額工資％	實收工資％
昭和四年（一九二九）	九八·六	一三〇·九	九八·六	一〇二·六	九七·四	九六·四
昭和五年（一九三〇）	九六·二	九八·七	九六·二	九七·三	九四·〇	八七·四
昭和六年（一九三一）	九一·三	九〇·七	九一·五	九二·〇	八七·九	七七·四

昭和十六年（一九四一年）十二月八日日本海軍偷襲珍珠港的美國海軍基地，惹起了太平洋戰爭的滔天大禍。此後它與經濟力量較强於它的美國爲敵（參閱表三十三），遂使軍國主義的日本經濟，從此陷入了最後崩潰的悲境。這次的戰事爆發後，日本政府爲了彌補經濟上的不平衡，遂加强戰時經濟的統制；但另一方面，爲了戰時通貨膨脹的加速進行，結果引起一般物價的激漲，生產力的低下，國民生活的窮困，最後招致戰時經濟的總崩潰。

戰時通貨膨脹，是由於軍費支出的浩大所引起的。自太平洋戰爭發生後，日本軍費支出，逐年增加，尤以戰爭後期更爲顯著（參閱表三十四）。例如戰爭結束前一年——昭和十九年（一九四四年）的支出總額爲一千六百二十五億日元，較之滿洲事變前歲出六十三億八千萬日元，增加廿五倍之鉅。同年的國民所得估計爲八百零九億日元，其中軍費支出則達七百卅五億日元，約占九一％。然這並非全部實際戰費，此外如預算外的國庫負擔契約、民間賦課獻金、民間金融機關貸與的軍需工業資金等，實際皆爲戰爭直接用去，爲數當在一千數百億日元。

由上觀之，財政破產的情形，令人可驚。當時政府爲了應付這種鉅大的軍費支出，曾採用增稅，發行公債，及其他强迫儲蓄等强力手段，然此皆不能挽救垂死的經濟命運，通貨膨脹，不僅無法避免，並且速度逐漸加劇。所發行的戰時公債實際數字，在昭和十七年（一九四二年）末計四百十七億八千萬日元，到了昭和廿年（一九四五年）三月底增至一千五百零七億九千萬日元，計增加三．六倍。這些戰時公債的半數以上爲一般金融機關所保有，它們把這些戰時公債作爲擔保品，向日本銀行借入資金。在這種急劇的通貨膨脹現象下，日本銀行只有濫發紙幣，以應付這種局面（參閱表三十五）。通貨膨脹的結果，引起了國內物價不斷上漲（參閱表三十六），結果使國民生活陷入窮困。戰時日本雖厲行公定價格，嚴禁商人抬高物價，但因物資的缺乏，實際交易賣買並不依照公定價格，於是終於出現黑市價格。

表三十三：太平洋戰爭發生前一九四一年（昭和十六年）日美經濟力比較

種類	日本	美國
國民總生產額	四三〇億日元	一、二六四億美元
外國貿易額輸出	二六・五〇億日元	五一・五三億美元
外國貿易額輸入	二八・九八億日元	四三・七四億美元
人口	七二、七五〇（千人）	一三三、二〇三（千人）
煤礦生產量	四、六三四（千噸）	四三、一三〇（千噸）
原油生產量	二三（千噸）	一五、七八九（千噸）
發電量	二、七八七（百萬公瓩）	一三、七三三（百萬公瓩）
鐵及鐵合金生產量	三五九（千噸）	四、二二七（千噸）
鋼鐵生產量	五七〇（千噸）	六、二六二（千噸）
銅生產量	八・四（千噸）	七六・九（千噸）
水泥生產量	四八六（千噸）	二、三七二（千噸）
鋁生產量	五五（千噸）	二八〇（千噸）
汽車生產量	二、七五〇（輛）	二三八、九〇〇（輛）
商船現有噸數	四、四七五（千噸）	一一、七八八（千噸）

表三十四：昭和十六年至廿年（一九四一——一九四五）日本歲出統計表（單位百萬日元）

年次＼項目	一般會計歲出	特別會計歲出	臨時軍費特別會計	地方財政歲出	共計
昭和十六年（一九四一）	八、一三三	二七、七一七	九、四八七	三、五〇二	四八、八三九
昭和十七年（一九四二）	八、二七六	三五、五五四	一八、七五三	三、七九八	六六、三八一
昭和十八年（一九四三）	一二、五五一	五〇、六二一	二九、八一八	四、七四一	九七、七三一
昭和十九年（一九四四）	一九、八七一	六四、九一三	七三、四九三	四、二三一	一六二、五〇八
昭和二〇年（一九四五）	二一、四九六	七八、三五五	一六、四六四	一〇、五六〇	一二六、八七五

表三十五：昭和十六年至廿年（一九四一——一九四五）日本銀行紙幣流通額（百萬日元）

年次	紙幣流通額	增加率（以昭和十四年末爲一百）
昭和十六年（一九四一）末	五、九七八	一二五
昭和十七年（一九四二）末	七、一四八	一四九
昭和十八年（一九四三）末	一〇、二六六	二一四
昭和十九年（一九四四）末	一七、七四五	三七〇
昭和二〇年（一九四五）七月末	二八、四五六	五九二

表三十六：昭和十六年至十九年（一九四一——一九四四）
日本國內物價指數表（一九三七為一百）

年次＼項目	批發物價指數		零售物價指數	
	公定	實際	公定	實際
昭和十六年（一九四一）	一三八	一五五	一五〇	一八八
昭和十七年（一九四二）	一四九	一九八	一五五	二四四
昭和十八年（一九四三）	一五八	二四四	一六五	二八八
昭和十九年（一九四四）	一七六	二八六	一八四	三七七

在太平洋戰爭期間，日本既與英美對立，它的對外貿易，也揭示著逐年萎縮的現象（參閱表三十七）。平時其國內工業所需原料，原來大部分依賴英美等國的供給，現在來源斷絕，因此遂使國內軍需工業生產減退。根據日本經濟界的統計，工礦方面，以昭和十年（一九三五年）即中日戰爭開始三年爲基準，昭和十九年（一九四四年）降爲八六%，昭和廿年（一九四五）即日本投降之年，更降爲二八・五%。迨及昭和廿年美國强烈轟炸日本國內各大都市及工業地帶，其生產能力大受影響，據統計戰時工業因遭美機空襲而喪失的生產能力，計生產機械六七%，工作機械六五%，精密機械六五%，電氣機械三七%，鑄鋼業四〇%等。至此日本的經濟生產能力，根本窒息，八十年以來以戰爭起家的

日本資本主義，至此完全總崩潰。

表三十七：昭和十二年至廿年（一九三七——一九四五）日本輸入價格統計（單位百萬日元）

年次／項目	輸出	輸入	輸出（依物價指數修正）	輸入（依物價指數修正）
昭和十二年（一九三七）	三、一七五	三、七八三	二、三九九	二、八五九
昭和十六年（一九四一）	二、六五〇	二、八九八	一、四四五	一、五八一
昭和十七年（一九四二）	一、七九二	一、七五一	九〇九	八八八
昭和十八年（一九四三）	一、六二七	一、九二四	七七八	九二〇
昭和十九年（一九四四）	一、二九七	一、九四四	五五七	八三五
昭和二〇年（一九四五）	三八七	九五三	一四〇	三四五

第二十六章　近代日本社會的形成與社會運動

一、封建武士社會的解體與士族的地位

儘管有人說，日本的明治維新是一種政治革命，同時也是一種社會革命，但嚴格說來，除了公元六四五年的大化革新係把以往散漫的民族社會的國家體制，轉變成中央集權統一社會的體制，具有劃時代的意義之外，明治維新在社會方面的改革，並不能算是一種社會革命。因爲明治維新以後，從前舊社會的階級殘餘，還善以保存，皇族貴族僧侶，都還優越的存在著，過著奢侈的寄生生活，資本家財閥軍閥及官僚政客，也都是舊統治階級的轉變，所以明治維新後日本的統治階級仍然以世襲爲特色，農民及勞動者在貪婪的統治階級數重殘酷剝削之下，生活往往陷入絕境。誠如戴季陶先生所說：「現代日本上流階級、中流階級的氣質，完全是在『町人根性』的骨子上面，穿了一件『武士道』的外套。這種氣質，

雖不能說上中流階級全部都是如此，但頂少都有一大半。……軍閥和官僚，不用說是『武士階級』的直系，那最有勢力的資本家和工商業的支配者，不用說就是『武士』、『町人』的混合體。……因爲多數人的權利，並不是自己要求得來，是由少數人自己讓出來給他們的。而且從祖宗以來，幾百年遺傳下來的被治性，決不是短期間裏面可以除得了的」。

再從日本的近代化的特殊性之根源而言，明治以後佔絕對大多數人口的農村，仍然與前近代的狀態相釘住。儘管近代的工廠工業之發達，但農業技術與農業經營的近代化並未推行，只要是往昔的依賴於肉體勞動的零細經營尚繼續，則農民的生活與意識，永遠只有固著於前近代的低水準。被近代化的都市與繼續停滯於前近代的農村之差別，較之江戶時代更爲顯著，因此，農村的非近代性成爲阻礙都市近代化的重要原因。即使在商工業的領域，雖然有技術、經營皆已近代化的大企業，但另一方面卻又有技術及經營惡劣的中小企業的廣汎的再生，同時勞動者階級亦不能徹底於近代的勞動階級的生活。此外繼續著零細經營的小農，依然依存於村落共同體，因此，個人之欲獨立於封建性之「家」亦極爲困難。在家庭的內部個人的獨立並未被承認，對於家長的隸從容忍的心理狀態，遂使一般人甘受國家對於個人的自由的否認，結果只有隸從於天皇的權威，而支配階級，亦以天皇制國家，即「國體」爲基礎，積極地維持封建的家族制度。抑有甚者，在以君權主義爲原則的明治憲法公佈後，所制定的戶主、家督相續、男女不平等之制度的民法，更足以表現了明治維新後，封建體制色彩尚存的證據。以上所述種種益足以證明明治維新的推翻幕府體制政權，使王政復古，在政治上固屬具有革命性的改革，但在社會改革而言，只是一種急激的革新，並未具備革命本質。申言之，明治維新之後日本尚具有根深蒂固的封建性格，其結果只是把傳統的社會體制移植到現代社會中。

明治維新之初，維新政府厲行的社會改革情形，已於前面敘述過，此處不再贅述，不過王政復古後，承認四民平等之制，這對於千餘年來，以武士階級爲社會的中心及政治權力之所寄的社會組織，予以莫大的變動。從前的「士農工商」的區別，現在族籍上的區別爲「華、士族、平民（平民包括農工商）」，其中除少數華族之外，士族與平民殆已平等，他們得以一個平民的身分，自由平等地從事社會活動及生活，既不使用特權，亦不受封建關係的約束。根據明治六年（一八七三年）的調查，全日本人口三千三百廿九萬八千

表三十八：明治六年（一八七三年）一月調查的族籍別人口如下所示：

	各族別人口數	百分比
總人口	三三、二九八、〇八六	一〇〇·〇〇
華族	二、八二九	五·七〇（華族、士族、卒、地主合計）
士族	一、五四八、五六八	
卒	三四三、八八一	
地主	三、三八〇	
僧	二〇七、六六九	〇·八七（僧、舊神官、尼合計）
舊神官	七六、一一九	
尼	九、三二六	
平民	三一、一〇六、五一四	九三·四一

餘人之中，平民佔百分之九十三點四，士族佔百分之五點六，華族佔百分之零點零八，其他神官僧尼等共佔百分之零點零八。

明治維新的成功，雖然得力於一部分下級武士忠心耿耿的勤皇熱情，這一部分在維新政府成立後，固然是飛揚跋扈，出將入相，高居廟堂之上，掌握國家軍政大權，但大部分的武士，自廢藩置縣以後，世襲的財產被剝奪了，知識上的特權，被教育普及制度削去了，武士職務上的特權，被徵兵令打消了，他們既失去了世襲的財產，又失去了世襲的職業，爲了想獲得生活上的安全，只好放棄了「武士道」的門面，追隨時代潮流，努力開拓新的生命，向工商業上去討生活。雖然政府當時實行武士授產，但是絕大多數武士，向來不慣說謊話，向來不慣拿算盤，向來是不懂拿工具，甚且亦不慣向人低頭作揖，一旦和那些「町人」去競爭，没有不失敗的。當他們在新的生活環境下，受到挫折，難免遷怒於新政府的種種改革，於是在憤懣之餘，遂展開要求再行改變政治形態而恢復舊制的運動，舉凡對歐化經濟政策、自由貿易、徵兵制度，以及外人雜居等，一律反對。這種不滿現狀的反抗運動，甚至於採取武力的恐怖行動，迨至明治十年（一八七七年）的「西南之役」，發展至最高潮，自該役失敗後，没落的士族深悟了欲爭取生活上的保障，必須放棄武力的反抗運動，以言論督促政府才是最有效，大勢所趨，終於啓開了自由民權運動，以及政黨運動的先河。如明治十三年（一八八〇年）三月，愛國社在大阪召開第四次大會時簽名於「國會開設請願書」的九十六名代表中，士族竟佔六十八名。

儘管有一大部分從前的武士階級，隨著封建體制的崩潰而陷入生活困境，但有一部分卻依憑其因曾受教育的智識爲武器，在「文明開化，普及教育」的要求下，轉向教育事業，從事新命運的創造。明治十六年（一八八三年），中等學校教師的百分之七十三，小學校教師的百分之四十爲士族出身。至於就培養「富國强兵，殖產興業」的建國人才的新式教育——尤其是高等教育，接受此項教育者幾乎全屬士族的子弟，例如在大學先修班的大學預備門在學者，明治十一年（一八七八年）百分之八十一點八是士族子弟，又就到明治十八年（一八八五年）爲止的畢業生而言，北海道大學前身的札幌學校有百分之七十五點七，一橋大學前身的東京商業學校有百分之五十二點六皆爲士族子弟。因此，失去舊有的特權及經濟基礎的士族之子弟，把教育做爲活用社會活動的手段，與憑藉取得學歷而提高社會地位。於是這批具有新知識的士族，由於學有專長，在政治上固然擁有終南捷徑，在經濟界的活動，成了產業資本家，即使在社會言論界方面的重要地位，亦多爲士族出身的人所佔有，近代日本的社會領袖，殆皆進步的士族。根據明治十三年的調查，中央、地方官吏之中百分之七十四爲士族，至於明治廿三年（一八九〇年）七月一日舉行有史以來的第一次衆議院議員選舉時，結果，三百名當選的衆議員中，士族佔一〇九名，平民雖佔有一九一名，但若以全國人口的士族與平民的比率而言，士族的當選率高於平民，蓋當時全國人口三千九百三十八萬二千一百餘人（北海道、小笠原、沖繩除外）之中（有選舉權者只有四十五萬零三百六十五人，約佔全人口的百分之一點四）士族只不過一百九十七萬餘人，申言之，每三百名人口之中，士族不足十五人，但士族在衆議院議員名額卻佔了三分之一强的地位，若加上貴族院的議員，則可知舊時封建體制下的統治階級，在明治維新後尚佔有優越政治地位，何況他們往往利用政治上的優越地位，經營工商業，因此，不但在政界，即使在企業界又成爲舊士族階層活躍的天下了。（參閱表三十九）

表三十九：支配階層的舊封建身分表

父親的封建身分	產業界		政界	
	一八八〇	一九二〇	一八八〇	一九二〇
公卿、大臣	〇	〇	一二	四
武士	二三	三七	七九	四六
上級武士	一	八	七	三
中級武士	一〇	二	二三	一一
下級武士	八	八	三八	一八
農民	二二	二一	六	三八
鄉士	三	二	四	七
村幹部族長	一四	一七	一	二六
商人	五五	四二	三	一二

資料來源：萬成博：「ビジネス・エソート」五三、八四頁。

二、女性的自覺及其社會地位的提高

如前所述，日本在建設近代化社會的過程中，其至急之務乃採取「文明開化」政策，廢除封建的身分制度。明治二年（一八六九年）版籍奉還之際，政府乃廢除公卿、諸侯的稱號而改爲華族；廢除其家臣而改爲士族，並以農工商三者爲平民。又准許平民稱姓氏，華族與平民可以通婚，並允許人人享有職業、居住、遷徙、所有的自由。可是以往的傳統社會，女性並無地位，因此，儘管明治維新之後，在「四民平等」口號下，似乎人人皆有平等地位，但那只是男性的權利。

日本是久受中國文化薰陶的國家，因此日本人的家庭也是丈夫本位，男女居室，權利差等，妻的人格並不獨立。日本的婚姻，只是男女互相願意不算合法，由父母顧問是必要的手續，所謂「父母之命，媒妁之言」是也。婦女出嫁後，在家爲奴隸，外出若隨從。日本女性是和善勤勞恭順的。「三從」是絕對的，「四德」是個個講求的。日本人可以自由賣掉自己的女兒，社會上毫不爲怪，甚而把賣掉女兒的代價拿去宿娼，也不受社會的責備，因爲這是父親的權利。丈夫向妻子發威甚而毆打，妻子還不能反抗，只能逆來順受，而和顏悅色的說：「對不起，請原諒」，丈夫之對於妻女，有的甚至超過暴君之對於臣民，其在家庭中的地位，有如封建家臣之對待其奴隸，毫無自由權利可言。她必須擔負多種苛重的義務，究竟婦女祇不過被男人視做爲獲得子孫——即傳宗接代的一種器具而已。

可是自明治維新之後，隨著歐美文化的不斷地輸入，以往對於婦女的那種桎梏束縛，亦逐漸在歐美文化的衝擊下逐漸鬆懈，所謂「男女平等」、「男女同權」的呼籲亦逐漸出現。以往在德川幕府時代不准婦女入劇場觀賞的摔角，到了明治五年（一八七二年）十一月已有婦女觀賞。就婚姻而言，到了明治六年（一八七三年）不但允許婚姻自由，除了本國人之間不分身分可得自由通婚外，甚至於與外國人之間的通婚亦被准許，抑有甚者，夫婦的自由離婚，亦允許由妻方提出。其次對於娼妓、藝妓制度，亦基於一切人在法律之前平等的精神，而申令予以解放。明治十年（一八七七年）代，隨著基督教的流傳，「一夫一妻」制的原則已在教徒之間被嚴格遵守，影響所及蓄妾之風氣亦逐漸衰頹，即使有人蓄妾亦不敢公開宣揚。抑有甚者，自明治五年（一八七二年）頒佈有關學制的敕諭後，對於一般女子亦給以受教育的機會，同年有東京女學校的成立，繼之又有東京女子師範的出現，其後陸續有官公私立女學校的設置，基督教傳教士所設立的女學校亦紛紛出現，這種新生的氣象，促成了一般婦女之間有一種革新氣運的自覺。在這種氣運之中，景山（福田）英子及岸田（中島）湘烟可說是當時的兩位巾幗英雄。景山英子出生於備前岡山的藩士之家，質性聰穎活潑，學識俊秀。曾在鄉里創辦蒸紅學舍的女校，計劃開發女性之智德，矯正卑陋之弊風，但終被官憲禁止而告停頓，憤怒之餘，一氣之下前往東京寄寓於自由派新聞記者坂崎斌的塾舍，埋首讀書，後來和自由黨左派之士大井憲太郎等因企圖幫助朝鮮獨立黨，購置槍械準備偷渡韓國，事洩被捕繫獄。中島湘烟，本姓岸田，名俊子，文久三年（一八六三年）生於京都，學問詞藻勝於景山英子，早就提倡民權自由說及男女同權之説，明治十五、六年（一八八二、八三年）之際，當自由改進兩黨之組織受到挫折時，她以一個女性民權家的姿態到處演講，發揮其滔滔辯才，以伸張女權及民權。後被官憲所忌而曾拘禁入獄，出獄後和自由黨名士中島信行結爲夫婦，後來積極助夫活躍於政界。此兩位巾幗英雄，在當時雖開啓婦女爭取男女同權的風氣，但因日本久受鎖國傳統封建風氣束縛，致無法掀起一股雄壯的大勢力。

降及明治二十年（一八八七年）代，因極端歐化主義盛行結果，引起了國粹保存論的勃興，後來明治廿七、八年（一八九四、九五年）代，中日甲午之役後，國家至上主義等日本主義大爲盛行，此一風尚所及影響到婦女界，於是洋裝束髮被廢掉，代之以振袖丸髷之風、茶湯、插花等古式遊藝的復蘇，使婦女又重返到封建社會的往昔生活。在這種環境下，青年女作家樋口一葉（夏子）挺胸而出，替女性申張不平，她以爲人生是不如意的，被苦楚的命運所詛咒，於是只有悲痛、哀泣、愁苦，而沒有歡樂。生活於這樣的人生裏的婦女是不幸的。不合理的社會，與黑暗的人生虐待女子，使她們煩惱痛苦。人生是悲哀之谷，社會如冷石一般。她雖然帶了這樣哀世的色彩，但是她以被虐待的女性的資格，執著激烈的反抗態度，替當時的女性申怨。

另方面，當歐化主義高漲時代的明治十八年（一八八五年），福澤諭吉曾著有「日本婦女論」一書，申論日本婦女的本質之改善，替女性申鳴不平，繼之於翌年（一八八六年）又著「男女交際論」，主張女性應自家庭解放出來，公開參加社交活動，鼓吹男女兩性的平等。餘如外山正一、中村敬宇及新島襄等亦撰文主張男女平等。中日甲午之戰後，由於日本主義的盛行，結果引起了尼采的個人本能主義的興起，這一思想潮流影響及於婦女問題，於是在明治卅四年（一九〇一年）以金光黨之名義而發表的「女子新論」，對於加之於婦女的不法壓迫予以論責曰：「賢妻良母固爲女子之一大任務乃無庸贅言的，但倘若男人而不能爲良父賢父，則不可能祇要求女子如此做，然倘只壓迫强制女子則其只是片面的無理要求。男女兩性在形體上、心情上並無差別，只是女子因能生殖育子而與男子有異而已」，極力主張男女同權。

日俄戰爭後，由於女子高等教育的普及，以及因自然主義、社會主義的洗禮而破壞傳統的新風潮，促進了婦女從牢固的封建家族制度的束縛解放出來的勇氣。其先驅者爲與謝野晶子、福田英子及管理すかろ等人。她們發行「明星」雜誌，主張戀愛與藝術，勇敢地提倡戀愛的權能，並倡導本能的解放。降及明治四十四年（一九一一年）九月平塚明子（雷鳥）、中野初子、木内錠子、保持研子、物集和子等組織「青鞜社」，發行「青鞜」雜誌，平塚明子甚且在創刊詞中宣明「原始時代，女性實是太陽，是真正的人，但是現在女性已變成月亮，依靠他人而生，依靠他物而始能發出光亮，是像病人的蒼白的月亮，我們冀圖把早已隱没的太陽，重新恢復過來」，積極地從事婦女解放運動。

降及大正年代，提倡「人格主義」的阿部次郎、安倍能成、高村光太郎、生田長江等，基於同情心理協助青鞜社的婦女解放運動工作。以往被視爲賤業的女歌手或女伶，到了大正七年（一九一八年）以後出現了松井須磨子、栗島みす子、三浦環等三大女伶，遂使以往的舊觀念有所改變。大正時代由於受到民主主義思潮盛行感染結果，平塚明子、奥むめわ等於大正九年（一九二〇年）三月創立了「新婦人協會」的女性運動的組織團體。這一婦女團體的宗旨，不外乎主張男女的機會均等、男女共校、男女的協力，排除一切違反擁護婦女、母子之權利的障礙，並要求婦女參政權。該團體擁有多數的支部及約四百名的會員，發行機關誌「女性同盟」月刊，每月發行二千册。「新婦人協會」的會員以女教師、女性新聞記者、打字員以及職業婦女佔絕大多數。在其影響下大正九年成立了「婦人事務員組合」、「打字員組合」，大正十年以基督教婦人矯風會的久布白落實女士爲中心組織了「日本婦人參政權協會」，由於多位婦女界人士之努力，大正十一年的第四十五居國會，因治安警察法之修正，使婦女得參加政治集會（按原來之治安警察法第五條規定禁止婦女之加入政黨及參加政談演説會）。新婦人協會後來因參加多次的反政府運動，致終被解放。此外尚有山川菊榮、堺真柄、久津見房子等於大正十年四月組織的「赤瀾會」，這是日本最初的社會主義婦女組織團體，她們自稱是打倒資本主義參加社會主義社會建設事業的婦女團體。該會於大正十一年三月解散，並於同年三月八日爲紀念國際婦女節而另組「八日會」。山川菊榮曾譯刊「婦女論」一書，在日本發生金融恐慌的昭和二年（一九二七年）之頃，頗受一般智識階層的婦女們所歡迎。餘如細井和喜藏更寫了一本「女工哀史」，描述女工被壓榨的種種苦楚，引起了一部分女工們的共鳴。惟因當時的婦女運動，難免多少帶有共產主義色彩，以致始終無法形成一股大的勢力。

至於一般勤勞階層的女性，自第一次世界大戰後，除了公共汽車的女車掌外，餘如公司女職員、電話小姐、打字小姐、女教師、女醫生、洋裁師、理髮師、女性記者等皆相當活躍，對於社會貢獻之功績，不讓給男性。她們一方面從事於各種的勤勞工作，一方面要求女性的自覺，以提高女性在社會上的地位。她們的婦女解放運動雖然在傳統觀念的束縛下，未能遂願，但總比明治時代的女性來得幸福，她們至少已可由廚房走出，踏入社會擔負起某種社會職務。遲至昭和二十年（一九四五年）八月中旬，日本戰敗以後，由於日本新憲法以及新民法，對於女性設有保障條文，因此，自明治維新以來，一部分先知先覺的婦女所要求的女性的解放，才算獲得了真正的效果。

三、社會主義問題與勞工運動

明治初期的日本社會主義思想，是一部分自由黨左派的啓蒙嘗試，當時的民衆運動，除了在農村稍有發展外，在民間，尤其是工商業城市方面，尚無基礎，遲至中日甲午戰爭及日俄之戰以後，由於國家資本主義的發展，近代社會主義的團體及工會團體等社會組織，始相繼萌芽誕生。但是日本資本主義的發達是一種變態現象，其成功是完全由於日本國家主義的擴展，故民主主義和社會主義運動的歷史亦充滿著曲折的程序和悲壯的事蹟。

一般討論日本社會主義政黨運動或勞工運動史的日本學者，大抵均認定明治十五年（一八八二年）成立的「東洋社會黨」是日本最早的社會主義政黨。但東洋社會黨尚缺乏羣衆基礎，不能稱之爲真正的社會主義政黨，大正十四年（一九二五年）十二月由全日本勞工總動盟及農民組合等團體，所組織的農民勞動黨，才是日本最初具有社會主義政黨性格的政黨。就這種意義而言，大正十四年以前可稱爲日本社會主義運動的前史。此前史復可分爲三期：第一期，自明治十五年（一八八二年）東洋社會黨的成立起至明治三十四年（一九〇一年）社會民主黨成立前爲止，稱爲自由黨左翼的社會主義運動時代，在這一個時代，不但沒有勞工團體，更沒有大衆基礎，同時，其指導原理，或過於理想，或帶有濃厚道德色彩，脫不了空想社會主義之域；第二期，自社會民主黨成立起至明治四十年（一九〇七年）日本社會黨的解散爲止，在這一個階段，由於日本勞工運動的抬頭和研究社會主義風氣的熾盛，因此，實際上的勞工運動始略具理論基礎。惟這一時期的社會運動，尚缺乏羣衆基礎，它仍然是由少數社會主義者所帶頭發動的運動；第三期，自大正初年起至大正十四年（一九二五年）農民勞動黨組成以前爲止，當時英美法等國的民主主義潮流，波及世界各國，日本受其影響，民主氣氛亦逐漸抬頭，是故社會運動得以由明治時代的高壓政策之下，稍獲得解放。這一個時期可說是日本的早期勞工運動與社會主義朝向政治運動轉變的準備時期。茲將明治以還，日本近代社會主義運動及勞工運動的經過情形，略述於下：

(一)黎明期的社會主義運動

當西方社會思想發達之際，日本亦很快地受到影響，故在明治維新之前，日本已有知識分子從事研究自由主義、民主主義和社會主義諸學說。迨明治維新成功後，東漸的歐美思潮，對於一向閉關自守的日本朝野人士，掀起了一連串的波浪。

明治三年（一八七〇年）加藤弘之所著的「真政大意」一書，內中曾最先介紹過社會主義經濟學，不過他不是贊成它而是反對它。當歐美思潮傳入日本後，以法國的自由民權思想，對於日本的影響最大，當時反對藩閥政府的在野人士分成兩派，一爲標榜英國成立立憲政治的改進黨，一爲崇尚自由民權，實行過激政治行動的自由黨。當時日本最初的社會主義的文章，最早是見於明治十四年（一八八一年）的「六合雜誌」，當時小崎弘道曾發表題曰「論近世社會黨的原因」一文，以介紹各先進國的社會主義思想。

關於勞工運動，雖然在明治初年即已開始發生，例如明治四年（一八七一年）生野地方礦工發生暴動，翌年（一八七二年）高島煤礦又發生暴動，但這些祇是一種自然發生的羣衆本能運動，其爭議的對象和範圍，均不超出其日常生活問題以外。再者，勞工的政治運動，在當時亦漸已萌芽。明治十五年（一八八二年）五月，由農民領袖樽井藤吉、赤松泰助等自由黨左派分子，所發起組織的「東洋社會黨」，即是最早的標誌。當時由於日本的資產階級既未發達，無產階級尚未成熟，兼之各種社會主義與無產階級政治行動的理論亦尚未輸入，故東洋社會黨的內容與組織均極幼稚。它的產生，完全是農民運動發展的結果。它的指導精神與其說是社會主義，無寧說是東洋的理想主義和英國功利主義的混合體。該黨在組織上，雖然還沒有羣衆基礎，但是它的成立，亦反映了當時勞工運動的程度，已在提高中。繼東洋社會黨之後，次年（一八八三年）十月，又有自由黨左派的激烈青年黨員奧宮健之、植木枝盛、伊藤仁太郎等糾合失業的人力車夫二、三百名組織的「車界黨」之出現。該黨因以勞動者的團結爲中心，不僅爲一般貧民大吐氣燄，亦稍具行動的實際性。

當時「東洋社會黨」及「車界黨」的相繼成立，且旋即被政府禁止活動，雖然有些自由黨員同情貧困弱者，但他們對於經濟的環境及社會的原理，尚缺乏意識及自覺，因此所推動的社會主義政治運動，都是盲目的，毫無深遠的目標，只是一種意氣用事，逞一時之樂的魯莽行動。高都同志社出身，曾受基督教文化洗禮的德富蘇峯氏鑑於一般平民階級的無知寡聞，乃於明治二十年（一八八七年）組織「民友社」發行雜誌「國民之友」，主張政治自由、經濟平等及基督博愛思想，並介紹歐美各國社會主義及社會黨活動情形，或揭露社會生活的腐化，爲勞動者仗義直言，爲彼輩伸寃。「國民之友」曾於明治二十三年（一八九〇年）刊載「勞動者之聲」一文，呼籲勞動者成立同業工會互相扶助，並準備在必要時不妨實行罷工，首先在日本主張勞動組合主義（即工會主義）。當時鼓吹社會思想的刊物，除了「國民之友」外，尚有前述「六合雜誌」及「國民新聞」、「萬朝報」、「勞動世界」，及「社會」等雜誌。此外自由黨左派分子大井憲太郎一派亦刊行「新東洋」、「東國新聞」爲無產階級的利益辯護。它們在當時，形成了一種煥發的社會主義啓蒙運動，兼之其時，由於社會貧富日益懸殊，故趨奉社會主義思想者頗衆。

明治二十三年（一八九〇年）自由民權派經多年竭力要求的國會，終於成立，因此自由黨員的言行漸趨軟化，兼之明治二十四年自由黨大會的宣言中，且公然排斥社會主義，自由黨員之中的大井憲太郎等一派，因不滿於自由黨的言行，痛感自由黨已失去了當初的革命精神，大爲憤慨，遂於明治二十五年（一八九二年）十一月脫離自由黨，另組「東洋自由黨」，以保護勞動者爲目的，並發起「保護勞動者」及「制訂自耕條例」運動。該黨主張在國家財政許可限度內，逐漸休養民生，保護貧民勞動者，這是日本最初主張保護勞動者的政黨。

該黨爲實行其抱負，特別設置「日本勞動協會」（由柳內義之進負責）、「普選期成同盟會」（由鈴木修吾負責）與「佃農耕條例調查會」（由島內寛治負責），從各方面推行勞農運動，成爲日本勞動運動的嚆矢。日本勞動協會先活動東京鞋匠協會入會，繼之在陸軍省內設置鞋匠養成機關，並慫恿鞋匠協會舉行示威運動向國會請願，要求由鞋匠養成機關的「長工學會」包辦承造陸軍省內的鞋子；同時該黨為圖謀人力車夫的團結，和組織木匠工會，深入人力車夫羣及木匠羣展開活動，終因時機未熟，基礎未固，運動歸於失敗。這些運動雖未獲成功，但日本勞動協會的產生，正顯示勞動運動脫離政黨的色彩，而逐漸趨向純粹勞動運動的路線進展。

上述明治時代前半期的日本社會運動、勞工運動和社會主義運動，大都是出自自由黨左派黨員的行動，這些都是在封建社會進入資本主義經濟的過渡時代中，勞動界的最初運動，其實際運動，尚缺乏社會主義原理為其指導方針。它們的主要目的，乃在於反對藩閥政府的權力主義及政治的墮落，它們的運動目標與其說是勞動運動或勞動者的解放，無寧說是從民權思想的立場以啓蒙勞動者。

(二)明治後半期的社會主義運動

明治前半期專制政府的暴壓政治雖然觸發了自由民權思想及運動，但尚不致使之產生有根柢的社會主義思想及具有組織的社會運動，其原因在於明治布爾喬亞之資本主義產業的發達，尚未臻於足以產生社會主義的境地。明治廿七、八年（一八九四、九五年）的中日甲午之戰，給日本帶來了工業革命。舉凡企業的勃興、大工廠的建設、鐵路銀行事業的擴充、金本位的確立等，逐漸鞏固了日本資本主義的經濟組織基礎，同時，工資勞動者的激增，無產階級生活困難的現象，亦應運而生。這種社會的新現象，不但促進了勞工運動的發展，且亦帶來了研究社會問題的風氣。明治廿九年（一八九六年）由東京帝大的教授學者網羅了當時的學界、官界及民間的關係者組織「社會政策學會」，採取介於資本主義及社會主義的思想戰線來研究社會改革問題，並從事於工廠法的制定。明治卅年（一八九七年）由藩閥官僚品川彌二郎及社會主義者幸德秋水、片山潛等二百餘名思想家知識分子組織「社會問題研究會」，潛心研究社會問題，使以往各自研究、介紹社會主義思想，至此有個組織性的共同研究。當時的言論界亦頗受影響，如「國民新聞」、「萬朝報」、「國民之友」、「六合雜誌」、「勞動世界」、「社會」等雜誌，均揭載有關社會問題的論文或記事，探討解決當前的社會問題。當時這些新聞雜誌，雖然對於資本主義的矛盾多所指摘，但其所遵循的解決方策卻是改良主義和協調主義，很少是根據社會主義原理。迨至明治三十一年（一八九八年）該會始由研究社會問題轉向研究社會主義。

其時日本的社會主義運動係由進步的基督教徒發其端的。高野房太郎、片山潛等於明治三十一年（一八九八年）發起「貧民研究會」以研究分析一般勞動階級的生活狀況。同年十月河上肇、片山潛、安部磯雄、木下尚江、幸德秋水、村山知至等一元論者（Unitarian），以研究社會主義原理及其可否應用於日本爲目的，組織「社會主義研究會」。該研究會的成立不但把以往學者所介紹研究的分散紊亂的社會主義思想，加以有系統整理，並且按照計劃循序予以發表（登載於「六合雜誌」）。同時也是基督教徒從事社會主義運動的創舉。「社會主義研究會」成立時只有會員十一名，後來增至十四名。該會於其成立之後二年半之間，容納信奉社會主義人士及非社會主義者，共同繼續研究。後來研究會的非社會主義者，鑑於該會的態度漸趨實際活動，乃相繼脫會，剩下信奉社會主義的人士遂於明治三十三年（一九〇〇年）年底把名稱更改爲「社會主義協會」。「社會主義協會」係以從事積極活動目標而改組的，當時會員擁有三、四十名，其中雖有如片山潛的實際運動家，亦有如幸德秋水的唯物論者，但會員的大多數如同安部磯雄一樣，都是基督教徒，故其實際運動尚無力量使之轉化爲政治運動。

在此期間，勞工運動亦日趨複雜與發達，其最可注目之事，厥爲勞工組織的發展。勞動界因爲受了這些學者和思想界言論的影響和鼓吹，兼之當時日本曾發生經濟不景氣、工人失業、工資下降、勞動爭議頻繁，那種種現象，促進了勞工們紛紛組織工會，明治三十年（一八九七年）七月「勞動者組合期成會」的成立，即是日本勞工組織的先河。該會的出現乃意指著日本近代勞動組合運動的開幕。該會乃由在美國舊金山做工的城常太郎、澤田半之助，及高野房太郎等所發起組織的。他們在美國時，即已關心研究日本國內的勞工問題，於明治三十年四月歸國，在東京組織「職工義友會」，反對革命，否定社會主義，主張勞動組合主義（Tradeunionism），於同年四月六日舉行演講會，這是日本有史以來最初的勞動問題研討會，並發表「寄職工諸君」一文五千字分送各工場，號召工人慎戒急激的行動，本著同業相集，同氣相求的精神團結工人組織。明治三十年六月底高野等又在東京神田的基督教青年會舉行第二次勞工問題研討演講會，參加之各界勞工代表約一千五百名。後來片山潛、鈴木純一郎、佐久間貞一、島田三郎等人亦相繼加入該會。惟當時的「職工義友會」，尚不能稱之爲近代化的勞動組合。同年七月四日「職工義友會」因缺乏健全的工人基礎，於是擴大組織成立「勞動組合期成會」，並發行機關報「勞動世界」，由片山潛擔任主筆，並組織「普通選舉期成同盟」，展開普選運動，使勞工形成一大社會，對促進勞工運動的發展，收效甚宏。該期成會成立時雖然擁有會員一〇七五名，並由高野房太郎擔任幹事長，片山潛爲幹事，但其自身尚非勞動工會，它是以智識分子爲中心的團體，其任務重點在於指導勞動工會的設立及運營，促請國會制定保護勞工法案，獎勵設立消費合作社，並展開反治安警察法運動。

「勞動組合期成會」爲了喚起勞工們的覺醒，每月在東京及橫濱等地舉行兩次以上的演講會，鼓吹工會主義思想，並發動示威遊行，成爲日本勞動運動的領導機關。該會鼓吹工會主義思想，結果於是年（一八九七年）十二月初，其會員中的一千一百八十四名鐵工在片山潛、高野房太郎等指導下組織「鐵工工會」。明治三十年及三十一年（一八九七、一八九八年）由於日本國內經濟不景氣，因此，期成會的運動逐漸奏效，其中心基礎亦趨鞏固，所以開始做全國性的宣傳。同時，其會員亦由明治三十年末的一千二百名，逐漸增加，三十一年底，達三千名，三十二年（一八九九年）便增至五千三百名，支部四十所。明治三十三年有支部四十二所，會員五千四百名，後來由於政府的彈壓及勞工運動者本身生活困難（明治三十三年的五千四百名會員中，無法繳納會費者達一千名），未能專心從事運動，致使勢力逐漸衰微下去。

由於「勞動組合期成會」不斷地宣傳和努力，明治三十二年（一八九九年）四月五日成立了「日本鐵道矯正會」，同年十一月三日出現了擁有二千餘名會員的「活版工組合」，前者爲一嗜好戰鬥的工會，後者爲一溫和的工會。另方面，大井憲太郎、柳内義之進一派的運動發展結果，亦於明治三十二年六月在大阪組織「大日本勞動協會」，並發行機關報「大阪週報」，設立出獄人保護所、職工寄宿等以保護勞工。這些勞工團體所遵循的思想路線和行動，如同「美國勞工協會」（American Federation of Labor）一樣頗爲穩健溫和。

雖然「勞動組合期成會」的宣傳活動收效甚大，但由於一般工人對工會尚缺乏正確的觀念和瞭解，他們的加入工會，不過祇是基於一時的風尚，是故各工會的組織，不久之後皆告鬆懈，有的甚至於宣佈解散。然在另一方面，當時的藩閥政府鑑於勞工運動急速抬頭，兼以指導工會的知識分子，並非勞資協調論者，而是崇奉社會主義的片山潛、幸德秋水等，遂決心起而加以彈壓掃蕩，由軍閥官僚的山縣有朋内閣於明治卅三年（一九〇〇年）三月制定日本自由民權運動史上有名的鎮壓政黨活動及勞工團結勞資糾紛的「治安警察法」。當時實際上已告消沉，而又遭受「治安警察法」嚴格壓迫的勞工運動，至此急激地衰微下去，頗有停滯之慮。因之有人稱此「治安警察法」，係對於勞動運動的「死刑法」。

自「治安警察法」公佈後，當時正趨低落現象的勞工運動，在表面上雖受壓制，然而在事實上，卻反而激烈發展。那時社會主義已成了勞動大衆共同追求的目標，虛無主義（Nihilism）、無政府主義（Anarchism）亦開始抬頭。明治三十二年「日本鐵道矯正會」舉行大會，即正式決議：「勞工問題必須以社會主義解決之」，拒絕勞資協調的原則。另方面，活版工會成立六個月後，因屢受挫折，其中一部分急進工人，鑑於過去活版工會的失敗，遂拒絕知識分子人士參加，完全以印刷職工爲基幹，組織「誠友會」，並發行機關誌。「誠友會」成立後繼續發展，直到明治三十七年（一九〇四年）仍未見衰退。

正當勞工運動因政府頒佈「治安警察法」而漸趨沉滯之際，前述的「社會主義協會」會員之中，有一部分人主張循政黨組織方式來展開社會主義運動，因此，遂於明治三十四年（一九〇一年）五月二十日由安部磯雄、片山潛、幸德秋水、河上肇、木下尚江、西川光次郎等六人，正式成立「社會民主黨」，這是日本最初的社會主義政黨，爲勞工運動與社會主義者互相提攜的具體表現。該黨的號召是「經濟問題應與政治問題同時獲得解決」，成立時曾公佈由安部磯雄所撰擬的「結成宣言書」一萬言，另有基礎綱領八條及行動綱領二十八條。不過該黨的命運太短促，因其行動綱領之中的廢止貴族院、實行普選、撤廢軍備三條，招致政府的忌諱，在宣佈成立的當天，伊藤博文便下令解散，而「勞動世界」、「萬朝報」、「每日新聞」、「報知新聞」、「京都日出新聞」等五報紙，亦因刊載社會民主黨的宣言綱領，而被禁止發行，科以罰金。

社會民主黨成立當天，即被政府下令解散，然而它的誕生，甚有歷史意義：一則由於日本的勞工運動，自此開始有了社會主義的靈魂，再則該黨的成立廣集了社會人士對於社會問題及社會主義的關心，而促進了所謂「社會主義流行」時代的來臨。社會民主黨被禁止的翌日（明治三十四年五月二十一日），第四次伊藤内閣垮臺，由桂太郎組織第一次桂太郎内閣，因此，社會民主黨的同志，再以「日本平民黨」名義向政府呈報結社，但桂内閣爲官僚閥族的大本營，畏懼社會主義視如同蛇蠍，故立即予以禁止，不准其成立。

日本平民黨既組不成，兼之其時社會主義思潮高漲，新思想團體陸續出現，故組織政黨的人士祇有中止社會主義的政治運動，重新恢復「社會主義協會」，改變以往的協調主義態度，主張階級鬥爭，著重於社會主義思想研究和宣傳，並發行機關誌「社會主義」。「社會主義協會」的同仁對於社會主義加以研究的結果，遂於明治三十六年（一九〇三年）出版「我的社會主義」（片山潛著）、「社會主義神髓」（幸德秋水著）、「社會主義論」（安部磯雄著）、「富之壓制」（西川光次郎）、「經濟進化論」（田添鐵二）等宣傳社會主義的著作。「社會主義神髓」一書乃參照英譯本的「資本論」、「共產黨宣言」及「自空想至科學」等書，其內容不外乎站在唯物史觀的立場來批評資本主義社會的基本矛盾。該書成爲日本社會主義的啓蒙書，收到很大的宣傳任務，並於明治四十年（光緒三十三年）被翻譯爲中文本。當時除了「社會主義協會」外，另有中央大學教授桑田雄藏、金井延、福田德三等改良主義者，主張漸進的社會改良，反對急進的社會主義，以後創立「社會政策學會」。以上兩派社會主義理論，事實上皆爲啓蒙時代的課程，並不足以解決當時的勞工問題，但是他們的分立對峙，使當時的勞工運動趨於紛歧複雜，同時又對日本以後的勞工運動的發展，發生了影響，後來日本勞工運動的分裂，實淵源於此。

明治三十六年（一九〇三年），日俄戰爭有行將爆發的危機，那時的思想言論界，有主戰論者，有反戰論者，後者曾組織「平民社」，並於同年十一月十五日發行週刊「平民新聞」（主要人士爲内村鑑三、幸德秋水、河上肇、堺利彦、斯波貞吉），至此平民社代替了「社會主義協會」，成爲社會主義者的集合所。平民新聞乃日本社會主義運動者輩自己所有的最初的言論機關。平民社標榜法國大革命時代的自由、平等、博愛，主張平民主義、社會主義、和平主義，提出爲世界永恆之和平，不論人種之區別政體之異同，舉世撤廢軍隊（備），以期禁絶戰爭，極力反對戰爭。平民社爲實現其理想，盡量採取溫和態度，在國法容許範圍内喚起多數人的共鳴，以求多數人的一致協力。平民新聞於其創刊號宣言中，本於尊重人類的自由、平等、博愛等立場，主張平民主義、社會主義、和平主義。自此以後，並於每期新聞中，揭示明確的階級立場，主張非戰論，暴露揭發帝國主義戰爭的本質，疾呼和平。

平民社除了發行「平民新聞」外，另刊行「平民文庫」，召開研究會或演講會，進行地方遊説會，在日俄戰爭進行期間加强反戰宣傳。俗云：「物極必反」，平民新聞由於宣傳反戰主義，引起了世人的關心，甚至也有婦女參加平民社，因而遭受政府的干涉。明治三十七年（一九〇四年）十一月十三日平民新聞的一週年紀念特刊登載有馬克斯、恩格斯的「共產黨宣言」日譯本，因此西川光次郎及幸德秋水兩位各被處以七個月和五個月的徒刑。平民新聞亦終在明治三十八年（一九〇五年）一月二十九日被禁刊，先後共刊行六十四期。平民新聞被禁刊後，立即發行週刊「直言」（明治三十八年二月五日發刊），做爲日本社會主義的中央機關報，繼續從事反戰及社會主義的宣傳。「直言」週刊的內容著重於介紹俄國革命的事情，例如第一期載有「俄國革命之火」，第二期有「俄國革命之祖母」及「俄國革命運動之經過」，第三期有「俄國革命所給之教訓」，第四期有「俄國平民的勝利」等，因此屢受政府當局的彈壓，終在明治三十八年十月九日被迫停刊。同時平民社亦因內部發生唯物論派與基督教社會主義派的對立而告瓦解。平民社解散後，唯物論派在西川光次郎、幸德秋水、堺利彥等人的支持下，於明治三十八年十月二十日發行「光」新聞；另方面，安部磯雄、石川三四郎、木下尚江等則本著基督教社會主義立場，亦於同年十一月十一日發行「新紀元」，反對唯物主義及暴力革命，主張基於基督教的同胞主義立場的社會主義。至此，日本社會主義運動邁進了所謂再編成的轉變時期。「新紀元」爲一宗教色彩濃厚的基督教社會主義思想家的大本營，但在日本不能形成社會主義運動的主流，終爲反宗教的唯物論社會主義（馬克斯派社會主義）所取代。

當平民社出現以鼓吹社會主義、反戰主義時，山路愛山等一派卻出而提倡與國家社會主義稍異的獨特理論，於明治三十八年（一九〇五年）八月組織「國家社會黨」。該黨並未從事實際的政治活動，而是著重於理論的研究，其宗旨是主張以國家力量徹底推行社會政策的改良社會主義，後來雖有一段時期和日本社會黨提攜合作，但其活動並無足以令人注目者，明治四十三年（一九一〇年）因受「大逆事件」的牽連而被解散。

明治三十九年（一九〇六年）一月，第一次桂太郎內閣垮臺，由政友會總裁西園寺公望組織後繼內閣，西園寺爲人頗具民主開明思想，對於各政黨採取寬容政策，並發表社會主義思想取締新方針，認爲社會主義爲當前世界的一大思潮，飭令警察不得亂加彈壓。因此，西川光次郎及樋口傳等人於是年一月以「圖謀普通選舉之成功」爲綱領，組織「日本平民黨」，繼之於同年二月，堺利彥、深尾韶等人亦揭示「在國法之範圍內主張以期社會主義之實行」爲綱領，組織「日本社會黨」，其黨員約二百名。由於政府未加以干涉，故上述兩黨遂於同年二月十四日合併創立「日本社會黨」，並決定黨則曰：「本黨在國法允許範圍內主張社會主義」，這是日本經過政府正式承認的最初合法的社會主義政黨。據說日本社會黨成立時，擁有黨員二百餘名，同時以日本社會黨爲背景的社會主義者，日本全國共有二萬五千名，甚至在軍隊中亦出現了社會主義者。日本社會黨成立後，並未與勞動大衆互相聯繫，祇是跟斯波貞吉、山路愛山等之「國家社會黨」共同協力，從事反對電車費提高的運動而已。此一行動證明了日本社會黨從思想宣傳團體，冀圖轉化發展爲大衆鬥爭的組織者及指導者。

日本社會黨成立後，廢止「光」與「新紀元」，明治四十年（一九〇七年）一月恢復「平民新聞」，改爲日刊，重興「平民社」，期能深入勞動階層之中。是年二月中旬在東京神田錦輝館召開第二屆大會，出席黨員約六十名。大會於修改黨則後，進入討論社會黨的本質時，由於工團主義派（幸德秋水爲首）、直接行動主義派（堺利彥爲首）、議會政策論派（田添鐵二爲首）等見解迥異，互相對立，結果以堺利彥爲首的直接行動主義派獲勝。當時這三種思想的鼎立，竟成爲後來日本無產政治運動指導原理的三種基本觀念。幸德秋水於明治四十年四月的「平民新聞」主張日本的社會運動家應與中國革命家（按指孫中山先生等革命家）互相提攜，他並常在「直言」及「平民新聞」記載支持 孫中山先生所領導的中國國民運動，而幸德秋水之代表作「社會主義神髓」一書亦曾被譯爲中文。日本社會黨第二次大會閉幕後，同年四月平民新聞第七十五號因記載大會記事及幸德秋水的演講詞，被政府以大會的決議案有紊亂安寧秩序，被禁止刊行，而編集發行人石川三四郎亦受起訴處分，而此公然存在的日本社會黨，亦以有危害安寧秩序爲由，而被解散。

日本社會黨被解散後，直接行動派與議會政策派，遂分道背馳，各自刊行機關報，前者發行「大阪平民新聞」半月刊，由森近運平出任編輯，幸德秋水、山川均、堺利彥等人則組織「金耀會」，加以支持；後者創辦「社會新聞」週刊，由西川光次郎及片山潛經營，田添鐵二亦參加該報，並組織「社會主義同志會」。此時直接行動主義派因在政府嚴密的監視下，故逐漸縮小其運動範圍，放棄其本來所遵循的勞工運動路線，走上無政府主義。明治四十一年（一九〇八年）六月二十六日因山口孤劍的出獄歡迎會，各派社會主義運動同志，在錦輝館大舉「無政府共產」赤旗，與警察衝突，發生所謂「赤旗事件」。堺利彥及山川均被處以兩年徒刑，其他與會者除婦女外，亦均分別被處以一年至二年的徒刑。自此以後，政府對於社會主義者的監視益加緊迫，「金耀會」不久之後便告消滅。片山潛等議會政策派分子雖傾其全力於勞工運動，指導活版工工會和東京市電工等罷工運動，但亦因受到政府的干涉而始終不得如願。

赤旗事件後，第二次桂太郎內閣於明治四十一年（一九〇八年）七月十四日成立，桂內閣在其政綱中列舉社會主義對策，並訓令全國各報社攻擊社會主義和社會主義者，抑有甚者，更飭令警察機關在社會主義者的門宅周圍日夜派警察加以監視。在這種緊張氣氛之下，社會主義者遂於明治四十三年（一九一〇年）五月發生企圖謀殺明治天皇的所謂「大逆事件」，幸德秋水、宮下大吉、新村忠雄、古河力作、森近運平、奧宮健之等十二名被處死刑，另十二名被處無期徒刑，此外另有二名，分別處以十年和八年的有期徒刑。自大逆事件後，日本社會主義運動，在政府彈壓之下，銷聲匿跡，一切社會運動遂進入於停頓時期。片山潛於大正二年（一九一三年）雖繼續發行「社會新聞」，呼籲勞動者階級的團結，但態度漸趨溫和，後來受到懲役之刑，出獄後於一九一四年逃亡國外，二十年後病死國外，而西川光次郎則撰寫被稱爲「社會主義者之詫證文」的「心懷語」一書轉變方向，趨向溫和態度。

綜觀上述各階段的說明，我們不難發現，初期的日本社會主義思想，主要還是由於一部分知識分子的啓蒙嘗試，但當時的民衆運動，主要還是在農村發展，至在都市工業方面，尚没有任何根深基礎。以言近代社會主義政黨，以及社會團體等組織，迄中日甲午之戰以後，由於國家資本主義的發展，始相繼萌芽產生。但是日本資本主義，乃是一種變態發展，其成功完全是由於軍閥官僚爲本位的國家主義的卵翼，由是民主主義和社會運動，均難獲得發展的餘地。反之，軍閥官僚政府則視社會主義運動如同蛇蠍洪水，絕不任其滋長發展，因此，日本初期的社會主義運動及勞工運動，在政府高壓政策之下，不久即告夭折。

㈢大正時代及昭和初期的大眾勞工運動

如前所述，日本的社會運動，以明治四十三年（一九一〇年）六月的大逆事件爲一轉捩點，完全進入潛伏期，社會主義者祇有蟄伏於「賣文社」，靠稿費以維持生活。前述因一九一〇年幸德秋水等的「大逆事件」以後，一度潛伏的社會主義者及無政府主義者，進入大正時代後，又開始抬頭活動。堺利彥於大正四年（一九一五年）九月發行雜誌「新社會」，翌年山川均亦加入，積極從事介紹歐洲及俄國的社會運動，並評論社會問題。無政府主義者大杉榮及荒畑勝三於一九一二年九月創刊「近代思想」，刊載有關文藝問題，降及一九一四年九月停刊而另發行「月刊平民新聞」，一九一六年刊行雜誌「青服」，力主勞動者的團結權及罷工權。大正三年（一九一四年）第一次世界大戰爆發，日本乘世界大戰的機會，極力發展工商業，完成產業革命，資本主義的經濟組織乃漸趨於成熟。其結果則增加勞動者的人數，促進勞動者的集團，且使勞資畛域益增明顯，階級對抗日益劇烈。由於階級的對立，因此勞資糾紛亦日漸增加，其情形從表四十所示，可以窺知其梗概。

表四十：明治後半期及大正時代的勞工團體組織及罷工情形一覽表

年次	罷工次數	參加人數	年次	罷工次數	參加人數
明治三十年（上半年）	三三	三、五一七	大正元年	四九	五、七三二
明治三十一年	四三	六、二九三	大正二年	四七	五、二四二
明治三十二年	一五	四、二八四	大正三年	五〇	七、九〇四
明治三十三年	一一	二、三一六	大正四年	六四	七、八五二
明治三十四年	一八	一、九四八	大正五年	一〇八	八、四一三
明治三十五年	八	一、八四九	大正六年	三九八	五七、三〇九
明治三十六年	九	一、三五九	大正七年	四一七	六六、四五九
明治三十七年	六	八七九	大正八年	四七八	六三、一三七
明治三十八年	一九	五、〇一三	大正九年	二八二	三六、三七一
明治三十九年	一三	二、〇三七	大正十年	二四六	五八、二二五
明治四十年	五七	九、八五五	大正十一年	二五〇	四一、五〇三
明治四十一年	一三	八二三	大正十二年	二七〇	三六、二五九
明治四十二年	一一	三一〇	大正十三年	三三三	五四、五二六
明治四十三年	一〇	二、九三七	大正十四年	二九二	四〇、七四二
明治四十四年	二三	二、一〇〇			

大正六年（一九一七年）俄國發生革命，共產主義獲得初步成功，兼之大正七年（一九一八年）八月，日本又因米荒發生所謂「米騷動」，刺激了日本社會各階層，這兩種事件，不但威脅了當時日本的統治階級，也帶給被統治階級以勇氣和希望。當時，日本的勞工組織因在政府的彈壓之下，祇剩下歐（洋）文印刷工所組織的「歐友會」，以及社會改良主義者鈴木文治和十五位同志所創立的「友愛會」而已。「友愛會」創立於大正元年（一九一二年）八月三日，它是由大資本家澀澤榮一，令其黨徒鈴木文治等十五人以倘勞動者能對資本家保證絕對的忠誠，則資本家亦必考慮勞動者的利益爲前提的所謂「勞資協調」精神所創立的，當時的日本勞動者因不易自發的組織工會，因此，一部分覺悟時勢不利於勞動階級的勞工，遂紛紛投奔「友愛會」，到同年十二月會員人數達二六〇名，大正二年六月甚至成立了川崎支部，全體會員達一千二百名。該會性格頗穩健，其運動方針亦採勞資協調精神，因此，少受政府的彈壓干涉。當時政府之所以准許「友愛會」的成立存在，實因它能仰合政府的旨意。例如該會每年必在東京或大阪召開一次大會，在開幕時必唱日本國歌「君之代」，並恭請內務大臣或大阪府知事蒞會致詞。鈴木文治爲宣傳其理想宗旨，曾於大正元年（一九一二年）十一月三日發行「友愛新聞」，嗣後於大正三年十月改稱爲「勞動與產業」。當時由於別無其他合法的勞工組織存在，因此，勞動者紛紛投奔其傘下，友愛會的會員與日俱增，大正二年（一九一三年）七月底由成立時的十五名增加至一千三百二十六名，大正三年七月底超過了二千名，迨至大正七年（一九一八年）該會會員多達三萬名，支部一百二十所。前述「歐友會」因暫停活動，因此大正六年東京的歐文印刷工乃組織「信友會」。

大正五年五月由橫田千代吉、西尾末廣、坂本孝三郎等人以機械工及電氣工，在大阪成立「職工組合期成同志會」，擁有會員一千人。此同志會後因幹部不合而於大正六年底解散，西尾參加友愛會，坂本等則另成立「勞動問題研究會」繼續運動，於大正八年恢復「大阪鐵工組合」。這些組合所揭示之宗旨，仍然與友愛會同樣，係勞資協調主義，對於促進勞動者的階級自覺頗有貢獻。

大正八年（一九一九年）八月三十日友愛會在東京三田的惟一館，召開成立七週年大會，有全國代表一四三人參加，此次大會更名爲「大日本勞動總同盟友愛會」。當時日本的勞動運動逐漸傾向布爾雪維克主義，友愛影響所及亦急速地開始左傾化。在這種氣氛影響下，以後因勞工組織激增（參閱表四十一），勞資糾紛事件不斷發生（參閱表四十），政府及資本家對勞動者遂採取壓迫方針，在這種情況下，友愛會及其他勞工團體亦一變以往的穩健協調態度，而轉向於激烈的社會鬥爭主義。

在那時期，日本普選的運動，頗爲激烈。兼之在俄國革命之影響下，許多所謂進步的青年學生乃加入「民衆之中」，與勞動運動及農民運動相結合。因此，大正七年九月在京都，京都帝大學生與友愛會會員組織「勞學會」，同年年底東京大學亦出現「新人會」，翌年早稻田大學亦成立「民人同盟會」、「建設者同盟」，餘如東京的法政大學、京都的

表四十一：大正時代後半期及昭和初年日本勞工組織一覽表

年次	組合數	年次	組合數
明治四十四年	四〇	昭和元年	四八八
大正七年	一〇七	昭和二年	五〇五
大正八年	一八七	昭和三年	五〇一
大正九年	二七三	昭和四年	六三〇
大正十年	三〇〇		
大正十一年	三八九		
大正十二年	四三二		
大正十三年	四六九		
大正十四年	四五七		

同志社大學等，亦紛紛出現了社會主義傾向的學生團體。這些學生團體之多數，逐漸自民主主義而轉向社會主義，與勞農大衆結合在一起。大正八年（一九一九年）二月十一日東京的大學生千餘人舉行要求普選大會並遊行示威，而大阪、神戶、名古屋等各地亦以勞工及學生爲中心紛紛展開普選運動。同時，以關西的友愛會勞動者爲中心的二十個團體，先組織「普通選舉期成勞動聯盟」，並於大正八年（一九一九年）十二月在東京召開普選期

成同盟的全國同志大會。大正九年二月的第四十二屆議會召開時，憲政會和國民黨兩派提出的普選案，終於慘敗，而議會亦遭解散，同時勞動組合內的政治運動，亦立即衰退下去，代之而起者爲工團主義（Syndicalism）。自大正九年後半年起至大正十年，勞動運動的大勢，幾乎全部爲工團主義的思想所支配。在此期間，友愛會因普選問題意見紛歧，內部分爲兩派，大正九年十月的友愛會第八週年大會中，關東派的棚橋小虛等工團主義派，堅決反對議會政策，主張直接行動，關西派的西尾末廣、賀川豐彥等則贊成實行普選，力主議會政策的必要。大正十年（一九二一年）八月友愛會在左翼分子强烈要求下改稱爲「日本勞動總同盟」，鈴木文治擔任名譽會長，由松岡駒吉出任主事。自此以後，關東派逐漸得勢，與關西派互爭領導權，後來經多次分裂結果，遂成爲右翼分子的大本營與左翼系組合互相對峙。

「日本勞動總同盟」成立前一年，潛伏十餘年的社會主義運動，由於大正九年（一九二〇年）十二月「社會主義同盟」的成立而再起。「社會主義同盟」由山川均、麻生久、赤松克麿、荒畑寒村、加藤一夫、加藤勘十、島中雄三、高畠素之、堺利彥、大庭柯公等人所發起。社會主義同盟的成立實爲社會主義者及勞動組合幹部公然大規模的提攜，同時也是無政府主義者、社會主義者、共產主義者和社會民主主義者的合作。由於該同盟的構成分子複雜。故內部未能團結一致。它雖然促進了日本勞動運動與社會主義的接近，但因內部無政府主義及共產主義分子頗爲活躍，終於在大正十年（一九二一年）五月廿八日被政府當局下令解散。

前述社會主義同盟的被解散，政府加强彈壓社會主義運動的結果，使勞動組合之間出現了工團主義。友愛會之所以改爲「日本勞動總同盟」乃表示勞動組合趨向鬥爭活動的開始。「日本勞動總同盟」成立當年，罷工的風氣吹襲全日本，同時社會主義運動陣營內部，亦一變以往的態度開始否定議會政策及其他一切漸進的改良手段，盛行假藉經濟的直接行動以打倒資本主義的革命性工團主義，在全國各地陸續掀起直接行動。社會主義運動的這種急激行動，終於誘致了勞資階級對立的尖銳化，而使支配階級有了彈壓勞動運動的事實。結果，勞工運動慘敗，工團主義這種過激的行動，引起了外界對它的批評，同時，亦惹起了無政府主義與布爾雪維克主義（Bolshevism）對立的激化。後來這兩派於大正十一年（一九二二年）的「全國勞動組合總聯合」創立大會時正面發生衝突。大會中，無政府主義者的大杉榮與社會主義者的堺利彥、山川均、荒畑寒村等展開了空前的理論鬥爭。至於工團主義在這次大會中，其指導理論及實際行動，遭受致命的創傷，已不可能重返昔日的盛勢，由於工團主義喪失去力量，於是其地位遂被布爾雪維克主義所取代，同時昔日工團主義派的不少勞動組合會員及知識分子亦陸續轉向布爾雪維克主義之途。布爾雪維克主義者的政治行動雖與僅以經濟行動爲宗旨的工團主義者有差異，然就其觀念的急進主義行爲而言，兩者之間的區別，只有百步與五十步之差而已。是年（大正十一年）六月「日本共產黨」以非法政黨姿態出現。另方面，「日本勞動總同盟」亦以布爾雪維克主義爲其運動方針。大正十二年（一九二三年）大杉榮因案被處死刑後，工團主義亦逐漸凋落，而日本的社會運動的思想卻朝向國際勞動陣線和馬克斯主義之途邁進。「日本勞動總同盟」鑑於客觀環境的變化，爲適應社會情勢的趨向，乃於大正十三年（一九二四年）二月的第十三屆大會，在主流派鈴木文治、松岡駒吉、西尾末廣等堅決領導下，發表劃時代的「轉換方向宣言」，決定社會主義的運動方針。

當勞工運動的指導精神，逐漸轉向之際，山本權兵衛組織第二次山本內閣（大正十二年九月二日成立），並在其施政綱領中揭舉實施普選內容，因此，各勞動組合紛紛表示遵循此路線，以期減少政府的干涉。大正十二年（一九二三年）十月前述的「日本勞動總同盟」召開中央委員會，商討實施普選的議會對策，決定普選實施後，總同盟應遵循法令行使投票權，並設置議會對策委員會，討論研究有關社會主義政黨問題。然而關於社會主義政黨問題，勞動總同盟內部發生兩派意見，關東派贊成左翼共產主義思想，關西派則極力主張右翼社會民主主義思想，因此，總同盟中央委員會乃開除關東派（共產系）的二十五個組合（會員一萬二千五百人）。兩派最後於大正十四年（一九二五年）五月正式決裂。左派分子（關東派）在共產黨徒渡邊政之輔領導下，於同月在神戶組織「日本勞動組合評議會」，成爲日本共產主義運動的核心勞動組織。至於右翼分子（關西派）則繼續在勞動總同盟，在松岡駒吉及西尾末廣的領導之下，仿效鈴木文治的故技，排斥革命行動，從事和平溫和的罷工行動。分裂後的總同盟擁有四十個組合，會員二萬九千四百六十名，評議會亦擁有三十二個組合，會員一萬七百七十八名。當時的官營工場及其他大企業組合大抵投奔總同盟，而評議會的力量則始終局限於中小型工場。大正十五年在評議會指導之下，共同出版社及濱松樂器會社舉行罷工，政府動用警察力量鎮壓，但評議會卻組織非法的防衛隊及秘密指導部予以支援，從事長期性的鬥爭。結果濱松會社之罷工繼續一〇五天，共同出版社亦達六十七天，此在日本勞動運動史上，可說是空前絕後的罷工行動。經過此一運動後，評議會的勢力大爲伸展，在一九二七年（昭和二年）三月的第三居大會，其力量擁有五十九個組合，會員三萬五千零八十人。其勢力不僅在大都市，即在中小都市的工場亦有組織存在，近乎遍及全日本。

昭和三年（一九二八年）二月，日本實行有史以來第一次普選，結果政友會與民政黨只相差一席（二一七席對二一六席），而無產政黨亦獲八席，在保守派政黨勢均力敵的情形下，政局前途不容樂觀。其時正值美國發生經濟恐慌，全世界受其影響，逐年增劇。日本亦爲世界經濟聯鎖一環，自難獨成例外。是故連年市場蕭條，農村困苦，失業者逐年增加（參閱表四十二），勞資糾紛層出不窮（參閱表四十三），自殺犯罪屢見迭出。在這種情況之下，國民期望政府當局的救濟，自爲迫切的要求，而日本政府當局，面對這種困境毫無辦法，於是國民之中難免因絕望而走險，發生一種新的要求，不滿於現狀者，不走極左便趨極右，這種困境遂使日本法西斯運動乘機而興。政府對於在死亡線上掙扎的失業勞工，雖曾施行職業介紹、失業扶助、失業保險等制度，其後又有所謂歸農政策及土木救濟事業爲對策，但皆不足以解決當時的經濟不景氣困境。

表四十二：昭和初年日本失業者人數一覽表

年次	職工失業人數
昭和四年（一九二九）九月	二六八、五九〇
昭和五年（一九三〇）九月	三九五、二四四
昭和六年（一九三一）九月	四二五、五二六
昭和七年（一九三二）九月	五〇五、九六九

（本表錄自遠山茂樹等著：「昭和史」六〇頁）

正當法西斯思想洪流激盪於日本之際，在無產陣營之中，社會民衆黨書記長赤松克麿，首先轉向國家主義。他最先是屬於極左派，迨至大正十三年（一九二四年）春，勞動總同盟大會的「方向轉換」宣言時，始表現其自極左轉向右傾的姿態。同年十一月，他在「新人」雜誌發表「向科學的日本主義之途」的論文，排斥向來的觀念左翼主義，主張在日本樹立「真正的科學無產階級指導方針」。赤松氏的所謂「科學的日本主義」，乃指在小布爾喬亞勤勞階層（小公務員、小商人、薪水階層、政府雇傭人員）建立基礎的社會民主主義而言。換言之，他的第一次轉向，乃自共產主義轉向社會民主主義，自急進的社會主義轉向溫和的社會主義。

表四十三：昭和初年日本勞資糾紛一覽表

年次	罷工次數	參加人數	勞動組合數	組合員人數
昭和二年	三八三	四六、六七二	五〇五	三〇九、四九三
昭和三年	三九三	四三、三三七	五〇一	三〇八、九〇〇
昭和四年	五七一	七七、二八一	六三〇	三三〇、九八五
昭和五年	九〇一	七九、八二四	七一二	三五四、三一二
昭和六年	九八四	六三、三〇五	八一八	三六八、九七五
昭和七年	八七〇	五三、三三八	九三二	三七七、六二五
昭和八年	五九八	四六、七八七	九四二	三八四、六一三
昭和九年	六二三	四九、四七八	九六五	三八七、九六四
昭和十年	五八四	三七、六五〇	九九八	四〇八、六六二
昭和十一年	五四六	三〇、八五七	九七三	四二〇、五八九
昭和十二年	六二八	一二三、七三〇	八三七	三五九、二九〇

（本表錄自井上清著：「日本の歷史」（下）一七一頁）

但赤松氏並未以此爲止，嗣後仍繼續不斷地轉向右傾。九一八事變勃發前他屢次在社會民衆黨機關報「民衆新聞」或「改造」雜誌發表論文，力倡政府宜應與社會運動接近，促請政府不應干涉勞資糾紛，保持其超然國家統治階級地位。他這一連串的言論，正顯示其意識觀念，逐漸傾向於近代的國民主義及國家主義之途，降至昭和六年（一九三一年）七月，當他與「行地社」（右翼組織）的大川周明接近後，更加速了其轉向國家主義。兩者接近的結果，於同年九月創立「日本社會主義研究所」，並於翌月發刊機關誌「日本社會主義」，昭和七年六月改為「國家社會主義」。

日本社會主義研究所的目標，在「日本社會主義」創刊號說得明白云：「我等的日本社會主義者，乃指實行於日本的社會主義之謂。我等相信實行於日本的社會主義，必須是國家社會主義。蓋我等堅信，所謂國家社會主義，乃近世社會主義之理論及實踐的發展之歸結，也是日本民族共同精神的歸結」。日本社會主義研究所的出現，對於日本無產階級團體的右傾化，曾扮演了相當重要的角色。赤松氏後來於昭和七年（一九三二年）五月二十九日聯合其他國家社會主義運動團體及分子組織「日本國家社會黨」。自此以後，社會主義運動在日本法西斯的狂潮下逐漸轉變方向，昭和七年（一九三二年）七月二十四日「社會大眾黨」的成立，可說是使昭和元年（一九二六年）以來的各社會法西斯黨合而為一，成為日本唯一的社會主義法西斯黨。該黨成立之初，尚未完全脫離社會主義政黨的性格，降及昭和十二年（一九三七年）七七事變發生，該黨乃於是年十一月十五日的黨員大會中宣示放棄以往的「三反主義」（反共產主義、反資本主義、反法西斯主義）和階級主義，而轉向法西斯化。昭和十五年（一九四〇年）六月十五日為響應近衛文麿的所謂「新體制運動」，社會大衆黨遂正式解散，而社會大衆黨的解黨，至此結束了第二次世界大戰以前日本的社會主義政黨運動。

前述社會大衆黨出現前後，勞動組合運動，因左右兩派對峙而呈現紛亂現象。勞動組合陣營由於其幹部都參加社會主義政黨活動，故勞動運動亦帶有極濃厚的政治色彩。當時日本的勞動組合立場的分野大體如下：

左翼組合——日本勞動組合全國協議會、日本勞動組合總評議會、全日本勞動總同盟。

右翼組合——日本勞動總同盟、海軍勞動組合聯盟、日本海員組合、海員協會、日本造船勞動聯盟、日本製鐵勞動組合聯合會。

中間派組合——全國勞動組合同盟、日本勞動組合總連合。

上述三派諸組合之中尤以左翼的「日本勞動組合全國協議會」（全協）、中間派的「全國勞動組合同盟」（全國勞動）及右翼的「日本勞動總同盟」（總同盟）力量最大，而形成三足鼎立的局面。「全協」的勞動運動循共產主義的階級鬥爭方式，故它是一個最富於戰鬥性的極左組合。當時的齋藤實內閣認爲此「全協」乃共產黨的溫床而加以彈壓，自昭和八年（一九三三年）二月至十一月被檢舉的「全協」關係者達一千六百九十六名，共產黨及青年同盟關係者二千五百名，其中「全協」關係者被檢舉的有一百四十五名。自此以後，政府加緊取締日共分子及左翼分子活動，因而使左翼團體，不敢明目張膽地展開極烈的活動。

迨至昭和十二年（一九三七年）七月「中日戰爭」勃發後，日本國內法西斯勢力的囂張已達頂點，政府被少壯軍人所挾持，反國體思想、反戰的階級鬥爭及國際主義思想悉被抑壓，全國各階層在政府指導之下，紛紛展開國民精神總動員運動。這時各勞動組合內部亦經過種種變遷，而已異其昔日面目。先是昭和五年（一九三〇年）「全國勞動組合同盟」、「日本勞動總同盟」及「日本海員組合」爲中心的右翼組合，爲統一戰線，成立「日本勞動俱樂部」，進而企圖組織全國勞動組合會議未果。後來左傾分子乃退出「日本勞動俱樂部」，於昭和六年（一九三一年）十一月另組「日本勞動俱樂部排擊同盟」。到了昭和九年（一九三四年）排擊同盟的中間派系分子與自「日本勞動組合總評議會」退出的中間系分子合併組織「日本勞動組合全國評議會」，展開合法的左翼組合運動。他方面，「日本勞動總同盟」，自九一八事變前後，爲迎合軍部法西斯的胃口，逐漸表現其協力戰爭的態度，迨至昭和十一年（一九三六年）一月遂與中間派的「全國勞動組合同盟」合組「全日本勞動總同盟」擁有會員十萬名。昭和十二年（一九三七年）中日戰爭發生後，「全日本勞動總同盟」爲策應軍部的國民精神總動員運動，乃於是年十月十七日的定期大會中，確定新方針，宣言絕滅罷工行動，並期望趕快設立「非常時產業協力委員會」，以推進所謂產業報國運動。另方面，合法左翼主義的「勞農無產派協議會」於昭和十二年四月改爲「日本無產黨」，展開人民戰線運動，終於引起人民戰線派的檢舉事件，

「日本無產黨」、「勞動組合全國評議會」和「全國農民組合」的幹部，以及勞農派的合法左翼主義者共四百名一律被檢舉。當時因人民戰線事件而受牽連的大學教授有大內兵衛、有澤廣己、河合榮治郎、矢內原忠雄等人，他們在右翼教授策動下，被解除教職。事後，這些團體鑑於時局之不利於勞農運動，乃紛紛見風轉舵，「日本無產黨」因人民戰線事件被解散，故它屬下的「日本交通總聯盟」及「東京交通勞動組合」，乃於是年八月二十二日的交總常任委員會聲明「協力產業，締結團體協約，用以減少爭議」。中日戰爭進入第二年後，勞動組合陣線於昭和十三年二月設立「時局對策委員會」，在第二次委員會

表四十四：昭和十一年至十五年的工會組織概況表

	勞動組合（工會）			勞動糾紛		
	組合數	組合員數（千人）	組織率（%）	總件數	參加人員（千人）	薪資鬥爭的比率（%）
昭和十一年	九七三	四二〇·五	六·九	一、九七五	九二·七	二八·四
昭和十二年	八三七	三九五·二	六·二	二、一二六	二一三·六	四七·一
昭和十三年	七三一	三七五·一	五·五	一、〇五〇	五五·五	四三·一
昭和十四年	五一七	三六五·八	五·三	一、一二〇	一二八·二	五一·三
昭和十五年	四九	〇·〇九四	〇·一	七三二	五五·〇	五二·六

時通過「勞資關係調整方策要綱」，嗣後改稱爲「產業報國聯盟」。昭和十五年（一九四〇年）二月，政府聲明勞動組合解散方針，「全日本勞動總同盟」，乃於是年七月自動解散，其他組合如「日本海員組合」、「東京交通勞動組合」、「日本勞動組合會議」等亦先後解散，紛紛投入軍部、右翼、官僚及巨大軍需產業者所組織的所謂「大日本產業報國會」（昭和十五年十一月二十三日成立），積極從事侵略的備戰生產，由厚生大臣金光庸夫兼任總裁，會長由原文部大臣平生釟三郎出任，理事長由原內務次官湯澤三千男擔任。其會員在昭和十六年六月達到五百二十九萬人。此一「大日本產業報國會」的成立，即爲戰前日本勞工運動死亡的反映。

綜括以上所述，可知自昭和六年至二十年（一九三一——一九四五年）的十五年之間，日本國內已確立了以天皇制爲樞軸的獨特的法西斯主義體制。尤其是自昭和十一年（一九三六年）的「二·二六事件」以後，國家權力之軍國主義的編成，已大爲躍進，天皇的神格化被加强，社會主義及自由主義思想被彈壓，不久之後，政黨及勞動組合一律被解散（昭和十五年），言論、出版、結社等的自由完全被抹殺（昭和十六年頒佈臨時取締令）。在這種軍國主義狂潮之下，社會主義運動固然無法生存，言論出版自由亦被抹殺，除了上述的幾位大學教授被解除教職外，岩波文庫的社會科學亦自動地停止刊行，而田山花袋、德富蘆花、芥川龍之介、武者小路實篤、天野貞祐、馬場恆吾等自由主義派作家的著作亦被停止發賣。

四、農民運動

在日本近代資本主義發展過程的社會中，農村經濟是日本經濟範疇內唯一殘存而且難以解決的問題，農民階級，並非明治維新大業的積極參加者。因此，農民除了一小部分的鄉士豪農外，並未具備參加政治活動必備的經濟實力。多數的佃農，自己固然是田租的擔負者，同時在經濟上亦處於隸屬於地主的狀態，因此，他們的生活狀態，亦極爲低微悲慘。維新之初，關於土地制度「概承德川氏的遺制，而襲其舊帳」。但隨著維新政府推行種種改革之結果，終在明治四年（一八七一年）九月三日准許農民耕植自由，翌年二月又准許土地的自由買賣。關於土地制度的具體改革。厥爲明治六年（一八七三年）實行「地租改正」，解除德川幕府以來禁止土地買賣的舊令，發行「地券」（土地所有權狀），承認地主的土地所有權，准許自由買賣轉讓。這種措施徒然增加農民的地租負擔外，且使自耕農從此急速地淪爲佃農，佃農生活，愈覺得有不安之苦。例如自由民權大師福澤諭吉於明治七年（一八七四年）一月的「民間雜誌」發表「告農民文」一文中曾云：「可憐哉！農村之小百姓，陷入娑婆之地獄，五反（反乃地積的單位，一反等於九九一點七平方公尺）的田地一人耕作而須養活八個子女，雖種稻產米而無法吃米，雖養蠶而無法穿用絹布，受嚴風所吹，受炎日曝曬，額上出汗所生產之米被比鷲鳥還兇猛的官吏所掠奪，所剩下者只是些粗糠。若問其米被送往何處，則在奸商的手裏被送往東京，化變爲洋式樓房、英國式的鐵橋、船舶、槍砲、馬車、洋服。……另方面，華士族二百萬人的米飯，不下二百萬石，這些亦皆爲佃農所提供。在絕大多數貧苦的農民的苦勞上，這批華士族過著安樂的寄生生活」。

明治維新初年，當時日本的農民佔全國人口的百分之七十九左右（參閱表四十五），這一大羣農民在生活煎迫之下，亦展開了猛烈的反抗運動，尤其是自地租改訂令頒佈後，農民要求減輕地租的運動，更形擴大，在明治六年（一八七三年）以後的十年間，農民的不安與因被廢除武士階級特權的部分士族的不平情緒，不期而合流，到處發動騷亂。這些

表四十五：明治初年全日本人口職業別及百分比率表

年次＼職業別	農	工	商	雜業	受雇者	共計
明治六年（一八七三年）	一五、二〇六、九三八（七九・二一%）	六七一、六九二（三・五〇%）	一、二六七、四〇一（六・六〇%）	一、七五一、三〇一（九・一二%）	三〇〇、四一四（一・五七%）	一九、一九七、七四六（一〇〇%）
明治七年（一八七四年）	一五、一五三、〇九八（七九・〇五%）	六八八、四二九（三・五九%）	一、二七六、六八四（六・六六%）	一、七六六、六八五（九・二一%）	二九九、八八五（一・四七%）	一九、一六七、九六一（一〇〇%）

農民運動（日人稱爲「百姓一揆」），雖被政府利用武裝軍警加以鎮壓，但他們仍不灰心，前仆後繼，延至明治二十年（一八八七年）前後，還頻頻發生。

抑有甚者，由於人口的增加、物價的波動，以及農村的公地被没收，農村苦狀的傾向，不斷地增加。尤其是明治十年（一八七七年）西南之役時，政府支出軍費達四千萬圓之鉅，而政府又濫發紙幣，致通貨膨脹，其後又收縮通貨，致金融波動劇烈，農村除大地主外，一般中小農民又遭受了慘重的打擊，農民生活益陷入窮境。在這種情形下，小農民不得不拋棄農地而淪爲佃農，因滯納稅金而土地被公賣處分者，明治十六年（一八八三年）有三萬三千八百四十五人，明治十七年超過六萬六百零五人，明治十八年有一百零八萬五十五人，明治十九年有六萬一千二百五十六人，明治二十年（一八八七年）有三萬五千九十六人。除此之外，由於產業革命的結果，農村經濟亦受影響而大大地變質。地主們在佃農繳給他們的佃租和他們繳給政府的地租之間，賺取差額，集成資本，去經營工商業或放高利貸。在這種地主階層的剝削下，中小自耕農和佃農，逐漸貧窮，尤其是佃農輩，爲了籌集佃租並讓子女受義務教育，迫得在無辦法時，只有把女兒送去做紡織、製絲、織布等工廠的女工，而兒子則送去從事土木工事或礦山勞動，戶主自身亦每利用農閒時替人做短工，以此來維持子女的義務教育費及維持一家的生計。

事實上，儘管明治維新後，農民的身分、職業皆獲得解放自由，但並無確切的保障。在農村部落裏，没有土地的農民，甚至於佃農佔絕大多數。例如奈良縣的小林部落的情形，明治初年從事農業者一四〇戶之中，有一〇九戶完全沒有土地，而擁有土地者的農民之中，只有六戶的土地達到五反以上。佃租亦額外高昂，平均每戶收入二石四斗，而佃租卻佔二石。由於生活的煎迫，逼得農民不得不兼營雜業，降及明治時代中葉，部落的佃農全國普遍地增加，但其耕地往往距離一里甚至二里。由於生活無法維持，因此不得不兼營雜業，如草履、木履、人力車夫等，以補家用之不足。而女性亦往往從事長時間的夜間工作，致使多發生難產、乳兒死亡現象。

明治二十九年（一八九六年），政府曾先後頒佈勸業銀行法及府縣農工銀行法，以國家資金設立勸業銀行及府縣農工銀行，以爲應付農村經濟危機的對策。但事實上，這兩種銀行並未成爲中小農民的融資機關，這兩種銀行，一方面，使大地主在長期低利的優惠條件下大量借出資金，以投資於農業以外的企業，另外又以高利貸給小農民；他方面，使農村的資金大量地流入都市，結果，振興農村經濟的目的不但未能達成，反而成爲大地主剝削小農民的一個機構。

由於政府的救濟方案，未能達成解蘇農困的目標，因此自明治後半葉後，農村的暴動在各地頻發。到了二十世紀初葉，農村內部地主與佃農的對立，成爲農民運動的核心，以田租的減輕，耕作權的保障等而形成地主與佃農的隱然公開的對立，到處可見。至於「佃農組合」亦逐漸產生，惟當時的「佃農組合」所採取的態度，如同「勞動組合」的採取勞資協調主義一樣，亦循著地主與佃農的協力爲基礎的觀念，企圖改善及維持良好的田租條件，所採取的方針乃是溫和的協調主義。迨至日俄戰爭之後，隨著社會主義的運動的激烈化，佃農的農民運動亦逐漸廣及於日本各地，明治三十九年（一九〇六年）宮崎民藏的「土地復權同志會」，在山梨、長野、新潟、富山、三重、和歌山及九州地方等地，紛紛組織農民組合。明治四十年全日本有十九個佃農組合，五年後又增加四十一個佃農組合。明治四十三年（一九一〇年）前後，全國水田的百分之五十以上為寄生地主的土地而出租給佃農，全耕作農家們的約百分之二十八爲純佃農，百分之四十爲佃農兼自耕農，純粹自耕農約百分之三十二左右。

第一次世界大戰後，農村不景氣的情形益烈，自那時起，農村的地主與佃農爭權繁多。依照統計，大正六年（一九一七年）發生八十五件，大正七年（一九一八年）曾發生二五六件，翌年增爲三二六件，大正九年（一九二〇年）爲四〇八件，大正十年（一九二一年）激增至一、六八〇件（參閱表四十六），比較明治時代有過之而無不及。但在此情形之下，農民運動的發展，亦由消極散漫的狀態，轉入了積極統一的時代，並且那時社會主義、民主主義的思想，對於促進農民運動的積極性，亦爲一興奮劑。由是農民運動與政治社會運動開始結合前進。

大正十一年（一九二二年）二月二十三日在小石川砲兵工廠勞動會的安達和以及橫田晃一等人的籌備下，成立「日本農民總同盟」，其主要構成分子乃北海道天鹽國上川郡宮內省所管轄的上川御料地農場的三千名自耕農爲主。同時，該同盟的規約明白表示概以行

表四十六：大正時代中期以後地主與佃農爭議表

年次	佃農爭議次數	參加佃農人數	佃農組合數	組合數
大正七年（一九一八年）	二五六	不詳	八八	不詳
大正八年	三二六	不詳	八四	不詳
大正九年	四〇八	三四、六〇五	三五二	不詳
大正十年	一、六八〇	一四五、八九八	六八一	不詳
大正十一年	一、五七八	一二五、七五〇	一、一一四	不詳
大正十二年	一、九一七	一三四、五〇三	一、五三〇	一六、三九三
大正十三年	一、五三二	一一〇、九二〇	二、三三七	二三二、一二五
大正十四年	二、二〇六	一三四、六四六	三、四九六	三〇七、一〇六
昭和元年（一九二六）	二、七五一	一五一、〇六一	三、九二六	三四六、六九三
昭和二年	二、〇五二	九一、三三六	四、五八二	三六五、三三二
昭和三年	一、八六六	七五、一三六	四、三五三	三三〇、四〇六
昭和四年	二、四三四	八一、九九八	四、一五六	二二五、七七一
昭和五年	二、四七八	五八、五六五	四、二〇八	三〇一、四三六
昭和六年	三、四一九	八一、一三五	四、四一四	三〇六、三〇一
昭和七年	三、四一四	六一、四九九	四、六五〇	二九六、八三九
昭和八年	四、〇〇〇	四八、〇七三	四、八一〇	三〇三、七三六
昭和九年	五、八二八	一二一、〇三一	四、三九〇	二七六、一四六
昭和十年	六、八二四	一一三、一六四	四、〇一一	二四二、四二二
昭和十一年	六、八〇四	七七、一八七	三、九一五	二二九、二〇九
昭和十二年	六、一七〇	六三、二四六	三、八七九	二二六、九一九

（本表係根據入交修好著：「政治五十年」一一六至一一七頁；井上清著：「日本の歷史」（下））

⑿一四二及一七〇頁；遠山茂樹等著：「昭和史」二三及六五頁，讀賣新聞社編；「日本の歷史」世界と日本一三七頁等資料所製成）

政町村爲一單位設立農民組合，其對象則限於所有土地五町步以下的農民。該同盟於宣言中，明白指出日本農民以往的苦境，儘受地主壓迫，因而力疾呼籲解放農民，聲明「不勞者不得其食」，同時又通過下列決議：①確認農民組合之合法性。②修改稅制，但必須根據累進率。③改善佃耕條件。④國有林之適當拋售。⑤趕快完成鐵路建設。

正當「日本農民總同盟」準備組織農民組合之際，社會主義陣營中基督教改良主義者的杉山元治郎、賀川豐彥等乃於大正十一年（一九二二年）四月九日，組織日本有史以來的規模最大農民組合「日本農民組合」（日本歷史上最早的農民組合爲明治八年成立於岐阜縣的「小作組合」）。有大阪、兵庫、廣島、岡山、島根、香川、愛媛、愛知、富山、羣馬、福島、宮城、新潟等地的代表六十九名參加創立大會。該農民組合最初的目的爲指導地主和佃農爭議，以及統一佃農組合爲重點。其所揭示的主張，包括「耕地社會化」的經濟理想及修改「治安警察法」的政治要求。這種主張在其宣言、綱領中可以窺出梗概。「日本農民組合」在成立時曾發表如下的綱領及主張：

綱領

一、我等農民應培養知識，磨練技術，涵養德性，享樂農村生活，以期健全農村文化。

二、我等藉互相扶助之力量，互信互助，以期提高農村生活。
三、我等農民，應該遵循穩健篤實的合理方法，以期到達共同之理想。

主張

一、耕作地之社會化。
二、確立全國性的農民組合。
三、保證農業勞動者之最低工資。
四、確立佃耕法。
五、實施農業爭議仲裁法。
六、實施普選。
七、修改治安警察法。
八、安定佃農生活。

當時在勞動組合方面，因工團主義思想逐漸衰微，其政治運動因而亦漸趨消沉，所以熱衷於政治運動的農民組合，乃轉向無產政治運動邁進，乃爲理所當然，順應時勢之事。日本農民組合成立當初擁有加入組合十五個，組合員數一、二六五名，同年年底支部激增至九十六所，組合員增至六、一三一名，到了大正十二年（一九二三年）年底支部總數增至三〇四所，組合員則增加至二五、〇一一名，大正十三年（一九二四年）年底支部數增至四二六所，組合員增加至三七、四六六名，降及大正十四年（一九二五年）年底支部數激增至七八八所，會員達五三、一三〇名，昭和元年（一九二六年）年底組合員數突破八萬名。鑑於農民組合勢力之日漸壯大，日本農村的地主爲了對抗佃農組織，乃於大正十三年（一九二四年）年底組織所謂「大日本地主連合會」。當時的加藤友三郎內閣除了制訂「佃農調停法」以保護地主的土地及稻米所有權外，並制頒「自耕農創設維持補助規則」，以維護半封建的土地制度。

日本農民組合成立後，逐漸展開政治運動，除於大正十二年派大西俊夫偕同在俄國的片山潛代表日本參加莫斯科的「萬國農民協會」創立大會外，曾在大正十三年七月該組合的中央委員會，通過樹立政黨方案。翌年（一九二五年）二月召開的「日本農民組合」第四屆大會中，經濟運動及政治運動並行的論調甚爲流行，杉山元治郎在大會中曾大聲疾呼：「對於町村會議會選舉，儘可能提出候選人，農民組合員應互相一致協力，以期爭取勝利，務先獲得國家的礎石之町村會」，這便是該組合走向政治運動的一大明證。由於農民組合員努力的結果，是年的町村會議員選舉，日本農民組合員候選人四〇八名之中當選者達三百三十九名之多。這種成績無異給農民組合以一帖興奮劑，於是農民組合乃積極進行社會主義政治運動，並於大正十四年（一九二五年）七月與都市的勞動者策應，準備樹立全國單一社會主義政黨，結果於是年十二月一日和其他勞動團體，在東京成立了一個「農民勞動黨」。

當勞農團體進行組織全國性統一的社會主義政黨之際，日本農民組合內部關於此一組黨問題，發生左右兩派意見的對立，結果，在大正十五年（一九二六年）六月的第五居大會時發生第一次分裂。平野力三派（右派）遂退出，另組織「全日本農民組合同盟」，後改稱爲「全日本農民組合」，同年十月中旬成立「日本農民黨」。右派退出日本農民組合後，繼之中間派亦退出「日本勞農黨」，另組織「全日本農民組合」，至此「日本農民組合」乃發生第二次分裂，自此以後，其指導實權完全落在左派手中，昭和三年（一九二八年）「日本農民組合」與中間派的「全日本農民組合會」合併創立「全國農民組合」擁有組合員十萬人，平野力三派的「全日本農民組合」亦與「日本農民總同盟」（昭和二年三月在社會民衆黨之下所成立的農民組織）於昭和五年（一九三〇年）六月合併成立「日本農民組合」。

正當農民組合日趨發展之際，以打破封建的差別待遇，解散部落民爲目的的「水平運動」（即平等運動）亦於大正九年（一九二〇年）在奈良縣產生一「燕會」，大正十一年（一九二二年）三月三日在西光萬吉、坂本清一郎等人指導下設立「全國水平社」，本部設於京都，發行機關報「水平」。同年左派學者佐野學曾發表「特殊部落解放論」的論文，呼籲解放部落民賦予他（她）們以平等的待遇。「全國水平社」成立時，曾發表創立宣言云：「散佈於全國的特殊部落民們，團結起來吧！」並發表下列三個綱領：①我等特殊部落民以部落民自身之行動以期絕對之解放，②我等特殊部落民向社會呼籲要求經濟的自由及職業的自由，並期其獲得。③我等覺醒於人性之原理，向人類最高目標之完成邁進。水平社的創立宣言，才算是日本的人權宣言，這是明治維新後五十年，久受壓迫、迫害的部落大衆以自己的力量謀求團結的呼聲。在這裏才看見，日本人對於人權的要求的呼聲。政府鑑於事情的嚴重，乃於大正九年增加所謂「部落改善費」五萬圓，期能壓服部落大衆的蜂起，並由內務省支付二百萬圓以圖收買水平社創立準備委員，企圖阻止水平社的創立。

「水平社」成立後，因幹部人員熱烈巡迴各地宣傳的結果，各地的地方水平社紛紛出現，極力要求政府停止差別待遇，並展開積極性的身分解放鬥爭運動。這種運動發展的結果，連部落內的公職人員、佃農等亦加入此一運動，因此，當全國水平社第二居大會，通過了在部落內設立農民組合之提案，同時部落農民的糾彈地主的爭議益加激化，在全國各地組織了日本農民組合支部。由於水平社運動逐漸走向階級鬥爭的路線，結果，大正十二年（一九二三年）年底急進的青年分子遂組織「全國水平社青年同盟」信奉馬克斯主義，揭舉「大衆的組織化及教育」的口號，企圖採取結合全國的階級鬥爭與水平社的身分鬥爭的方針。蓋因這批青年分子，不滿於水平社一向所採取的差別待遇撤廢運動，認爲這種遲緩的行動不足以解決根本問題，乃進一步採取釜底抽薪的辦法，對於產生差別待遇的現存社會制度應進行階級鬥爭。連全國水平社的創立發起人，西光萬吉、坂本清一郎等人亦早在大正十二年（一九二三年）的全國水平社第三居大會，提議與被榨取階級之間的提攜，疾呼應與農民組合、勞動組合形成三角同盟，他們甚至自任爲日本農民組合的常任活動家。這種提議後來曾一度成效，例如在奈良縣，於大正十四年（一九二五年）組織了「無產團體協議會」，使此一三角同盟的構想具體化，成爲勞動農民黨的下部組織。同時，在奈良縣發生年貢全免要求鬥爭時，部落的農民與一般農民之間採取進退一致的態度，抑有甚者，爲了支援部落的佃耕爭議，一般農民亦採取同盟罷課的行動。

前述的急進青年分子所組織的「全國水平社青年同盟」，後來，由他們自動加以解散，另外組織「全國水平社無產者同盟」，與「勞動組合評議會」等左翼團體互相策應，成爲有力左翼團體之一。降及昭和初年，日本發生經濟蕭條不景氣時，在生活窮狀的煎壓下，部落農民的大衆運動遂分裂爲兩派，一派爲身分鬥爭第一主義，另一派爲階級鬥爭第一主義，終於產生了所謂「水平社無用論」——解消論，這是一部分不顧慮當時部落的實態之極左的騎牆主義，結果，附於極右派的趨向階級鬥爭性格，導致由水平社所代表的部落解放運動，急激地停滯。甚至有把水平社改組爲農民組合的現象，層出不窮。水平社的運動雖然進展遲緩，且曾經發生分裂，但到了昭和八年（一九三三年）階級鬥爭派失去勢力之後，又使水平社的部落解放運動復蘇高昂。後來當天皇制法西斯主義勢力强大，而其他的勞農團體紛紛轉化投奔法西斯勢力的傘下時，水平社始終不屈服，其組織一直維持到昭和十五年（一九四〇年）。

前述由「日本農民組合」提議推動所組織的「農民勞動黨」成立後，僅僅過了二、三小時，即被當時加藤高明內閣的內相若槻禮次郎，以此次新黨的行動綱領中隱然含有共產主義的色彩，有實行共產主義的企圖，且其規約內承認勞動組合的團體加入，有違反治安警察法中的保護婦女及未成年者的趣旨爲由，下令解散。

農民勞動黨被解散後，日本農民組合分子又立即著手重組新黨運動。大正十五年（一九二六年）三月五日邀請幾個勞動團體在大阪組織「勞動農民黨」。該黨成立當初，完全採取門戶閉鎖主義，拒絕左翼分子入黨。但不久之後，由於農民組合在日共的指使下主張容納共產分子問題，內部激起了深刻的對立。大正十五年七月二十六日召開的第二次中央執行委員會時，賀川豐彥及西尾末廣等力斥左翼，賀川並且對共產主義者下了如下的定義，即：①以暴力妨害言論的自由者；②抑制少數者的意見者；③主張無產階級獨裁者；④否認議會政治者。

大正十五年（一九二六年）十月二十四日召開的第四次中央執行委員會中，反共派的「總同盟」、「官業總同盟」、「勞動組合總聯合」、「市電自治會」、「司廚同盟」等代表者及安部磯雄、賀川豐彥、三輪壽壯等人從此脫黨，勞動農民黨終於陷入分裂狀態。自此以分裂後的「勞動農民黨」採取了容共的方針，推選大山郁夫爲中央執行委員長。自此以後，該黨在大山郁夫的領導下，甘受日本共產黨驅使，變成了日共的外圍黨派，黨員約一萬名，展開了活躍的共產主義的政治運動。至於那些脫黨的各派系亦紛紛另組新黨，後來這些新黨又變化多端，以致在社會主義的旗幟下，黨派林立，演變無窮。這種怪現象，一直演到第二次世界大戰前夕，日本法西斯化爲止。

「勞動農民黨」自右翼分子相繼退出後，逐漸左翼化。當時正值中國國民革命軍進行北伐時期，該黨糾合左翼團體成立所謂「對華非干涉同盟」展開全國性運動。並在國際共產當局嗾使下，支持左派的武漢政府，攻擊　蔣委員長所領導的南京國民政府。昭和二年（一九二七年）秋，普選實行後的最初府縣會議員選舉時，該黨積極展開全國性的政治鬥爭，昭和三年（一九二八年）二月三十一日的第一次普選，該黨的山本真治及水谷長三郎當選爲衆議院議員。是年四月十日「勞動農民黨」被田中義一內閣的內務大臣鈴木喜三郎下令解散。

日本的農民團體由於政治立場的不同，而紛紛各自與目標相同的勞工團體結合組織政黨，迨至昭和十二年（一九三七年）中日戰爭發生，人民戰線派的檢舉事件發生後，「全國農民組合」遂於昭和十二年（一九三七年）十二月二十九日發表聲明書謂：「基於國體主義，站在反共產主義、反人民戰線立場和其他產業組合、農會、農民團體提攜，積極協力戰時後方的農業國策的確立。」「北日本農民組合」（左翼）亦於昭和十三年（一九三八年）一月十九日發表新行動綱領，標榜本於日本傳統精神反對共產主義和馬克斯主義，並整軍以防止英俄的侵略亞洲。迨至中日戰爭進入第二年後，農民組合陣營乃組織了「農村報國聯盟」，在軍隊法西斯之下，展開所謂「生產報國」工作，而農民運動至此宣告死亡。

茲將日本的農民組合及勞動組合與社會主義政黨的關係，列表如下：

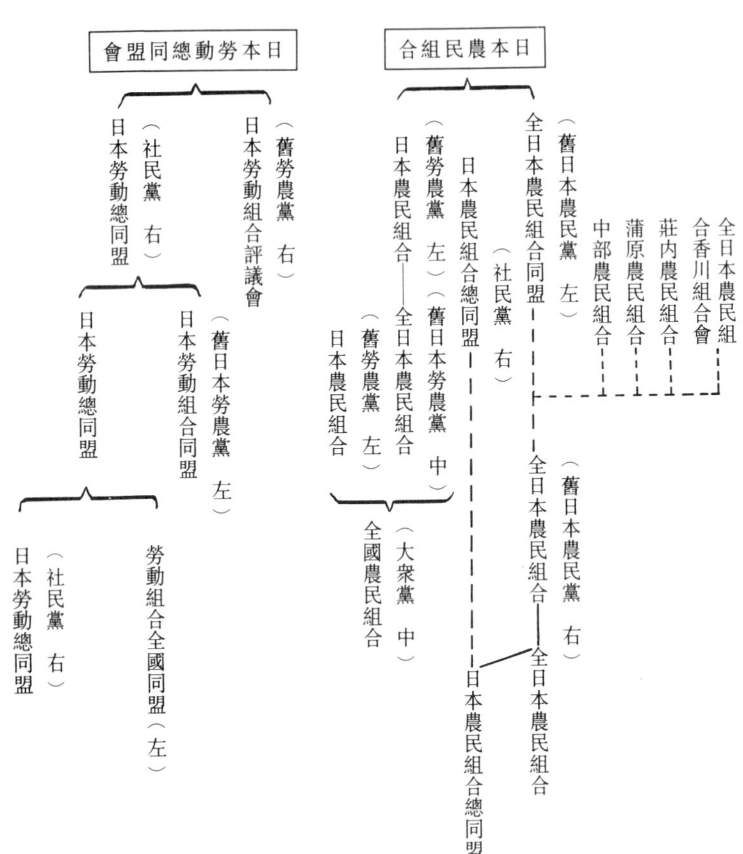
日本農民組合
日本勞動總同盟會
全日本農民組合會香川組合
莊内農民組合
蒲原農民組合
中部農民組合
（舊日本農民黨　左）
全日本農民組合同盟
（社民黨　右）
日本農民組合總同盟
（舊勞農黨　左）（舊日本勞農黨　中）
日本農民組合──全日本農民組合
（舊勞農黨　左）
日本農民組合
（大衆黨　中）
全國農民組合
（舊日本農民黨　右）
全日本農民組合
全日本農民組合
日本農民組合總同盟
（舊勞農黨　右）
日本勞動組合評議會
（社民黨　右）
日本勞動總同盟
（舊日本勞農黨　左）
日本勞動組合同盟
日本勞動總同盟
勞動組合全國同盟（左）
（社民黨　右）
日本勞動總同盟

第二十七章　近代日本文化學藝的展開

日本近代化的開端之明治維新，它不僅搖撼了德川幕府的基礎，同時亦揭開了新時代的帷幕。明治維新以後，日本在文化方面的急務就是要脫出以往的鎖國孤立狀態，並且要藉由跟全世界的交涉來急速地吸收先進諸國的文明，來推行其現代化的大事業。換言之，明治維新的大變革，使日本人的世界觀一變，突然出現的歐美文化，取代了從前飛鳥、奈良朝古時代起向屬日本一切思想文化所依據的中國文化，全面地支配了日本文化。然而日本在近代化的蛻變過程中，其文化的展開所包含的內容頗爲雜多，爲便於明瞭起見，姑就其重要者分項敍述於下：

一、日本近代思想的源流與隆替

日本雖然自鎌倉時代末葉以來即已有歐洲文化的輸入，但很微弱，即使在德川時代末葉從荷蘭語，得與歐洲文化接觸，但其範圍及影響亦微不足道。迨及明治維新之際，門戶開放，於是歐美近代學術思想等，如洪流氾濫似地源源湧入日本，不僅風靡了整個思想界，同時影響於維新事業十分鉅大。不過，在維新初期，儘管歐美思想大量地湧入日本，但自中古以來逐漸深植於日本人腦海裏的儒家、佛教，以及因這兩種外來思想而促進形成的神道，甚至於在德川幕府時代所發達的國學等傳統思想，仍然深深地潛伏於一般日本國民的日常的生活感情或意識的奧底。至於明治維新當時，西歐思想在日本匯成馳騁者有法國的自由啓蒙思想、英國的功利主義學說、德國的國權派思想，和美國的基督教的博愛主義思想。這些思想，其態度內涵雖互相有異，但在其根柢而言，皆不外乎是給予開國新日本以理論的基礎，並予以趨向文明的南針。

上述四種外來的歐美思想發展的程序，最先以英美派的自由主義和功利主義爲發端，當時自由主義的先驅學者、思想家輩出，其中尤以西周、加藤弘之、神田考平、福澤諭吉、中江兆民、西村茂樹、箕作麟祥、森有禮、中村正直、津田真道等十數人爲其代表人物。他們曾於明治六年（一八七三年）二月創立「明六社」，出版「明六雜誌」（迄一八七五年十一月爲止曾發行四十三期，每期平均賣出三千二百零五册左右，後被政府取締停刊），批評舊思想，對於純粹封建思想以及尊王攘夷的名分論，予以徹底的攻擊，以介紹歐美的新智識，那是近代日本啓蒙時代的最有歷史意義的刊物。「明六雜誌」所揭載的論文，包括政治、經濟、社會、學問、宗教、教育、思想、風俗等各方面的問題，可謂包羅萬象，範圍廣泛。其中比較具體的有國權之獨立、保護貿易與自由貿易、出版自由及新聞自由、男女平等及夫婦平等女性論、死刑廢止論、民選議院論、基督教及宗教論、武官恭順論，以及有關租稅、財政改革、貨幣等。「明六社」的同仁，大部分都是開國文明論者，後來除福澤外，幾乎皆變為官僚派學者，因此他們所做的新思想普及工作，無異替藩閥政府之所做所為予以代辯，由此可知，當時的自由民權派思想家及學者，尚脫不了布爾喬亞自由主義的範疇。福澤諭吉氏則始終以在野之身，終身不仕，努力以鼓吹自由民權思想，並於一八五八年創辦慶應義塾前身之蘭學塾以教育青年士子，故他實是日本近代自由民權啓蒙思想的第一位大師。他的著作很多，諸如「學問之進展」、「進化論」、「地租論」、「民間經濟錄」、「男女交際論」、「日本婦人論」、「文明論之概略」、「通俗民權論」、「時事小言」、「通俗國權論」、「子丑公論」、「西洋事情」、「西洋國畫」等，其中「西洋事情」及「學問之進展」，均為日人所愛讀，大有洛陽紙貴之勢，兩書出售之多，前者達廿餘萬册，後者卻達七十萬册。他雖被稱頌為天賦人權論者、民權論者，但並非民主主義的自由主義者。至於「文明論之概略」一書，乃在述説日本欲為世界獨立文明之國，有檢討其開化過遲之必要，於是由於日歐雙方之比較，進而回顧日本人知德兩方的進行方法。福澤在該書中指出日本在過去整個文明中，可謂無可貴之處，而被治者與統治者之間的懸殊，較其他各國為甚。福澤諭吉的思想觀點是站在功利主義的立場，批評封建思想，用許多平易淺近的文字傳播西歐新思想，主張能有所促進幫助提高人民生活的實用學，强調功利主義和實用主義。他的天賦人權論、自由平等論，對於後來的民選議院設立運動有莫大影響，乃無容贅述的事實。福澤諭吉對反對封建的啓蒙工作，並不止於西洋思想的傳達，而是努力想建立一種符合於日本現實的日本國民思想，實可謂在此時期的先覺者的獨放異彩，然因福澤眼光不遠，以致「重知輕德」，終之引導日本國民完全走向功利之途發展，未能培養更爲超越的民族偉人，負起時代的使命，殊爲可惜。

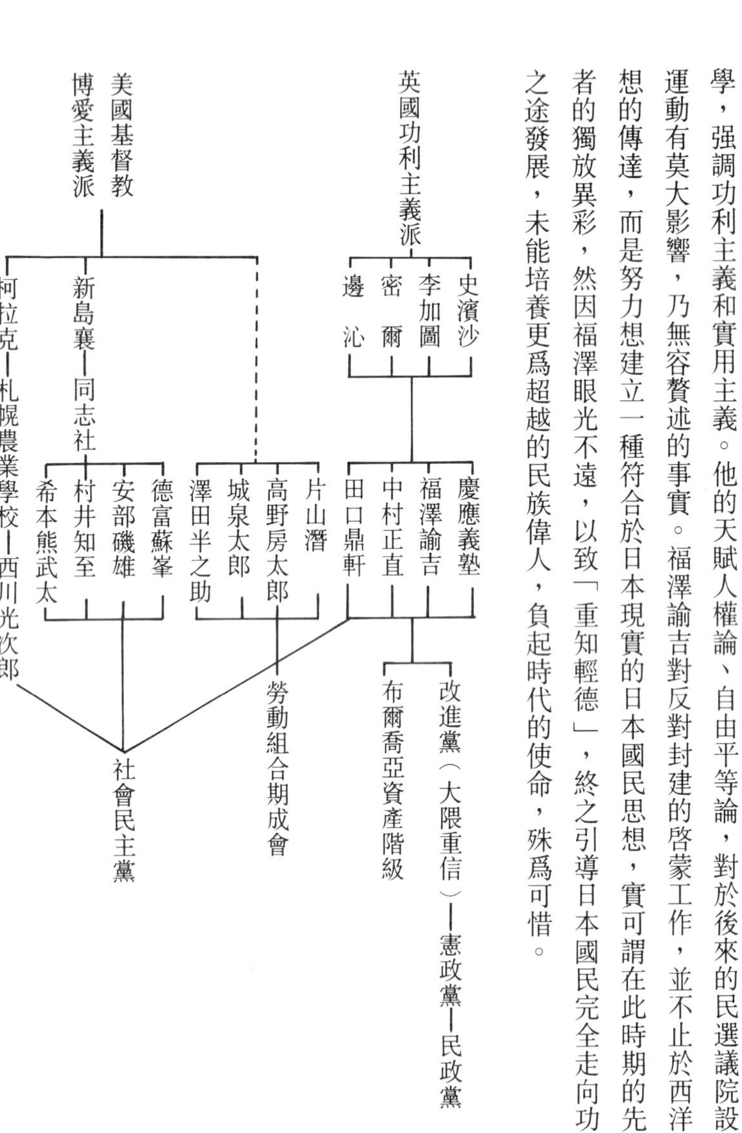

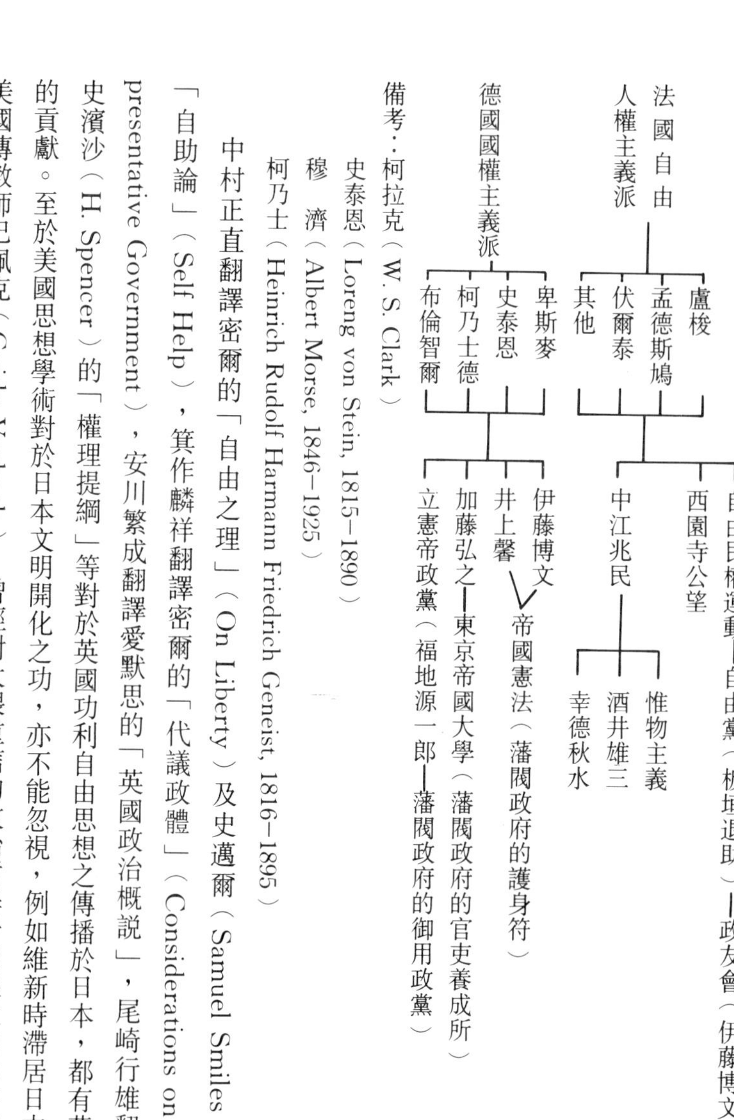

備考：柯拉克（W. S. Clark）
史泰恩（Loreng von Stein, 1815–1890）
穆　濟（Albert Morse, 1846–1925）
柯乃士（Heinrich Rudolf Harmann Friedrich Geneist, 1816–1895）

中村正直翻譯密爾的「自由之理」（On Liberty）及史邁爾（Samuel Smiles）的「自助論」（Self Help），箕作麟祥翻譯密爾的「代議政體」（Considerations on Representative Government），安川繁成翻譯愛默思的「英國政治概說」，尾崎行雄翻譯史濱沙（H. Spencer）的「權理提綱」等對於英國功利自由思想之傳播於日本，都有莫大的貢獻。至於美國思想學術對於日本文明開化之功，亦不能忽視，例如維新時滯居日本的美國傳教師巴佩克（Guido Verbeck），曾經對大隈重信的政治哲學予以很大的的啓蒙影響，而美國學者柯拉克（W. S. Clark）則前來日本北海道創立札幌農業學校，教授日本青年以美國式的農業耕種方法，在日本傳佈美國實用主義的精神。餘如前往留學英國的中村正直亦曾翻譯「美利堅合衆國憲法」、「華盛頓告別演說」，以及愛默生的「論集」等爲日文，對於美國的思想得以在日本傳佈流行，亦有所貢獻。

當此之時，法國的思想以及文物典章，在日本的思想界、社會上以及政治上的各部門，皆佔有重要地位。對於法國思想文明的輸入貢獻最大者爲明治元年（一八六八年）村上彥俊所創立的「達理堂」，他在該校儘力教授法語，並輸入傳播法國式的自由民權思想，被稱爲日本法蘭西學的鼻祖。他於明治九年（一八七六年）翻譯孟德斯鳩的「萬邦精理」（De Lésprit des Lois, The Spirit of Laws），翌年服部德把盧梭的「民約論」（Contract Social）譯爲日文。此外土佐藩出身的中江兆民亦爲法國自由民權派的健將，他曾於明治四年（一八七一年）赴法留學，三年後返國，其後創立法學館，講授政治史諸學，門徒達二千餘人，又創辦許多報章雜誌，鼓吹盧梭、孟德斯鳩等的共和政體主義、天賦人權思想，著有「三醉人經綸問答」的對話式的長篇政治評論書，以及「平民的覺醒」等啓蒙書，主張兩院制及限制選舉爲前提的立憲君主制的構想，促進了民選議院論的勃興。關於文物典章方面，維新政府的初期，完全向法國學習，如明治三年（一八七〇年）命箕作麟祥翻譯法國民法（Code Civil Napolion），並擬以此作爲日本民法而予以實行。明治六年（一八七三年）聘法國法學家波索納得（G. E. Boissonade de Fonarabl）

爲顧問，使其起草刑法與民法。明治四年（一八七一年）聘法國軍官擔任日本陸軍士兵的訓練工作，明治五年（一八七二年）的學制，亦採仿法國式。

法國天賦人權論思想流行不久之後——約在明治第十年代（一八七七年代），德國的國家主義思想及其政治法律思想亦傳入日本，尤其是自明治二十年代（一八八七年代）以後起，即在學問思想各方面，德國派的理想主義、觀念論亦凌駕於美法等國的思想學問之上，布倫智爾的國家主義、康德、黑格爾的哲學、朗格的史學、赫爾巴德的教育學等，在日本引起了重大的影響。當時介紹鼓吹德國思想最力者爲井上哲次郎（一八五四——一九四四年）之闡揚德國的觀念論，桑木嚴翼（一八七四——一九四六年）之介紹康德哲學，加藤弘之曾翻譯布倫智爾的「國家汎論」鼓吹德國的國家主義，田口卯吉、福田德三、山崎覺次郎、金井延等則力倡德國式的經濟學，而梅謙次郎、穗積陳重、富井政章等三人奉命以德國民法典（der Erste Entuvrfdes deutschen Bürgerlichen Gesetgbuches）爲範本，修改前以法國民法爲範本的日本民法，商法亦由德國學者羅斯禮（Roesler）起草，一時德國思想盛行充溢於政府各部門。結果促使日本產生了國權振興思想及國粹論（日本主義）的發達，加藤弘之從進化論觀點著「人權新說」（一八八二年），攻擊盧梭的天賦人權論，企圖替明治絕對主義政府的統治階級辯護。

日本自門戶開放以後，接觸最多的外國，首推美英兩國，在國家的近代化過程中，日本從英美不但學到了功利主義和實用主義的自由思想，並且亦學了銀行公司和其他實業組織的經營，即使學問和教育制度、語言和生活習慣，亦以英美爲圭臬。儘管日本的近代化受惠於英美自由思想文化很大，但維新政府的建國理念，自始即崇尚德國式的國家主義及國權思想，因此，對於美法英等的自由主義思想，以其不合國情，過於激烈，而予以彈壓。因此，明治初期組織的日本的政黨，如自由黨、改進黨，因其所秉承的政治思想皆是英美法的自由民權，故自始即採取反政府的態度，同時，當時所創刊的大多數報紙雜誌，亦各標榜英美法等國的自由功利主義思想，而反對政府，批評時政，這種情形，表現於教育制度者亦然，官立大學當然是德國主義思想的大本營，而民間人士創辦的私立大學如早稻田大學、慶應大學、同志社大學等，皆以英美法自由主義思想爲創校宗旨。

由於明治維新之初，傳入日本的英、美、法、德四個國家的物質文明甚至於思想文化，在日本國內各植勢力，壁壘嚴森，彼此之間，竟至於互相排斥，始終無法融和爲一體，因此，使日本在接受歐美文化的洗禮過程中，自國家的規模至人民生活，自政治制度至經濟結構，自法律典章至教育制度，無不包有畸型的矛盾性。具體言之，則國家規模泱德國風；社會風氣穆穆英美風；經濟結構及企業組織，富有英美色彩；經濟法律採用德國精神；內閣常常高唱所謂超然主義；國會則充溢法國自由民主精神；皇室典範模仿英國，而天皇大權卻取範普魯士式君權。尤爲怪狀者，莫過於德國化的陸軍，英國式的海軍，同爲日本皇軍，而形同兩國，這種不調和的現象，表現於思想上或政治上的便是爲自由民權與國家主義兩種思潮的對峙鬥爭，前者所代表的是政黨人士，後者則爲藩軍閥官僚所堅信不渝的信念。但由於國家主義思想依恃天皇大權爲擋箭牌及護身符，在第二次世界大戰結束以前，日本的自由民主主義及政黨政治的花朵，始終無法開花結果。

上述外來四種思想激盪的結果，尤其是在所謂鹿鳴館時代，因歐化主義者過於醉心吸收模仿歐洲文化，於是國權主義便和國粹主義合而爲一，提倡尊重日本自己的文化之呼籲，在思想界逐漸得勢。因此，自明治二十年（一八八七年）之際，日本思想界則有國粹主義的流行。明治二十年（一八八七年），西村茂樹著作「日本道德論」，並創設「日本弘道會」，站在儒家立場，鼓吹國民道德的確立。三宅雄二郎（雪嶺）、陸實（羯南）、杉浦重剛、志賀重昂、井上圓了、德富蘇峯、島地默雷、辰己力次郎、菊池熊太郎等人則組織「政教社」，創辦機關誌「日本人」月刊雜誌，而鳥尾小彌太則組織「保守中正派」，發行「保守新論」月刊雜誌，反對變相的歐化政策，主張應該在批評和吸收西洋文化之後，創造一種適合於日本國情的新文化。古來的學問，亦有復興之勢，明治十五年（一八八二年）東京大學創設了「古典講習科」；同年，神道派人士創立了「皇典研究所」；在伊勢亦設置了皇學館，明治廿三年（一八九〇年）落合直文則發行「日本文學全書」，這是古典書籍普及的開端。餘如佐田介石的「洋燈亡國論」、藤井惟勉的「明治新論」、目賀田榮的「洋教不理」等皆爲反駁歐化論的著作。迨及中日甲午之戰，日本僥倖勝利之後，國粹主義愈加得勢，更有高山林次郎（樗牛）、木村鷹太郎、湯本武比重等高唱的國家至上的日本主義，風靡一時。高山樗牛的思想是由熱烈的國家至上主義出發，經過了許多變化，終於受了尼采（Friedrich Wilhelm Nietzsche）的影響，提倡極端的狹隘的日本主義，尤其是其「美的生活論」一書則明白地高唱尼采的個人本能主義——即美的生活，最後歸結於鼓吹日蓮主義。

日本的資本主義因爲經過中日甲午、日俄兩戰役漸至完成，而其做爲近代國家和近代社會的體制，也大概齊整了。可是在另一方面，跟著資本主義的發展，社會與個人的對立也逐漸深刻化，再因深刻的現實問題頻發，個性的自覺，遂變成無遠慮的個人主義的高潮，於是實利主義、自然主義、現實主義、享樂主義乃至社會主義等思想雜然混淆而攪亂人心，幾乎不可收拾。如此日本近代化的進行，需要同時解決目前還殘存的封建事物以及隨著資本主義的發達而產生的各種矛盾。於是降及廿世紀初葉，一種以文學爲中心的自然主義運動出現，否定古有道德和傳統，强調個人意識的個性之充實與發展，與自我覺悟的精神相結合，其主幹爲婦女界，例如平塚明子、中野初子、木內錠子、保持研子、物集和子、與謝野晶子、小金井貴美子、國木田治子、國田八千代、水野仙子等則組織「青鞜社」，發行「青鞜」雜誌，從事婦女解放的社會運動。嗣後進入大正時代，有提倡「人格主義」的阿部次郎、安信能成、高村光次郎等的幫助，青鞜社更獲得有力的發展，他們最强調的是女性的「做爲人類之自我」的解放，尤其是如伊藤野子者，十七歲時便和女校的教師私奔，出版「婦人解放之悲劇」一書，終於轉向勞農階級的女性的解放運動。本來自然主義在法國，其本質是要以描寫現實社會的醜惡而來主張改革的精神爲特色，但在日本卻不然，其自然主義是缺乏以一般社會的擴展爲基礎的觀念，始終於專以個人主要內面真實的分析，所以雖然對舊思想及舊習慣有所破壞，但卻缺乏更深的追求力和作成新東西的意欲。

進入大正初期，日本因爲站在特殊的位置，所以在戰時中和戰後，經濟有了飛躍的發展。於是隨著國力的增進，文化的發展也就顯著了，個人主義、民本（主）主義以及自由主義的機運更是高漲了，而在人類生活中求取精神的力量和光明，崇信個性的尊嚴，自我至上，生命的創造力的理想思潮也就胚胎了。大正時代可說是日本近代個人主義的頂峯時期。當時民主主義的健將乃吉野作造博士，他於明治卅七年（一九〇四年）畢業東京帝國大學法科大學之政治學科，嗣後受滿清政府的邀聘，前來中國，初任直隸總督袁世凱長子袁克定的私人教授，後來出任北洋法政學堂的教官，明治四十二年（一九〇九年）返日出任東京帝國大學的副教授，次年（一九一〇年）爲了研究政治史及政治學赴英、法、德等國留學，於大正二年（一九一三年）返國，翌年（一九一四年）升任教授，大正四年（一九一五年）由文部省授以法學博士學位。吉野博士於大正五年（一九一六年）一月號的「中央公論」發表「闡述憲政之本義以論完成其有終之美之途」論文，陳述民本主義的真義，主張民本主義的實現才是日本立憲政治的真正之所在。繼之他又發表「國家中心主義與個人主義之對立、衝突、調和」（大正五年九月）、「闡述民本主義之本義再度申論完成憲政有終之美之途徑」（大正七年一月）等文章，鼓吹其所謂「民本主義」。其主旨不外乎呼籲政府當局俯察輿情，認清近代政治的理想乃在於保障實現具有最高至善的政治價值的社會福祉，其最重要者莫過於尊重民衆絕大多數的意向，他先後約有二十年之久，每月按期在「中央公論」發表政治性的論文。主張普選，改革樞密院、貴族院及軍部，爲大正時代的民主主義提供了理論基礎。在其單行本著作之中，最具價值的是「舊政治新看法」及「在社會改造運動過程中之新人的使命」兩種。

大正初期的民主主義運動派，以當時的東京帝大教授吉野作造博士爲中心，於大正七年（一九一八年）和新渡部稻造、福田德三、姉崎正治、大山郁夫等組織「黎明會」，而同年以吉野博士爲中心的東京大學的普選研究會亦組織「新人會」，翌年創刊機關誌「德謨克拉西」（デモクラシ——Democracy），「新人會」是日本青年學生社會運動的先驅。大正九年（一九二〇年）早稻田大學的「民人同盟會」、「建設者同盟」及京都大學的「勞學會」等相繼成立，高舉民主主義大纛，主張立即實行普選，縮小貴族院權限，抨擊軍閥和帝國主義，大聲疾呼，喚起了民間重大反響，促進了政治民主化的機運，尤其是吉野作造、福田德三、大山郁夫、長谷川如是閑等在雜誌「中央公論」、「我等」及「大阪朝日新聞」等力疾鼓吹潑辣的論筆，於是更使得民主政治的觀念，如火之燎原，迅速地普及於全國各角落，餘如姉崎正治的「人本主義」、田中王堂的「徹底個人主義」以及大井憲太郎等恢復「普選期成同盟會」並刊行「平民」雜誌，對於當時民主主義運動的進展皆有莫大貢獻。

可是雖然大正年代的社會逐漸地實際的達到了近代社會，卻因第一次世界大戰後的資本主義社會的不安和階級鬥爭的深刻化，把上述的這些理想主義排斥爲從現實游離了的形式主義，阻止了個人主義、自由主義的順利正常的成長發展。抑有甚者，隨著資本主義社會的成熟，早在勞資問題所對立的基礎上已發生了社會問題，不僅有勞工組織的存在，且常有勞資糾紛事件發生。到了俄國革命成功後，所謂無政府主義，以及共產主義的思想亦充塞於當時的日本社會，而勞農大衆亦自大正末期踏上了實踐政治運動、無產政黨組織等等的道路。當時日本無政府主義論的健將爲大杉榮，而共產主義的鼓吹者則有山川均、堺利彥、荒畑寒村、近藤榮藏、高津正道、佐野學、德田球一、赤松克麿、渡邊政之輔、鍋山貞親、福本和夫等。至於當時文教界的名士如三木清、平野義太郎、山田盛太郎（以上三位係大學教授）、片岡鐵兵、村山知義、中野重治（以上三位係作家）等，亦皆是共產主義的同情論者，而從學術觀點來鼓吹共產主義。

然而在這一個時期，針對自由主義、社會主義及共產主義的反動運動亦隨之而起，尤其是當意大利法西斯主義與德國的納粹主義在西歐橫行之際，日本土產的國粹主義、法西斯軍國主義應運而起，其主倡者爲大川周明、北輝次郎（北一輝）、西田稅、高畠素之、滿川龜太郎、鹿子木員信等右翼分子及一部分急進的青年軍官。降及九一八事變，一般國粹派的活躍與軍國侵略的思想膨脹，再加以浪人軍閥的鼓吹煽動，而所謂愛國主義運動，乃益蓬勃發生，幾如萬馬奔騰，怒潮澎湃，形成一大陣營，而所謂「日本主義」、「國粹主義」、「國家主義」、「民族主義」等團體到處林立，較著者有「玄洋社」、「黑龍會」、「日本弘道會」、「政教社」、「浪人會」、「老莊會」、「猶存社」、「大日本國粹會」、「大化會」、「大和勤勞會」、「赤化防止團」、「經綸學盟」、「行地社」、「七生社」、「國本社」等。這些團體其派別系統，錯雜紛歧，行動主張，亦未統一，各行其是，但其共同之點，則爲對外積極侵略，對內徹底擁護皇室，主張君權神授說，否認議會政治，排斥既成政敵，反對民主政治、自由主義及共產主義，和軍部青年軍官勾結進行對滿蒙的積極政策，終於導致日本軍閥掀起了一連串的侵略戰爭，最後於昭和二十年（一九四五年）八月十五日招來了「城下之盟」的慘劇。

綜上所述，可知日本近代思想的演變，其民主主義的思想色彩，早在明治時代初期，即已正式萌芽，但因藩軍閥官僚輩的欲霸佔政權，而加以壓迫排斥，因此，始終未能滋長發展，即使降及大正年代，曾經有過一段較爲活躍伸展的日子，但亦終因反動官僚政府的取締壓迫，而無法普及深植於社會各階層，最後竟因受到外來法西斯思想的影響，在日本本土的法西斯思想團體的壓服下，戰前尚存一息的民主主義氣息，亦終被消滅，迨至第二次世界大戰之後，由於盟總當局的扶助指導日本制定一部國民主權主義的新憲法，日本的民主主義始獲伸展的機會。

二、日本近代教育的普及與發展

日本近代文化的發達，有賴於教育事業的普及者甚多。按日本對教育的重視乃導源於東亞文明的根源，中國自古便强調讀書與識字之重要性。蓋中國人認爲讀書可使士人獲得高深的知識，並養成一個優秀的道德洞察力，並將此概念具體化成一種科舉制度——高級文官考選制度。韓國人將中國這種制度全盤抄襲，而日本人雖感於不適用於它的社會，但卻吸收了這種中國概念的精神，迄明治維新爲止，德川幕府的昌平校（又稱昌平黌或昌平學習所），各藩的藩校皆係士人階級的教育機關，其教學內容雖已漸趨於實用主義，除了儒家的經書外，尚有歷史、制度、算術、洋學、醫學、天文學等，但一般庶民只能在寺子屋（即私塾）受教育，其受教育內容亦僅限於有利於維持封建社會秩序的讀本、習字及修身等科淺易的初級教育而已。但降及德川末季，除了上述課程之外，因西洋實用之學已傳入日本，因此其他農工商關係的智識亦被寺子屋採用於教授一般庶民子弟。因此到德川時代晚期日本的普遍識字及教育機構，已超過中國及韓國的水準之上。迨至明治維新後從前的寺子屋始被廢止，其他從前德川幕府末期所設立的鄉塾、私塾，亦於明治七年（一八七四年）起一律改稱爲私立學校。

維新政府成立後，因傳統上即重視正規教育，所以新政府的領袖便注意於學問的獎勵，因之於明治元年（一八六八年）先開辦皇學所及漢學所。其規則有云：①辨國體，正名分。②漢土、西洋之學同屬翼贊皇道者。③嚴禁虛文空論，重視著實之修行，文武一致共遵教諭。④皇學、漢學皆不得互爭是非，而有固我之偏執。⑤入學年齡自八歲起至三十歲爲止，但雖至老輩，倘有求進之心者可准其入學。⑥每年兩次，舉行考試以辨別其學業是否有成。⑦入學之儀，每月定在五日，入學當日應著正服。降及明治五年（一八七二年）八月，太政官又頒發獎勵學問的佈告。該獎勵的意義，不外乎要求一般庶民學習文明開化的學問，廣求智識於世界，俾有益於社會，同時並豐富自己的生活，申言之，即勸勉國民學習所謂「實用之學」。

維新政府爲了獎勵一般庶民學習文明開化的學問，早在明治二年（一八六九年）便已指示設立小學校方針，最先遵行者爲京都府出仕的槙村正直，他在是年五月開辦上京第廿七番小學校（即現在的溜池小學校），到了年底全國有六十四所小學校的設立。明治三年（一八七〇年）東京府亦把寺院充當校舍，設置六所小學校。是年政府曾公佈參酌海外諸國之制度的小學校、中學校、大學等三階段的學校制度的實施計劃，但並未付諸實施。明治四年（一八七一年）廢藩置縣之後確立了中央集權國家的體制，於是乃設立文部省以爲全國文教行政之統轄機構，並設置學校制度調查委員會以研究學制。明治政府鑑於欲建設近代化國家則有賴於國民教育的發展，因此乃根據學校制度調查委員會的報告，於明治五年（一八七二年）八月頒佈學制令，取範於法國制度，小學校教育年限爲八年，擬把全國六歲至十四歲的兒童，讓他（她）們接受近代化的初等義務教育。該學制令的頒佈，具有劃時代的意義：第一、否定以往之學問係士人以上階級之獨佔物，無華士族農工商及婦女之別，課一般人民以接受教育的義務；第二、學問、教育的目的在於「立身爲財本」、「治其產，昌其業」，並非專爲國家的目的而受教育；第三、學問、教育由人民的自主自發予以推行並自負費用，否定由政府提供學費衣食的舊習慣。根據明治五年八月的學制令，把全國分爲八大學區，中學二五六所，小學五三、七六〇所，平均約六百名人口設立一所小學校，此外並於同年設立師範學校，以訓練師資，其目的在於普及國民義務教育，正如學制令所云：「自今以後，期望於一般人民者，使邑無不學之戶，家無不學之人。」學制令發佈的翌年（一八七三年）已有公立小學八千餘所，私立小學四千五百所，學齡兒童就學率達百分之廿八以上（參閱表四十七）。到了明治十二年（一八七九年）全日本的公私立小學共有二萬八千餘校，教員人數達七萬一千餘人，兒童的就學率在明治十一年雖已達百分之四十一點三，但女子的就學率只有百分之廿三點五。根據明治八年（一八七五年）的調查，所建築的校舍只有百分之十八，其他則借用寺院或民間房舍，學生數一校平均爲三十名至六十名，約有百分之六十的學校只有教員一位，降及明治十一年（一八七八年）全國學齡兒童之就學率只有百分之四一・三而已，其中不足百分之三十的府縣有六縣。當時的學制，就學費用原則上由國民自己負擔，授業費小學每月爲五十錢、廿二錢、十二錢五釐的三種，而中學卻高達五圓五十錢，以當時的米價爲基準，這種學費是一種相當昂貴的負擔，因此，非一般農家所能負擔。當時的一般平民，往往不願把子弟送到公立小學就讀，而寧願送往私塾。授課內容，私塾仍然是以往的讀本、習字及算盤，公立學校的教科書，亦不過是採用外國教科書的譯本，主要在於介紹西洋事情，例如明治七年（一八七四年）文部省刊行的「小學讀本」第一課就說：「凡地球上的人種，可分五種，即亞細亞人種、歐羅巴人種、馬來人種、亞米利加人種，及亞佛利加人種是也」。爲了提高國民教育水準，另於明治十九年設置東京高等師範學校直屬文部省統轄，以培養中等教育師資。明治十年（一八七七年）創立東京大學分設法學、理學、文學、醫學四部（即學院），以爲高等教育機構，來培養官僚、高級技術人員等俊秀青年。

表四十七：明治六年至十年（一八七三——一八七七年）小學校數目一覽表

年次	小學校數	教員數	學齡兒童就讀率（%）
一八七三（明治六年）	一三、五五八	二五、五三一	二八・一三
一八七五（明治八年）	二四、二二五	四四、五〇一	三五・三八
一八七七（明治十年）	二五、四五九	五九、八二五	三九・八七

至於就接受教育的對象而言，亦多屬於從前的舊士族。尤其是自廢藩置縣，秩祿處分等一連串改革後，士族已失去了社會上的特權及經濟的基礎，爲了謀生，他們乃利用從前

所受的知識能力爲工具，轉業於新的近代性職業，其中有很多人轉入教育事業，以維持生活。例如明治十六年（一八八三年）小學教師的百分之四十、中學教師的百分之七十三爲士族出身。至於就接受教育的比例言，學制令頒佈初期，中、高等教育亦多爲士族層所佔有。例如大學預科的大學預備門之在學者之中，明治十一年（一八七八年）有八一・八％爲舊士族階層的子弟，又至明治十八年（一八八五年）爲止的畢業生之中，札幌農業學校（北海道大學之前身）有七五・七％、東京商業學校（一橋大學之前身）有五二・六％爲舊士族的子弟。事實上，當時擁有小學教員的資格者爲數不多，供不應求，因此，凡神官、僧侶、士族等只要能讀字者，便可被聘爲教員，所以教員無寧說是救濟失業的舊士族的一大出路。這些教員之中，有很多沿用舊式教法，只叫學生朗讀而不加解釋，甚至於有的仍然以孔孟之教做爲內容，新的教育理想絲毫不能達成。抑有甚者，在學制令頒佈後初期，士魂教育的殘滓，在與公立學校並存的私立學校或私塾教育之中，仍然存續著。地方的舊士族不願把其子弟送入公立學校與平民同學，寧願送入私塾學習（參閱表四十八及四十九），在私塾的課程中，仍然授以「日本外史」及「四書五經」，所謂智育除了學習漢字以外，餘殆無所學，不過對於培養忍耐力及鍛錬筋骨之體育則嚴加施行，他們除了重視名節廉恥之外，嚴格地維持其倔强不服的士族魂，而不願作一個唯唯諾諾的卑屈男子。

如前所述，明治新政府的重大課題，在於普及文化吸收西洋文明，以爲建設近代化國家之範本礎基，因此除了於明治五年頒佈學制後，自維新初始便重視派遣留學生前往歐美

表四十八：明治六年（一八七三年）東京府學校教員、學生數目一覽表

種類別		公學	一般私學	洋學私學	家塾
學校數		一八	二五	二三	一、一一三
教員數	男性	六六	一五五	一一二	一、〇二三
	女性	三	四	二	一〇五
學生數	男性	七六〇	一、四八六	一、九九五	三〇、二九〇
	女性	三〇九	一〇〇	一四〇	二〇、三〇五
其他				外籍教師廿八名	

表四十九：明治五、六年東京都私塾學生身分別一覽表（私塾四十校）

族別	皇族	華族	士族	平民
人數	二	九九	二、五三六	五二一
百分比（%）	〇	三	八〇	一七

學習。明治四年（一八七一年）岩倉具視等一行赴歐美交涉修改條約時，有留學生五十九名同行（其中有五位少女）歐美留學，據說自明治元年至五年，有五百名日本青年留學美國，而明治天皇亦曾召集京都的華族於小御所，頒發留學海外的獎勵敕諭。在明治初年前往歐美留學者之中，歸國後自明治中葉以後在社會上各方面居於領導地位者有鳩山和夫、

小村壽太郎、松井直吉、古市公威、西園寺公望等著名人物。除了日本青年前往外國留學接受歐美的新智識外，亦有不少青年在國內師事西洋學者學習，日後在日本國內大有作爲。根據文部省明治七年（一八七四年）的報告，當時有官立外國語學校九所，公立外國語學校八所，私立外國語學校七十四所，學生共一萬二千八百十五人，聘用外人教師二百十一人。

前述明治五年八月頒佈的學制令，因不適合當時的日本國情，致無法全面實行，於是明治十二年（一八七九年）九月頒佈新的「教育令」。此一教育令乃根據明治天皇視察東北、北陸、東海的教育狀況的指示而制定的。這次改革實即當時最爲盛行的自由民權思想的反映，其特徵乃採用美國各州的自由主義教育制度，廢除從來的學區制度，由每個町村或數個町村連合設置小學，不採强制性的規定，學校的教則係授權府知事或縣令經文部卿的認可制定之，而義務教育的年限亦縮短而改爲十六個月。至於從前的干涉性的督學制亦被廢止，而由地方居民所選出的學務委員取代之。

明治十二年的「教育令」實行的結果，不但就學率銳減，甚且對於以往干涉政策不滿之士，乃乘機而搗亂，屢有學校燒燬事件的發生，因此，政府乃於明治十三年（一八八〇年）又頒佈文部大輔田中不二麿所纂修的「日本教育令」四十七條，此一「日本教育令」又稱「改正教育令」，乃明治五年八月頒佈的學制令的復活，其主要內容乃强制小學校或師範學校的設置，把義務教育的期限由十六個月延長爲三年，規定讀書、習字、算術、地理、歷史、修身等六科目爲必修，其中的修身、讀書、習字及算術的四科目爲基本學科而特受重視。明治十四年（一八八一年）頒佈「小學校教則大綱」，並實施「小學教員心得」及教科書檢定，强調鼓舞學生的「尊皇愛國精神」，灌輸學生的「國家至上主義」。尤其是當時英國史賓沙（Herbert Spencer）的學說在日本甚爲流行，教育界所受影響極大，其教育論的重點强調個人的生活的重要，教育方針在於培養人的經營完善生活的智識及技能，因之應該把瞭解精密的科學智識爲主要著眼點，其次才是培養德育美育。抑有甚者，當時自由民權論盛行於一般民間，流風所傳，幾使國家主義蕩然無存。因此，文部卿福岡孝悌乃於明治十四年六月頒佈前述的「小學教員心得」，訓諭「小學教員不得妄談政治或宗教，更不得執拗矯激之言辭」。同年十二月更召集府縣學務官訓練示教育的方針曰：「身爲教員者，不應以唯知修身教科書之意爲足，必言行端正而敦仁愛，嚴威敬，且須悉熟世故，期能以統理兒童。因此，選用教員必須注重有德望之碩學醇儒，使所教之生徒能愈益恭敬整肅。至於教授修身則必基於皇國固有之道德教義，而依據儒家之主義爲要」。此一以國家主義精神的教育方針，可說是對於當時自由民權潮流的一大反動。

明治十八年（一八八五年）十二月，明治政府開始實行內閣制，並設立文部省，由留學英、美的森有禮出任文部大臣，他最初是一位有名的極端歐化主義者，明治初年曾主張男女同權論，而提出以英語爲日本教育之媒介主張。明治六年底自駐美弁務代理公使辭職返國後，參加「明六社」組織，明治九年（一八七六年）向當局力薦邀聘美人柯拉克前來札幌農業學校，並花盡私財設立「森有禮氏商法講習所」，强調信仰自由及學問自由。可是後來明治十五年（一八八二年）他出任駐英公使時，適伊藤博文赴歐洲考察研究憲政制度，森有禮乃造訪伊藤於巴黎的客舍，向伊藤進言立憲君主政體下的教育方針，結果使伊藤甚受感動，從此兩人對於明治國家的政治與教育之間的基本構想有一致的看法。事實上，當他出任駐英公使時，遊歷歐洲諸國之際，被當時盛行於西歐各國的國家主義風潮的感化，終至成爲熱誠的國家主義的讚美者。森有禮之構思乃把「學問」與「教育」分開，帝國大學乃研究學問場所，而中學小學乃教育場所。學問之目的在研究深刻的事物真理，並在於培養從事專門實際職務之人才，教育則在訓練學生使之明瞭做爲臣民之本分，並行倫理使之能享受各人自己的福利。於是當他出任文部大臣後於明治十九年（一八八六年）三月一日廢止從前的教育令，頒佈「帝國大學令」，四月頒佈「師範學校令」、「中學校令」、「小學校令」等諸學校通則，以代替尚不完全的原「教育令」，同時訂定諸學校的通則，奠立了以後長期施行的學校制度的基礎。這是棄自由主義教育，而確立推行國家主義化教育及軍國主義化教育的轉捩時代。依照學令規定，小學爲六歲至十四歲兒童就學之所。其中分兩個階段，尋常科四年，高等科四年。尋常科爲義務教育，後來於日俄戰爭後，義務教育延長爲六年，一直施行至第二次世界大戰戰敗後，於昭和廿二年（一九四七年）公佈新學制爲止。小學畢業後，分成兩途，一爲進入中學校，畢業後再進帝國大學，一爲進入師範學校。當時的大學爲文部省直轄，而成爲官僚機構之中心的官吏養成所。至於師範教育則注重訓育，爲培養從順、友情、威儀的三德，乃强令教師學生一同居住宿舍，並授學生以兵式體操。抑有甚者，以現役的陸軍上校山川浩爲高等師範學校校長，學生寄宿的學寮生活則採取陸軍的內務班制，推行灌輸師範生的軍隊式組織。事實上，師範學校的組織、設備、給與、教育等完全模仿軍營教育，此一方式直至日本在第二次世界大戰戰敗始被廢止，明治十四年（一八八一年）侍講元田永孚奉明治天皇指示，撰「幼學綱要」，並頒行全國，作爲少年人的修養書，元田永孚另撰「教育論附錄」及「國教論」兩書，其主要內容不外乎著重祭政一致的復古精神與振興儒家精神。明治廿三年（一八九〇年）十月又頒行「教育勅語」最初由中村正直起草，因內容有基督教色彩，乃改由井上毅及元田永孚共撰，其內容乃明示神道的復古思想與儒家的封建道德乃日本教學的基本概念。申言之，是在儒家倫理思想裏面，加入了國體思想和立憲思想。

如前所述，這一教育勅語，係以儒學思想爲經，以日本古來國家觀念爲緯，而編訂的國民守則。由於自由民權思想的盛行而造成的教育思想的許多混亂現象，因這勅語一頒佈，竟一掃而空。它對於日本國民予以忠君愛國的標準，恰如大日本帝國憲法之成爲日本政治上的根本大典一樣，教育勅語亦成爲日本國民教育的最高理想指標。

日本教育之忠君愛國思想的灌輸，實以此教育勅語爲準則，因此特將其內容介紹於下：

「朕維我皇祖皇宗，肇國宏遠，樹德深厚。我臣民克忠克孝，億兆一心，世世濟其厥美者，此實乃我國禮之精華，教育淵源之所存。

凡我臣民，孝於父母，友於兄弟，夫婦相合，朋友相信，恭儉持己，博愛及眾，修學習業，以善發其智能、成就其德略，進而應公益、開世務，平常重國憲遵國法，一旦緩急之時，義勇奉公，以扶翼天壤無窮之皇運，如是非獨為朕忠良之臣民，且足顯彰爾祖先之遺風。

斯道實我皇祖皇宗之遺訓，子孫臣民之所俱遵，通之古今而不謬，施之中外而不悖，朕與爾臣民，俱拳拳服膺，咸一其德，其庶幾乎！

明治二十三年十月三十日御名御璽」

這一教育勅語，完全爲一篇中國文式的訓詞，不過，只是用日本讀法把它讀出寫出而已。每當學校開學、畢業、國家慶典，各級學校，上自大學，下至小學，無不由校長奉讀聖諭，而成爲一隆重的儀式。

以上所說的是教育政策的演變，至於就教育思想而言，早在明治初期，法、英、美等國的教育思想便已輸入，因此，這些國家的教科書被翻譯爲日文乃理所當然之事。雖然福澤諭吉的「西洋事情」一書裏便早已論述過人民的教育問題，但是最先介紹法國的教育思想者厥爲小幡甚三郎所譯的「西洋學校軌範」（一八七〇年），繼之有箕作麟祥所譯的「百科全書教導說」（一八七三年），介紹西歐的教育方法及思想。嗣後陸續有許多這一方面的譯書，其中如哈德的「學室要論」、諾然德的「教師必讀」、彼日的「彼日式教授論」、史濱沙的「史氏教育論」、倍因的「倍氏教育學」、如赫諾德的「如氏教育學」、塞兒敦的「塞兒敦氏庶物指教」，以及加爾均的「加爾均氏庶物指教」等較爲著名。這些翻譯本難免語句生硬或有誤譯而失去原著的真意，使讀者不易十分瞭解，但把以往日本傳統的諳誦教育方法，改變爲重觀察、思考、實證的所謂「開發（啓發）主義」教育之路發展，卻是最大的貢獻。與這些翻譯書並行，自明治十五年（一八八二年）之頃，亦有出自日人之手的教育論方面著作的問世，其中如伊澤修二的「教育學」、若林虎三郎及白井毅的「改正教授術」等便是當時的名著。

倘從教育史的年代劃分之，惟自明治十三年（一八八〇年）至明治廿二年（一八八九年）爲止，可稱之爲「裴斯泰老齊（Pestaloggi）主義教育時代」。上述歐美學者的教育論，要言之，亦皆基於裴斯泰老齊的自然啓發主義。裴氏的獨創的個性的伸張，並以適應自然法則爲中心的教育論，確實是在打破封建的、强制的教育之個性束縛，至於其社會教育主義、自治自由的尊重，與明治維新所朝向追求的文明開化之風潮，頗能相符合。但是自明治十三年的「改正教育令」以後的教育，乃由自由主義的方向一變爲國家主義的方向，而裴斯泰老齊主義的教育尚能盛行，不無原因。蓋所謂個性的開發、伸展，並非毫無限制，而是要求能與社會國家相適應之德性的融合，同時裴氏的教育學說以心理學爲基礎，因之主張自然法則的尊重，於是其教育內涵當然必須基於經驗主義、感覺主義，亦即所謂「庶物指教」的方向。何況裴氏所强調之精神的尊嚴，確能與明治絕對主義的道德教育有所適應，且能與儒家道德相融和，因之，雖在國家主義盛行時代，裴氏的自然主義教育尚能流行。

自明治十九年（一八八六年）的「學校令」頒佈後，日本教育的重點乃被轉導爲國家主義化、軍國主義化的精神。因此，出現了修正批判裴斯泰老齊主義的教育精神，而代之以德國赫爾巴德（Herbert）的教育學說。赫爾巴德是德國近世教育學之鼻祖，其學說主旨係以倫理學與心理學爲基礎。他的學說重點是：「首先啓發兒童的知識，使之能判斷善惡，並養成陶冶其意志使之能取善去惡的習慣，以培養完全、自由、好意、公平、報償的五德爲重點，但欲到達此目的則必須採取管理（課業監視、威嚇、體罰等）、教授、訓練之三法」。赫爾巴德的國民教育主義在日本，到了中日甲午之戰，可說是達其頂峯時期。

經過中日甲午和日俄戰爭之役，日本的教育制度愈加充實，明治卅二年（一八九九年）高等中學校改爲高等學校，尋常中學改爲中學校，且規定各府縣至少必須設立一所中學校。由於中學校數目的激增，在明治廿七年（一八九四年）只有八十一校，可是到了明治卅四年（一九〇一年）已增至二百十幾校，因此教員缺乏，於是明治卅五年（一九〇二年）設立廣島高等師範學校，另設立臨時教員養成所，以培養中學教員，翌年頒佈「專門學校令」，同時制定公私立專門學校規則，設立醫學、法學、語言等專門學校。此外爲應付日益發達的近代化工業建設，明治卅二年（一八九九年）頒佈「實業學校令」，其目標在於設立實業學校以培養中級技術人員，惟事實上，農業學校的學生多數是中小地主階層的子弟，故其目的似乎在培養地方農村的中間領導層人物，至於工業學校則設立於工業地區，而商業學校則設在港埠地區，其入學的學生亦多屬於自營工商業主的子弟，以培育由下啓發的資本主義化的人才。

至於大學本來只有明治十年（一八七七年）設立的東京大學一所，係由東京開成學校及東京醫學校合併而成，分設法、理、醫、文等四學部（院）。迨至明治十九年（一八八六年）三月二日帝國大學令公佈，東京大學與工部大學合併，改稱帝國大學，一直至中日甲午之戰時，全日本僅此一所帝國大學，後來明治三十年（一八九七年）六月二十二日京都帝國大學成立時，原來的帝國大學遂改稱東京帝國大學，到了明治四十年代（一九〇七年）東北、九州、北海道等地也設立了帝國大學。

官立學校之外，私立高等學校也逐漸發達。在私立大學中創立最早者爲福澤諭吉的慶應大學，其前身係創立於安政五年（一八五八年）的慶應義塾（蘭學塾）爲日本自由講學的開山祖。繼之明治八年（一八七五年）新島襄創立同志社（後來改稱同志社大學），明治十五年（一八八二年）大隈重信創立東京專門學校（早稻田大學前身），以上三校可說是「自由主義派」的私學。此外尚有所謂「傳統主義派」及「適應派」私校。例如明治十五年由神官祭主東久邇宮朝彥親王之令旨而於三重縣宇治今在家町林崎文庫所設置的「神宮皇學館」，同年爲養成神職人員而由山田顯義所創立的「皇典講習所」（後來的國學院），明治廿年（一八八七年）井上圓了所設立的「哲學會」（後來的東洋大學）等可算

表五十‧學校別在學生人數(萬分比)

	明治二十年	明治三十年
學齡人口	一〇、〇〇〇	一〇、〇〇〇
尋常小學校	三、八一二	四、七〇一
高等小學校	二〇七	八七三
中等學校	二九	一〇九
中學校	一五	七三
高等女學校	四	一〇
實業學校	三	一四
師範學校	七	一二
專門學校	一七	一七
高等學校	二	六
大學	一	三

是屬於「傳統主義派」的私校。至於明治十二年(一八七九年)由薩埵正邦等人爲研究法學而於東京神田駿河臺所設立的「東京法學社」(後來之法政大學),明治十三年(一八八〇年)由金子堅太郎、貝賀田神太郎、田尻稻次郎等爲中心爲研究法律及經濟所設立的

「專修學校」（後來的專修大學），明治十四年（一八八一年）由岸本辰雄等所創辦的「明治法律學校」（後來的明治大學），明治十八年（一八八五年）成立的「英吉利法律學校」（後來的中央大學），明治十九年（一八八六年）於大阪江戶堀所設立的「關西法律學校」（後來的關西大學），明治廿三年（一八九〇年）由當時的司法大臣山田顯義所倡辦的「日本法律學校」（後來的日本大學）等，其設立的宗旨在於研究法律，因此，一般稱之爲「適應派」的私校。這些大學，皆爲著名於世的私立大學。這些私立學校成立之初，政府多方密派偵探，以干涉學校的教授內容，但由這些私立學校培養出來而後來在日本社會上活躍的人物，舉其較爲著名者有早速整爾、青地雄太郎（以上兩人爲國會議員）、津田左右吉、內田銀藏、鹽澤昌貞、信夫淳平（以上爲學者）、國土田獨步、島村瀧太郎（抱月）、內田貢（魯庵）、木下尚江、橫井時雄、金森通倫、小崎弘道、宮川經輝、海老名彈正、浮田和民、德富蘇峯（以上爲文人）等人。

以上所述的三種類型的私立學校，自進入大正時代以後，由於大學體制的更加整備，因此喪失了以往的學術自由氣氛，其程度遠甚於官立學校，其原因不一而足，但總而言之，一則由於政府的教育政策的重視官立大學，官立大學的經費充足，可以添購大量的圖書儀器，且所受政府的干涉較少，一則由於私立大學固然在經費上不能與官立大學比匹，兼以自大正六年（一九一七年）俄國共產黨革命成功後，日本私立大學受了共產主義及社會主義思想的影響，因此發生了多次學潮事件，使政府採取積極的干涉政策，結果，終使大學不論是官立是私立，變成了與資本主義的體制有密切連繫的就業準備機構。

又關於女子教育方面，明治政府亦極爲重視，早在明治四年（一八七一年）岩倉具視等赴歐美考察時，曾有五位年齡十四五歲的女生隨同赴美留學，此爲日本女子留學外國的創始。明治五年（一八七二年）於東京成立東京女學校授女生以國書、英學、手藝等，這是日本第一所女子學校。明治七年（一八七四年）創立東京女子師範學校，明治十年（一八七七年）在學習院設女子部專門收容貴族的女子，明治卅二年（一八九九年）政府頒佈高等女學校令，旋設立東京女子高等師範學校，並成立日本女子大學以招收一般民間女子就讀，到了明治卅四年（一九〇一年）全日本有二百五十所高等女學校。明治四十一年（一九〇八年）又在奈良成立一所官立的女子高等師範學校。至於私立女子學校，最先成立的是明治八年（一八七五年）的跡見女學校，外國傳教師所創立的則有橫濱的費麗士和英女學校（一八七二年）和共立女學校（一八七一年）。當時的女子教育，還是實行差別的教育，多爲注重禮儀和家政，關於社會問題和科學的智識修養，則不受重視。

以上就明治時代教育制度的發展，作一概略的敍述。明治十九年（一八八六年）的「小學校令」規定義務教育爲四年，到了明治四十年（一九〇七年）延長爲六年，一直實行至第二次世界大戰日本戰敗之前爲止（即昭和十九年）。由於明治政府的積極地提倡教育普及，俾能加速日本的近代化，尤其是初等義務教育的普及更爲迅速。工場勞工的教育程度，明治三十年（一八九七年）大阪府下的調查，文盲佔有三八・二%，而尋常小學畢業者，只不過佔一二·二%，但降至大正八年（一九一九年）的全國調查（參閱表五十一）文盲只有八·八%，尋常小學校畢業生者佔四八·九%，高等小學校畢業者佔一九·八%，修完義務教育的勞工佔大多數。

表五十一：工場勞工接受教育水準一覽表

教育水準＼年次	大正八年（一九一九）	昭和五年（一九三〇）
未上學及尋常小學中途退學者	三一·三%	九·九%
尋常小學校畢業者	四八·九%	五七·六%
高等小學校以上畢業者	一九·八%	三二·五%
共計	一〇〇·〇%	一〇〇·〇%

進入大正時代以後，以第一次世界大戰爲轉機，由於經濟迅速發展，國民所得由明治四十三年（一九一〇年）至大正九年（一九二〇年）之間增加四倍以上，而工場的勞工在同一期間的所得亦增加一·五倍。人口的集中於大都市的現象亦頗爲顯著，人口十萬以上的大都市自明治四十一年（一九〇八年）的九·七%增加至大正十四年（一九二五年）的一四·八%。在這種社會及經濟構造的變化的背景下，西歐近代文化的基礎的個人主義、自由主義思想，亦因大衆傳播的發達，透過雜誌、新聞及書籍而普及於一般民衆之間。在這種情況下，教育水準當然上昇。例如初等教育的就學率在明治卅五年（一九〇二年）爲

表五十二：中等學校的入學倍率表

學校別＼年次	明治四三年	大正九年
中學校	一・九倍	二・六倍
高等女學校	一・七倍	二・四倍
師範學校	四・一倍	二・九倍
實業學校	一・四倍	一・六倍

表五十三：中學畢業者的出路情況表

種類＼年次	明治四三年	大正八年
高等學校	七・六%	六・四%
專門學校	二一・〇%	二八・四%
軍事學校	三・二%	一・七%
其他學校	四・〇%	一・九%
實業從業員	一二・四%	二〇・五%
學校職員	一一・六%	五・六%
官公吏	二・一%	四・〇%
兵役	一・八%	一・七%
其他	三五・七%	二九・〇%
死亡	〇・六%	〇・七%
共計	一〇〇・〇%	一〇〇・〇%

九〇%，到了明治四十二年（一九〇九年）增至九八%。而實施義務教育六年後，受完此項教育者在明治四十三年（一九一〇年）爲六〇%，大正元年（一九一二年）增至七〇・六%，而這種就學率的上昇現象，亦逐漸波及於上級學校（參閱表五十二）。而中學畢業生的出路，其繼續升入專門學校及從事實業活動者，亦大爲增加（參閱表五十三）。

大正六年（一九一七年）爲了檢討全面的教育問題，由各界代表者卅六名組織所謂「臨時教育會議」，該會議所決定的教育體制的方針，一直沿用至昭和廿二年（一九四七年）的新教育制度實施。在「臨時教育會議」中所重視者厥爲高等教育問題。根據會議的決議，以往做爲大學預科的高等學校，變成施行高等普通教育之獨立的學校階級，承認了與中學校相接續的七年制高等學校的開設。抑有甚者，大正七年（一九一八年）頒佈新的「大學令」，把以往只限於「帝國大學」的大學制度，推廣到所有官立私立的大學，又除了綜合大學外，又承認單科大學。此一新「大學令」的公佈固然急激地增加了高等教育人口的比率（參閱表五十四），但因供過於求，致使所謂受過高等教育的智識階級分子發生了就業困難的現象。根據內務省的調查，大正十二年（一九二三年）大學畢業生的就業率爲七九・八%，降至昭和四年（一九二九年）剩下五〇・二%（參閱表五十五），尤其是文法經濟學部之畢業生的就職更加困難，昭和四年的就職率理工系學部爲七六・〇%，而文法經濟學部的畢業生只有三八・一%，在這種情形下，私立大學畢業生的就職更加困難，迫得他（她）們，只有屈就教職或下級官吏及其他業務（參閱表五十六）。

進入昭和時代後，隨著資本主義經濟的發達，各方面需要大量人才，所以尋常小學畢業生的升學率大爲提高（參閱表五十七），而大學教育的發展亦頗呈活躍，其中最顯著者則昭和十九年（一九四四年）把以往的小學改爲國民學校，義務教育年限亦延長爲八年。在中等教育制度方面則於昭和十八年（一九四三年）重新頒佈「中學校令」，把以往的中學校、高等女學校、實業學校三者統合爲「中等學校」的構成部分，承認第二學年以下的互相轉校，同時另外設置收容受過義務教育的國民學校高等科畢業生的三年制的中等學校。於是以往做爲社會中間階層領導人員培養機關的中等教育，亦已轉向大衆化，而失去了以往領導課程的預備教育機關的性格。

表五十四：高等教育畢業生數目表

	畢業生數			構成比例		
	明治四三年	大正九年	昭和五年	明治四三年	大正九年	昭和五年
法、經、商	三、七二一	五、五五一	一四、八三一	四四・三%	三九・六%	四一・六%
文學、教育	一、四七六	二、二六四	一〇、五四九	一七・六%	一六・一%	二九・六%
理學、工藝	一、五八七	三、一三九	五、七九五	一八・九%	二二・四%	一六・三%
醫、齒科、藥學	一、六〇八	三、〇七三	四、四五五	一九・二%	二一・九%	一二・五%
共計	八、三九二	一四、〇二七	三五、六三〇	一〇〇・〇%	一〇〇・〇%	一〇〇・〇%

表五十五：高等教育畢業者之就職狀況一覽表

百分比＼年次	大正十二年	大正十三年	大正十四年	昭和元年	昭和二年	昭和三年	昭和四年
對於畢業生數目之申請採用數之百分比	一〇〇・〇	九五・〇	八〇・〇	六二・〇	六八・三	五四・二	四六・二
就職率	七九・八	七五・七	六六・六	五九・〇	六四・七	五三・九	五〇・二

表五十六：私立大學畢業生就職情況一覽表

種類＼年次	大正十二年	昭和四年
官吏	六・三％	六・三％
公吏	〇・五％	二・七％
教師	四・一％	六・三％
自由業	三・〇％	五・八％
銀行公司	三九・八％	二二・三％
其他業務	三・一％	一〇・五％
研究院兵役	七・二％	七・四％
未定	三五・六％	三八・三
死亡	〇・四％	〇・四％
共計	一〇〇・〇％	一〇〇・〇％

表五十七：尋常小學畢業生的就學情況一覽表

年次		昭和四年	昭和五年	昭和十四年
尋常小學畢業生		一〇〇・〇%	一〇〇・〇%	一〇〇・〇%
升學比率	高等小學校	五九・六%	六一・三%	六七・五%
	中學校	六・三%	六・三%	五・九%
	高等女學校	六・七%	六・三%	八・三%
	實業學校	七・四%	七・七%	一二・四%
	師範學校	〇・六%	〇・二%	〇・三%

其次師範學校程度的提高，亦爲昭和年代初期日本教育制度上的特徵。以往的師範學校在學校制度之中佔有獨立的位置，收容高等小學畢業生者給以五年的教育，但是明治四十年（一九〇七年）曾設第二部制度以收容中等學校出身者而授以一年至兩年的教育（昭和六年，一九三一年時統一規定爲兩年），其比例在昭和九年（一九三四年）佔全師範畢業生的百分之卅九，昭和十四年（一九三九年）卻佔有全師範畢業生的百分之六十。降及昭和十八年（一九四三年）把第二部的師範教育的修業年限延長爲三年，使之成爲高等教育的一環，並移歸於國立學校性質。

總之大正年代自第一次世界大戰以降，由於自由主義風潮的滲透社會各階層，而個人權利與解放的要求，擴及全國各角落，此一影響所及，教育界亦受其感染，而尊重學童個性的自發自動的自由主義精神亦一度成爲教育思想的力量，但降及昭和初年，軍部法西斯勢力抬頭之後，自由教育思想遂被壓制否定，代之以軍國主義斯巴達式的皇國主義教育，此一現象，直至第二次世界大戰日本戰敗後，始被取消。

三、日本近代科學的普及與發展

日本在德川幕府時代，因採取鎖國政策達二百餘年之久，在此期間僅僅透過荷蘭而接觸了一些皮毛的西洋科學。迨至開國以後，日本忽然地與歐美許多國家來往，因此，在富國强兵，殖產興業的國策下，當局者儘量採取歐美的物質文明，以期提高日本文化的水準。所以對於西洋的各種科學，非常熱心地加以學習吸收，以期利用外國科學技術，使軍備和工業迅速地達到近代化。

明治二年（一八六九年）恢復德川幕府末年廢止的各學問所，以講授「西洋格物窮理，開化日新之學」，明治四年（一八七一年）設立工學寮，內分土木、機械、建築、電氣、化學等科，以培養技術人員，此即東京帝國大學工學部的前身，日本工業能有後日的根柢，其貢獻至大。明治七年（一八七四年）以後，政府推行科學技術教育，更是積極，是年內務省設立農事修學場，次年（一八七五年）創立北海道農業學校（北海道農業大學前身）、三菱商船學校。明治九年（一八七六年）設立濟生學校，次年（一八七七年）東京慈惠醫專成立。明治十二年（一八七九年）成立設有理科醫科的大阪專門學校，嗣後數年間，東京物理學校、山林學校、農業學校相繼成立。關於技術研究方面，自明治七年（一八七四年）以後的十年間，曾成立東京及大阪衛生試驗所、中央氣象臺、農林試驗場、地震學館、陸地測量部等組織機構。自明治十年（一八七七年）起，各種科學學術研究會，如數學學會、東京植物學會、日本氣象學會、日本人數學會、日本礦業會等紛紛成立，日本最高學術機關，東京學士院（Tokyo Academy——後改爲帝國學士院Imperial Academy）亦於明治十二年（一八七九年）成立。

明治初年的科學建設中，最重要者乃科學人才的培養及訓練，以及外國技師的聘用。明治政府爲了鼓勵青年學子前往外國留學以吸收西歐的進步的科學文明，早在明治三年公佈「海外留學規則」，翌年（一八七一年）便有五十九名青年隨同岩倉具視等政府訪歐使節團前往美國留學，據説自明治元年（一八六八年）至明治五年（一八七二年）的五年間，留學美國者達五百人。據明治六年（一八七三年）統計在三七三名留學生之中有二五〇名是政府資助的公費生，其經費二十五萬圓，佔文部省年度預算的一八%，明治八年（一八七五年）由文部省選考的第一批十一名留學生被派往美、法、德等國家留學。除了派選青年前往外國留學外，在國內則設置外國語學校，聘請外籍教師來日教授，使青年學生能透過學習外國語文而吸收西洋科學文明。根據明治七年（一八七四年）文部省年報統計，有官立外國語學校九所，公立外國語學校八所，私立外國語學校七十四所，學生共一萬二千八百十五人，外籍教師二百十一人，又在明治時代之中，對於日本文化開發有所貢獻的西洋人四百十二名之中，到明治十年（一八七七年）爲止已有一百八十名。政府所聘用的外國技師到明治五年（一八七二年）有二一四名，其中英國人一一九名、法國人五十名、美國人十六名、普魯士人八名、荷蘭人二名、中國人九名、葡萄牙人及意大利人各一名，餘如地方政府及私人企業機構所聘用者亦有一六四名，其中英國人五十名、法國人十七名、美國人卅五名、荷蘭人十七名、普魯士人九名、中國人四十八名。這種聘用外國技師的現象迭有增加，到了明治八年（一八七五年）單是政府所聘用者即達五二九名，以後雖逐漸減少，但降至明治十三年（一八八〇年）尚有二百名。明治十四年已僅餘一六六名，頒行明治憲法的明治廿三年（一八九〇年）又增至二百名，降及明治廿七年（一八九四年）中日甲午戰爭時，只有八十五名。在聘用外國技術人員的政府部門當中，以工部省最多。工部省係明治三年（一八七〇年）所設立，專門負責工業政策推行的機構，其所掌管的事務有礦山、鐵道、電信、土木、造船、製鐵、測量、燈臺等，舉凡有關工業與交通事項皆歸其管理。至於輕工業及農業部門則分別由後來所設立的內務、農商務兩省所管轄。工部省後來於明治十八年（一八八五年）內閣成立時被廢止，但在其存立的十五年間所推行的各種事業，可說奠植了日本近代科學及產業的基礎。

在促進日本近代科學振興的過程中，除了上述情況之外，在各分野方面，皆有相當的成果，茲分述於下：

㈠醫學——外科方面，明治初年受到英國醫學家的影響最大。例如明治元年戊辰之役時，英國外科醫生魏理士受日本官軍之託隨軍替傷兵治傷，曾傳入「防腐療法」，對日本醫學界貢獻很大。他後來出任東京大病院院長並兼授外科醫學，以培養醫學人才，著名的門徒有石黑忠厚、池田謙齋等人。牙科方面，西歐諸國之中美國最爲進步，因此，日人之研究牙科者，有不少人渡美鑽研學習。此外，明治政府爲提高日本的醫學，於維新初期，即把德川時代的醫學所改稱大學東校，於明治四年（一八七一年）聘請兩位德國內科專家繆爾聯氏及何甫景氏爲東校教頭，這是西方內科醫術傳入日本之始。

明治十八年（一八八五年）東京大學成立後（由大學東校與東京開成學校合併而成），其醫學部的教授幾乎皆爲德國人，以造就醫學人才，如當時有名的柏爾茲博士於明治十一年（一八七八年）在日本發現了一種「寄蟲喀血」的新病理。由於當時的醫學教授殆爲德國人，因此一般醫科留學生紛紛前往德國，出了不少醫學俊秀，其中如北里柴三郎博士在德留學期間，於明治廿二年（一八八九年）完成破傷風菌的培養，並發明血清治療法，明治廿四年（一八九一年）返國後，因未受政府重視，不得已在福澤諭吉等的資助下，在東京藝公園內創立傳染病研究所，發現了鼠疫細菌，接著志賀潔在同一研究所發現了赤痢細菌。在藥學方面高峯讓吉創製腎上腺素及高峯氏水解酵素，鈴木梅太郎發現維他命乙，秦佐八郎創製梅毒特效針藥，野口英世博士發現梅毒黃熱病，而池田菊苗的發現化學調味料（味精），鈴木梅太郎更發現了維生素B_2等，這種種發現對於世界醫學界，皆有不朽的貢獻。

㈡數學——在明治維新之前，關孝和等一派在數學上學有心得，關孝和在當時的日本被譽諭之爲英國的牛頓、德國的來布尼茲，可見其成就的一斑。由於他的業績，使得明治維新後的日本學界易於吸收咀嚼泰西的新數學。明治時代輸入泰西數學之先驅者爲菊池大麓博士，他於明治初年前往英國劍橋大學研究數學，明治十年（一八七七年）回國後在大學主講數學，發表了許多精闢研究論文，並創立數學學會，提倡數學之普及不遺餘力。繼菊池博士之後，在日本數學界佔有地位者即爲藤澤利喜太郎博士，他於明治十七年代（一八八四年）留學德國，歸國後提倡高等解析幾何，並開始於「一般函數論」及「特別函數論」的開拓及研究。

㈢動植物學——在自然科學上的學說，給予科學思想甚至於一般思想影響最大者，首推達爾文的「進化論」（theory of evolution）。在日本最先介紹進化論者是東京大學教授美籍動物學者莫斯博士（Edward Morse）。他對於日本動物學界的啓蒙工作貢獻甚大，尤其是他利用日本三崎臨海實驗所的設備，研究不少日本沿海產動物的實態，發表了許多極具價值的研究論文。繼承莫斯博士的衣缽的日儒則爲石川千代松及立淺次郎兩人。他們兩人均曾留學德國研究動物學，返國後曾發表多篇有關進化論的論文，極受學界重視。

在日本植物學所受美國的影響最大。日本植物學界的先覺者乃留美的矢田部良吉博士，他在美國專攻植物學，明治九年（一八七六年）以後在東京大學講授植物學，其所採集的臘葉標本，被當時的學界視爲珍寶。餘如東京理科大學助教平瀨作五郎氏於明治廿九年（一八九六年）在銀杏樹的花粉中發現精蟲，而東京農科大學的池野成一郎教授則完成蘇鐵的生殖器之發達及其受胎作用的研究成果，他們的研究成果，當時曾轟動世界植物學界，而他們亦因此發現而同受帝國學士院的恩賜賞金。

㈣天文學——天文學的研究在維新之前雖曾有過輝煌的成績，如第八代將軍德川吉宗曾於神田建立天文臺，並裝置自製的子午儀等於臺上。明治維新以後東京天文臺係合併內務省的天象部、海軍省附屬觀象臺及大學天象臺所成立，降及明治二十年（一八八七年）劃歸東京大學管理，當時在大學裏面的天文學教授曾努力吸收西歐的精華，以促進日本天文學的發達，其中如和田雄治的氣象學研究極負盛名，平山信博士曾發現所謂新小星「東京」引起學界重視，而帝國測量地學委員會特設的水澤觀測所主任木村榮博士於明治卅五年（一九〇二年）發現地軸變動的「Z項」，曾引起泰西天文界的驚異及讚美。而木村博士亦因之於明治四十四年（一九一一年）獲得帝國學士院（現在的日本學士院前身）的第一屆恩賜賞。

㈤物理化學——日本在物理化學方面，受英美兩國的影響最大。山川健次郎博士是日本初期的物理學教授，尤其是他和部分外籍教授——尤其是英美兩國教授是把歐美物理科學移植於日本的先驅者。其餘如長岡半太郎博士提出原子構造論，大森房吉博士的改良精密的地震計，田中館愛橘博士的測定日本全國地磁氣等，都是優秀的成就。至於在化學方面，受英國影響最大，明治七年（一八七四年）英人何德遜教授前來日本教授分析化學及有機化學，而英人泰伯士博士亦因受聘來日教授無機化學，對於日本化學界的貢獻極大。在日本之中，則以明治十三年（一八八〇年）留美返國的松井直吉博士對於化學界的初期貢獻其功厥大，以上諸人對日本近代理化科學的發展，都有不朽的功績。

(六)人類考古學——前述美籍東大教授莫斯博士，於明治十一年（一八七八年）發掘東京大森的貝塚，斷定日本有新石器時代遺跡，並於翌年出版「大森介墟古物編」（Shell Mounds of Omori），分析日本之貝塚、出品之土器、石器及骨角器等，奠立了日本考古學的基礎。後來由其弟子矢田部良博士及坪井正五郎博士等繼承其衣缽，從事廣汎的遺跡發掘，對於日本原始種族及考古方面發表了多種珍貴的論文，使日本的人類考古學家在世界上佔有一席地位。

(七)近代學術的發展——明治初年的學問之特色，乃大量地輸入泰西的諸科學，除了把其做爲專門科學而研究外，同時又把其開放給一般國民。此舉乃出自政府的文明開化政策，其目的雖在於想建立培育能與資本主義之富國强兵的官營產業的方針相表裏一致，但它充其量乃抄襲江戶時代的「民可使由之，不可使知之」的愚民政策的專制啓蒙政策。因此，政府的統制色彩頗爲濃厚，而產生了以官立大學爲學術界的中心傾向，結果，學問學術雖早有進步，但亦把其塑造成官制化的學問。

在學問學術方面的演進發展，明治十年代（一八七七年）前後東京大學已經形成學術（academism）研究中心，其主要教師，除醫學爲德籍教授外，餘殆皆屬英、美籍的學者。在這裏所訓練培養出來的學生，到了明治廿年（一八八七年）以降已能在日本學術界或企業界等各方面，發揮優良的業績。明治以後的學問，已經擺脫了以往儒教主義的封建教育，而移植歐美的近代學術爲基本，從系統上言可說是歐美系統，其中當然尤以上述自然科學的傾向最爲顯著。

在人文科學方面，先就哲學言，最初乃接受法英的哲學思想。蓋自幕府末季至明治初年，法國幫助幕府，而薩摩、長州兩雄藩則獲得英國的後援，因此，法、英兩國的勢力早已深入日本政界，於是在政治上及思想上發生巨大影響，乃理所當然之事。英法式的自由平等觀念，在明治初年極爲盛行，例如由福澤諭吉、西周、中村敬宇、森有禮、箕作麟祥、西村茂樹、神田孝平、津田真道、加藤弘之等於明治六年（一八七三年）所組織的「明六社」即爲介紹西洋哲學思想啓蒙的思想家。英法哲學思想家的著作中，例如盧梭的民約論，最早有明治十一年（一八七八年）服部德的翻譯本，明治十五年（一八八二年）有中江兆民的「民約譯解」。繼之，密爾、史濱沙、邊沁等的功利主義思想（Utilitarianism）及經驗派的進化論思想（theory of evolution）亦大爲盛行。明治六年

（一八七三年）密爾的倫理學已在東京開成學校被用爲教材，同八年（一八七五年）密爾的「代議政治論」已由永峯秀樹譯成日文，同十年（一八七七年）由中村正直（敬宇）翻譯密爾的「自由之理」（On Liberty）及史邁爾的「西國立志篇」，同十一年（一八七八年）史濱沙的「代議政體論」亦由鈴木義宗譯成日文，同十三年（一八八〇年）由尺振八完成史濱沙「教育學」的日譯本，同九年（一八七六年）何禮之譯邊沁「民法論綱」爲日文，餘如陸奧宗光手譯之邊沁的「利學正宗」，以及野田種太郎翻譯的邊沁之「自由論」等，皆於明治十六年（一八八三年）刊行問世。上述這些書籍，皆爲尋求新文明智識的青年所必讀者。降及明治二十年代（一八八七年）德國觀念論哲學成爲日本思想界的主流，惟其開始輸入時間，則在明治十三年。先是黑格爾的思想甚爲流行，繼之康德及尼采的哲學觀念風靡了一般學界，例如清澤滿之於明治卅四年（一九〇一年）刊行的「精神界」（雜誌），翌年多田鼎、佐佐木月樵與清澤滿之合著的「精神主義」，以及清澤個人的著作「精神講話」等書的內容，皆奠基於黑格爾的絕對唯心論，明治卅四年高山樗牛的「美的生活論」一書則受到尼采的個人本能主義的影響，主張强者的權利，在當時的日本思想界獲得了意外的反響，尤其是日俄戰爭後所興起之物質的現實主義的影響，更使得個人本能主義的理論發揮了甚爲廣大的影響力。

抑有甚者，自明治廿年代（一八八七年）以來興起的日本國粹保存論與外國傳入的理想主義合流，降及明治三十年代（一八九七年）出現了理想主義思潮的全盛期，日本哲學家之中井上哲次郎博士把德國哲學與儒學、佛教的東洋哲學互相引證，而提出所謂「現象即實在論」的形而上學的問題，在日本學界開創了東洋哲學的研究風氣，至於井上圓了博士及村上專精博士等亦引證西洋哲學觀念來研究佛教哲學，在當時日本學界皆有極崇高地位。降及明治末年西田幾多郎著有「善之研究」一書融合德國觀念論和東洋思想於一爐而創出獨得思索方法，這種「西田哲學」在大正年代（一九一二年以後）風靡盛行日本學界。

哲學分科的心理學及倫理學在當時亦已有相當的研究。心理學方面，元良勇次郎博士留學美國約翰霍布金斯大學專攻心理學，返國後擔任精神物理學的教授，在日本介紹新的心理學，尤其是自明治廿三年（一八九〇年）開始提倡實驗心理學，給予日本學界一大貢獻。倫理學方面，最初流行者爲邊沁、密爾的英國式的功利論，後來德國派的格林、巴爾善等的倫理學說亦輸入日本。在日本學者之中，東京帝國大學的中島力造博士，可說是研究英國功利派倫理學的泰斗。

社會學等方面，最先在日本學界被重視的是法儒基蘇及英儒巴克爾的文明史，甚且有人仿效巴氏之說論究日本文明者。後來英儒史濱沙的社會學成爲日本國內大學的研習對象，經驗派的進化論學說開始在日本流傳，終有有賀長雄博士的「社會進化論」一書的出現。降及明治廿年（一八八七年）德國派的社會學開始輸入日本。惟東京大學的建部遯吾博士對於各派的社會學加以融會研究，在當時日本學界提倡——新風氣。

在宗教學方面，先有南條文雄博士研究梵語，奠定宗教學的基礎，嗣後姊崎正治博士在東京大學講授宗教學，而松本文三郎博士則在京都大學擔任印度佛教哲學講座，對於日本學界宗教學的啓蒙工作，貢獻極大。

就歷史學而言，日本的近代史學的研究，較之哲學來得複雜，尤其是明治維新之後日本對於皇室的禁忌（taboo）更使得一般學者無法從事自由的研究。那珂通世博士的「日本紀年論」，可說是在這種禁忌下，對於日本古代史採用科學的研究的一大傑作。

明治時代的日本史研究，乃發端於太政官的修史局的修史事業。明治六年（一八七三年）爲了記述王政復古的偉業，於太政官內設歷史課，由長松幹男爵爲長官，開始復古記的編纂，這是日本史學勃興的端緒。明治八年（一八七五年）改歷史課爲歷史局，長松晉升爲局長，重野安繹博士出任副局長，和川田剛博士（受文部省之託在私第編纂大日本史——以後小松天皇南北合一以後之史料爲主）的私人修史工作合併，重新整編後小松天皇南北朝合一以後（一三九三——一四一二年）的史料而由重野博士負其總責。修史局當時從事編纂歷史的態度，排除朱子學的勸善懲惡的史觀，採用根據史料追究史實的考證史學方法，形成了日本近代的實證主義史學的前提。修史局後來屢有更改名稱，明治廿一年（一八八八年）終被廢止，其職務則移歸東京大學設一所謂臨時編年史編纂系，積極蒐集史料，後來出版了一大套大日本史料大日本古文書，參預此項工作者有黑板勝美、星野恆、久米邦武、辻善之助、田中義成、三上參次等諸博士學者。他們除了參預大日本古文書的編纂工作外，並在東京文科大學擔任教職，發表不少有關日本史學方面的不朽傑作。內田銀藏博士及三浦周行博士兩人則在京都大學講授日本史，對於日本史深邃的研究，在學界享有極崇高聲譽。至於一般史學界的動態，最初受到法國基蘇的文明史的影響，因之有福澤諭吉的「文明論之概略」、田口卯吉博士的「日本開化小史」等別具新史風的作品出現，展開了日本近代史學的曙光。餘如內田銀藏博士的日本經濟史及日本近世史，黑板勝美博士的日本古文書的建設，在明治史學上，皆留下不朽功績。抑有甚者，上述諸學者等於明治廿二年（一八八九年）組織「史學會」，發行「史學會雜誌」（後來改稱「史學雜誌」），對於明治時代的日本歷史學的發展，具有極大的意義及貢獻。

明治廿二年（一八八九年）代，新設帝國大學史學科起，才開始了史學研究，並招聘德國史學大家來日講學，因而輸入了朗格的史學方法論，使日本的史學由考證史學轉向Academism史學之途發展，並由三浦周行、黑板勝美、內田銀藏、辻善之助、喜田真吉等諸博士奠植了近代日本史研究的礎基，至於坪井九馬三、箕作元八、原勝郎、村川堅固、坂口昂等諸博士則開拓了西洋史學研究風氣。關於東洋史，其名稱係由那珂通世博士於明治廿七年（一八九四年）所提倡採用，而後普及於日本學界。東洋史的研究，最初稱爲「支那史」，僅限於中國史書的解釋，後來逐漸遍及於印度、蒙古、朝鮮、南洋等方面之歷史研究，而確立了東洋史學的領域。繼那珂博士之後，再由白鳥庫言、市村瓚次郎、內藤虎次郎（湖南）等諸博士奠植了東洋史學的礎石。至於東洋的考古學、人類學則由三宅米吉、坪井正五郎等博士所創始。

經濟學則先有福澤諭吉、神田孝平、田口卯吉等的輸入英國的古典自由主義經濟，他們提倡自由貿易論，其中田口卯吉可說是該派的代表性理論家，他著有「日本經濟論」（一八七八年）並發行「東京經濟雜誌」（一八七九年），極力鼓吹自由主義經濟論。與自由貿易論相對的有保護貿易論，著名之士有犬養毅、著山儀一、大島貞益等人，他們鑒於日本當時之國情，認爲自由貿易實行足以妨礙國內經濟的發展，因而提倡保護貿易論。犬養毅於明治十三年（一八八〇年）創刊「東海經濟新報」，和田口卯吉的「東京經濟雜誌」展開激烈的論戰。大島貞益於明治廿四年（一八九一年）出版「情勢論」一書，從日本經濟的後進性，暢論自由貿易論的弊端，可說是一本系統井然的保護貿易論的傑作。

明治初期之後，德國的歷史派經濟學開始傳入日本。在日本傳入德國歷史學派經濟的先鋒人士爲明治中期留學德國的金井延、山崎覺次郎及福田德三等人。自此以後，德國經濟學成爲日本學界的主流，降及明治卅一年（一八九八年）全井、山崎等人接受了德國的社會政策主義，組織「社會政策學會」，該會主旨持社會政策主義以對抗社會主義，並不否認資本主義，企圖採取社會政策，以修正資本主義的弊病，由於他們乃大學教授，故被時人稱之爲「講壇社會黨」。迨至明治三十年（一八九七年）代末，馬克斯派的社會主義經濟學與社會主義運動並興，明治卅九年（一九〇六年）由幸德秋水、堺利彥等創刊的「社會主義研究」，始登載「共產黨宣言」全文，對於大正以後的日本經濟學予以莫大影響。

法律學方面，西洋法學與經濟學同在德川末期傳入日本。明治初年箕作麟祥翻譯「法蘭西法典」，逐漸發展了法律學的門徑。由於法律知識，在立身出世的風潮中，一般被强烈地要求，因此，法學遂成爲青年層的一種常設學問。明治十年代（一八七七年）起，東京陸續成立私立法律學校，亦皆因出諸這種時代風尚及要求。這些私立法律學校出來的學者，被稱爲民間派法學者，馬場辰猪、小野梓、大井憲太郎等乃當時著名的在野法學者，站在民間立場以保護人權、民權。

當時外籍法學教師之中以法儒波索納得最爲有名，因此，明治初期法國法學的勢力頗佔優勢，而此法國法學對於日本人權思想的普及貢獻極大，波索納得甚且建議當局廢止拷問制度。降及明治十四、五年（一八八一、八二年）以後，由於明治政府著手準備制憲，因此，德國法學漸被重視，迨至明治廿二年（一八八九年）明治憲法頒佈以後，德國法學遂成爲日本法學的主流，並影響於帝國大學的法學教育，而官學界皆受德國法學的影響。東大法科大學的專攻德國法的學生年有增加，當時曾流行「倘非德國法則非法（學）」，可見德國法學觀念盛行於日本之一斑。明治的法學者以前述的箕作麟祥爲先驅，其後穗積陳重、梅謙次郎、富井政章等三位博士，乃明治時代官學派的代表者。他們三人曾起草「明治民法」，承接此系統而完成日本的德國法學者爲鳩山秀夫（鳩山一郎的父親）。德國法學被稱之爲「觀念法學」，著重法之論理的解釋，鳩山秀夫確立了民法典的解釋學，形成了所謂「鳩山法學」，並支配了明治、大正年代的日本法學界。但自大正時代第一次世界大戰發生，民主主義風潮抬頭後，日本的學界對於德國法學的非難亦隨之而起，例如當時的末弘嚴太郎甚且批評「德國法學已不行」，因此，法學思想亦逐漸轉向自由法學派思想觀念發展。

上述種種學術分野，最先當然是所謂「經院派」很盛行，但是到了大正初年（一九一二年）以還，反經院學派的勢力逐漸抬頭，隨著民主主義思想的普及，馬克斯主義思想除了經濟學界之外，復浸透到政治、法律、教育、文學等各部門，而學問學術亦由大學之塔而普及開放於一般國民大衆，尤其是自昭和二年（一九二七年）所謂「岩波文庫」成立以來，各種文庫先後刊行，使日本的學問、智識真正地普及於一般民衆。

四、日本近代的生活習俗文化

在世界各先進民族，在文化上都開了花的時候，幾個棲息於日本列島上的野蠻民族，還正在以最野蠻的方式火拚殘害，沒有文化可言，也沒有餘暇或智慧來經營文化生活，當時所過的是，茹毛飲血、穴居野處的原始生活。由中國大陸經由朝鮮半島不斷地飄渡到日本列島的文化人羣，教導這羣野蠻人蠶桑紡織、栽植桑稻，教給他們使用銅鐵器具，教給他們識字讀經、文章道德、社會制度，樣樣都教，由最起碼的基本生活教起，一直教到修齊治平之道。到了公元三、四世紀，這羣野蠻人完全承受高度文化之漢族的蔭澤，廢棄了野蠻的習尚，穿上了文明的外衣，但並未付出任何代價。別人在那裏含辛茹苦的一點一滴地來耕耘創造，日本人卻不勞而獲坐享其成，這豈不是一種幸運？接受漢族文化不久後，日本人又經由中國而接受印度佛教文化，使日本人的生活更增深了不少光輝絢爛的光澤。在西方文明未東漸之前的一千多年之間，日本人在中印文化的沐浴薰陶下，奠定了國民性格及往後接受西方的文化基礎，使它本已華豔的文化更增添了光彩。

明治維新在國家權力的轉移而言，固然是一種政治革命，但在社會變革方面，如經濟產業、社會文化，無一不急劇地在歐風東襲之下發生空前的變化。以往在傳統封建體制下的生活習俗，亦因歐風的浸臨而逐漸起了變化。而其變化的成就，則爲自上至下的實踐。蓋因明治初年的文明開化，係由武士出身的軍人、政治家、學者，或由武士出身的實業家輩所指導之故。所以文明開化只是都會的文明，以東京爲中心，其餘充其量亦只有京都、橫濱、神戶等大小都市而已，尚未浸透普及於地方農村。由於日人的接受洋式生活，乃因好奇心的驅使所致，因此，當洋式生活在民間逐漸流行時，固有文化的觀念及固守傳統習尚的現象，仍充滿民間，以致於明治廿年代一般政府顯要沉迷於洋化生活的所謂「鹿鳴館」文化時代（即歐美化主義時代）時，遭遇了國粹主義者激烈的批評及責難。但日本既然已放棄鎖國政策，明治政府的建設口號又是「富國强兵，殖產興業」，爲了與歐美往來，絕對不能一味固守傳統，於是洋式文明與國粹文化，兩者之間，祇有互相調和，奇妙交錯，結果，使近代日本生活文化在形成過程中，充滿了變貌的新舊並包的特色。

關於明治維新後，日本生活文化的變貌，除在以上各章節略有敘述者外，姑就衣、食、住及習俗等分項說明如下：

㈠衣——日本以前的服裝，每代屢有變更，但大體不離寬衣大袖的中國服裝的傳統。維新之後，政府將舊習大事改革，首先於明治三年（一八七〇年）九月准許庶人稱姓氏，翌年（一八七一年）四月准許平民乘馬，八月命令散髮廢刀，並准許平民穿馬袴尾衫，從此散髮幾乎變成了新思想的象徵。日本人之穿著洋服，早在慶應三年（一八六七年）因軍隊之操練採用洋式兵操，因此，軍隊已採用洋服，惟當時俗稱洋服為戎衣、戎服、dumplog，維新後於明治四年（一八七一年）制定軍服、軍帽、徽章法，於是洋服遂正式成為軍隊的服裝。繼之各方面的工作衣，亦紛紛採取洋服。蓋當時認為凡加上「洋」字，便表示新穎而受歡迎。明治五年（一八七二年）十月的太政官佈告正式採用洋服的服制，並規定大禮服和常服的制度。於是從官吏、軍隊官兵、警察、教員等公務生活，到庶民之私的生活，洋服均已通用。從前的舊式禮服，僅限於祭祀時穿服。但人類的習性是慣於傳統的，政府雖然規定洋服為正式服裝，但穿著洋服的人，除了官吏外，大都是醫生律師、新聞記者或商行的高級職員之流的新時代職業人士，抑有甚者，保守派人士，例如島津久光甚至於曾提出詰問書以質詢政府當局何以採用洋服而廢除舊式服裝。

男性之外，女性的服裝，亦開始穿用洋服，最初僅流行於宮廷和貴族婦女，後來才慢慢普及於一般女學生，到了第一次世界大戰後，由於民主主義風潮的吹襲，因此，一般的社會女性亦逐漸流行穿用洋服。

西式的皮鞋亦為官吏及士兵首先採用。據說明治初年曾大量地從西方輸入皮鞋，但因尺寸過大，不合日本人的足寸，因此被廢棄而不用，但因軍隊急用大量的皮鞋，於是乃於明治三年（一八七〇年）在東京築地設置製鞋工場，這是日本洋式製鞋業的開始。

政府既在明治四年（一八七一年）下令散髮，於是西式髮型亦逐漸為日人所仿效。當時的理髮店（日人稱曰「斬髮店」），明治六年（一八七三年）先在橫濱及東京出現，在地方因無理髮師，因此，只好互相幫忙理髮。最先實行理髮者為士族，其次為町人，最後才及於農民。但當時的日人相當守舊固執，所以散髮令頒佈之後，由各縣廳命各町村之戶長率先示範，提倡廢棄以往的舊式髮型，始逐漸為一般百姓所遵守。抑有甚者，因西方人看到日本人那種髮型難免認為有古臭呆板之感，有些人甚且不願與蓄有舊式髮型者來往交談，因此，政府乃不遺餘力以提倡人民採用新式的髮型，俾便向西方人表現日本文明開化的風氣。據說當時流行著一首歌詞，即「敲打半髮頭則可聽出因循姑息之音。若敲打總髮頭則可聽出王政復古之音。倘敲打斬髮頭則可聽出文明開化之音」。當時因髮型的樣子，而被認為是保守與急進之間差別的象徵。

㈡食——食物方面，亦表現出洋風氣。從前的日本人對於野生的鳥、兔、鹿等肉類雖亦樂於食用，但家畜類的獸禽肉則禁忌食用，尤其是受到佛教的影響而禁食四足獸肉。以往日本的食事，皆學自中國，其烹飪方法雖時有變化，但始終不脫中國風味。西式的牛肉、豬肉等類肉食的傳入早在德川時代的長崎，因有外國人的來往居住，雖已有之，但不甚流行，蓋日人素來喜食蔬菜而忌食肉類。後來荷蘭醫學之輸入，因此，先在醫藥治療上有試用肉食的治療法。據說在安政三年（一八五六年）至五年（一八五八年）之頃，全大阪市中有二間賣牛肉食的店舖，而當時的顧客多屬於市井的無賴漢、娼妓、人力車夫、藝者及大阪蘭學者緒方洪庵塾的學生。但隨著維新政治之展開，一向嫌厭的牛肉，亦逐漸被日人食用。據說「舊制獸肉嚴禁入宮中，某日宮中近侍等在一室竊烹牛肉，爲明治天皇所瞥見。當面垂問所煮何物，均惶恐答對告爲牛肉。帝曰朕試嘗之，一經入口，即覺味美，但供奉之女官等，則認爲不潔之物例不得入宮，口出怨言，帝曰：美味人所同嗜，朕亦人也，舊制隨因此而除」。自此以後，皇室亦嗜食牛肉，而一般民間亦逐漸食用牛肉。

售肉的店成爲明治文明開化的一象徵而流行，係始於明治三、四年（一八七〇、七一年）之頃，假名垣魯文之撰寫牛肉店雜談「安愚樂鍋」一書，亦把牛肉屋（即賣牛肉食之店舖）視爲文明開化的一大表現。可是當時日人之烹煮牛肉方法，以醬油及味素（豆、米等碎漿混合物，爲一般日人日常所嗜喜之食料，通常煮湯而喝）加入牛肉而用鍋燒烹，完全是道地的日本式料理方法。日人之獲悉西餐烹調法，始於慶應三年（一八六七年）的「西洋衣食住」一書的問世。維新以後，以肉食爲主的西洋食品，逐漸流行，而麵包、啤酒、咖啡、可可等飲食物，成了貴族顯官富商巨賈家庭的日常用品。其後西洋食事慢慢普及於一般中階層家庭，於是有西洋食館的出現，而所謂「西洋料理」（洋食）與「中華料理」（中食）及「日本料理」，同時並行。

㈢住——洋式建築的出現，亦爲日本人生活趨向近代化的象徵。德川幕府末季，由於開埠通商准外人居住於開埠港附近，於是洋式建築在橫濱一帶開始出現，洋式建築最早傳入日本乃文久二年（一八六二年）的英國建立公使館。維新以後，逐漸流行，但是當初的洋式建築，完全是供公共機關或外人使用，民間住宅尚爲日式木造屋。明治初期洋式建築物之代表者有明治元年（一八六八年）建造於東京築地居留地的築地旅館（日人稱爲「築地ホテル（Hotel）館），爲日人所設計，佔地六百坪（二千平方公尺）的建築物，和第一國立銀行（俗稱「三井組（ハウス（House）」，爲一五層洋房），並駕齊名，爲當時日人採用爲圖片宣傳的目標。此外內務省、大藏省等中央官廳，亦相繼完成。惟日本洋式建築，最初是英國式樣很流行，此因洋式建築需要瓦磚，日人不知其製造法，而由英人授以製造法，有以致之。其後美、法式樣的建築，亦陸續輸入，例如明治七年（一八七四年）所建築的工部大學，即爲法國式樣。明治七年政府當局曾令東京府在銀座一帶建造瓦磚的二層建築物三百戶，這是日本大規模洋式建築的開始。據說當時的新聞曾報導：「進入此市街（即指三百戶洋式建築的銀座）者，有如身遊外國之感」，可見在當時的日本，算是一大奇景。明治十年（一八七七年）以後，洋式建築很快地流行於各地，但還是限於官廳及官公立學校，通常都是二層或三層的建築。明治十六年（一八八三年）所完成的東京「鹿鳴館」，是當時日本高官顯要與西方外交官宴遊的中心場所，因其一切設備皆洋式，所以曾被一般保守分子所非難。

降及明治三十年代（一八九七年）洋式建築樓宇，除了少數富豪顯要之外，尚未普及一般民衆。當時貴族有栖川宮邸、富豪澁津榮一的私邸山邸，皆是著名代表。可是由於在日常應酬往來交際，皆以西服爲標準，由是中上之家開始於住宅中設洋式房間一間（稱爲「應接室」），以便應接，由是一屋之內，和式建築物而裝置有洋式的椅桌、方桌及沙發，儼然分成兩個世界，而這種辦法，尤以在第一次世界大戰後，最爲流行。

明治初年民間尚用油燈，平時用燈芯兩根，有客人則用三根，如用蠟燭則被視爲奢侈，迨及明治五、六年代（一八七二、七三年）自美國輸入煤油，開始使用「洋油燈」，但保守分子卻大事紛擾，認爲將因此亡國，如佐田介石等曾著「洋燈亡國篇」小冊子向全國宣傳。炭素電燈泡之傳入日本在明治十八年（一八八五年），降及明治三十年（一八九七年）一般大都市才以「電燈」代替「洋油燈」，但遲至大正時代始普及於一般民衆。自來水在幕末雖已開始，但具有近代化的自來水設備者，則爲明治二十年代（一八八七年）後，橫濱、長崎、函館等外國人之居住區域的自來水。其後在東京市內雖亦逐漸採用自來水，但那是兩三戸共用一個水龍頭，一般人還是汲用井水。此外瓦斯的使用，亦於明治卅五年（一九〇二年）由東京開始，惟當時只是用來炊事而非用來取暖。

㈣行——隨著西方文明的輸入，除了衣食住方面，有所顯著的變化之外，在交通工具方面，亦起了莫大變化。馬車、人力車、火車，代替了轎子和馬。而從前的河川關渡之渡船亦被鐵橋所取代，以方便行旅的來往，以及各地產物的流通。隨著交通工具的發達，促進了各地的互相往來。

㈤民俗——隨著西式文明的傳入，舊有的傳統風習，逐漸被廢棄。明治三年（一八七〇年）神奈川縣下的「道祖神祭」被禁止，翌年命令禁止青森縣下的「門松」（日俗，新年時，每戶樹松枝於大門兩側謂之「門松」）。明治五年（一八七二年）結婚時之祝言的「カツキ出シ」被認爲是「略奪結婚」而被禁止，京都府甚且禁止「盂蘭盆」祭，連算命卜卦亦被禁止。餘如民俗祭典的「念佛踊」、「庚申」、「日待」、「月待」、「地藏祭」等等，亦由政府命令禁止。連自古代以來一直在宮中舉行的所謂「五節供」（即人日、上巳、端午、七夕、重陽）亦被廢除，代之以所謂「三大節」（即紀元節、天長節、元旦之四方拜），餘如一月三日的元始祭，三月春分的春季皇靈祭、四月三日的神武天皇祭、九月秋分的秋季皇靈祭、十月十七日的神嘗祭、十一月廿三日的新嘗祭等皆定爲國家祭日。這些節日無非在於提高國家意識及皇室的神祕性，根本不能算是真正的所謂民情風俗的近代化或改革。

真正民俗的改革，如明治五年（一八七二年）十一月廢除了一向採用的陰曆，以該年十二月三日爲陽曆之明治六年（一八七三年）一月一日。從此日本的曆日與歐美的一致了。又過去的一日十二刻制，改成了一日廿四小時制，並且採用了一週七日的制度，每逢週日（禮拜日）公家機關一律放假。曆制的改正，對於國民生活自然影響很大。陰曆一向與民間的農業曆不可分離，在農村中便利很多。因此，公式的用陽曆，私式的用陰曆，這種兩面生活，一直繼續到現在，有些偏僻的農村尚採用陰曆，餘如自明治卅七、八年（一九〇四、五年）以後基督教的聖誕卡，或在教堂舉行婚禮等亦逐漸在都市中流行。

明治六年（一八七三年）二月之嚴禁復讎，明治九年（一八七六年）三月廿八日禁止一般百姓帶刀等皆爲陋習的革除，但是傳統的積習，由來已久，自非一朝一夕可以頓然改廢，以上種種禁令，遲至明治後期始見其功效，而所謂生活的近代化的程度，到了大正年間更加提高了。已往明治初期官吏和軍人所穿的洋服，降及昭和初年（一九二六年）以後起，已經普及於一般男女之間。茶會、西餐宴等西式應酬亦已普遍化。建築方面，官廳、公司、銀行等，通常已不用磚塊而用鋼骨水泥建築。一般民家住宅，亦已加設西式客廳，這種住宅，俗稱爲「文化住宅」。瓦斯（煤氣），在都市亦已普遍地成爲家用燃料。電燈亦已普及於一般鄉村用爲照明。收音機之輸入始於大正末年（一九二五年），但不久即普及於全國。西洋式的運動如游泳、野球、滑冰、田徑等自明治廿九年（一八九六年）第一屆世界奧林匹克大會之舉行而受影響，亦在日本普遍地發達。至於近代交通工具的電車、公共汽車、卡車、出租小汽車等亦甚發達，其服務範圍普及於鄉村地區。至於西洋歌劇管絃樂等亦自明治初年開始傳入，到了大正昭和初年，已普及於全日本。

五、日本近代宗教文化的變貌與演變

宗教是建樹在信仰的基礎上，是具有固定規律的精神生活。因爲有虔誠的信仰支配著心靈，神的好惡，便成了思想行爲的標準，神所好者始好之，神之所惡者摒棄之。所以宗教是思想行爲的範疇。探討一個國家的宗教，不僅可以瞭解其國民的思想動態途徑與方式，並且可以推知其國民的行爲規範和心性傾向。抑有甚者，探討一個國家的宗教思想，至少可以瞭解一國的風俗習慣。

日本人自認「神道」是他們固有的宗教，也承認神道受佛教道教及儒家學說的影響很大。的確若將神道的外來部分除去，則本有的影像就太模糊了，甚且可以說，神道除去舶來部分外，幾毫無所有，亦無不可。不過大體上可以說，神道是以日本固有的民間信仰爲經，而以外來宗教思想爲緯，交織而成的多神的宗教。自佛教道教及儒家學說相繼傳入日本後，原始神道接受了意味深奧的哲學之倫理思想，及宗教儀式宗教用語，逐漸變形，由咒的宗教階段進步到宗教的階段，由多靈的多神的信仰，逐步向一神的信仰轉移。日本的神道觀念，認爲天地萬物是由所謂「天之御中主」所創生的。不過不是及身而成，而是以產靈神的資格創造的。產靈神是生殖能力的象徵。又分爲二：一是創造神的神皇產靈神，一是創造宇宙萬物的高皇產靈身。所以主神雖是一人，創造及掌管的大權，雖屬於一尊，但屬下則有多神存在，所以一方面是多神的，一方面是一神的，有著多神一神兩重性格。神話是人類意識界的產物，没有現實的材料，絕對創造不出來的。日本神道的一套神話，直到公元八世紀才成系統，究竟是由中國傳入？抑或日本原有的形態？現在尚無法考證。不過用神來象徵生殖，似乎是比較原始的信仰，而神亦分階級，則是由後世人以新社會意識裝潢而成的。

日本的神道是淵源於有生觀有靈觀的原則上，起始於精靈觀念，而歸結於人神同格觀念的宗教。而人神同格思想是在外來宗教傳入後，始行發達的。言其內容，神道的尊天事鬼，忠君仁民，上慈下孝，出恭入敬等等善惡去取的倫理思想，無疑的是學自儒家。將處世爲人的各種規準醇化於神道教義之中，似乎是神家所自有，實則來自儒家。習俗上關於災祥拘忌之說，審神、探湯、火刑等行爲，則原本於陰陽五行之說。神僧參禪，及由以物贖罪的祝咒轉向善緣廣結的修行，由現世教轉向出世教，乃是佛法給予日本近世神道的影響。日本在宗教方面的摹擬，拿外來事物充實自己生活的精神，有足多取者，至其教義不講善惡報應，而勵人清淨其靈魂和軀殼，以訓誡誠實爲宗教行爲，其義亦多有可取者。

以上我人已將日本神道的概念及其內涵予以略述介紹，茲將明治維新後，政府當局的宗教政策及國民的宗教信仰，分項敍述如下：

㈠神道國教政策的確立與佛教勢力的衰微

以往的日本人都有著虔誠的宗教生活，那些文人學士固然要向佛或神頂禮，即鄉村的愚夫愚婦，更望著佛神行事，無往而不以佛神爲歸。在德川時代，佛教的地位有如準國教，擁有種種特權，有名的寺院都有廣大的寺院領地，其他寺院亦因有「入寺證書」制度，而擁有固定的施主。在經濟方面與社會方面，兩者境遇均佳。可是降及德川幕府中晚期，由於日本國學的研究，引起了「復古神道」說的興隆，國學派學者認爲日本古代社會的生活思想，都是神業，日本天皇是遵從神的命令，來統治日本國的，因此，國民應遵從天皇的意見，那些儒家學說或佛道等教，所講述的宇宙人生等事，都不過是賣弄小技巧小聰明，後世禍亂的開始，就是因爲這些異教的傳入之故。自國學派之排斥佛儒之論出現後，寺院僧侶逐漸遭受批評，如平田篤胤甚至於主張「排佛毀釋」、「皇道世界主義」。

明治維新政府，雖然高唱「王政復古」，强調「神武創業精神」，自然也就想要恢復佛教輸入以前的神道，以實現所謂「祭政一致」的古制。早在慶應三年（一八六七年）十二月頒佈王政復古之論旨時，曾宣示「諸事基於神武創業之鴻基」，以爲施政的準繩。至於明治維新之所以採取「神武創業之精神」爲指導理念，乃採納平田派國學者玉松操的建議有以致之，餘如對於維新政府之有力的獻言者之國學者矢野玄道亦在其「獻芹簷語」一書力唱「祭政一致」論調。於是明治政府於明治元年（一八六八年）正月設置神祇科，二月設置神祇事務局，逐漸推進神道國教政策。到了明治二年（一八六九年）改革官制時，設神祇官，其地位顯然高於太政官之上，至是實現了古代制度的復蘇。而此神祇官的設置，可說是基於排佛興神之主義的採取神道國教主義的劃時代措施。

在所謂「祭政一致」的古制精神下，明治元年三月廿八日，頒佈了所謂「神佛分離令」，以禁止神佛的混合，其主要內容爲：①再興「神祇官」，全國「神主」（祭主）與「禰主」（神官）均應附屬於神祇官；②一向在神社中服務的「社僧」與「別當」之類，均應蓄髮；③以佛像作爲神體者，均應撤除；④廢除菩薩號、權現號，並除去本地垂迹的遺物。至是以往由僧侶管理神社的現象被廢止。此一「神佛分離令」的本意並非在於絕滅佛教，但當此「令」一頒佈後，種種謠言、誤解遂之發生，不但神社內的佛教因素和佛寺內的神道因素被除掉，甚且發生破壞佛寺、燒毀佛像經典、沒收寺領等所謂「廢佛毀釋」的運動，使一千多年來的佛教遭受空前的迫害浩劫。根據報載，明治初年日本全國的寺院數目共達四十五萬九千四十所。

維新政府雖然未積極地命令廢除佛教，但確曾非常積極地鼓吹提倡「神道」。繼「神佛分離令」之後，於明治二年（一八六九年）九月設置宣教使，開始教導國民的信奉神道教。明治三年（一八七〇年）正月頒佈「大教宣佈詔勅」，其內容略云：「朕恭惟，天神天祖，立極垂統，列皇相承，繼之述之，祭政一致，億兆同心，治教明於上，風俗美於下，而中世以降，時有污隆，道有顯晦矣，今也天運循環，百度維新，宜明治教以宣揚惟神之大道也，因新命宣教使，佈教天下，汝羣臣衆庶，斯體斯旨」。明治四年一月頒佈「社寺祿制改革」，不准寺社擁有私有土地，制定祿制，把寺祿減爲以往的四分之一。明治四年七月，又頒佈所謂「大教趣旨書」，宣言「明治教，以宣揚惟神之大道」，並陳述「明人倫，敬神明，擁戴聖朝愛撫之盛旨」，至此不僅確立了「祭政一致」的本質，甚且進一步揭示出「政教一致」的精神，明白宣言基於神道之宗教、政治、道德之一致的立國精神。此一大教宣佈，固然在於宣示王政復古之精神啓蒙爲主要目的，但同時亦包含有對於基督教的對策在內。蓋明治三年三月，宣教使曾赴長崎從事浦上的基督教徒的教化工作，翌年十月右院的陳言曾云：「倘若從此放之不理，聽其自然，則隨著佛教之廢滅，耶穌教必逐漸興盛，或恐終有共和政治論之興起。因此，宣教使及佛教徒皆應防患未然」。申言之，政府當局恐懼廢佛毀釋之結果，倘佛教因之而衰滅，則必促成基督教的勃興，最後終必會引起共和政治運動。遂防患未然，於是乃有明治五年（一八七二年）的教部省（三月）及大教院（五月）的設置。事實上，演變至此，寺院自治的特權完全被剝奪，嗣後其行政的支配，移歸地方官的管理。抑有甚者，以往的所謂「宗門帳」亦於明治四年十月六日被廢止，而明治六年一月十九日又廢止僧侶的位階，明治五年四月准許僧侶食肉、娶妻、蓄髮的自由，把僧侶從以往的封建禁慾生活中解放出來。

前述教部省及大教院的設立，其目的在於確立神道國教化的思想對策，此外又採取打破江戶時代的「檀家制度」方策。蓋在德川幕府末季，隨著國學神道的興隆，「佛葬祭」

與「神葬祭」同時併行，但當時的德川幕府只准許神官及其嫡子舉行「神葬祭」，但自頒佈「神佛分離令」後，凡屬神官的家族皆准許行「神葬祭」，於是神官乃趁著「廢佛毀釋」運動，努力於普及「神葬祭」的推行，此一傾向對於欲促進神道國教政策的明治政府，乃求之不得的千載良機，於是在明治三年（一八七〇年）向九州的十藩發佈所謂「氏子調假規則」，繼之通令全國諸藩，要求所有人民應向氏神納付名簿。翌年（一八七一年）四月制定「戶籍法」，五月廢止德川時代的「宗門人別帳」，七月頒佈「諸國大小神社氏子調查規則」，命令全國國民至少應登記為某一神社的信徒，至是神道國教化的制度算是獲得確立。

前述教部省設置之後，政府當局爲了推行神道國教政策，乃選任神官、僧侶、國學者、儒學者等擔任教導職，並頒佈所謂「三條之教憲」（佛教徒稱曰：「三條之教則」）確立了佈教方針。「三條之教憲」的內容爲：①尊奉敬神愛國之旨意，②辨明天理人道之大義，③奉戴皇上，遵守朝旨。此三條教憲實爲大教宣佈詔勅及趣旨書之內容的簡化。爲了協力政府的這一方針，佛教徒方面乃有明治五年五月由佛教諸宗本山連署請願設立上大教院（神佛合併之教導職養成所）之舉。於是乃以東京之芝增上寺做爲大教院。且把全國的寺院按其地區大小分爲中教院、小教院，動員全國僧侶，使其佈教「三條之教憲」。當時因禁止「三條之教憲」以外的法談，因此，佛教完全從屬於神道。抑有甚者，當時的維新政府爲使宗教成爲藩閥政府之政策的啓蒙、教導機關化，乃於明治六年（一八七三年）

設定了教導職的任用考試及進級考試要目的所謂「十一兼題」及「十七兼題」，結果遂失去了信教自由的本義。

維新政府企圖以宗教做爲政治之工具的神道國教政策，終歸失敗。蓋那些不學無術的神官僧侶，當其宣傳「三條之教憲」時，不但未能收到預期效果，反而受到人民的嘲笑。尤有可笑之事，則那些光頂的和尚披上鬘衣，學打拍手而禮拜於神前等，其可笑噱頭，極其怪狀。而且奉祀於大教院的是天御中主神等三神及天照大神的四柱，與佛教徒並無任何關係，於是引起佛教徒的不滿，真宗各派乃率先脫離大教院。兼之由於基督思想的傳入，提倡「信仰自由」，由「明六社」的同人展開論說，除了主張信仰自由外，甚且進一步以批評封建倫理、儒家道德。政府面對此一反對運動，雖欲堅決推行做爲絕對主義政治的思想支柱的神道，但由於大教宣佈運動本身之進展效果微少，於是不得不於明治八年（一八七五年）五月命令解散大教院，而承認神佛各自獨立的佈教自由，十月把教部省歸併於文部省，明治十年（一八七七年）完全廢止教部省將其掌管的事務移歸內務省。明治十五年（一八八二年）神官與教導職完全分開，神官屬於官而奉仕神社，主要從事於祖神及功業神的祭祀。教導職——即神道教師，主要職責乃祭祀造化神而從事佈教，屬於神道十三派，至此形成非宗教的神社與宗教的神道之對峙。降及明治十七年（一八八四年）政府乃下令廢止所有的神佛教導職。

佛教自明治初年受到排斥以還，至此已無法恢復以往的勢力，各宗派在各管長統率之下，採取自治形式，各自從事葬祭及佈教。後來由於歐化主義潮流的湧現，爲了和如潮水般湧入的基督教對抗，佛教與神道乃攜手講究防禦的策略，往後並與國粹論者提攜以排斥基督教。當時日本國內對於基督教的排斥甚爲狂烈，例如明治初年思想啓蒙的民權大師，福澤諭吉在其「西洋事情」（一八六六年）一書雖疾呼信教自由，政教分離，但到了明治十四年（一八八一年）之頃，站在國權主義的立場非難基督教云：「耶穌宗教的蔓延，對於後世子孫國權之維持，實爲一大障礙……我國之佛法，乃我國固有者，應使其無疵而保護之，並防止外教（按指基督教），努力期使無損於人民護國之氣力」。餘如井上圓了常在佛教雜誌「明教新誌」發表文章，駁斥基督教的「六合雜誌」，提倡唯心哲學的佛教之優越性，並刊行「破邪新論」（一八八五年）、「真理金針」（一八八六年）、「佛教活論」（一八八七年）的單行本，被奉爲佛教之寶典，極受一般佛教界所歡迎。

佛教徒除了與神道合作排斥基督教外，後來又與國粹論者提攜以排斥基督教，降及中日甲午戰役前後，標榜國家主義，極力圖謀教勢之擴展。抑有甚者，戰後隨著日本帝國主義之向外發展，佛教徒亦努力向外地宣揚佛道，並從事社會救濟運動。例如真宗、淨土宗、法華宗、禪宗等皆重視海外佈教，傳道者的活動見及於中國、西伯利亞、馬來亞、爪哇及北美洲西海岸等地區。明治卅七、八年（一九〇四、一九〇五年）日俄戰爭之際，佛教徒的活動亦遍及於戰地，但戰後當個人主義、實利主義、自然主義等紛紛雜顯而使思想界呈顯未曾有之混亂時，佛教界已無能力在此混亂的狂瀾中給予人生信仰以一大援手的機能。

儘管佛教因受到明治初年「廢佛毀釋運動」的影響，而喪失其往昔光彩，但尚有些僧侶不惜精力，企圖挽回頹勢的教運，其中較著名者即真宗大谷派的僧侶境野黃洋及清澤滿兩人。他們倆的運動似乎可稱曰「佛教近代化運動」，其目標乃欲把已變成天皇制宗教之隸屬地位的佛教使之振興復蘇，期能與獨佔資本主義形成期的日本社會的現實有所適應。可是此兩位僧侶所進行的方向，可說是距離太遠。境野於明治卅二年（一八九九年）組織「佛教清徒同志會」（後改稱「新佛教同志會」），排擊政治權力的干涉宗教，想透過現實的社會問題，來實現佛教本來的精神。至於清澤則於明治三十年（一八九七年）的教團改革失敗後，經過一段內心的苦鬥而到達深澈的宗教自覺，於明治卅四年（一九〇一年）開始提倡說明藉自己之內觀的絕對者（彌陀）之信賴的「精神主義」。他主張「如來（彌陀）的國家」優越於現實國家，堅持信仰第一，而此信仰必出諸內心的修養。此兩派的佛教近代化運動，很可惜的只限於知識階層而未能普及於一般國民大衆。不過清澤和尚的運動精神到了第二次世界大戰後有「同朋會運動」，繼承其衣鉢，激烈展開運動。

㈡基督教思想的流傳及其所受挫折

基督教之傳入日本是比較晚的近代，其最初的先導者當爲葡萄牙傳教師薩維爾（Francisca de Xavier），他是屬於對抗馬丁路德宗教政策的舊教徒——耶穌教徒，於一五四九年偕日人安治郎，由麻六甲航行赴日，於是年八月十五日駛抵鹿兒島，由薩摩藩主島津貴人獲得傳教的許可。自此以後，耶穌會派以外的傳教師亦相繼接踵渡來日本，至慶長初年（一五九六年之頃）全日本無處無教堂，而信徒據説超過了一百萬人，基督教傳入日本的初期中，日本的國情，實爲新宗教弘法的好地方。蓋當時的佛教僧侶，酒食耽逐，恣意非行，引起了一般國民的嫌棄，反之耶穌會派的傳教師，都是極高潔俊秀的人才，他們的道德堅固，操行異常高潔，加之他們懷有日本一般國民所未知識的新學問（天文科學之類）。何況他們爲迎合日人所好，將「天國」叫做「極樂」，「冥府」叫做「地獄」，盡量使用佛教用語，徒步於各村落，高聲唱著動聽的歌曲，以引動聽衆。另方面，傳教師又以慈善事業來收攬人心，所以當時的人們，目睹這種情況，均曰：「誠佛菩薩出現此世，救世渡衆也」。

由於基督教是溝通日本與西方文化的唯一橋樑，故其初期傳入時，不但受到各地大名（諸侯）領主的歡迎，織田信長在世執政時，亦曾盡力予以獎勵維護。但自政權一握到豐臣秀吉手中，基督教的進展便發生了阻礙。他繼承織田氏政權之初，對於基督教的態度，亦頗爲友好，但迨至天正十五年（一五八七年）六月平定九州之際，他第一通令全國禁止基督教。其主要措施爲禁止傳道，驅逐傳教師，破壞教會及教會學校，此外又將當時屬於耶穌會的領地之長崎改爲直轄市，對於信教的人們，予以嚴酷的處分，豐臣秀吉禁教的原因不一而足，但最大的原因完全基於政治的理由，蓋他認爲外國傳教師不僅致力於感化日本國民的精神，更進而抱有確立政權於日本國土上的傾向，同時又恐懼信仰基督教的諸侯，利用外人的關係，抵抗中央政府。德川幕府政權確立之後，亦因鑑於基督教勢力流佈之盛，恐懼西班牙、葡萄牙等國利用此基督教傳教之便，侵略日本，乃於慶長十七年（一六一二年）下令禁止基督教。至寬永十六年（一六三九年）完全禁止基督教的傳佈，採取鎖國政策。從此，日本直至德川幕府末期（十九世紀中葉）二百餘年間，幾乎完全處於與世隔絕的閉關自守的孤立狀態。

明治維新之後，以往德川末期視基督教爲「邪教」的觀念，仍然無法消除，對於基督教的禁制政策仍然未解禁。蓋對於推行神道國教政策的明治政府而言，基督教信仰之自由，並非其所能忍受。當時日本雖採取開國方針，但以往的「外人夷狄觀」及「基督教邪教說」的觀念已牢不可拔，因此對於教徒採取殘酷的迫害手段。明治元年（一八六八年）三月十五日，政府發佈「基督教邪宗之禮儀應堅加禁制」的牌札，後雖因英國駐日公使柏克士的反對而採取稍爲緩和手段，但是仍然固持禁教政策。尤其是當慶應元年（一八六五年）三月，長崎浦上的天主教信徒約三千餘人，突然出現於長崎外人居留地的羅馬教會，公然告白他們自己是耶穌教徒。當時幕府頗爲吃驚，趕快採取應急處分，但不久之後，因政權歸依皇室——明治政府，而才不了了之。但明治政府對於此一教徒事件，於明治元年（一八六八年）四月遣木戶孝允前往長崎，將所逮捕的三千五百餘名教徒吩咐加賀、薩摩、尾張等廿一藩勸教徒們改宗，於是引起了英、美、法、德四國嚴重抗議。政府雖提出種種陳辯，但當時既然採取親善外交的開國方針，於是終於屈服，於明治三年（一八七〇年）三月，將浦下教徒三千五百餘戶全部赦免，飭其歸鄉，並給予費用，令彼輩置家耕田。這實在是明治維新後，日本基督教興隆的第一步。抑有甚者，明治四年中村正直著有「擬泰西人上書」，申論日本應採用基督教。並勸明治天皇受洗。

明治四年（一八七一年）岩倉具視等一行赴歐美考察途次，在美、法、比利時、德國等地皆受到當地政府或輿論界之責問日本何以迫害浦上教徒。例如意大利的報紙則不記述歡迎之辭，而代以登載日本迫害教徒記事，而比利時的首府之市民則包圍岩倉等一行的馬車，高叫「解放日本的基督教徒」。至此岩倉等人發覺了欲修改條約則必須撤除對於基督教的禁令。明治五年（一八七二年）森有禮之著「日本的宗教自由」（Religious Freedom in Japan）一書，申論基督教信仰之自由，則係受到美國輿論非難日本之禁教政策刺激所致。因此，維新政府乃於明治六年（一八七三年）二月，命令撤除設在全國各地的禁止基督教牌示，並將此旨通牒各國駐日公使。

明治六年左右，歐美各國的傳教師來日者日漸見多，他們在各地設立教會，並且翻譯聖經、讚美歌。明治五年（一八七二年）三月，在橫濱的外人居留地的海岸，由十一名會員成立「日本基督公會」（後來改稱爲「日本基督教會」），乃日本人最初的教會。這些會員之大多數係富於精力的青年輩，他們對於外國傳教師脫口而出的日本話的傳教講道，感應極大。明治六年二月的撤除禁教牌示，只是默認基督教的信仰而非公認基督教地位。

當時明六社同人等雖力倡「信仰自由，政教分離」，但政府的富國强兵主義及教育制度，對於基督教的自由傳道束縛重重。在明治十五、六年（一八八二、一八八三年）歐化主義的時期，基督教雖見盛一時，但自明治二十年代（一八八七年）因國粹主義、國家主義之勃興，再受到迫害的苦難。尤其是自明治廿二年、廿三年，明治憲法及教育勅語頒佈之後，對於基督教的迫害更爲積極，致使基督教不得不與國家主義的道德觀念妥協。例如在中日甲午戰爭時，基督教徒遂有組織了「基督教徒同志會」，派遣軍隊慰問使前往戰地，採取一種「忠君愛國」的態度，以求取與保守主義及國家主義的妥協。在國粹論派抬頭之後，文學博士井上哲二郎等曾於明治廿五年（一八九二年）著文「論宗教與教育」於「教育時論」雜誌上，排斥耶穌教的道德與國家主義不符，根本與日本國民性不相符合，對於井上博士的論旨，基督教徒之中的本田庸一及横井時雄二人亦著文加以反駁。於是井上博士又繼續在「教育時論」、「教育報知」、「日本教育雜誌」等廿多種雜誌上著文鼓吹排耶主義，餘如岡本監輔、内藤恥叟、杉浦重剛、井上圓了、村上專精、大内青巒、境野哲等諸氏亦紛紛著文排斥基督教。但諸教派之士，如横井時雄、高橋五郎、松村介石、小崎弘道、植村正久、大西祝等人亦紛紛在報章雜誌撰文力斥排耶主義論者的獨斷無知。

明治初年以還，基督教之傳佈在日本雖受到挫折，但其對於日本文明開化貢獻之大，乃無容置疑的。蓋前來日本傳教的傳教師，他們的傳教事業與教育事業並重。他們最先開設家塾以教授學生，不久之後發展成爲頗具規模的學校。著名者如費麗士和英女校（一八七〇年）、神戶女學校（一八七四年）、青山學院（一八七九年）、立教學院（一八八三年）、明治學院（一八八六年）、關西學院（一八八九年）等皆爲著名的代表學校。至於日人所設立的基督教主義的學校則有新島襄的「同志會」（一八七五年）。以上這些基督教學校，對於西洋文化的輸入日本，曾經提供了重要的貢獻，同時其教育宗旨的人道主義、社會主義、人格平等的觀念，亦引起了知識分子和青年階層深厚的共鳴。

㈢明治宗教的派流

明治維新以還，佛教與基督教在所謂「神道國教化」政策的排斥下，忍受苦難時，爲了迎合維新政府的國家主義精神，乃有不少所謂「明治宗教」教派的興起。「神佛分離令」頒佈後，受此兩者影響最深的修驗道亦被禁止。修驗道乃以民間的山岳信仰爲基礎而成立的特殊宗教，廣受一般國民的支持。但此一宗教信仰雖於明治五年（一八七二年）被禁止，但做爲民間信仰的山岳信仰卻無法使其斷根，這種信仰即使至今日，仍然被民俗所傳承下來。德川幕府末期以山岳信仰爲母胎而由淵源於富士講的有「扶桑教」，並奉長谷川角行（一五四一——一六四六年）爲其教祖，長谷川氏之實體行爲雖曖昧不清，但扶桑教卻擁有衆多的信徒。同樣基於富士講而創立者另有「實行教」，它雖没有多姿多彩的教義，但其本質乃傾向於精神主義的國粹主義。同屬山岳信仰之一支派之中，尚有崇奉信濃（長野縣）的木曾御岳之大神的御岳教。上述這些山岳信仰之所以盛行，實因當時社會的窮困性有以致之，一般農民在生活的煎迫下，只好找心靈上之寄託於山岳神明。

天保九年（一八三八年）大和國（奈良縣）的山邊郡庄屋敷村（今之天理市）的没落地主的主婦中山みき（一七九七——一八八七年）以貧苦大衆爲對象所創立的天理教，其教義主旨乃勸人拋棄一切現實的慾望及自傲心，人的一切乃天理王命之親神所賜借的，因此，人人應毫不吝惜地把一切財物奉獻給神，過著誠心誠意的生活，即自可有幸福的日子。此天理教到了明治初年在奈良縣及大阪府一帶勢力逐漸伸展，明治廿一年（一八八八年）獲得政府的公認爲正式宗教，降及明治後期，被視爲教派之神道的一種，目前全日本有四百多萬信徒，其教勢尚且伸展到美國及巴西等國。

安政六年（一八五九年）由備前國（岡山縣）淺口郡大谷村（今之金光町）的富農川手文治郎（一八一四——一八八三年）所創立的「金光教」，其教義要旨乃人類應互相扶助勤勞，即能獲得幸福生活。明治維新後，其勢力在大阪府方面的商人階層之間，獲得迅速的發展，降及明治卅二年（一八九九年）被公認爲教派神道之一派。此外尚有黑住教、禊教、神習教、神理教、修成教、佛立教、丸山講、蓮門教、大社教、大本教、德光教、生長之家、日蓮宗教教派的產生，這些宗教之所以能夠出現，乃反映當時明治時代日本社會的一面，蓋它們的教義莫不重視治療疾病，採用咒術以祈求貧民免於生病疾苦，甚且有的又以繁榮商業買賣爲宗旨，因此，皆能獲得部分信徒。這些宗派後來雖屢受政府視爲邪教而加以彈壓，但因有些宗派能附合時代潮流，迎合國家主義，甚至於軍國主義的色彩，以發揚所謂「皇威國教」。這些教派經過明治、大正、昭和初期，降及第二次世界大戰後，有些尚能存續下來，而以另一種面貌呈顯在日本國民面前，其中如創價學會便是尊奉日蓮宗者，惟那些在戰後尚有力量的上述教派，或多或少卻帶有國家主義色彩。茲將其情形例示之如下：

種類＼時代	戰前	戰後
由下而上的國家主義型	（丸山講）初期天理教	創價學會
由上而下的國家主義型	天皇制宗教、諸國佛教、生長之家	生長之家
外向的國際主義型	新佛教同志會、大本教	大主教
內向的國際主義型	精神主義	同盟會
小市民的無關心型	一人道	天理教、ＰＬ教團、世界救世教、靈友會、佼正會

六、日本近代文學的演進

明治維新運動過程中，日本在文化面的至急要務就是要脫出以往的鎖國孤立狀態關閉性傳統文化，並且要由跟全世界的交涉往來以吸攝先進諸國的文明，來推行其急速的改革工作。因此，維新之後，門戶開放，於是歐美文化湧入日本，促進了文學的新氣象。維新以後的日本社會，在「四民平等」的觀念下，它可說是平民的社會。在這種平民社會裏，像精神生活、思想、倫理道德等都被規定於都市的、平民的性格裏去。隨著教育的普及，維新後的社會，在本質上，是個人要完全站在自由平等的立場用實力來競爭的社會，也是以無限的開發人性和促進發展人類文化、文明的人文主義的方向爲其根本的社會。於是直接擔負起促進文藝、文化之發展的重責的人，主要的是智識階級。另一方面，因本木昌造發明了活版印刷，使各種書籍雜誌等印刷文化，急速發達，不但使國民文化得以向上與普及，並且更能使思想和文藝大衆化。同時對文藝本質的自覺也加深，有近世文學氣味的戲作氣氛也除去了，所以人生目的之一的創作和評論也就興盛起來。又從文體（genre）上來看的話，西洋式的新詩之出現以及評論和批評成爲文藝部門的一環，並各自獨立，這是值得注視的。文藝思想的底流，當然是隨著資本主義的發展而來的個人主義、自由主義的思想，並且以尊重個性的尊嚴，以及自我的覺醒做爲它的基礎。近代文藝又要承認有人性的事物再將它深而廣的伸張出去來做其理念。可是因日本社會的後進性和其風土的環境致使日本近代文學的發展，不易除掉其封建的性格，致使近代精神的形成也就不充足。

從整個日本近代文學發展的歷程加以劃分，似可以明治四十年代（一九〇七年）前後做爲一個劃分界線，把近代劃分前後時期，前期之初廿年爲啓蒙時代，其後爲寫實主義時代，至於後期亦可分爲二部，則至大正時代（一九一二——一九二六年）爲止的近代文學成熟期爲上部，以社會問題與戰爭爲近代文學的苦惱及脫皮的昭和初期爲下部。今將循此年代的劃分爲序，將日本近代文學的演變情形，敘述如下：

(一)明治時代的文學

日本明治維新時代所建立的新文化，他們的唯一圭臬，就是歐美文化，所以促進日本近代文學進步的絕大勢力，也是歐美文化。明治初年的文學作品，率半描寫日本吸收西洋文化的各種情況，而以自由民權運動爲題材的政治小說，甚爲流行，不過論其藝術價值，尚屬微不足道。最初輸入日本的，以英美文化爲主，其後法德的文化也傳入日本。歐美各國的文學思潮，給日本的文藝界以很强烈的印象。在明治時代初期的文學界之士，有崇拜法國思想的中江兆民，有寖饋英國文學的坪內逍遙，有對於德國文學造詣甚深的森鷗外、北村透谷等諸人，又有傾倒於俄國文學的內田魯庵、長谷川二葉亭等，因爲有這些人物，明治維新以後的日本文學遂有迅速的進步。

啓蒙時代的明治初年，其急務一則乃要先從封建體制與思想的不合理掙脫出來，要從以往的傳統束縛裏面求取知識的和政治的解放，伸張各方面的自由及合理的精神，一則又因爲急於要脫離較先進諸國落後的狀態而形成平民社會，所以功利主義、實用主義、主知主義的風潮熾烈，舉國努力於西化。福澤諭吉便是當時鼓吹實學的第一位新知識啓蒙家，他的「西洋事情」及「勸學篇」等書，係站在功利主義的立場，用許多平易字眼提倡能資助生活向上的實用學，强調功利主義和實利主義，把文學視爲閒閑文學而排斥輕視，被稱爲明治初年之聖經的中村敬宇的「西國立志篇」，則論述稗官小說之有害於社會，其結果，在文學方面，祇能產生一些由近世末期延續下來的低級的娛樂性作品而已。例如假名垣魯文的「牛肉店雜談安愚樂鍋」（一名「奴論建」——略稱「安愚樂鍋」）、「萬國航海西洋道中膝栗毛」（略稱「西洋道中膝栗毛」）及「胡瓜遣」，河竹默阿彌的「三人吉三」及「十六夜清心」，萬亭應賀的「聖人肝潰志」，三世柳亭種彥（本名爲高田藍泉）的「怪化百物語」等爲當時的代表作品。他們的作品雖都離開不了「文明開化」的範疇，但其內容只是將過渡期的市井狀態寫成社會欄報導式的文章而阿諛新時代的風潮而已，缺乏藝術的價值。到了明治第十年代（一八七七年），翻譯文學盛行，以介紹西洋風俗、人情，使人們知道西歐文學究竟是什麼東西，文學在新文化建設上應該要有怎麼樣的力量，所以這個時期的翻譯小說可以說在啓蒙運動方面盡了另一種使命。翻譯小說文中較著名的有小田純一郎所譯的「花柳春話」（英國B. Lytton原著），關直彥譯的「春鶯囀」（Disraeli原著）、藤田鳴鶴譯的「繫思談」（B. Lytton原著）、井上勤譯的「景夜物語」（即「天方夜譚」）、渡邊溫譯的「伊曾保物語」（即「伊索寓言」）、坪內逍遙譯的「該撒」（莎士比亞原著）等，這些都是純文學作品。此外，因爲「自由民權」思想發達，因此政治小說亦頗受歡迎，如戶田欽堂的「情海波瀾」（一八八〇年）可說是日本政治小說的嚆矢，餘如櫻田百衛的「自由迺錦袍」（一八八三年）、小室案外堂的「自由豔舌女文章」（一八八四年）、矢野龍溪的「經國美談」（一八八三——八四年連載）、東海散士（柴四郎）的「佳人之奇遇」（一八八五年起連載三年）、末廣鐵腸的「雪中梅」（一八八六年）及「花間鶯」（一八八七年起連載二年）、作者不詳的「鬼啾啾」（一八八五年）等，當時均頗爲有名。這些不外乎是由功利的觀點來利用文學而已。

把上述明治維新後至明治十年（一八七七年）的日本文學的特色加以要約之，可歸納爲二點：①缺乏固定的市民社會之文學的表現形式的新文章。②市民社會的文學理論尚未確立。蓋因維新政府在「富國强兵，殖產興業」的目標下，並無餘裕時間來計劃準備新時代的文藝政策，而文藝，在無任何援助之下，不得不自力在無方針之下摸索。

到了明治二十年（一八八七年）前後，是日本在社會上及思想上的一個轉換期。隨著國內政情安定，以及思想界從盲目的歐化主義轉變爲國粹復古主義，有獨自性的新文化、純文藝創造的風氣逐漸形成，許多新時代的文學也應運而生。首開其端的是坪內逍遙（本名雄藏，以提倡新戲劇，介紹歐洲文學而飮譽，其一生最大功績是翻譯莎士比亞全集，花二十年時間才全部譯完）的文學論「小說神髓」。在這本書裏面，他不但否定了政治小說的價値，排除從來以文學做爲勸善懲惡之手段的功利的看法和文學是「解悶」的說法，主張世態人情的寫實爲具體的小說方法，說明文學具有獨自的目的，同時强調應該描寫人情和心理。總之在這本書裏面，他提出小說的內容應包括：①心裏描寫說，②客觀的態度說，③排斥主觀說，④非勸善懲惡主義，⑤爲人生的藝術等之主張。自此書問世，明治初年以來的小說，才脫離了「戲作」的範圍，把日本文學上的舊觀念，都一齊打破了。從此以後，「近代小說」的稱號，始受之無愧，當時只知做春水、馬琴的舊夢的，到現在都覺醒了，政治小說、翻譯小說的流行也停止了，於是大家都動筆描寫實際的人情，力求留意現實的人生。「小說神髓」一書，救活了瀕死的明治文學。此外他爲了表現他的文學理論起見，於明治十八年（一八八五年）發表另一部小說「當世書生氣質」，將其理論具體化。事實上，在他這本書尚留有舊文學的殘影，未能描出有個性的人。繼坪內逍遙之後，受其感化最深的爲二葉亭四迷（即長谷川二葉亭），他著有「浮雲」、「其面影」、「平凡」等書。「浮雲」一書爲將坪內氏的小說理論更具體化的傑作，這是一部明顯而精巧地寫出作者對遷移的時代和環境的內面苦惱及動搖的好作品，而把缺乏實行力的知識人的近代性格和心理，經過自我分析而明刻出來。這部作品可以說是真正的日本近代文學的嚆矢，同時，他開闢了「言文一致」的新文體。四迷因精於俄文，因此曾翻譯屠格涅夫（Ivan S. Turgenev）於一八八八年發表的「幽會」、「邂合」兩篇傑作，此兩書之譯出對於自然描寫的筆致實在新鮮脫俗，開了後人觀看自然的眼光。山田美妙齋對於「言文一致」的新文體採用到小說裏面，功績亦多。

另一方面，因爲國粹復古思想的抬頭，文學界也產生了保存國粹的精神。硯友社一派人物（由東京大學預備科學生尾崎紅葉、石橋思案、山田美妙齋一派青年文所組織）發行機關雜誌「我樂多文庫」。響應元祿文學復活之聲，主要作品內容多屬小說紀行、俳句等，展開多姿多彩的文學運動。此派健將之一的尾崎紅葉，其著作有「二人比丘尼色懺悔」（一八八九年）、「二人女房」（一八九一年）、「三人妻」（一八九二年）、「多情多恨」（一八九六年）、「金色夜叉」（一八九七年——一九〇二年）等風俗小說，用輕妙風雅的手筆使江戶趣味再生。其中「金色夜叉」一書是明治中期以來，最受日本國民歡迎的小說。他把江戶時期的趣味，用新的技巧加以描寫，瘋魔了當時的青年男女。與紅葉在明治廿年代有平分文壇之感的理想主義作風作家是幸田露伴（漢文學者，尤其對明清文學頗有研究），他的著作有「露團團」（一八八九年）、「風流佛」（一八八九年）、「五重塔」（一八九一年）、「對髑髏」（一八九〇年）、「緣外緣」（一八九〇年）、「辻淨琉璃」（一八九一年）、「寢耳鐵砲」（一八九一年）、「風流微塵藏」（一八九三年）、「有福詩人」（一八九四年）、「新浦島」（一八九五年）、「二日物語」（一九〇一年）、「雁坂越」（一九〇三年）等。他的作品富有一種武士道和儒家的精神與佛教的境地交織而成的諦念，是超世普通人情的，他是生活於封建道德觀念裏的過渡期的代表作家。尾崎紅葉及幸田露伴兩人在當時的文壇聲譽甚隆，因此自明治廿五年至卅年代初期這一段時間，世稱「紅露時代」。

與「硯友社」同時代之以德富蘇峯為首所組織的「民友社」的功績，對於當時文學的影響甚大。他們於明治二十年（一八八七年）刊行雜誌「國民之友」，使用的文字獨創一格，能將漢文得來的豐富的文字，巧妙應用，而以西文體爲骨，成爲一種歐化的文字。此派思想的一個共同特色，就是以基督教的博愛、平等爲主，使許多青年受了强烈的影響。其著名之士，除德富外，尚有山路愛山、森鷗外、山田美妙齋、長谷川二葉亭、石橋忍明等人。「國民之友」的內容與後來的中央公論、改造、太陽、解放等雜誌一樣，對於政治、文學、宗教、社會等各方面加以新評論，並設文學欄，春夏二季增刊文學附錄，給當時的新進青年之士不少的方便而得在文壇上成名。文學附錄中所登的作品，如森鷗外的「舞姬」、坪内逍遙的「妻房」、幸田露伴的「一口劍」、桶口一葉的「別路」、北村透谷的「宿魂鏡」等，均有名於當世，足以點綴明治初期的日本文壇。

明治三十年代（一八九七年）開始，一般人追求人性和要求心情自由的解放，對於那些半封建性的風習、傳統有妥協之感的文字，覺得不夠味道，因此都想在藝術觀念中，試求得到被現實抑壓了的自我解放，於是個人主義、浪漫主義在文壇上得勢起來。例如高山樗牛以外國文學的眼光對於描寫日本狹小而現實的作品覺得不滿足，要求跟社會、人生有密切的關係的文學。他的思想由熱烈的國家至上主義出發，經過許多變化，終於受了尼采的影響，提倡極端的個人主義。不過他的一貫的自我至上的主張，可以說是對半封建思想的强力抗議。當時浪漫主義文學派之代表作家泉鏡花的「風流線」（一九〇三年）、小栗風葉的「沼之女」（一九〇一年）、德田秋聲的「春光」等皆受到尼采思想影響，排斥向來的宗教、道德，站在極其率直的自我本能主義立場來考察人生，在文學上開創了一新紀元。

中日甲午之戰，這次戰爭是日本國民把其視爲決定國運的關鍵，結果中國吃了敗仗，日本人則直步青雲，他們得了大宗賠款，拿去用在國家的建設事業上面，國民生計較有餘裕，所以影響到文學。於是戰後的日本出版界，文學雜誌像春筍一樣的崛起，較著者有帝國文學、太陽、文藝俱樂部、覺醒、新小說、世界之日本、新著月刊、青年友、日本主義、江湖文學、新聲、小天地、中央公論、關西文學等。這些定期刊物的出現，固然促進了新文藝的發達，同時亦獎掖了不少後進作家。由於當時個性解放的要求甚囂塵上，所以此時的小說、戲曲、新體詩、短歌、文藝評論等都帶著濃厚的浪漫主義色彩，也是寫實主義的過渡時代。此派的先驅者是北村透谷及森鷗外，鷗外主持「しがらみ草紙」，透谷利用「文學界」雜誌，提倡要求自我解放和人格自由，以近代的思索和趣味爲其生活，講述自我擴大，藝術內部的生命，叫喊文藝的自律並力倡要把戀愛移到自然的位置，成爲新文學的胚胎。女作家樋口一葉寫有「濁柄」、「比高低」等小說，以思春期的少女爲對象，在性格描寫方面，發揮了無比的手腕。餘如硯友社系之泉鏡花的「夜行巡查」、「外科室」，山上眉川的「書記官」、「表裏」，廣津柳浪的「變目傳」、「黑蜥蜴」等小說，皆係不滿現實而求理想的生活，帶有濃厚浪漫主義文學意味。明治三十年代之文學的特色，係近代的自我，已普遍地浸透於廣大國民層之間，同時，一部分的文學者已注意及於社會的黑暗面，基督教及社會主義已在國民之間奠植了根元。

自明治三十年代（一八九七年）末期起，日本的資本主義因甲午戰爭而漸至完成近代國家和近代社會的體制，可是隨著資本主義的發展，社會與個人的對立也逐漸地浮化，再因深刻的現實問題之頻發，社會主義思想也慢慢地滋生。如此日本近代化的進行，需要同時解放目前還殘存的封建事物以及隨著資本主義的發達而產生的各種矛盾。以這種要求強力的現實精神的社會狀態爲背景，浪漫主義便窒息衰退，而自然主義的文藝思潮就急速地成長而開花了。此自然主義，自明治三十年代末期起，經明治四十時代，而大正時代至昭和初年，成爲日本文學的潮流。自然主義的運動在明治卅四、五年左右（一九〇一、一九〇二年）漸漸地萌芽，在小栗風葉、小杉天外、國木田獨步、永井荷風等人的作品裏可以看到其影像。可是自然主義展開了强烈的文學運動，還是在明治卅九年（一九〇六年）以後的事情，島崎藤村、田山花袋、德田秋聲、正宗白鳥、岩野泡鳴等人先後競起，這些人之中比較著名的作品有島崎的「破戒」（一九〇六年），田山的「蒲團」（一九〇七年）及「田舍教師」（一九〇九年），德田的「足跡」、「黴」（一九一一年）、「粗魯」（一九一五年）、「仍是未解決」（一九二五年）、「還回元枝」（一九二六年），正宗的「何處去」（一九〇八年）、「五月幟」（一九〇八年）、「入江畔」（一九一四年）、「人生的幸福」（一九二四年），岩野的「神秘的半獸主義」（一九〇六年）、「耽溺」（一九〇九年）、「放浪」（一九一〇年）、「益地」（一九一三年）等。至於長谷川天溪則著有「幻滅時代的藝術」（一九〇六年）、「現實暴露之悲哀」（一九〇八年）、「無解決與解決」（一九〇八年）等書，以支持自然主義的理論基礎，主張否定權威，拋棄科學。不過上述的自然主義小說是缺乏以一般社會的擴展爲基礎的觀念，始終於專以個人主要內面真實的分析。所以雖然對古有道德和傳統有所破壞，但卻缺乏更深的追求力和作成新東西的意欲。

跟著自然主義運動之後不久，反自然主義運動也起來了，此派文學，一言以蔽之，可稱曰「知性之文章」，是屬於所謂理智主義。此派的先鋒作家是永井荷風，他感覺到要使人生走向更好的努力或改善人生是無力的。他雖然對周圍有幻滅，對自己本身卻没有幻滅和懷疑。他用著對過去的追憶和憧憬更換對現代的不滿及厭惡。他的主要著作有「談法國風物」（一九〇八年）、「談美國風物」（一九〇八年）、「ずかあ笹」（一九一八年）等。餘如泉鏡花、後藤宙外、登張竹風、笠川臨風等則組織「文藝革新會」，進行反自然主義運動，惟成效不大。此外森鷗外與夏目漱石也是此派健將，他倆的文學是「知性的文學」，是站在反自然主義的立場，既不和耽美思潮同調，又能持著倫理的理智的作風及內容以描畫豐富的人生。他們對當時的文壇雖没有多少的直接交涉，但是對後代的思潮和文藝給予很大的直接影響。鷗外的「阿部一族」（一九一三年）、「大鹽平八郎」（一九一四年）、「高瀨舟」（一九一六年）、「興津彌五右衛門之遺書」（一九一二年）、「山椒大夫」（一九一五年）、「祖父祖母」（一九一五年）、「澁江抽齋」（一九一六年）、「伊澤蘭軒」（一九一六——一七年）、「北條霞亭」（一九一七年）等作品是取材於歷史而對當時的世相加了他自己解釋的作品，成爲後來的「主題小說」的首魁。他的歷史小說獨特的價值是在於從社會風俗面追求倫理或道德所具有的意義，並且清楚地認識社會個人的關係，不迷失歷史冷酷嚴峻的客觀性。夏目的作品主要的爲「我輩是貓」（一九〇五年）、「小寶寶」（一九〇六年）、「草枕」（一九〇六年）、「二百十日」（一九〇六年）、「野分」（一九〇七年）、「虞美人草」（一九〇七年）、「坑夫」（一九〇八年）、「三四郎」（一九〇八年）、「門」（一九一〇年）、「過彼岸爲止」（一九一二年）、「行人」（一九一二——一三年）、「道草」（一九一五年）、「明暗」（一九一六年）等，他的作品已能理智地分析並且別出近代人利己主義及自我主義的心理，他所追求的對象是智識分子、精神上的貴族等人的內面生活，跟自然主義的感覺，肉體的各面成爲顯著的對照。他的作風給予自大正期的理智主義文學至昭和初期的心理主義文學有很大的影響。

㈡大正時代的文學

明治末期盛行一時的自然主義文學，進入大正初期，由於在思想上、文藝上有了一種四海爲家的國民和世界思想同感、協調的形勢的產生，因之促進了自由主義機運的高漲，在人類生活中求取精神的力量和光明，相信個性的尊嚴，自我至上的價值，於是產生了注重自我確立與個性發展的新理想主義（又稱人道主義）來。這一派因刊行機關誌「白樺」

故又稱爲「白樺派」，該派的代表性作家有武者小路實篤、有島武郎、志賀直哉、長與善郎、里見弴等，他們多屬學習院出身的貴族子弟，「白樺」雜誌創刊於自然主義盛行時的明治四十三年（一九一〇年），但其活潑的動向則在進入大正時代之後。白樺派作家最初受了托爾斯泰的影響，以愛和平、無抵抗做爲標語，其思想是排斥以爲感覺的、物質的東西才是唯一的現實這種想法，並且認定這些後面運動的生命才是深刻的現實。他們的文學運動以人間愛爲基調，相信如今「自我已是尊嚴的」，而且個性的全面發展就是貢獻人類和使宇宙豐富的事情。「正義和愛」就是此派的口號。武者小路實篤爲白樺派的領導者，他的作品有思想及人生觀的形象化的風趣，並且充滿著肯定自己的意欲，明朗又清淨，筆調樸實無華，卻甚富調和之美，其代表作戲曲有「妹子」（一九一五年），長篇小說有「幸福者」（一九一六年）、「友情」（一九一六年）等。志賀直哉的作品冷靜、敏銳，別具哀感，長篇作品有「和解」（一九一七年）、「暗夜行路」（一九二一年——三七年），短篇作品有「留女」、「荒絹」、「十一月三日午後的事」、「光夜」及「大津順吉」等，其短篇作品，堪稱爲近代心境小說的最高峯，餘如長與善郎的「盲目之前」、「項羽與劉邦」（戲曲），有島武郎的「該隱的末裔」、「死與其前後」、「宣言」，里見弴的「善心惡心」、「多情佛心」、「多管閒事」、「今年竹」及「安城家的兄弟」等皆爲名著。其餘如岸田劉生、千家元麿、尾崎喜八、高村光太郎、高田博厚、倉田百三等亦都屬於白樺派的作家。此外由永井荷風、谷崎潤一郎等人代表的所謂市井文學，確立了新的庶民的文學，在當時亦爲一樁值得注意之事。

本來信奉理想主義的白樺派作家，深信個性的自由伸張及自我的完全發展便是「善」，可是到了大正中期以後的作家，對這種信念卻持有不同的看法，懷疑白樺派的信念是否正確。此派以「新思潮」雜誌爲中心故被稱爲「新思潮派」，又被稱爲「新理知派」或「新技巧派」或「主張小說派」。這一派作家知道正義和人道不一定是從美麗的人道主義生活、情感產生，有時也會從利己排他的感情產生。於是不僅要在表面上的美和偉大的裏面探索醜惡卑鄙的事物，同時又要在醜惡卑鄙的反面尋找著美麗和偉大。這種逆說的真理發現他們要把人生的某一方面割下來加以主觀的解釋，採取心理、理智的手法。於是他們對於人間悲苦的事情就敬而遠之了，而對於古人古事用近代眼光去解釋的次要問題，便成了文學主要的目的。此派作品雖然巧妙，卻缺乏強大的意志力和雄壯的構成。此派主要代表人物及其作品有芥川龍之介（「傀儡師」、「羅生門」、「地獄變」、「戲作三昧」、「河童」、「某傻瓜的一生」、「蜃氣樓」、「齒輪」），菊池寬（「忠直卿行狀記」、「花學事始」、「父歸」、「無名作家之日記」、「恩讎之彼方」、「啓吉物」、「藤十郎之戀」、「時之氏神」、「真珠夫人」、「第二之接吻」、「東京進行曲」），久米正雄（「牛乳店的兄弟」、「阿武隈心中」、「學生時代」、「破船」、「天與地」），山本有三（「女親」、「津村教授」、「殺害嬰兒」、「坂崎出羽守」、「同志之人們」、「波」、「風」、「女之一生」、「真實一路」、「路傍之石」），豐島與志雄（「湖水與波等」、「野生」）等。

受新浪漫主義的影響，而與永井荷風、谷崎潤一郎等有血脈關連，且傾向於現實主義的有久保田萬太郎、水上瀧太郎、佐藤春夫、室生犀星等浪漫主義的作家羣。他們的作品具有空想、浪漫的氣味，但在另一方面卻爲極有理知的。

至於葛西善藏、廣田和郎、谷崎精二、相馬泰三、宇野浩二、吉田絃二郎、三上於菟吉、細田源吉、細田民樹、黑田三郎、宮地嘉六等以「奇跡」雜誌爲中心的所謂「新早稻田派」，他們是在自然主義强烈影響下育成的一羣人。他們的作品別具風格，因此被稱爲「私小說派」或「心境小說派」。蓋他們的作品差不多是身邊雜事的小說，但是沒有自然主義作家那樣陰暗的慘味，每亦描出了暗淡、孤獨和貧窮的生活的現實社會的真情。

此外受了大正初期昂揚的民主主義思想所觸發而產生了宗教文學。在白樺派之中對於宗教懷有關心的有島武郎、武者小路實篤等的作品中，早已有基督教思想的題材及內容，但真正堪稱爲宗教文學的第一位作家是倉田百三。他的作品中的「出家與其弟子」（一九一六年）、「俊寬」（一九一八——一九年）、「布施太子之入山」（一九二〇年）等戲曲，其材料多屬佛教事蹟，但其思想背景已含有基督教及人道主義思潮，和時代風潮能表裏一致。餘如江原小彌太的「新約」（一九二一年）、吉田絃二郎的「大地之果」（一九一九年）等亦屬於宗教文學作品。

此外自大正中期開始，乘著新聞事業之發達和大衆讀書興趣的提高，有所謂大衆文學及兒童文學產生。大衆文學可分爲大衆小說、通俗小說及偵探小說三種。大衆小說一般概念皆把其視如歷史小說，此派之代表作有中里介山的「大菩薩峠」（一九一三年開始連載於「都新聞」）。大衆小說作家有白井喬二、大佛次郎、直木三十五、林不忘、吉川英治等人，白井的「站在富士之影」、大佛的「鞍馬天物」、直木的「南國太平記」、吉川的「太閤記」及「宮本武藏」等皆爲膾炙人口的傑作。通俗小說又稱爲家庭小說，其代表作有久米正雄的「螢草」、菊池寬的「真珠夫人」（新聞所連載者），偵探小說的作家有甲賀三郎、大下宇陀兒、橫溝正史、江戶川亂步等人。至於兒童文學是在明治時代已由巖谷小波所開拓，迨至大正七年（一九一八年）鈴木三重吉創刊「赤鳥」興起童話運動以來童話文學始走運發達。其作家除小川未明、久保田萬太郎、宇野浩二、豐島與志雄、芥川龍之介、佐藤春夫等新現實主義作家之外，尚有坪田讓治、濱田廣介、富澤賢治等人。

(三)昭和初年的文學

日本國內，隨著資本主義社會的成熟，早在勞資問題所對立的基礎上已發生了社會問題。這種趨勢從大正中期前後逐漸高漲，而且「民衆」這句話跟著社會主義思想以及無政府主義思想的發達，變成「勞動者」一語，自大正末期踏上了實踐政治運動，無產政黨組織等之道路發展。在文藝運動方面也與此互相配合，從大正八、九年（一九一九、二〇年）左右，一般根基於社會主義思想的評論力量抬起了頭來。小牧近江、金子洋文、今野賢三、村松正俊、佐佐木孝丸等人於大正十年（一九二一年）十月創刊了雜誌「播種人」，成爲普羅列達黎亞（Proletariat）文學論的中心，除了上述諸人外，如加藤一夫、前田河廣一郎、長谷川如是閑、平林初之輔、青野季吉、有島武郎、山田清三郎、神近市子等人亦曾利用該雜誌發表文章言論。當時的左翼雜誌尚有「文學世界」（一九二一年創刊）、「新興文學」（一九二一年十一月創刊）。可是將要隆盛的社會主義系統的文學運動，卻因大正十二年（一九二三年）九月的關東大震災，傳說是社會主義的韓國人放火所引起，造成了近世罕見的大災禍，於是大衆憎恨社會主義，因之普羅陣線被彈壓而終於一時衰退下來。但「播種人」的同仁又於翌年（一九二四年）六月創刊「文藝戰線」雜誌，因此普羅文學再見萌芽，翌年（一九二五年）十二月便成立了「日本普羅文藝連盟」，當時普羅文學的代表作品有中西伊之助的「萌芽於赭土之物」，江口渙的「戀與牢獄」，尾崎士郎的「逃避行」，前田河的「三等船客」及「大暴風雨時代」，金子洋文的「地獄」，新井紀一的「燃燒的反抗」，今野賢三的「在闇中發悶」等。

「日本普羅文藝連盟」成立後，由於政治理論和藝術理論的對立，內部發生抗爭與分裂，昭和元年（一九二六年）十二月連盟清算了所謂左翼文藝家總連合的共同戰線，確立了以馬克斯主義爲文運中心，改稱「日本普羅藝術聯盟」，內部分設文學、演劇、美術、音樂等四部。該聯盟以「戰旗」爲其機關雜誌，闡明其急進的左翼文藝的方向。另一部分採取社會民主主義方向的普羅作家，於昭和二年（一九二七年）六月退出「日本普羅藝術聯盟」，另組「勞農藝術家聯盟」，以「文藝戰線」爲機關報，其中堅作家有藤森成吉、青野季吉、林房雄、藤原惟人、前田河廣一郎、村山知義、山田清三郎等人。至於「日本普羅藝術聯盟」亦創刊「普羅藝術」，以中野重治、鹿地亙、久板榮二郎、谷一、佐野碩等爲幹部人物。這些聯盟嗣後由於內部思想意識之對立而時有分裂，甚至於形成許多派系，例如「勞農藝術家聯盟」內部因馬克斯主義者與左翼社會民主主義者之間發生對立，昭和二年（一九二七年）十一月馬克斯主義者乃退出而組織「前衛藝術家同盟」，創刊機關誌「前衛」，至是遂使日本普羅藝術運動分成三派。昭和三年（一九二八年）的三・一五事件之後，「日本普羅藝術聯盟」與「前衛藝術家聯盟」乃於是年三月合併組成「全日本無產者藝術連盟」，並將兩派之機關誌「普羅藝術」及「前衛」合併爲「戰旗」。昭和三年十月爲統一各自獨立的普羅文藝團體乃組織了「全日本無產者藝術團體協議會」，其屬下分設「日本普羅作家同盟」、「日本普羅劇場同盟」、「日本普羅美術家同盟」、「日本普羅音樂家同盟」及「日本普羅電影同盟」。昭和四年（一九二九年）十月又創立了「普羅科學研究所」，翌年（一九三〇年）九月組成了「新興教育研究所」，昭和六年（一九三一年）又有「日本普羅文化聯盟」的產生。當時小林多喜二的「一九二八年三月十五日」及「蟹工船」，德永直的「没有太陽的街道」（以上三書均爲昭和四年所出版）爲普羅文學的名著，廣受讀者所歡迎，而普羅劇團亦吸引了不少觀衆，甚至連表現了左翼意識形態的電影亦應運而生。

普羅文學派雖樹立「所有的個人問題也都應該用社會的觀點來看」的新文藝理論，但此派作品常陷於觀念主義的現實認識，有時又會以「政治的優位性」來强調政治的觀點，以致不能深刻的探討人性。普羅文學自九一八事變以後，在軍國主義的少壯派軍人得勢之後，遂被彈壓，因此到了昭和九年（一九三四年），普羅文化組織便潰滅了。

茲將昭和初期普羅文學及作家系統列表如下：

- 普羅文學家
  - 文戰派
    - 小說
      - 前田河廣一郎、葉山嘉樹
      - 金子洋文、平林左八子
    - 評論
      - 平林初之輔、青野季吉
  - 戰旗派
    - 小說
      - 藤森成吉、小林多喜二
      - 德永直、宮本百合子
    - 戲曲
      - 村山知義、久板榮二郎、久保榮
    - 詩
      - 中野重治、壺井繁治
    - 評論
      - 藤源惟人

昭和初年的文學，除了上述普羅文學運動外，在既成文壇方面，菊池寬、久米正雄等人創刊了雜誌「文藝春秋」，來回答上述的普羅文學運動，主張「藝術本身並無階級」，以對付左翼作家。但另有一部分作家如橫光利一、川端康成、中河與一、岸田國士、片岡鐵兵、十一谷義三郎等卻於大正十三年（一九二四年）十月創刊了「文藝時代」雜誌，形成了所謂「新感覺派的文學運動」，此派的目標在於否定由私小說、心境小說所代表的既成文壇。在這一點言可說和普羅文學是有共同的目的。新感覺派的精神是根據虛無的東西的，在具體的創造已經對人類的創造灰了心之下，想把人類從生活意識切離，申言之，也就是要從感覺上和知識上將跟著近代社會的高度化而被解體去的自我與現實意思化的運動。不過這個運動在手法上的確帶來了變革，實行了在近代前期所看不到的知性的整理，有了主知的和構成的技術，並且在大體方面也給當時的文壇上帶來了新的風氣。

新感覺派隨著「文藝時代」的解散（一九二七年）之後，成爲各人的個性活動了。當時以中村武羅夫、加藤武雄、阿部知二、井伏鱒二等爲中心，提出反馬克斯主義文學的意見，形成了所謂「新興藝術派」，他們的目的是想把社會的消費生活及頹廢的文化面，依照浮動不定的活生生的現實描寫出來。這個文藝運動對於那些受了普羅文學的壓迫而失去了活動力的中堅作家，經由藝術性的高揚而給與刺激，養成了東山再起的活力。

此外尚有所謂「新心理主義文學」運動，這是由在研究廿世紀文學的新手法之伊藤整、堀辰雄等人所推動的，成爲在技術方面能將昭和文學和它以前的文學區別出來的一個界限。這事實上是在一些歐美新作家如普魯士德（Marcel Proust——法國心理小說家）、卓以士（James Joyce——愛爾蘭的現代心理分析小說的泰斗）及柯古德（Jean Cocteam——法國詩人、小說家）等人的影響之下出現的文學運動。他們的特色是要細微的探討人類心理構造，視物質爲精神的影子。

第二十八章　日本軍事性帝國的滅亡與民主日本的誕生

日本自公元一八六八年明治維新以來，銳意摹仿歐美的物質文明，講求泰西的科學技術，國勢漸强，一八九四年一戰勝中國，一九〇四年再戰勝俄國，儼然東亞雄邦。復乘第一次世界大戰機會，完成其重工業建設，遂一躍而爲現代化之國家，而躋身强國之林。故昭和初期（一九二六年以後），日本國勢之盛，如日中天。倘日人能有崇高的理想，遠大的眼光，磊落的胸懷，善用其國富，支持國際聯盟，維護世界和平，扶助被壓迫的民族，提攜落後地區，則不致於招來了一場血腥的第二次世界大戰。無如日人缺乏遠猷，在少壯派軍人加緊法西斯化之下，妄欲貫徹其大陸政策，發動「九一八」事變，夢想「八紘一宇」，進行其無止境的侵略。一九三七年（昭和十二年）七月七日日本軍閥發動蘆溝橋事變，掀起了中國對日長期抗戰的序幕，迨及一九四一年（昭和十六年）十二月八日日本海軍偷襲珍珠港的美國海軍基地，又惹起了太平洋戰爭的滔天大禍。大戰初期日軍雖無役不勝，但降及翌年（一九四二年）四月中旬以後，美機先後襲擊日本各大都市，一九四二年（昭和十七年）三月初美軍實行反攻，收復所羅門羣島失地，自此以後日軍節節敗退，到了一九四五年（昭和二十年）七、八月間，美軍反攻部隊指日可望登陸日本本土，於是在重臣及日皇昭和沉痛的決心下，於一九四五年八月十五日，正式接受菠茨坦宣言，實行無條件投降。

如前所述，日本的步上近代化國家之途，乃明治維新以後的事，尤其是在一八九四年中日甲午戰爭的結果，不但自清廷索得庫平銀二億兩的賠款（約值當時日銀三億六千萬圓，此數幾等於當時日本國家財政四年歲入的總和），稍後在退還遼東半島時又獲得三千萬兩（約值當時日銀四千五百萬圓），同時亦獲得朝鮮及中國的廣大市場。日本自清廷獲得三億三千萬兩巨額的金錢代價後，旋即用爲對外匯兌的平準基金，不但日圓在國際市場因以安定，生產事業，從此奠定了基礎，亦使日本資本主義的發展，帶來了空前的機運。一九〇四年（明治卅七年）俄國帝國主義東進政策與日本資本主義發展的目標衝突，而發生了日俄戰爭，結果日本又僥倖勝利，從前爲蘇俄勢力範圍的中國東北地方，又落入日本手中，變成日本的獨占市場，遂使日本資本主義的發展，又增加了新的有利條件。戰爭的結果，不但擴大了日本的勢力，並在國內完成了工業革命，其經濟發展，突飛猛進，到達了登峯造極之境。迨及一九〇七年、一九〇八年（明治四十年、四十一年）之間，資本主義發展結果，曾經導致了經濟大恐慌，到了大正三年（一九一四年）適逢第一次世界大戰，使日本經濟得以恢復景氣，同年八月因對德宣戰，更使日本的商品市場大爲擴大，同時在中國獲得了空前未有的經濟和政治勢力，奠定了亞洲霸主和世界強國的地位。

但日本資本主義的發展乃一種畸型的狀態，第一次世界大戰結束，因戰時景氣的反動，使日本全國被前所未有的經濟恐慌所襲。爲解決此一危機，乃積極企圖向外擴展市場，這種傾向終於使日本走上帝國主義之途，而招來了日本建國以來僅有的城下之盟，使日本五十年來累積的國富，及民族文化，大受創傷，幾乎瀕臨萬劫不復之域。

一、日本在太平洋戰爭中的損失

日本在太平洋戰爭中所蒙受的損失，非常廣泛，如欲精密計算，殆爲不可能。先就人命的損失而言，據日本政府的調查統計，平民死亡者爲廿九萬九千餘人，受傷及失蹤者卅六萬八千餘人，陸海軍人員死亡一百五十五萬五千餘人，受傷及行蹤不明者卅九萬九千餘人，以上兩項合計則死亡者爲一百八十五萬五千餘人，受傷及行蹤不明者爲六十七萬八千餘人，人口損失軍民合計共達二百五十萬人以上。因戰災或强制疏散而家破者約一、五〇〇萬人，若以戶數言，約三一〇萬戶。至於由戰禍及疏散所引起的物資損失，其數量價格之大，至爲龐大驚人。就艦艇及飛機等武器損毀情形而言，艦艇損失共達三千艘以上，總值日幣一百八十億圓之巨，其中海軍艦艇佔六百八十二艘，餘爲一般商船，若計算噸位，則共達一千零五十萬噸，其中商船佔八百六十餘萬噸。飛機被擊落炸毀者，共約六萬五千六百架，佔總產量百分之七十九（自一九二六年至戰事結束，日本共製造飛機達八萬三千架）。而其國有資產的損失，依昭和廿四年（一九四九年）的法定價格計算，達四兆二千四百四十六億日圓，佔戰爭結束時，日本全國總資產的百分之廿六。昭和十一年（一九三六年）以後日本全國所積蓄的資產國富，完全在這次戰爭喪失掉。（參閱表五十八、五十九、六十、六十一。）

表五十八：第二次世界大戰期間日本軍民死傷人數一覽表

軍種／死傷	死亡	負傷或行蹤不明	合計	備註
陸軍	一、一四〇、四二九	二九五、二四七	一、四三五、六七六	①上述軍人軍屬之負傷者僅限於受領恩痍給付者。②一九三一——一九四一年的軍人軍屬死亡數爲一八五、六四六人，負傷行蹤不明者爲三二五、八〇六人。
海軍	四一四、八七九	一四、一五五	四二九、〇三四	
軍人軍屬	一、五五五、三〇八	三〇九、四〇二	一、八六四、七一〇	
一般國民	二九九、四八五	三六八、八三〇	六六八、三一五	
合計	三、四一〇、一〇一	九八七、五四四	四、三九七、七三五	

表五十九：戰前、戰後之領土，戰後歸屬未確定地域及日本放棄權利地域面積一覽表

區分	地域	面積
戰前的日本領土	不包含租借地及委任統治地	六七五、三一三・三三方公里
	加上租借地及委任統治地	六八〇、九二四・四八方公里
戰後的日本領土	目前日本政府能行使行政權之地域	三七二、一五四・五五方公里
	戰後之初日本政府府未能行使行政權之地域	二四八・一八方公里
	內包括　小笠原羣島（包括火山列島、南島、沖之島）（美國已於一九六八年四月將該羣島歸還日本）	一〇二・九四方公里
	內包括　琉球羣島（美國已於一九七八年將該羣島歸還日本）	二、三八六・二四方公里
	目前日本政府行政權之行使被妨礙地域	三五六・七一方公里
	內包括　齒舞羣島	一〇一・五九方公里
	內包括　色丹島	二五五・一二方公里
歸屬尚未確定地域	千島羣島	九、九五八・六五方公里
	庫頁島南半部	三六、〇九〇・三〇方公里
日本放棄權利的地域	朝鮮	二二〇、七九一・八一方公里
	臺灣及澎湖諸島	三五、九六一・二一方公里
	南洋羣島委任統治地	二、一四八・八〇方公里

表六十：日本在太平洋戰爭中損害統計表（單位百萬日圓）

資產別	直接被害	間接被損	總計
消費財	二六、一六八	八、七九○	三四、九五八
家具家財	九、五五八	○	九、五五八
金銀地金及鑄貨	二四	四七	七一
生產品，原料及資財	一、一四四	○	一、一四四
建築物	一四、七四五	四、七七六	一九、五二一
雜項	六九七	三一	七二八
分類困難者	○	三、九三六	三、九三六
生產財	二二、四八一	六、五九三	二九、○七四
工業用機械器具	四、六八四	三、三一○	七、九九四
電氣瓦斯供給設備	八九八	七二○	一、六一八
鐵道及軌道	一○四	七八○	八八四
自來水設備	二七一	九五	三三六
諸種車輛	三六四	二七五	六三九
船舶	六、五六四	九○九	七、四七三
橋樑	五五	四六	一○一
港灣及運河	一七	一一五	一三二
電信及電話設備	二四三	五○	二九三
生產品原料及資財	六、七二○	○	六、七二○
建築物	二、二七一	四二八	二、六九九
雜項	二九○	二二五	五一五
合計	四八、六四九	一五、七四三	六四、三九二

表六十一．太平洋戰爭期間日本國家資產被損百分比表

種類別	國家資產對殘存的比率	殘存國富對昭和十年國富的比率
總額	二五·四%	一〇一·一%
建築物	二四·六%	八九·四%
橋樑	三·五%	一一三·二%
港灣及運河	七·五%	一二三·三%
工業用機器具	三四·三%	一八〇·六%
鐵道及軌道	七·〇%	一〇六·六%
各種車輛	二一·九%	九二·四%
船舶	八〇·六%	五六·八%
電氣瓦斯供給設備	一〇·八%	一四八·一%
電報電話及廣播設備	一四·八%	一〇九·九%
自來水設備	一六·八%	一〇六·八%
所藏財貨	二一·六%	九四·六%
傢具等物	二〇·六%	九三·七%
生產品	二三·九%	一〇六·六%
貴金屬	四·五%	三五·七%
雜項	二〇·〇%	一九〇·三%

二、盟國對日佔領政策的樹立與實施

舊日本帝國於昭和二十年（一九四五年）八月十五日日本宣佈無條件投降而告滅亡，帝國主義擴張之迷夢，完全破滅。戰敗的日本在盟軍佔領下，正像一隻待罪的羔羊，日本未來的命運如何，使得日人都陷於茫然無知的虛脫狀態中。

盟軍爲處理戰後的日本國內問題，早在一九四五年七月廿六日，中美英三國領袖在柏林郊外的菠茨坦宮會議時，所作宣言便作原則性的決定，該項「菠茨坦宣言」要旨，共分十三項，內中自第六項至第十二項，不僅是關於修正日本立國精神的要求與接受日本投降的條件，亦爲以後盟軍總司令部（簡稱盟總）管理日本的基本根據，該七項原文如下：

(6)欺騙及錯誤領導日本人民，使其妄欲征服世界者之威權及勢力，必須永久剔除，蓋吾人堅持非將不負責之窮兵黷武主義驅出世界，則和平安全及正義之新秩序，勢不可能。

(7)直至如此之新秩序成立時，及直至日本製造戰爭之力量業已毀滅，有確實可信之證據時，日本領土經盟國之指定必須佔領，俾吾人在此陳述之基本目的，得以完成。

(8)開羅宣言之條件必將實施，而日本之主權必將限於本州、北海道、九州、四國，及吾人所決定之其他小島內。

(9)日本軍隊在完全解除武裝以後，將被允許其返家鄉，得有和平及生產生活之機會。

(10)吾人無意奴役日本民族，或消滅其國家，但對於戰罪人犯，包括虐待吾人俘虜者在內，將處以法律之裁判，日本政府必須將阻止人民民主趨勢之復興，及增强之所有障礙，予以清除，言論、宗教及思想自由，以及對於基本人權之重視，必須成立。

(11)日本將被允許維持其經濟所必需，及可以償付貨物賠款之工業，但可以使其重新武裝作戰之工業不在其內，爲此目的，可准允其獲得原料，以別於統制原料，日本最後參與國際貿易機會，當可准許。

(12)俟上述目的達到及依據日本國國民自由表示之意志，成立一傾向和平和負責之政府後，聯合國軍隊，當即自日本國撤退。

日本接受菠茨坦宣言，於一九四五年八月十五日向盟軍無條件投降後，同年八月三十日下午盟軍最高司令麥克阿瑟將軍率盟軍主力部隊抵達東京附近的原木市，開始進駐日本，同年九月二日聯合國盟軍總司令部（General Headquater of the Supreme Commander for Allied Powers—G. H. Q.——稱盟總），在東京成立，爲盟軍管理統治日本的最高機構。另外在華盛頓設「遠東委員會」（Far Eastern Commission）並在日本東京設立「對日理事會」（Allied Council for Japan）。「遠東委員會」由澳洲、加拿大、中國、法國、印度、荷蘭、紐西蘭、菲律賓、英國、蘇聯及美國等十一個國家代表組成，其主要任務爲：①決定日本占領政策之基本方針。②倘有委員會所屬份子國之代表要求時，應即

表六十二：盟軍總部組織系統表

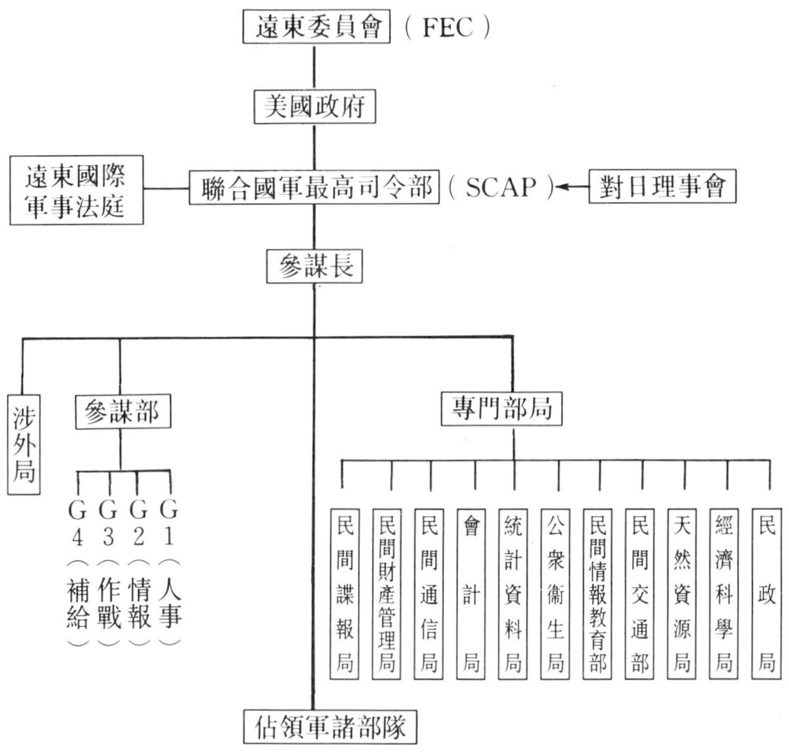

註：對日理事會由中、美、英、蘇等四國代表各一人所組成，並以盟軍最高司令官或其代理爲美方代表，且爲當然主席。遠東委員會由中、美、英、蘇、荷、菲、法、印度、澳洲、加拿大、紐西蘭等十一國所組成，並以美國代表爲主席。

對最高司令官之措置（包含屬於委員會權限之政策決定）及對最高司令官的指令加以檢討。③審議由構成委員會各國共同所提議事項。「對日理事會」由中國、蘇聯、英國、美國等四國代表組成，並以盟軍最高司令官或其代理爲美方代表且爲當然主席，其主要任務乃對於投降條件、占領政策及其附帶指令之實施狀況的審議及勸告。事實上，對日理事會只是供備盟總的諮詢，對各項問題，雖得提出意見，但並無强其實行的權限。

遠東委員會爲盟國管理日本的最高決策機關，依照該會組織要旨，其決議的事項，交由美國政府作成指令，轉令盟總最高司令官照案處理實施。該會所議決的事項，對盟總管理日本的措施，具有法律性的效力，不過實際上，所有美國政府對盟總發出的指令，該會皆加以尊重，因此，在事實上，盟總已被賦予實施管理日本的權力。

盟總於管理日本之初，曾根據菠茨坦宣言要旨，釐定如下三項治理原則，即：①掃除軍國主義及極端的國家主義。②在政治、經濟、社會、文化各方面，徹底發展自由民主主義的傾向。③維持足以支持日本和平時期經濟的國內產業。

昭和廿一年（一九四六年）七月十一日，遠東委員會發表了管理日本的基本政策，其要點可歸納之爲如下三點，即：

①日本在軍國主義完全掃除，民主主義完全確立之前，不能容許有權處理自己的命運。撤廢軍備，消滅作戰能力，並以此爲目的，實施經濟改革，以掃蕩軍國主義的勢力，無論在精神和物質方面，皆應徹底非軍事化。②反民主主義的，軍國主義的活動的復活或

僞裝，必須完全防止。③基於經濟上的非軍事化，日本的經濟，以能維持遠東委員會決定的經濟爲水準。

上述遠東委員會的政策要旨，在本質上只不過是菠茨坦宣言的具體說明而略側重於經濟方面的政策，也是對於一九四五年八月及十一月美國所發表的對日政策的修正說明（按美國所發表的對日政策要旨爲明示倘關於占領政策，盟國之間意見不一致時，應以美國的政策爲優先）。該項政策發表後，盟總在法理上有了管理日本的基礎，以後各項設施，即在此範圍內進行。

盟軍總司令部，爲實施菠茨坦宣言，以期徹底消除軍國主義毒素，建立一民主自由的新日本起見，先後實行如下措施：

消滅軍國主義：盟軍佔領日本後，爲消滅軍國主義，其第一步行動於一九四五年九月初徹底解除日本的武裝，十月初令交出以往之軍需生產，與現在軍需品之文書，同月十日令解散其統帥機構之大本營。同年十一月卅日取消陸海軍省及兵役法，當時日本政府曾企圖將前近衛師團的基幹，包括師團長在內，以警衛軍的名義，予以保留，但以後盟軍當局乃下令禁止，日本武裝至此完全消滅。

廢除治安法令及特高警察：一九四五年十月四日頒佈民權自由令，令日本政府立即釋放政治犯五〇七人，並廢除思想警察，同月十二日再令撤廢治安維持法、國防保安法、軍機保護法、宗教團體法、預防拘禁手續令，以及其他一切限制人民思想、信仰、言論自由的法令制度。

舊教育制度的摧毀：一九四五年十月十日盟總發佈關於日本教育制度的政策備忘錄，十二月卅一日盟總又指令停止各級學校有關修身、歷史、地理等課程的講授。翌年十月八日廢止捧讀教育勅語，同月廿三日飭令積極改革教育制度，同月廿一日頒令禁止軍人從事教育工作，剷除教育界的軍國主義思想，及超國家主義思想。同年由日美教育專家組織「教育新委員會」協助文部省，參酌美國教育制度，規制改造教育事宜。結果日本政府遂依照該委員會之意見制定六、三、三的新學制，大學一律採四年制，並自一九四七年四月開始實施，此爲日本教育史上劃時代的建設。

審理戰犯與大批整肅：一九四五年九月二日，盟總頒發整肅戰犯令，以期徹底消滅軍國主義。根據該項整肅令，第一批戰犯東條英機以下卅八名，首先被捕交付審判，聯軍統帥麥克阿瑟將軍於九月十一日命令第一號戰犯東條英機自行投案候審。十二月一日盟總又發出逮捕戰爭者的命令，逮捕梨本宮守正王爲首的皇族、政界、財界、言論界及右翼團體的戰時人物五十九名，六月又追加近衛文麿等九人。一九四六年一月四日盟總又頒佈公職整肅令，指示日本政府不適於從事公務人員應免除公職。這個指令主要的內容是：①菠茨坦宣言規定：「我們主張，不將無責任的軍國主義逐出世界，則和平、安全及正義的新秩序，無法建立，所以曾欺騙日本國民，而犯了征服世界的過失者，他們的權力與勢力，應永久除去。②爲實行上述條款，命令日本政府，凡適合下列各項條件者，一律由公職或官職予以革除：a、主張軍國主義及國家主義侵略者。b、一切極端的國家主義團體，秘密愛國團體之有力分子。c、大政翼贊會、翼贊政治會、大日本政治會之有力分子。此外在指令的附件中，更具體指明被整肅的種類有：①戰犯，②職業軍人及軍防特務警察職員及官員，③關於主持金融機關及開發機關之職員，④戰前佔領地區之行政機關人員，⑤其他之軍國主義者及極端國家主義者。

其後更陸續將整肅範圍擴大，昭和廿一年（一九四六年）十月十八日推廣至地方行政官員及自治團體，舉凡戰爭期間任地方議會的議員、地方官員、市或區或町（鎮）之長、助理員、選舉事務關係者、農地委員等七千餘名，都在被整肅之列，同月廿一日又擴大至「公共事業團體」，凡是有力的公司、金融機關、各種物資統制團體、政府補助團體、公益團體、報館出版社、廣播協會、電影戲劇、政黨本支部職員等，形成「經濟追放」、「言論追放」的狀態。從一九四六年一月四日盟總指令開始整肅起至一九四八年三月止，列入整肅者總數達廿二萬二千人，另又海陸軍人十六萬人。

三、民主化改革措施

由於盟總一連串的指令日本政府徹底掃除軍國主義遺毒，故言論自由，結社限制的撤消都先後實現，日本舊政治形態，崩壞無遺。盟總於剷除日本軍國主義之後，更督勵日本政府，著手各種之重要改革，以爲推行民主政治的基礎。其重要事項爲：

㈠教育改革：一九四五年十二月五日文部省頒佈刷新女子教育綱要，開放高等教育於婦女，同月十五日盟總指令國家權力和神道的分離，修身及日本歷史、地理等課應予停止。翌年二月，公佈恢復高等三年，中學五年的學制，同時關於上級學校教科用書，決定自由編纂，日本政府另成立教科書編纂委員會，從事編纂國民學校新教科書。是年三月五日美國教育視察團應盟總之邀來日本調查研究，次月七日該團發展報告書，其主要內容不外乎是剷除日本舊教育制度，中央集權式教育的廢除，取消文部省的絕對支配，而將教育轉讓地方，其基本原則爲消滅軍國主義的教育傳統，建立民主主義的新時代教育。一九四六年十月廿二日及卅一日依據盟總指令整肅法西斯教育人員四十萬人，因此戰前被停職的東京大學教授大內兵衛，矢內原忠雄、山田盛太郎、有澤廣已、脇村義太郎、東京商大（現在之一橋大學）教授大塚金之助，九州大學教授向坂逸郎、今中次磨、石濱知己、高橋正雄等皆恢復原來的教職。

一九四六年八月文部省頒佈教育刷新綱要，十月設置教育刷新委員會（後來改稱教育刷新審議會）、大學設置審議會。是年十二月教育刷新委員會決定大學四年，高等學校三年的高等教育制度。旋文部省又公佈所謂六、三、三制的中小學制，並自一九四七年四月起實施，日本學制至此遂完全採用了美國的制度。同月復決定新制中學與高等學校，男女合校，並令各學校，取消對於日皇肖像之敬禮，與參謁神社之施行。同時延長義務教育爲六年。

㈡**農地改革**：日本農地制度，乃日本畸型資本主義發展中心的最尖銳突出點，在經濟民主的程序中，這是應當最先根本改革的課題。一九四五年十二月九日，盟總發出關於農地改革的指令說：「……數世紀間在封建壓制下的日本農民，受著奴隸化的經濟生活，這是要打破的。……」，並限定日本政府在一九四六年三月十五日以前提出農地改革案，決意要把軍國主義侵略主義的地盤（供給軍隊壯丁與軍需產業的廣大農村）根本剷除。這個方案必須包括掃除農村民主障礙，摧毀農村奴役制度，保證將不耕地主的土地移轉給現耕農，並維護取得土地的新自耕農不再淪爲佃農。

日本政府當擬出一案，幾經修改終獲國會通過，並於一九四五年十二月廿八日公佈，此即所謂「第一次農地改革法案」，其內容要點爲：①內地（即本州、九州、四國）在村不耕作地主得保有的土地面積以不超過五町步（一町步約九千零廿三平方公尺——五町步約等於二·四五英畝）爲限，北海道以不超過十二町步（九·八〇英畝）爲限，其超過的土地即須賣給村農協會，再由村農業協會轉售於佃農。②收買價格，以原有的賃貸價格爲基準計算之，必要的資金，政府準備長期貸放。③佃租禁止納物制，改用納金制。

第一次農地改革法案公佈後，各方指摘者頗多。因此日本政府乃根據一九四六年五月「對日理事會」的議決案，重新擬定「自耕農創設特別措置法」及「農地調整法」，合稱曰「農地改革法」，於是年十月經國會通過實施，此即以後所稱的「第二次農地改革法案」。這次改革內容爲：①不在地主佃耕地全部由政府徵收。②在村地主的保有出佃土地面積，內地以一町步爲限，其包括自己耕地在內者，以三町步爲限，至北海道以四町步爲限。③全部土地由國家收買，限二年完成，對舊地主，付之農地證券，期限卅年。④各級農地委員會重新組織，由地主三名，自耕農二名，佃農五名構成之。⑤佃租全部納金。

根據上述法律實施結果，截至一九四九年三月底爲止徵收私有荒地及政府可放墾公地共九八〇、二三〇町步，放領九七、五〇〇町步。農地改革結果，農村經濟隨之趨於好轉，不但大地主消失了，連佃農亦絕跡了，大部分的農家皆變成自耕農，而農村中的矛盾與摩擦現象，無形中消弭了。

㈢財閥的解體：日本的財閥，爲明治維新中畸形經濟發展的產物。對外而言，它們是推進侵略的發動機，和支持戰爭的潛力；對內而言，它們是官僚主義的靈魂，與軍閥官僚狼狽爲奸。戰前日本國內重要的經濟事業，可以說操在少數財閥的手中。其中主要的如三井、三菱、住友、安田、富士產業等以下數十家族主義的事業團體，不僅掌握了日本國內一切金融、工商、航業等經濟事業的命脈，並且支配了政府的決策。戰前日本軍閥由於財閥的積極與之合作，因之大膽地斷行侵略戰爭，引起滔天大禍，這個罪孽雖不能完全歸罪於財閥，但是財閥始終支持著軍閥，以至戰爭膨脹到不能收拾的地步時，軍閥反而控制了財閥，而財閥藉帝國主義的戰爭，向外掠奪的利益及在國內的牟利，當然是伴著軍閥的壽命而告終了。

自菠茨坦宣言以及後來盟總所制定的政策中，關於摧毀日本舊式財閥經濟機構，建立民主和平經濟，皆已列爲基本原則，而日本大多數勞動者、農民、中小企業、中等資本家等對此等財閥亦都積怨與不滿。因此新日本的政治經濟，如欲民主化和平化，必須首先解散這些有高度獨占而有支配力的財閥，使它們的力量粉碎。一九四五年九月廿三日美國國務院曾發出一道指令，用以防止廣範圍的Kartell和Trust的凝結與支配力的繼續，十一月四日盟總提出四大財閥解體計劃，是月六日三菱、三井、安田、住友四大財閥，完全解體，一切事業，奉命即日停止實施。同日成立「產業證券整理委員會」，所有四大財閥所屬企業組織的有價證券，移交這個委員會處理，原有職員，也予解職；至於讓渡的證券，對於所有主，付以日本國債，十年歸償，並不得轉轄。是年十二月八日聯軍總司令部公佈屬於禁止資金交易的企業公司二二六家，作成「限制公司一覽表」，同時公佈「關於限制公司交易取締規程」，規定公司業務，以固定的事務爲限，非經聯軍總司令部同意，不得增資或發行公司債，並限制其他資金方面一切處置事宜。嗣後自昭和廿一年（一九四六年）八月起至翌年九月前後五次解散了七十三家大公司。這些大財閥經重大打擊後乃採取化整爲零的政策，或按照一般企業分額，分別改組了許多小公司，或由本公司分支出來設立各自獨立的分公司，各自爭取生存。

一九四六年八月盟總飭令日本政府於九十日後，實行將一切統制機構，完全解散，其中包括統制公司、統制團體、統制組合等。此項命令之實施，不但使戰時統制經濟制度的殘餘成分，完全掃除，同時亦使基爾特式以及其他獨占體制，完全解體。

盟總爲了徹底排除獨占性經濟之存在，確保公正交易，並限制卡特爾、托拉斯之經濟力量，嗣復於一九四七年三月卅一日公佈「獨占禁止法」，是年七月中旬成立「公正交易委員會」，以執行該法律。同年十二月戰後第一屆國會爲防止經濟力的過度集中，再通過了兩種廣泛的法令，以排除不當經濟力之集中，這是經濟民主化的最後基本步驟。這兩種法令一是「經濟力過度集中排除法」、一是「財閥系統支配力排除法」，前者之基本目的是爲使掌握全國工廠，實行多角經營的大企業，予以分割，以保護適度的競爭企業的自由；後者之重點乃爲了凡被指定的財閥集團的公司或其子公司、財閥集團應即退職，並禁止其在十年内恢復地位。

㈣新憲法的制定：由於盟總一串的指令日本政府徹底掃除軍國主義遺毒，故言論、結社限制的撤銷，教育制度、農地制度的大改革，以及解散財閥等，都先後實現，日本舊政治形態，崩壞無遺。但舊的崩壞之後，就得有新的建設，而這新建設的骨幹，就是憲法的修改。蓋對於以天皇制爲中心而規定了半封建之官僚的國家政體的明治憲法，當然與盟總促進日本政治民主化的宗旨背悖。是故盟總早在一九四五年八月十六日東久邇官內閣成立後，即指示日本政府草擬新憲法，是年十月三日，麥帥召見近衛文麿國務大臣，指示日本應有民主憲法，嗣幣原喜重郎組閣後，於是年十月十一日麥帥再提出了五項修憲的主張，於是政府積極推行修憲工作，十月廿五日設立「憲法問題調查委員會」，以國務大臣松本丞治博士爲主任委員，委員有河村又介教授（東北帝大）、官澤俊義博士（東大），顧問有美濃部達吉、清水澄、野村淳等三博士。民間亦有「憲法研究會」（鈴木安藏所主持）、「憲法懇話會」（由尾崎行雄、稻田正次等所領導）等組織，而各政黨亦各擬有憲法草案。

一九四六年（昭和廿一年）元旦，昭和天皇以新年詔語形式發表了有名的「人格宣言」，略謂：「朕與爾臣民之結合，是依著始終互相信賴和敬愛而成的，並不是靠著神話和傳説，也並不是以天皇爲在世的活神，而且以日本國民爲特別優秀的民族，乃發生支配世界的運命等等的空幻觀念造成的」。此一「人格宣言」更成爲修改憲法的先聲。

憲法問題調查委員會自成立後，與盟總當局，頻繁接觸，幾經研討折衝妥協結果，於一九四六年三月六日完成「憲法改正草案綱要」，並以政府名義發表。嗣後吉田茂內閣於是年五月廿二日成立，乃就憲法草案重新整理，於同年六月廿二日的檢付天皇的勅書向第九十屆帝國議會提出，經三個半月的審議討論，至十月七日方告通過，旋由政府再徵求樞密院之諮詞。是年十一月三日的「明治節」由天皇公佈，是爲「日本國憲法」（俗稱日本新憲法或昭和憲法），並於翌年（一九四七年）五月三日正式生效。

新憲法公佈後，各方批評其不徹底之處甚多，迄今尚有許多日本人批評此一憲法與其説是出自日本人之手，無寧説是麥克阿瑟將軍欽定的產物。此説雖未免過甚其詞，但若與絕對主義的明治欽定憲法相比較，此次憲法的修正，無疑地是具有重大的革命意義，其基本精神，完全採用了英美民主政治典範的精義。

新憲法除前言外，計有十一章，分一百零三條，至其特徵，約有下列數端：

(1)民主主義的徹底：規定主權在民，天皇爲國家的象徵。所謂象徵的天皇之地位，並非由於神勅，而是基於國民的總意。所謂民主主權主義，天皇既只是象徵，故僅保有形式上的地位，其結果不能享有政治上的實權，因而也不課以政治上的責任，天皇對於國事的行爲，也僅是尊重其品位的一種形式而已。

(2)國際和平主義的表現：國際和平主義，也是新憲法的一大特點。它明白宣告永久拋棄戰爭的權利，禁止陸海空軍及其他戰鬥力的保持。其具體表現即除於新憲法序言說明該憲法制定的目的，在「爲我等及我全土所致之澤惠，並防止過去因政府之行爲而再起戰爭慘禍」外，並專設「戰爭之廢棄」一章，於第九條規定：「日本國民誠意希望以正義與秩序爲基本之國際和平，所謂國權發動之戰爭與武力之威嚇及行使，永久予以放棄，不作爲解決國際紛爭之手段。爲達到前項目的，不保持陸海空軍及其他之戰鬥力，不承認國家之交戰權」。世界各國憲法中，規定不爲侵略的戰爭，雖不無前例，但宣誓不以武力解決紛爭者，實以此爲濫觴。

(3)基本人權的尊重與保障：新憲法對於尊重基本人權的規定，較諸明治憲法特別強化。明治憲法對基本人權的保障，採用法律保障主義，亦即法律範圍以外的人權，國家不予保障，抑有甚者，明治憲法，在法律之外，廣汎的承認政府的副立法權，如勅令、閣令、省令、府縣令等行政機關的命令，以不牴觸法律爲限，可以限制人民的權利，於是乎政府專制的權力有了根據，而人民的權利橫被拘束。新憲法則保障基本人權爲永久的權利，法律亦不得侵犯。同時勞工團結、團體交涉，以及團體行動等權利，亦獲得了確切的保障。

(4)國會中心主義：明治憲法爲天皇大權中心主義，一切國政都屬於天皇大權，但新憲法規定：「國會爲國權的最高機關」，即置國會於最高位，以爲國政的中心機關，把過去的天皇大權事項，幾全部歸由國會議決或行使。

(5)三權分立主義：在明治憲法裏初無所謂三權分立制，直到麥帥指導的新憲法誕生，才算是確定了三權分立，即把立法、行政、司法三權加以明確地區分，司法審判脫離過去由司法大臣的管轄而改爲被國民直接審查和保障其身分的最高裁判所長官及裁判官管轄之下，行使完全獨立之權能，國會制定的法律和內閣所發的政令，其違反憲法者，一律有宣告無效之權能，又最高裁判所長官，與內閣總理大臣居於對等之地位。行政機構，在內閣總理大臣之下，成一獨立的統一體，擔任行政。立法權則歸屬國會行使。

(6)議院內閣主義：明治憲法之下，一切大權屬於天皇，內閣祇是天皇的輔弼機關，其存在完全基於天皇個人之意志爲斷。新憲法則採取議院內閣制，其要點爲①內閣總理大臣由國會議員中，以國會之議決指名之；②內閣總理大臣可以任命國務大臣，但半數以上，應由議員中選任之；③內閣對議會負連帶責任；④衆議院爲內閣不信任之決議或信任決議案被否決時，除衆議院被解散時外，內閣必須總辭職；⑤衆議院議員總選後，國會始被召集時，內閣亦須總辭職。

(7)司法權地位的提高：明治憲法中，對司法權雖保障其獨立，但地位甚低，新憲法爲維持司法尊嚴，規定最高裁判所長官與內閣總理大臣同格，雖亦由內閣提名，但使之直接受國民信任，又其待遇亦特優，對國會之立法亦賦予審查權，以表示其優異性。

(8)由憲法明文保障地方自治：關於地方自治的規定，在明治憲法付諸缺闕。新憲法明文賦予地方公共團體有自治權，排斥了地方行政上官治要素，將地方制度徹底民主主義化，亦即在新憲法之下，地方公共團體，不僅是財產權的主體，而且是在國家之下公共行政權的主體，在法律許可範圍內，保有支配人民的權力，且具有公法人的性質。

(9)重視經濟的民主與社會福利設施：日本新憲法有好多條文都强調國民經濟的民主和社會福利設施。例如第廿八條規定應保障勞動者的團結權、團體交涉權和其他團體行動的權利；第廿九條規定財產權的內容須合於公共福祉；第廿五條規定國民的生活權利和國家的社會政策，明定國民均有經營健康而文化的最低限度生活之權利，而國家應於一切生活部門，努力於社會保障及公衆衛生之提高及增進，使各人都儘量得到幸福、安全、健康的生活。新憲法這些規定爲明治憲法所沒有。

(10)剛性憲法：日本新憲法，因修改手續極爲繁雜，故屬於剛性憲法，在明治憲法，修憲的發案權專屬於天皇，並且國會議決後，經天皇裁可即算確定。

新憲法公佈後，日本政治民主的根本大法，業已完全確立。接著種種有關的新法，亦本著新法的民主精神，陸續制定頒佈了。民法的修正（一九四六年一月），廢除了以往的戶主制，男女平權的原則受到尊重。地方自治法亦予以修改，都、道、府、縣的知事，都改由當地人民公選，而地方公共團體擁有處理地方公共事務上的權利。此外警察制度、司法制度、官吏制度、選舉制度、以及勞工政策等，亦都有了劃時期的改革。在選舉制度方面，修正的選舉法規定，凡年滿二十歲之男女，皆有選舉權，凡年滿二十五歲之男女，一律有被選舉權。一九四六年四月舉行的戰後第一次總選舉，係依照修正的選舉法所實施，這是日本歷史上第一次男女平權的總選舉。結果有卅九位女性當選爲國會議員。在勞工政策方面，不但允許勞工有組織工會，且工會許可參加政治活動及支持政黨之權，並且先後定了「勞動組合法」、「勞動關係調整法」、「勞動基準法」、「勞動災害補償保險法」、「失業保險法」、「職業安定法」、「健康保險法」、「公共企業勞動關係法」等，以促進保障勞工的地位及待遇。不但勞工的組織工會被承認，餘如待遇平等、男女同酬、禁止强迫勞動、排除中間剝削、禁止童工及女工深夜工作、一日八小時及一週四十八小時制的勞動等，亦獲得實現。至是自明治維新以來，現代日本在政治方面的失敗的痕跡，今已蕩滌以盡。回顧數十年來，日本人民備嘗艱苦的代價努力所爭取的民主自由的果實，於此算是獲得了。

第二十九章　獨立的恢復與日本的經濟發展

一、獨立的恢復

日本在亞洲乃爲最早完成近代化的國家，當明治維新之初，維新政府爲了消滅封建體制的遺毒，以及排除外來的壓力，乃揭示「富國强兵」與「忠君愛國」的國是，並以日本固有的「尚武文化」（即武士道）爲主，而輔之以東洋精神文明與西洋物質文明，做爲國是的百年大計。在富國强兵的政策下，日本固然經過了短短幾十年而完成近代化建設，並奠立了其資本主義的基礎，但實行「富國强兵」政策的結果，終使日本的民族國家主義演變爲絕對國家主義，並使日本的國民經濟走向資本帝國主義的途徑。兼以其領導階層，始終受了軍閥與財閥的要挾，在「唯有充實軍備，方可發展實業。貿易是隨著國旗而進展的」之錯誤觀念作祟下，對外一味盲目地擴展土地市場，不但掀起了一連串侵華戰爭，終於引發了第二次世界大戰，並招來了城下之盟，幾使國家民族瀕臨萬劫不復之深淵。

在盟軍佔領管理期間，幸賴美國的積極援助（參閱表六十三），才使殘敗的日本渡過了最慘淡的日子，並使日本的政治秩序及經濟基礎獲得安定，漸次展開復興的途徑。迨及昭和廿五年（一九五〇年）六月韓戰爆發後，由特需的關係，使日本的輸出驟然增大，並從滿目瘡痍的廢墟中復興起來，步上了工業化國家之途。當時由於美國鑑於日本在遠東地位的日益重要，認爲日本的安全保障，更屬緊急，而這種安全保障不應永遠依賴美國，惟有由獨立自主的日本自己負擔。基於這種要求，於是在美國政府的努力奔走下，昭和廿六年（一九五一年）九月，在舊金山舉行和會，與會的五十二國之中，除蘇聯、波蘭、捷克三個共產國家拒絕簽字外，其餘國家代表均與日本簽訂和約。至是日本不但結束了盟軍的佔領狀態，並恢復了國家主權，重回到國際社會。在簽訂和約之外，美國鑑於以日本本身

表六十三：戰後美國對日援助輸入數額表（單位千美元）

年月	輸入額	年月	輸入額
昭和廿一年十二月	一九二、八九三	昭和廿五年	三六〇、三二〇
昭和廿二年	四〇四、四三四	昭和廿六年	一三九、八七四
昭和廿三年	四六一、〇〇五	昭和廿七年一月	〇
昭和廿四年	五三四、七五〇	昭和廿七年二月	七七

力量尚難自衛，因之又在同月在舊金山第六軍司令部與日本簽定「日美安全保障條約」，規定美軍繼續駐在日本，作爲防衛日本的暫時措置。嗣後依據「日美安全保障條約」第三條規定，兩國之間又於昭和廿七年（一九五二年）二月簽定了一個「日美行政協定」。據此協定，日本承認美軍駐在日本，並分擔其軍事費用。

在未參加對日舊金山和約的國家之中，印度於昭和廿七年（一九五二年）八月與日本成立和平條約，至於我國與日本亦單獨於一九五二年八月，成立和平條約。昭和卅一年（一九五六年）日本與蘇俄恢復邦交，但迄未簽訂正式和約。此外，同年十二月，日本加入了聯合國，第二年並且當選了安全理事會的非常任理事。

日本自明治中葉以後，在軍閥要挾下，對外發動的一連串戰爭無往不利，迨至一九四四年八月的太平洋戰爭打了一次慘敗，因此，日本曾經於新憲法明示誓志要放棄軍國主義，再生爲文化國家。軍國主義、國家主義思想，既被嚴厲肅清，而麥帥所冀望的「中道政治」的民主主義思想，又未能普及宣揚，於戰時遭受壓迫的馬克思共產主義思想，乘此真空混迷之際，乃得死灰復燃，演進結果，民主政治的理論基礎，幾爲社會民主主義所佔有。自昭和廿五年（一九五〇年）五月「赤色整肅」實行以後，共產黨的活動，雖曾一度斂跡，未幾又死灰復燃，而社會民主主義的宣傳，亦日漸深廣，且由抽象理論轉向具體的實際問題。在獨立恢復以後，從前的右翼思想亦逐漸呈現活躍，而與左翼形成抗衡之勢。事實上，戰後的日本文化，由於民主主義常被部分人所誤解和濫用，致今日的日本人除在經濟生產方面，有顯著的發展之外，國民的內心甚至於政府的政策，常受搖擺、矛盾的理念所困擾，而缺乏明確的國是方針。戰後的日本欲建立健全的民主政治，尚有待於全國朝野人士的努力。

二、經濟高速發展

就戰後日本的經濟復興與發展言，儘管第二次世界大戰結束不久之後，來日的盟國賠償調查團，看到滿目瘡痍的日本，斷論「宛如沉靜的墳地，日本永遠不會再成爲近代化的工業國家了」。然而戰後短短的二十年來，日本的工業在美國的極力扶植支持下，不但迅速地從沉靜的墳地站立起來，且成爲世界上第三位的工商業國家。目前日本工業，鋼鐵方面，其產量雖居世界第二位，但競爭力卻爲世界第一位，特別是其煉鋼技術的進步，爲各國所不能模仿。他如電機機械、石油化學工業、造船，小至樂器、照相機、縫紉機、調味品、鐵路車輛、軸承、摩托車、腳踏車、通信機、尿素和碳化鈣等，均居世界最高水準。目前日本不但向世界市場輸出其工業產品，甚且在美國、印度、巴基斯坦、印尼、馬來西亞、韓國和菲律賓等國家「日本製」的工廠建造，在陸續之中。日本的機械工業，不但在機械製品的輸出方面，同時還出口「製造機械的技術」和「工廠」。戰後日本經濟實力的增强也顯示出在出口外貿、外滙儲備等領域。日本對外出口總額在自由世界總出口中，一九五五年只佔一．二%，一九七八年上升到七．五%；出口總額由二十億美元增加到九七五億美元。第一次石油能源危機之後，出口額更以大幅度擴展。日本黃金儲備從一九四九年佔自由世界的○．五%上升到一九七一年的十一．八%，一九七八年達到三三○億美元，一九八六年達到四二一億美元（同年西德爲五一六億美元，美國爲三七三億美元，英國爲三四九億美元，法國爲三一三億美元），其外滙儲備一九八九年達到八六五億美元。就銀行在國外的資產言，根據國際清算銀行一九八七年統計，日本銀行在國外的資產爲一○、一九四億美元，超過美國銀行，居世界第一，約佔西方民間銀行國外總產的三分之一。根據一九八八年七月十八日美國商業週刊統計，世界一千家大公司名單中，美國佔有三四五家，日本佔有三一○家，但日本在全世界市場價值中所佔比例却有四八%，而美國只有三○%，何況前三○家世界大公司中，日本就有廿二家，美國只有五家，英國只有二家，英荷合資一家。至於日本對外投資在過去五年（至一九八八年）成長了五○○%，這樣急速的投資成長，與日本企業欲躍升爲全球性角色的契機吻合。從一九五一年至一九八八年，累計日本在歐洲的投資已高達三百億美元，其中歐市有二七八億美元。至於日本企業在美國投資光收買不動產到一九八九年曾達一四○億七千萬美元，一九九○年減爲一三○億六百萬美元。儘管自一九九一年初以還世界經濟景氣整體而言呈現低迷狀態，而日本經濟，尤其自一九八六年下半年開始，亦因個人消費及設備投資所主導的平成景氣（持續了五年多，成爲日本戰後最大的景氣繁榮期）終因泡沫經濟的瓦解而呈疲態。在全世界自由貿易制度將瓦解，貿易保護主義逐漸抬頭，結果將會使全球經濟陷於不景氣，一旦保護主義盛行，以加工貿易爲主的日本亦將無法獨善其身。儘管一九九二年歐洲單一市場的成立，將對全球造成威脅，而日本亦將首當其衝，而減緩日本對海外擴張的時機，但日本之對外投資會因其廠商繼續國際化而持續增加，蓋廠商的投資行爲，是他們爲了晉升爲全球性企業的營運，而不是只爲了更有效的出口而已。有「經濟動物」之稱的日本雖然擁有舉世無比的經濟實力，但却因只顧追求利益而失去了明確的目標，且未能運用其經濟力對國際社會提供更多的貢獻，而變成了世界上沒有理念的商業主義國家。誠如美國前駐日本大使賴世和教授所指出「日本只顧其本身國家及其企業的利益，對世界共通的理念，毫不加考慮，係是名實相符的商業主義的大國而已。」這種夜郎自大似的商業主義大國，日本產經新聞早在一九八八年一月一日並明確自負地指出「世界將由某一個國家取替美國而負起牽引世界經濟的責任。在這個的主角亮相之前，世界經濟將繼續發生混亂。……所謂新的主角，就是日本和西德，就是歐亞的新興工業國地區。但目前在世界上靠得住的只有日本。日本有責任應該主動地爲世界經濟的持續穩定增長而發展。」

儘管戰後日本的工業發展日進千里，但亦有其憂慮的一面。蓋由於日本政府與美國政府的合作，曾施行所謂「貿易自由化」政策，美國的產品輸入到日本國內和原爲日本市場的地區，爲了與外國產品競爭，於是大量資金用於增建新工廠和添置設備，並僱用更多的工人，力求增加生產量。大量生產的結果，就出現了產品過剩的現象。此外向美國的輸出又因受到「保護美元」的阻礙，受到了限制。凡此種種，都是妨礙日本工業進一步發展的重要因素。目前日本工業面對著的一個嚴重的矛盾是「太多的工業產品和太少的市場」。東南亞各國雖最接近日本，工業又落後，而人口卻不少，因此，日本似乎可以向東南亞進行經濟貿易發展，來銷售其產品，以緩和所面臨的經濟危機。但日本曾在第二次世界大戰期間企圖建立所謂「大東亞共榮圈」而佔領東南亞地區，目前日本雖然想做一個友善的國家，可是日本人與其他亞洲人還是心存芥蒂，餘恨未消的鄰居。目前馬來西亞人民爲了日本遲遲不償還「血債」（所謂血債係日本在佔領馬來西亞期間，全馬人民在日本軍的刺刀之威脅下被迫變賣屋業，典當衣物，而繳付的奉納金）而準備抵制日貨。在菲律賓現在排日情緒仍存在，如一九六一年兩國所簽署的「日菲貿易航行條約」，延遲多年始獲得國會的批准，目下有很多商人與政界人士一直在阻撓它，因爲他們認爲如批准這個條約會使便宜的日本貨充斥菲國市場和打擊當地的廠家。在泰國，其與日本的關係，似乎較爲和善，但泰國依賴日本貿易的現象引起了輿論界的批評，糾正政府在貿易方面不要太依賴日本，蓋在一九六五年，日本總共輸值二億一千九百萬美元的貨物給泰國，等於泰國對外貿易的三分之一（泰國的輸出總額祇有一億五千一百萬美元）。在香港，日本商人雖沒有遭受排日的歧見，但在香港中年以上的住民當中，對日本人還有一種反感的暗流。事實上，第二次世界大戰時被日本佔領的回憶還是在某些地方存在著，有些地方還擔心它們的經濟會遭受日本復興的工業所支配。此外，尚有一些舊猜忌、舊敵對，一時尚不能抹除。抑有甚者，由於日本注意促進貿易，在政治上卻扣大牌祇打出小牌，因此令人擔心猜忌，日本是否企圖以和平和難以捉摸的經濟手法來建立日本帝國一度曾企圖以武力來建立的「大東亞共榮圈」。

三、日本人應恪守恕道精神回饋世界

第二次世界大戰後，日本在厲行政治革新、經濟重建、教育改革、土地改革、社會安全制度和地方自治制度的建立，都非常有顯著的績效，因此，也使日本希望在國際舞臺上，尤其是對於亞洲問題的發言權，和美國完全平等，這事實上是戰前「大國意識」的還魂。國際上，有人批評日本是「政治娼妓」，更有人說：「日本人是受過高度訓練的民族，他們領袖教他們怎麼做，他們便怎麼做。因此，在政權一改變時，日本就很可能變成爲一個軍事侵略者了」。不問日本今後將走那一條路，它應牢記，從無條件投降到日本的獨立（一九四五年至一九五二年），不到七年，其所以能保持民族的命脈，使其不致淪爲滅亡，且在政治上循民主主義路線發展，在經濟上循自由主義路線發展，固然是美國有意扶植其再生，但我　先總統蔣公「以德報怨」的宏懷胸襟，在開羅會議席上，仗義執言，保存了日本皇室，使其國民道德力量不致崩潰，以及中日和約之際，未向日本索取任何戰爭賠償，其功猶大。倘若當時佔領日本的軍隊若是蘇聯，試問誰敢保證有今天國土統一經濟繁榮的日本乎？

日本是一個原料缺乏的國家，然而在第二次世界大戰結束後短短一、二十年之內，日本的工業已從戰爭的廢墟中建立起來，目前不僅爲亞洲之冠，且躍居世界第二位。抑有甚者，在工業正在發展的非共國家裏面，日本給開發途中國家的援助已居第二位，僅落在美國之後。這不能不歸功於日本人的刻苦、耐勞、肯學他人長處的精神，這是值得我人學習的。日本人今後除了要把美國人教給他們的民主主義變成日本人的血和肉外，更要恪守儒家的「恕道」、「人溺己溺」精神，痛定思痛，來維護人類的和平及文明，而不應再重蹈過去侵略他國的覆轍。

如前所述，日本的文化基礎來自中國，降及十九世紀中葉明治維新以還，極力仿效歐美文明，時至今日雖已極歐化，但其古色古香的中國文化，仍流行於日本社會。願日本人能以儒家的精神文明融匯西歐的民主主義與物質文明，努力使自己的國家對於世界和平的維護和促進人類文明的發展，有所貢獻。抑有甚者，日本應徹底加以反省努力改革其面貌，克盡其對國際社會應負的責任，爲世界新秩序提供更多捐奉，改變其唯利是圖的作爲，確立其經濟大國應有的任務。

第三十章　日本的民族性與第二次世界大戰後日本歷史文化演進的特徵

一、民族性的涵義

民族是一羣人在歷史上形成一個有共同語言、共同信仰、共同風俗習慣、共同經濟生活以及表現出共同文化意識的穩定的共同體。 國父孫中山先生曾指出民族構成的客觀要素有五：①血統，②生活，③語言，④宗教，⑤風俗習慣。民族性的探討是一個相當複雜的問題，因爲它具有社會全體總合表現之特徵，故於其性格上有一「多變項的因果關係」（Multi–Variate Causation and Consequence）。

在人類歷史上，任何一個民族，都具有自己的民族共有之性格特徵——民族性（National Character）。民族性又可稱之爲國民性及國民性格。吾人採用「民族性」一詞來代替「國民性」是因爲「民族」一詞所含有的意義偏重於文化方面，而「國民」一詞似較偏重於政治方面的涵義。丸山真男在其「日本政治思想史研究」一書中指出：「一定集團的成員有意識到彼此相互間具有別於其他國民的共通特性，同時有堅守其『一體性』的意願，唯有具備了此條件，才能談得上有『國民』的存在。……縱使缺乏政治性的國民意識，但只要在言語、宗教、風俗習慣等其他文化傳統上具有共通性的本身文化之一體性，仍是可以成爲一集團的」。由此可以瞭然的，在形成一個民族之時，即使沒有政治性的因素，只要其擁有了文化方面的共通性，仍不失其成爲一民族。就此點的效力而言，文化力是高於政治力的。

基於上面的分析及體認，可知一個國家的民族性並非是與生俱來的，它是以民族構成的客觀要素及主觀要素（民族意識）爲基礎，然後經由文化的路徑而形成的。因此，民族性可說是一國族文化精神及整體的抽象表現。文化更可分成有形的器物及無形的思想，在其綜合抽象化之後，表現在全體民族的思想態度及行爲上，就成了國民性格。準此而言，民族性是由貫穿歷史而來的，不僅有其共通性，更有其持續性。所以不同國族因其所居住地域的不同，而有相異的民族性。就如同所有生物，爲了生存，會記取從過去生活中所獲得的經驗，來順應自然或克服自然，或者二者並行之以延續其生命。人類則是在累積了這些豐富的經驗，且從其固定後，就形成了某種文化，亦可認定爲培養出其國民性。

二、日本的民族性

關於日本的國民性在本書第一章之二已有所敍述，今專就文化層面內涵來分析其民族性。日本爲一島國，在其民族性形成時，或多或少受到風土地理環境的影響乃不可避免之事，此乃自然的力量。因此，一般人常謂日本人具有濃厚的「島國根性」，乃是着眼於此。由於島國本身領土有限，而四周盡是茫茫大海，所以他們不得不靠本身的團結力量，在歷經獨立奮鬥之後方能成立國家，故造成了日本人之重視現實、好進取，抱持高度國家主義的民族性。通常一個封閉性的島嶼國家，其思想上的變動，是無法排除外來衝擊的因素，即單靠自己本身是不易創造出其文化光輝的，它必先接受較其本身爲高的文化後，才能產生出其獨特的文化，這是一般島國的特徵，日本亦脫離不了此一途徑。由歷史觀之，日本人在古代至近世從中國、印度等吸收了當時文明國家的精神、物質文化，降及近代以還又吸收了歐美的先進科技文明，能將其咀嚼消化，而產生出一種適合於本身發展及社會環境的特性。

前已述及，自然環境可以影響一國民族性的塑造，因此，受自然環境所影響的日本民族性，一般的看法是：①日本人愛好自然。②日本人對四季及天候的變化敏感。③日本人的感情單純而欠理性。④日本人在對於事物的感動是集中於一點而發的。⑤日本人有進取心與追求慾。⑥日本人天性好戰。⑦日本人雖然最講禮儀，但却虛情假意和勢利眼。

上述對日本民族性的分析，固有其真實性，但似乎過於簡略而重表象。

在近百年來經歷明治維新和第二次世界大戰戰敗的兩大變革的日本民族，在本質上有何特性？此一問題，可能因着眼點之不同而異其觀點，但下列所分析的幾項日本人的民族性之特徵，可說是日本近代化或現代化得以實現的重要因素。

㈠富有自我犧牲的歷史主動性精神——日本民族是一個富有自我犧牲精神的歷史主動性强的民族。十九世紀中葉以前的日本，尚處在封建愚昧的幕府鎖國統治之下。一八六八年日本發動了明治維新，一舉而推翻二百六十多年的德川幕府政權，啓開了禁錮二百多年的鎖國大門，建立了嶄新的近代資本主義國家。其所以能有如此迅速的成果，乃歸功於日本民族發揮了歷史主動性改革。在明治維新前後的全部過程中，日本的農民大衆，發揮了改革的主導力量。在公元十七世紀的一百年間（一六〇三年——一七〇三年）總共發動一八六次暴動事件，而在十八世紀的一百年間（一七〇三年——一八〇〇年），其暴動事件增至五一四次之多，降及明治維新前的五十年間，暴動事件多達五〇五次之多。

在明治維新運動過程中，日本農民大衆積極參加反幕府的討幕軍隊，有的參加騎兵隊，有的參加農民部隊。明治維新後迄明治十年（一八七七年）的西南之役爲止，日本農民進一步發揮其歷史主動性，一連串發動了多次的百姓一揆（農民暴動，「一揆」是團結一致、集體行動的意思，是「日本式的造反」，也可稱爲戰前「日本式的罷工」）。降及明治二十年代後，日本的勞工發動了大規模的工人運動。由於勞農大衆的扮演承擔推動歷史主動性的角色，遂使日本經濟從封建割據的小農經濟，而發展到近代大工業經濟，並邁進世界先進工業强國行列。

第二次世界大戰後，在滿目創痍，百廢待舉的戰敗廢墟中，日本民族又發揮了忍辱負重自我犧牲的歷史主動性的精神，爲百年來的「第二次開國」，發動了新的主動性改革，經過犧牲奮鬥，在短短一、二年的埋頭苦幹歲月裡，終又使日本民族活躍於世界舞臺，不僅成爲經濟大國，進一步正邁向政治大國之途發展。

㈡忠誠集團性強韌的民族——日本民族不僅是勤勞、勇敢、智慧的民族，同時也是具有强烈的團結上進心，集團觀念較强的民族。這種現象被稱之爲「忠誠集團心」，而這種「忠誠集團心」是促使日本經濟發達的重要原因之一。

日本人的一生可以說是由不同的「歸屬團體」所串連起來的，在人生旅程上，最初引導日本人爲結合體的就是小學，然後中學、大學，進入社會之後則是公司，軍隊的情形亦同。在日本社會上，長期以來形成的倫理，社會並不以個人爲本位，而是個人生活在各種集團之中，個人屬於不同集團的一員，因而形成了日本人的集團習性——即集團意識。日本人的旅遊活動固然是集體行動，即連新婚旅行也是集體行動。日本民族的「忠誠集團心」，並不是一個小團體主義。在每一個集團之中，上下的地位分別頗爲嚴格，每個人也必須按部就班進行有秩序的昇遷。除了相當少數的例子，絕無躍級越進之可能。這種特性，正是今天日本經濟制度的支柱之一——年功序列制的由來。

㈢內外分得很清楚的民族——日本人把「自己人」和「非自己人」（外人）的界限訂得相當明確。當「外人」要加入日本團體時，這種强烈的排外感，和崇洋的態度，同時矛盾而和諧的存在於日本人的社會中。由於日本人對「外人」持排斥態度，而形成日本人在歸屬意識、安全感下，願爲所屬團體效忠，甚至犧牲亦在所不計。

㈣富於模仿、調和性的民族——日本人固然善於吸收模仿外國之文化，但他們在吸收外來文化時，並非抱着固執而絕對的態度，只是將自己有效的「部分」取入。何況當外來文化一旦輸入後，日本人便把其與日本古有文化渾然融和而形成新的日本文化，由於日本民族具有同化調和外來文化的功能，因之自古以來甚至近百年來日本並無積極性的社會革命。流傳於日本的「三教合一」論，就是基於把各種宗教的優點加以調和的觀點而創造出來的學說。

㈤富於虛心學習及進取的民族——日本人具有一種勤於虛心學習外國進步文化的精神。日本民族雖然對「外人」持排斥態度，但對外國文化和思想，不但沒有異端感、牴觸感和偏見，相反的以外國先進文化與思想爲師，優先全力移植和吸收，這是日本人的傳統素質。日本民族由於虛心善學所以並不保守，儘管在近代以前在日本民族的文化和思想以及風俗習慣中，浸透了中國文化的影響，但一旦時代改變，他們能夠迅速地適應時代潮流又奔向新的學習目標。他們能以最新的文化和思想和科學技術來武裝自己，使其民族始終保持着旺盛的生命活力。衡諸一八六八年的明治維新，一九四五年第二次世界大戰後的民主自由的改革，便可獲得證明。

㈥富於吃苦耐勞的民族——日本民族具有奮發圖强，吃苦耐勞的精神。日本是一個地狹人稠的島國。明治維新前，日本社會以小農經濟爲主，耕作以人力爲主，由於苛捐重租的剝搾，使農民過着牛馬不如，暗無天日的生活。在這種惡劣的勞動環境及奴隸般的生活環境下，農民大衆除了勤奮艱苦的勞動外，還要有活下去的忍耐性，否則便不能生產出糧食，不能生存。明治維新後，日本社會之所以能延續下來，近代化之所以能進行，端賴一大羣有奮發圖强、吃苦耐勞傳統精神的勞工階級，以它和農民爲核心形成了近代日本民族。也正因爲日本民族所具有的忍耐性、勤勉性，不但成爲建設近代日本經濟的重要力量之一，也是促進第二次世界大戰後日本經濟迅速發展的重要原因之一。

㈦注重外表型式的民族——日本人不僅在表面上是如此，在其「思想」層面上，亦是如此。在日本社會上，「型」深刻地影響到日本人的行動及意見的決定。在教育方面，亦訂出理想的「型」，來做爲生活的規範；在政治方面，分別隸屬於某一「型」——派閥中；在經濟方面，造就出一個國家充分干預的「型」，並依此而發展。

㈧對外的內制力強而實際情感脆弱的民族——日本人在發洩情感時，往往以內斂的約制力來表現，這是受到武士道的影響而來的。日本往昔武士道的特徵是尚武勇、重名譽，具有密切而牢不可破的主從關係。對於一個武士言，贏得武勇的名聲是一生中最高之願望，爲了保持此一名譽，即使萬死亦所不辭。日本社會洋溢着「喜怒哀樂，忍而不露」的現象，這被日本人認爲是真正的修養，而此正是武士的精神修養的德目之一。但這種强行壓抑情感的表現，當到達了某一程度時，則表現出其相當脆弱的一面，容易陷入歇斯底里的混亂而不覺。

㈨過分熱衷於工作而輕視人道的民族——這是歐美人士對日本民族的一種評估。日本人不管在什麼團體中總需要有「頭目」（Boss）來領導，若無則不能自立，日本人是需要頭目才能生存的民族；而「民族性格的偏執」及「爲人意識的落伍」，更造成了今天日本的矛盾。因此，日本人有一種公爾忘私的傾向，結果容易產生羣體意識，造成全體主義，嚴重的侵害個人人性及人格尊嚴。

㈩不講究水落石出且易打退堂鼓的民族——無論在工作崗位，抑或在日常生活中，日本人不太喜歡與別人爭辯。日本人習性以和爲貴，因此在人際關係上不講究「弄個水落石出」，不認爲事事都必須弄清誰是誰非才好。因此即使知道對方缺理，只要無關大局，一般不與對方爭論到底。日本人的心理是不願意爭吵，能謙讓就謙讓。而日本人打退堂鼓，是不願意繼續爭論下去的表現，並非意味着同意對方的主張，或者承認對方是對的。

由於日本民族有富於模仿、勤勉、虛心善學等特性，戰後經過短短的一、二十年的努力奮鬥而創造了經濟發展的奇蹟，使日本人自滿自傲。但不容否認的，在其內部存有不少矛盾。故有人認爲日本現在的國際形象爲：「科技的靈猴、經濟的猛獸、文化的變色龍」，其未來的發展是頗值得憂慮的。吾人當知近百年來的日本，由於團體意識的導向，加上對外國人的潛在仇視或畏懼，以及道德是相對的而非絕對的觀念，使得日本人很容易動員起來訴諸暴力與殘忍，而把這當作達到光榮目的的手段。日本在第二次世界大戰末期，所做「困獸之鬥」的瘋狂行動，除了以上述原因來解釋外，否則是無法理解的。

以上所析，乃日本民族性格的特徵，日本民族固然是具有上述許多優點，但亦具備下列的缺點：①無偉大的聖哲思想宗教思想或超現實的政治理想和行爲準則，②有自卑感與優越感的矛盾情結，③有可怕的多變性，④有强烈的排外性，⑤有集團情緒危機，⑥有情緒性的衝動。其中，令人可怕的是「有可怕的多變性」、「有集團情緒危機」與「有情緒性的衝動」三點。

日本民族雖極優秀，但因過於唯利是圖，重視現實，兼之由於團體意識的導向，且對外國人有潛在的仇視或畏懼，以及道德是相對的而非絕對的觀念，所以使得日本人很容易動員起來，訴諸暴力與殘忍，而把它當作是達到他們所謂光榮目的的手段。近年來日本國內狹隘的民族主義意識，愛國主義情緒，似乎逐漸在抬頭。我們冀望日本有識之士，要從過去慘痛的歷史中獲取教訓，使其不致再度造成災害，否則不獨將引火自焚，並將禍及四鄰，乃至全人類。謀國之士，豈不慎戒哉乎？

三、第二次世界大戰後日本歷史文化演進的特徵

第二次世界大戰後初期的日本歷史，可說是處在疾風怒濤之中的激動的歷史。不但往昔賴以維繫人心保持國家大一統的神聖不可侵犯，有「活神」之稱的天皇的神格被否定，國土又在盟軍佔領之下，遭遇了日本立國一、二千年來未曾有的喪權辱國的大悲局。戰敗當初的國民生活的荒廢與混亂，在這種混雜的狀態下，盟總當局指令日本政府當局進行了一連串的民主化、和平化等大改革，隨著革新勢力的澎湃而引起了洶湧的民衆運動的發展，大規模的罷工、示威遊行，破衣敝帽的飢民之到處要求配糧運動，反對日本的再軍備，要求美軍的撤離日本，原子彈爆炸禁止運動，警察職務法案反對運動，日美安保條約修改反對運動，佐藤首相訪問東南亞時的羽田機場事件，加上左派團體的種種恐嚇暴力案件的層出不窮，而保守派政府陣營亦因利權分配問題而常鬧醜劇，尤其是腐化的選舉及貪污案件的連續發生，更令一般升斗市民，迷惑不知所從。凡此種種，光怪陸離的現象，在戰後短短一、二十年之間，一幕一幕地演出。這是戰前的日本國民所夢想不到的事實。

就國際上的動態言，自美蘇對立以來，世界分成自由與共產兩個對峙的集團，日本在獨立之後雖然參加以美國爲首的自由世界陣營，但面對著北方的蘇聯以及毗鄰的中共，由

於戰後的一般日本國民受到戰敗的餘悸，唯恐突然之間，原子彈再臨頭上，因此，身雖在自由陣營行列，而心神却不時幻想與共產集團交往，尤其是每當美蘇兩國，甚至於近年來每當中共試炸原子彈或飛射洲際飛彈時，更使日本人坐臥不安而廢寢難食。本來戰後的日本果真欲走中立路線，則其新憲法固採取不建立軍備的中立態度精神，但大多數日本人猶不甘過著寂寞的日子，夢想在國際舞臺上能恢復往昔叱咤風雲的氣燄，於是「大國意識論」，曾幾何時，又在日本人之間潛伏溢流。尤其經濟力量不僅早已恢復戰前的水準，且已成爲世界經濟大國，日本正欲挾持其巨大的經濟力量，擺出先進大國姿態而君臨亞非地區的新興國家，可是又懼怕一旦世界再發生一陣激動則將會震傷目前正日趨繁榮之途的日本經濟，於是欲以亞洲盟主身分插足過問國際政治，急想擺脫依存美國關係的外交路線，而與美蘇兩大國對峙，介於兩者之間，以仲介者自居而表演其兩面外交國策。由於受到歷史傳統文化的束縛，以及日本國民性的太過於「實利主義」及「現實主義」，因此對於國際問題，往往模稜曖昧，甚至於模糊不清。例如昭和四十二年（一九六七年）日本共同通訊社爲了明瞭中日戰爭爆發三十週年以後日本對中國情形認識如何，特地在六月廿四日及廿五日，舉行一次全國民意測驗，選擇三千名二十歲以上的樣本（男女皆有）。調查結果竟有四分之一被訪問的人不知道中國大陸目前淪陷於中共之手，而六十歲以上的人，有百分之四十九點七不知道中共是一個共產政權。即連戰後日本政界元老前首相吉田茂氏，素以反共聞名，但其對中國問題的看法實在曖昧模稜，他曾說：「在日本對於國際社會所負的責任之中，最困難的恐怕還在中共的關係。中國古來就是一個奇妙的國家，在東洋雖係最優秀的民族，但向來不能順應世界大勢，只知孤立地發揮孤芳自賞的中華主義，而走上孤立的道路。但中國決不致長久如此，日本應該不以它爲眼中敵人，而應循予以善導。不過和中共那種自以爲了不起的國家相處，當然是困難重重，不易應付的」。這位被譽爲「日本的邱吉爾」、「德國的艾德諾」的大磯老人（吉田茂在卸去首相職後住在大磯，因此一般稱他爲大磯老人），對戰後中國情勢的發展之了解，竟如此地淺薄，難怪他的門人弟子輩的池田勇人、佐藤榮作兩位首相（事實上，佐藤的才幹見識勝於池田氏），更不能在大霧中正確地掌握船舵，而使日本染上了所謂「嬰兒疾病」（Teething Trouble），懼怕擁有核子武器國家的突然來襲。凡此種種，又使得戰後的日本在其復興發展過程中缺乏牢固的基礎，患得患失，而時時提心吊膽，不敢面對現實，勇往邁進，而偏走迂迴的路程。這就是今日日本所面臨的苦惱與憂悶。而正如倫敦經濟人週刊所說：「西方國家的軍隊駐在亞洲畢竟是過渡性的，事實很明白，非共的亞洲國家，遲早必須建立他們自己的力量均衡，來對付中共。」衡諸亞洲今日各國，惟有日本有力量來領導亞洲非共國家。但願日本國家的朝野人士，尤其是執政的舵手能三思上述經濟人週刊的忠言，則日本不但可以治療其「嬰兒疾病」，甚且可以從苦惱中解脫出來，而做一個亞洲真正富强、自由的民主國家。

在這種激盪變化不已的戰後世界歷史演進過程中，倘把日本近三、四十年來所經歷的路程和以往的日本，作一判然的比較區別，則戰後的日本歷史，似乎表現出下列幾種特徵：

㈠以勞動者為主力的民眾成為創造歷史的主體而全面地進出於政治舞臺——當然無論在任何時代，民衆都是推動創造歷史的原動力，但是民衆自身參預國家的政治場面，和爲政者正面對決而扮演此一方的主角，這種現象，乃戰後才出現的。雖然在戰前，自大正一至二年（一九一二—一九一三年）的「大正政變」以來，曾有數次由民衆運動推倒內閣的實例，但當時的民衆尚被有產階級的進步派所動員利用。大正七年（一九一八年）的「米騷動」之後，勞動運動、農民運動等逐漸發展，終於形成創立無產政黨，至此民衆已不再是被有產階級所動員利用的部隊，而是變成了一股獨立的政治勢力，但當時民衆的勢力，尚不致於和統治階級並列而成爲決定國家進退之政治舞臺的主角之一。何況在戰爭期間，除了法西斯及軍部、官僚之外的政治勢力，一律被禁止活動。

可是戰後這種情勢大爲改變。因敗戰結果，一方面舊統治階層的權威失墮，他方面基於波茨坦宣言的民主改革措施，提高了一般民衆的自覺，並促進了其久被束縛的潛能之解放。自此以後，民衆力量幾乎成爲政治的主體，其勢力雖時盛時衰，足爲其勢力興盛之代表性的事件如昭和廿二年（一九四七年）二月一日的總罷工、講和問題的鬥爭、美軍軍事基地反對鬥爭、教員勤評問題鬥爭、警職法問題鬥爭、反對安保條約改工問題鬥爭，以及反對佐藤首相出國訪問東南亞的羽田事件等，一連串的大規模反對運動，皆由民衆所推動

（當然在背後有日共等左派勢力的嗾使），使民衆的力量大爲成長，而致使日本國內的秩序無法保持永恆的和諧。這就是日本戰後史發展的第一個重要特徵。

㈡戰後的日本，無論在政治上、經濟上抑或社會上，其封建的要素根本消失——從前以萬世一系的天皇爲唯一的統治權者，並且假藉天皇的神聖最高權威的半封建的軍部、官僚之支配，已爲國民主權及議會政治所取代。至是日本的國家體制自有歷史以來發生了大變革。經濟上從前半封建的寄生地主制被消滅，同時由財閥家族支配多數企業的獨占資本的形態亦完全消失。社會上的以戶主爲中心的身分制、戶主權、家督繼承、以及家族會議等的家族制度，在新的民法之下完全被廢止，法律上的男女平等同權，完全實現，這些改革當然對於以往的日本歷史而言，無異是對於傳統歷史的開刀。

戰後由於政治上、經濟上、社會上的封建制的消失，而在思想、文化方面封建的束縛大爲衰弱而加强了近代化的因素，可是並不因封建遺制消失而使日本已完全民主化。即使封建的傳習已經衰弱消失，但目前非民主或反民主的事實或現象，到處屢見不鮮。蓋建築在悠久的歷史和傳統上的日本人的精神，隨著戰敗投降，至昨爲止的優越感便一反而成爲自卑感，在這激變而成的自卑感中，不管是好的或壞的，一律完全給否定了，移植在這墟上的民主主義思想和制度，僅被解散了不受管束的利己主義，以致日本國民普遍地陷於苦悶氣氛之中，喪失了面對現實的自立自主的勇氣，凡事多所輕舉妄動感情用事，逞匹夫之勇，這又是戰後日本一般社會上所反映出來的另一個特徵。

㈢**無論在政治上或經濟上的發言權，大企業尤其是以重工業、化學工業、重化工業等產業為中堅的巨大企業與巨大資本家輩（財界）獨佔資本之顯著的加強發展**——戰後日本經濟的復興，乃係佔領軍及日本政府所進行的「傾斜生產」方式之鐵、煤、電力、鐵路等之復興，而所謂經濟高度成長，不外乎是受了國家的強力援助的重工業、化學工業之超高度成長。由於農地改革及古型財閥形式的解體。於是經濟之封建的要素被消除，結果在社會的所有關係方面，資本主義的法則更易貫徹。以往曾經與資本家並列在經濟上的支配階級的地主，於今却因農地改革而消滅，因此，經濟上的支配者只剩下財界，而支配經濟的階級，其最後又支配了政治。尤其是以往假藉天皇的大權而握有權力的軍部已消失，而行政機構之官僚則使役於政黨內閣，何況日本戰後的政治結構，固然是議會制的政黨內閣型態，但掌握政黨錢包者則爲大企業者的財界，因之財界對於政治上的發言權，必然大爲增加乃理所當然的事。是以財界控制支配政治的現象，亦爲戰後日本的一大特徵。

㈣**缺乏立國的健全目標與信念**——戰前的日本，尤其是自明治中葉以來，由於資本主義化的逐漸完成而表現其具有侵略性的軍國主義色彩，降及昭和時代更提出所謂「八紘一宇」、「大東亞共榮圈」的建國目標，因此使得全國朝野上下，盲目地往此一渺茫的理想而邁進，終於招來了昭和廿二年（一九四五年）八月十五日的城下之盟。自此以後，在盟軍的銳意監督下，昔日軍國主義信念，已被清除，今日的日本國民，鑒於以往軍國主義所帶來的禍害，而亟想建立起民主主義信念，做爲立國的長遠目標。但在動盪的國際局勢下，尤其是夾在東西兩大集團的縫隙中，一部分日本人又夢想欲與美蘇兩大國家鼎足而立，既想保持和平的建國信念，而又想恢復往昔大日本帝國的光榮及聲譽，因此使得日本人缺乏一種長期性的固定立國建國的信念，難怪在國際上，有人批評日本是「政治娼妓」，更有人說：「日本是受過高度訓練的民族，他們領袖教他們怎樣做，他們便怎樣做。因此，在政權一旦改變時，日本就很可能變成一個軍事侵略者了」，這固然是從前的「大國意識」之還魂，亦足以說明戰後的日本尚缺乏把國家建立爲永遠和平的民主主義禮制國家的信念。何況日本年輕的一代，固然普遍受到了馬克斯主義唯物史觀的感染，但在一九六七年中東戰事發生時，東京的街道上曾經流行過以色列總司令的「獨眼龍」裝（因以色列國防部長達揚先生是獨眼），抑有甚者，一九六七年十二月間，日本男女青年，又穿著當年的德國納粹軍服招搖過市，凡此種種皆表現出日本迄今尚缺乏健全的建國目標的一大明證。這也是戰後日本所表現的一種特徵。

中國古書云：「周雖舊邦，其命維新」。日本人民自十九世紀中葉開國以來，明治維新後四十餘年的努力奮鬥，從後進的國家一躍而列爲世界上五大强國之一，雄視睥睨東亞幾達半個世紀，但由於軍閥首腦干政而導致日本走上侵略戰爭之途，經過第二次世界大戰的瘋狂侵外舉動，飽嘗敗戰的苦果，但僅僅一、二十年又從廢墟中昂然復興起來，在經濟力量，曾幾何時又躋列世界三强之一，這似乎是日本民族的「求生的奮鬥力量」，特別强韌之所致。但這也是美國有意拔助其再生，而舊金山和約又給予寬大的自新機會，予新生的日本以無限的鼓勵有以致之。

過去的日本國民固因受古老的封建制度下的束縛而喪失了自我，致武勇自負，但亦因刻苦自勵，始終自强不息，得能獨步東亞。現在封建體制的束縛雖然已被打破，但取而代之的大衆社會和機器文明，不但未能喚醒個人的自覺，反而使人們在今日的機器文明之下，着重現實而變成功利主義者及機會主義者，甚至於使人們物質化，而物質中心主義使人們墮落。爲了日本的前途，日本國民固然應恢復其民族自信心，發揚明治維新期日本人所以能夠在近代史上演出重要任務所本的國民骨氣及風度。然則以往的褊狹的國家主義是應該摒棄的，惟有如此，才能發揮日本人傳統的「明」、「淨」、「直」三德兼備的國民性，而有所貢獻於世界人類的和平。日本前首相岸信介氏曾說過：「亞洲並非自古就是歐洲人的從屬者，當安格魯撒克遜民族還在狩獵的時候，黃河流域、印度河流域，已經有了深遠進步的科學，高尚的道德，以及華麗的宮殿。至於亞洲人早就發明火藥及印刷術，已是衆所週知的事實。因此縱令歷經變亂，而亞洲仍是文化之母，悠悠五千餘年，始終燃燒着文明之光輝」。這是亞洲文化的高尚之處，而日本自立國以來，不斷地受到中華文化及印度佛教文化的薰陶洗禮，使日本能經歷浩劫而又能復生。日本人今後除了要把美國人教給他們的民主主義變成日本人的血和肉以及憑恃日本人的愛國團體精神，人民的自愛與互助及守法之外，更要恪守東方文明——儒家的「仁愛精神」、「大同理想」、「人道主義」、「王道精神」以及「恕道精神」，痛定思痛，懺悔以往，來維護人類的和平及文明，而不應再重蹈過去侵略外國的覆轍，能真正地做一個「爲天地立心，爲生民立命，爲往聖繼絕學，爲萬世開太平」的人類文明的衞道者。

主要參考書目

(一)中文

一、黃遵憲撰：日本國志　上海圖書集成印書局
二、余又蓀著：日本史(一)(二)(三)　現代國民基本智識叢書
三、甘友蘭著：日本通史（上）（下）　臺灣東方書店
四、陶振譽著：日本史綱　國防研究
五、戴季陶著：日本論　中央文物供應社
六、宋越倫編著：中日民族文化交流史　正中書局
七、陳固亭譯：戰後日本　現代國民基本智識叢書
八、陳水逢著：中國文化之東漸與唐代政教對日本王朝時代的影響　嘉新水泥公司文化基金會

九、陳水逢著：戰前日本政黨史　中央文物供應社
十、陳水逢著：戰後日本政黨政治　中日文教基金會
十一、陳水逢著：日本近代史　臺灣商務印書館
十二、陳水逢著：日本現代史　臺灣商務印書館

(二)日文

一、辻善之助著：日本文化史共七卷　昭和卅四年
二、大鐙閣版：日本文化史共十二卷　大正十一年
三、石田一良著：日本文化史概論　一九六八年
四、石田一良著：日本思想史概論　一九六三年
五、家永三郎著：日本文化史　昭和卅八年
六、家永三郎著：外來文化攝取史論　一九七四年
七、樋口清之著：日本原始文化史　昭和十四年
八、樋口清之著：解說日本文化史　昭和五年
九、三森定男著：日本原始文化　昭和十六年
十、濱田耕作著：日本原始文化　昭和十年

十一、和哲辻郎著：新稿日本文化史　昭和卅七年
十二、内藤虎次郎著：增訂日本文化史研究　昭和五年增補一版
十三、西村真次著：日本文化概論　昭和五年第六版
十四、西村真次著：日本文化論考　昭和十六年
十五、坂本太郎編：日本史　昭和卅四年第三版
十六、川上多助著：日本歷史概說（上）（下）　昭和廿七年第十三刷
十七、讀賣新聞社版：日本の歷史共十三卷　昭和卅五年
十八、創光社版：京大日本史共六卷　昭和廿七、廿八年
十九、大森金五郎著：大日本全史（上）（下）　昭和卅年七版
二十、黑板勝美著：國史の研究　大正七年
廿一、大川周明著：國史讀本　昭和十年
廿二、井上清著：日本の軍國主義　一九五三年
廿三、井上清、鈴木正四著：日本近代史　一九六一年
廿四、原口清著：日本近代國家の形成　一九六八年
廿五、瀧川政次郎著：日本人の歷史　昭和卅四年
廿六、白柳秀湖著：民族日本歷史共五卷　昭和十三年
廿七、矢内原忠雄編：現代日本小史（上）（下）　昭和廿八年

廿八、矢内原忠雄編：戰後日本小史（上）（下）　一九六一年第三版
廿九、井上清、鈴木正四郎著：日本近代史（上）（下）　昭和三十年
三十、遠山茂樹、今井清一、藤原彰著：昭和史（新版）　昭和四十一年第十一刷
卅一、藤井松一、石井金一郎、大江志乃夫著：日本現代史（上）、（中）、（下）　一九六六年第四刷
卅二、遠山茂樹、今井清一著：昭和史　一九五五年
卅三、木宮泰彥著：日華文化交流史　昭和三十年
卅四、辻善之助著：日支文化の交流　昭和十三年
卅五、小林行雄著：日本考古學概說　昭和卅六年十一版
卅六、鳥居龍藏著：有史以前の日本　大正十三年四版
卅七、森本六爾著：日本農耕文化の起源　昭和十八年再版
卅八、清野謙次著：日本民族生成論　昭和廿一年
卅九、田中國男著：彌生式繩紋式接觸文化の研究　昭和廿一年
四十、直信良夫著：日本古代農業發達史　昭和卅一年
四一、瀧川政次郎著：日本社會史　一九五四年
四二、中村吉治著：日本社會史　一九七〇年
四三、尾佐竹猛著：日本憲政史大綱　一九六四年

四四、小平恆彥、矢澤克、平澤武勇著：世界と日本の現代史　昭和卅三年
四五、岡田正之著：日本漢文學史　昭和卅五年再版
四六、水野祐著：日本民族文化史　一九七一年
四七、石井孝著：日本開國史　一九八一年
四八、武田祐吉、久松潛一、吉田精一著：日本文學史　昭和卅二年第廿一刷
四九、菅沼貞三著：日本美術史概說　昭和卅六年
五十、橋川正著：概說日本佛教史　昭和卅七年第九版
五一、本庄榮治郎著：日本社會經濟史　昭和三年
五二、士屋喬雄：日本經濟史概要㈠㈡　一九三九年
五三、中村吉：日本經濟史　一九七六年
五四、野呂榮太郎編：日本資本主義發達史講座七册　一九三二——三三年
五五、安藏復也著：日本史　一九九一年
五六、小澤正晴著：日本史ハソドブック　平成三年
五七、横田健一編：要說日本史　昭和六十一年
五八、青木和夫等共著：日本史　昭和五十九年
五九、武藤誠編：日本史通論　昭和五十九年第十二刷
六十、加藤文三著：日本史入門　一九八七年

六一、鈴木英雄等編・概說日本史　昭和五十二年

(三)英　文

一、G. B. Sanson, Japan—A Short Cultural History, rev, ed. New York, Appleton—Century, 1943.

二、Kenneth Scott Latourette, The Histoy of Japan, New York, The Macmillian Company, 1951.

三、Kidder, J. E. Jr, Japan before Buddhism, London, Thomes and Hudson, 1959.

四、Mitsusada Inoue, Introduction to Japanese History—before the Meji Restoration, Kokusai Bunka Shinkokai Tokyo, 1962.

五、Saburo IENAGA, D. Litt, History of Japan, Japan Travel Bureau Tokyo, 1954.

六、Japan and Western Culture—Understanding Japan No. 11. International Society for Educational Information, Inc. Tokyo. 1964.

七、W. G. Beasley, The Modern History of Japan, Frederic A. Prager, New York, 1963.

八、Hugh Borton. Japan's Modern Century, The Rorald Press Company, New York,

1955.

九、Isao Komatsu, The Japanese People—origins of the people and the language, Kokuaai Bunka Shinkokai Tokyo, 1962.

十、Edited by Marius B. Jansen, Changing Japanese Attitudes Toward Modernization, Princeton University Press. 1965.

十一、Malcolm Kennedy, A Short History of Japan, The New American Library of World Literature, Inc. 1964.

十二、Edwin O. Reischauer, Japan: past and present, New York. A. A. Knopt, 1967.

十三、R. Story, A History of Modern Japan. Middle sex, Penguin Books, 1968.

十四、M. B. Jansen(ed), Japan in transition: "From tokugawa to Meiji", princeton university press, 1986.

十五、P. Pratt, History of Japan Zvols, Tondon, Curzon press, 1972.

十六、W. G. Beaseley, The Modern History of Japan, London, weidenfield & Nicolson, 1973.

日本文明開化史略／陳水逢編著. --修訂版.
--臺北市：臺灣商務，民82
面； 公分
參考書目：面
ISBN 957-05-0710-1（平裝）

1. 日本－文化

731.3 82001613

日本文明開化史略

定價新臺幣 480 元

編著者 陳 水 逢
責任編輯 馮聖成 陳淑芬
封面設計 江美芳
校對者 李順霖 余芝光

出版者
印刷所 臺灣商務印書館股份有限公司
臺北市 10036 重慶南路 1 段 37 號
電話：(02)23116118 · 23115538
傳眞：(02)23710274 · 23701091
讀者服務專線：080056196
E-mail：cptw@ms12.hinet.net
郵政劃撥：0000165－1 號
出版事業登記證：局版北市業字第 993 號

- 1967 年 7 月初版第一次印刷
- 1993 年 5 月修訂版第一次印刷
- 2000 年 5 月修訂版第三次印刷

ISBN 957-05-0710-1（平裝） 65067002